器楽教育成立過程の研究

樫 下 達 也 著

風 間 書 房

目　次

序章 ……………………………………………………………………………… 1

　第1節　研究課題と問題の所在 ……………………………………………… 1
　　1　研究課題――音楽室の楽器たち ……………………………………… 1
　　2　問題意識――器楽教育成立過程研究の意義 ………………………… 3
　第2節　先行研究の検討 ……………………………………………………… 5
　　1　音楽教育史研究の動向と本研究の位置づけ ………………………… 5
　　2　器楽教育に関する歴史研究 …………………………………………… 6
　第3節　研究の視点と方法 …………………………………………………… 8
　　1　"ある教育"の成立過程を明らかにした先行研究における研究視点 … 8
　　2　器楽教育成立過程研究における研究視点と成立の3要件 ………… 12
　　3　研究の方法――音楽教育研究団体に着目した文献研究 …………… 15
　　4　器楽教育成立過程の時期区分と成立のメルクマール ……………… 16
　第4節　本書の構成と概要 …………………………………………………… 17

第1部　戦前から戦中にかけての器楽教育の黎明と試行的実践の諸相

第1章　器楽教育黎明の歴史的条件の成熟 …………………………………… 31

　第1節　唱歌教育の成立と音楽教師の研究者的資質の成熟 …………… 31
　　1　唱歌教育の成立――官から民へ ……………………………………… 31
　　2　言文一致唱歌運動にみる音楽教師の研究者的資質の成熟 ………… 33
　第2節　大正新教育における芸術としての音楽教育の志向 …………… 34
　　1　童謡運動 ………………………………………………………………… 34
　　2　学校現場における音楽教育の改革 …………………………………… 36
　第3節　音楽教師たちの団結と組織化 …………………………………… 38

1　東京高等師範学校附属小学校初等教育研究会と
　　「全国訓導（音楽）協議会」……………………………………………38
　2　日本教育音楽協会の設立（1922年）………………………………41
第4節　1920年代における音楽教育現場への楽器導入の試み ………43
　1　千葉県師範学校附属小学校「唱歌科」における楽器指導…………43
　2　神奈川県鎌倉郡大正尋常高等小学校における希望者への楽器指導………44
　3　奈良女子高等師範学校附属小学校・鶴居滋一の自由作曲における
　　楽器の使用………………………………………………………………45
小結——歴史的条件の成熟 ……………………………………………48

第2章　黎明期の器楽教育実践の動向
　　　　——学校音楽研究会と日本教育音楽協会が果たした役割 …………56
第1節　器楽教育成立過程における学校音楽研究会の位置……………56
　1　学校音楽研究会の設立（1933年）とその背景……………………56
　2　器楽教育の黎明における学校音楽研究会の役割……………………58
　3　児童の音楽生活を重視する音楽教育思潮と器楽教育………………59
第2節　器楽教育の実践校とその広がり …………………………………60
　1　雑誌『学校音楽』にみる器楽教育の実践校…………………………60
　2　器楽教育の実践地域——東京を中心とする広がり…………………64
第3節　多様な合奏形態とその特徴 ………………………………………66
　1　合奏形態の分類…………………………………………………………66
　2　合奏形態と校種および指導の場との関連……………………………67
第4節　「国民学校令施行規則」（1941年）に位置づけられた
　　　　器楽教育 …………………………………………………………71
小結——黎明期の器楽教育の全体的動向 ……………………………75

第3章　黎明期の器楽教育実践者たちの実像
——学校音楽研究会の研究授業を中心に ……………………… 82
第1節　「楽器教授」の先駆的試み——小出浩平 ………………… 82
1　音楽それ自身の独立した美 ………………………………………… 82
2　芸術教育としての「唱歌科」へ——「従来の唱歌」批判 ………… 84
3　「楽器教授の研究」とその「挫折」 ………………………………… 85
第2節　児童の音楽生活へのまなざし——瀬戸尊 …………………… 88
1　児童の観察から始まった器楽教育実践 …………………………… 88
2　音楽教育の要としての器楽教育 …………………………………… 90
3　研究授業の実際 ……………………………………………………… 92
第3節　簡易楽器指導の唱導者——上田友亀 ………………………… 97
1　音楽教育の「高踏的傾向」と「歌謡万能唱歌教育」への批判 …… 97
2　簡易楽器の導入 …………………………………………………… 100
3　研究授業の実際 …………………………………………………… 104
第4節　ハーモニカ合奏の研究と実践——山本栄 …………………… 107
1　最も音楽的な簡易楽器としてのハーモニカ …………………… 107
2　ハーモニカという楽器それ自体の研究へ ……………………… 110
3　研究授業の実際 …………………………………………………… 110
小結——黎明期の器楽教育実践者にみる思想の共通点と相違点 …… 114

第4章　学校教育へのハーモニカ導入の一断面
——東京市小学校ハーモニカ音楽指導研究会の設立過程 ……… 124
第1節　全日本ハーモニカ連盟の設立（1927年） …………………… 124
1　明治期から昭和初期にかけてのハーモニカ音楽界の動向 …… 124
2　全ハ連の設立と機関誌『ハーモニカ・ニュース』 …………… 126
3　楽器メーカー・トンボ楽器 ……………………………………… 129
第2節　ハーモニカ音楽界の停滞的状況 ……………………………… 130

1　「ハーモニカは玩具か？」騒動 …………………………………… 130
　　2　ハーモニカ音楽人の自負と矜持 ………………………………… 133
　　3　大衆音楽界に進出する純音楽家たちとハーモニカ音楽人の危機感 …… 136
　第3節　東京市小学校ハーモニカ音楽指導研究会の設立（1937年）と
　　　　　その背景 ………………………………………………………… 138
　　1　小学校の音楽教師たちの思惑 …………………………………… 138
　　2　ハーモニカ音楽界の人々の思惑 ………………………………… 141
　第4節　東京市小学校ハーモニカ音楽指導研究会の活動の実際と
　　　　　その意義 ………………………………………………………… 143
　　1　東ハ音研の二つの成果と発表演奏会の開催 …………………… 143
　　2　東ハ音研の組織的特徴——楽器産業界との連携 ……………… 147
　　3　東ハ音研の歴史的意義 …………………………………………… 149
　小結——小学校へのハーモニカ導入とその歴史的意味 ………………… 150

第2部　戦後における器楽教育の全国への普及と成立

第5章　戦後教育改革と文部省による器楽教育導入
　　　　　——文部省『合奏の本』を中心に ………………………… 161
　第1節　『合奏の本』発行（1948年）とその背景 ……………………… 161
　　1　戦後の器楽教育導入の「三つの課題」 ………………………… 161
　　2　戦後の国定音楽教科書にみる器楽教育 ………………………… 163
　第2節　『合奏の本』の分析——演奏教育の実例指導書 ……………… 166
　　1　出版状況および編集体制 ………………………………………… 166
　　2　構成および内容 …………………………………………………… 168
　第3節　『合奏の本』発行後の活用 ……………………………………… 171
　　1　音楽教育雑誌における特集および講習会開催 ………………… 171
　　2　『合奏の本』に準拠した教材の出現と文部省によるレコード化 …… 173
　小結——『合奏の本』の器楽教育成立過程における位置 ……………… 175

第6章　戦後教育改革期における現場教師による器楽教育普及活動
——新生音楽教育会の活動を中心に ………… 183

第1節　新生音楽教育会の設立（1947年）とその理念 ………… 183
　1　設立過程——山本栄、瀬戸尊、上田友亀を中心に ………… 183
　2　設立理念——児童の生活を重視する音楽教育の実現 ………… 184
第2節　新生音楽教育会による器楽教育普及活動 ………… 186
　1　白桜社とのタイアップによる楽器の確保 ………… 186
　2　器楽指導講習会——駆け回る器楽教育の「伝道師」たち ………… 187
　3　器楽教育用楽譜『簡易楽器合奏編曲集』の発行 ………… 189
第3節　新生音楽教育会から日本器楽教育連盟の設立へ ………… 193
小結——新生音楽教育会の器楽教育成立過程における位置 ………… 195

第7章　戦後教育改革期における行政による教育用楽器の普及施策
——文部・商工（通産）・大蔵各省と楽器産業界の動向を中心に … 206

第1節　教育用楽器の確保と普及に向けた各省庁の動向 ………… 206
　1　戦後の物資不足と楽器産業界の停滞 ………… 206
　2　文部省による教育用楽器の範囲の明確化 ………… 207
　3　教育用品であることの特権 ………… 208
第2節　教育用楽器の品質保証
　　　——楽器日本工業規格（JIS）の礎石となった教育用楽器規格 … 210
　1　粗造品の濫発と教育用楽器審査の開始 ………… 210
　2　審査から規格の制定へ ………… 211
　3　標準化のもたらすもの——大量生産と低廉化 ………… 214
第3節　楽器の普及のための免税施策と物品税撤廃運動 ………… 216
　1　免税違反への取り締まり強化と物品税撤廃運動 ………… 216
　2　大蔵省の「親心」による免税手続き簡素化と税率引き下げ ………… 217
小結——楽器産業界と教育界の表裏一体性 ………… 218

第8章　戦後教育改革期の公立小学校における器楽教育
——岐阜県多治見市立養正小学校の実践 …………………… 222
第1節　養正小学校における器楽教育開始の背景 …………… 222
　1　実験学校としての養正小学校 …………………………… 222
　2　「自由研究」のクラブ活動として開始された器楽教育 …… 223
第2節　校條武雄の器楽教育の理念 ………………………… 224
　1　戦前から戦中にかけてのブラスバンド指導 …………… 224
　2　戦後新教育における器楽教育の意義 …………………… 227
　3　器楽教育実施の基本方針——器楽合奏団を頂点とするピラミッド構造 … 229
第3節　養正小学校器楽合奏団の活動の軌跡 ……………… 230
　1　楽器の確保——編成の漸次的拡大 ……………………… 230
　2　演奏曲の発展——歌唱曲からクラシック曲へ ………… 233
　3　全国から注目される器楽合奏団へ ……………………… 235
第4節　普通授業における器楽教育の実践——第4学年を中心に … 240
　1　児童の実態と教師の力量を考慮したカリキュラムの構成 …… 240
　2　木琴を中心とするリズム指導の体系 …………………… 241
　3　授業記録から——児童の自主性の尊重と教師の力量形成 …… 244
小結——器楽教育成立過程における養正小学校の位置 ……… 250

第9章　文部省実験学校の器楽教育実践と1958年改訂「小学校学習指導要領」
——群馬県前橋市立天川小学校のリード合奏の研究を中心に … 261
第1節　天川小学校における器楽教育の研究 ………………… 261
　1　天川小学校が指定された背景——科学的認識に基づく実験的研究 …… 261
　2　研究の過程——菅原明朗の指導とリード合奏の「開発」 …… 265
　3　文部省による研究成果の発表
　　　——「より完全な合奏」としてのリード合奏 …………… 268
第2節　準備されていた結論

──文部省『リード合奏の手引』（1954年）……………… 270
　　1　リズム合奏と木琴への批判 …………………………………… 270
　　2　トンボ楽器優位の手引 ………………………………………… 273
　　3　器楽教育成立過程における天川小学校の研究の位置 ……… 274
　第3節　リード合奏でなければならないのか？
　　　　──合奏形態をめぐる論争 …………………………………… 276
　　1　論争の背景──文部省の独善 ………………………………… 276
　　2　論争の主題──リード合奏であるべきか …………………… 277
　　3　論争の本質的な論点──「教育的見地」と「芸術的見地」のジレンマの
　　　　再現 …………………………………………………………… 281
　第4節　1958年改訂「小学校学習指導要領」における器楽教育 …… 283
　小結──器楽教育の指導義務化と行政面からの器楽教育成立 ……… 287

第10章　器楽教育の成立へ
　　　　──日本器楽教育連盟の設立と活動を中心に …………… 296
　第1節　日本器楽教育連盟の設立過程とその特徴 ………………… 296
　　1　設立者──山本栄と「友人」たち …………………………… 296
　　2　現場教師にとどまらない多様な会員 ………………………… 298
　　3　設立目的──器楽教育の新たな課題への対応 ……………… 301
　第2節　機関誌『器楽教育』にみる日本器楽教育連盟の事業 …… 302
　　1　実践者たちの経験が生かされた編集・発行体制 …………… 302
　　2　地方の実践者にむけた各種事業 ……………………………… 302
　第3節　日本器楽教育連盟と全日本学校器楽合奏コンクール …… 304
　　1　コンクール運営の中心を担った連盟 ………………………… 304
　　2　器楽教育普及に伴うコンクールの規模拡大 ………………… 306
　　3　コンクールの功罪 ……………………………………………… 307
　小結──機関誌『器楽教育』の改題と器楽教育の成立 …………… 312

終章……………………………………………………………………319
　第1節　器楽教育成立過程の構造的特徴 ……………………319
　　1　教師たちの主体的実践と教育運動としての展開 …………319
　　2　楽器産業界と教育界の相互依存構造………………………324
　　3　器楽教育の実践を支えた思想とそのジレンマ
　　　　――特異な合奏形態形成の要因……………………………326
　第2節　今後の研究課題 ………………………………………330

史料および参考文献一覧…………………………………………335
あとがき……………………………………………………………349

序　章

第 1 節　研究課題と問題の所在

1　研究課題――音楽室の楽器たち

　現在の日本においては、全国津々浦々、どこの小学校を訪ねても音楽室が設置されている。音楽室にはピアノとオルガンがあり、児童たちが座るための椅子が並んでいる。部屋の隅には木琴や鉄琴、大太鼓や小太鼓のような打楽器が、また教室の棚には少し古くなったアコーディオンが置かれていて、授業での出番を待っている。もっともピアノやオルガン以外の楽器は音楽室に併設された楽器庫で保管されているかもしれない。今度はその楽器庫に足を踏み入れてみよう。そこでは、さらにたくさんの楽器に出会う。カスタネットや鈴、タンブリン、トライアングルのような小さな楽器は、1クラスの人数に足りるくらいたくさん用意されている。ドラムセットやティンパニのような大型の打楽器、マラカスやギロ、カウベルのような、本来はラテン音楽で用いられる楽器もあるかもしれない。

　音楽の授業時間が近づくと、児童たちが音楽室に入ってくる。彼ら一人ひとりが、低学年であれば鍵盤ハーモニカを、中学年と高学年ならばソプラノ・リコーダーを手にもっている。たいていの場合、それらは彼らが自身の「学習用具」として所有している楽器である。席に着いた児童たちは授業が始まると元気良く歌を歌い、先ほど持参したそれぞれの楽器を演奏する。またアンサンブルをする場合には楽器庫で保管されている楽器が持ち出されることになるだろう。このような、楽器を用いて学ぶ、あるいは楽器について学ぶ音楽の授業のあり方は、現在の日本の小学校ではごく一般的な光景であ

る。

　では、このような光景が全国的に一般的なものとなったのは一体いつごろのことなのだろうか。これが、本研究の最も大きな問いの一つである。本書のタイトルでもある「器楽教育成立過程の研究」とは、「楽器を用いて学ぶ（指導する）、あるいは楽器について学ぶ（指導する）」音楽の教育、すなわち器楽教育がどのような歴史的変遷を経て、初等教育において成立したのかを明らかにしようとするものである。

　日本の初等教育における音楽教育は、1872（明治5）年の「学制」に唱歌と呼ばれる教科が置かれて以来、その授業では基本的には歌唱の活動のみが行われた。1930年代になると東京市の小学校を中心に器楽教育の実践が少数ながら開始され、太平洋戦争を目前にした1941（昭和16）年の「国民学校令」において教科名が唱歌から芸能科音楽に変えられると、「国民学校令施行規則」では歌唱指導に加えて鑑賞指導も必ず行うことが定められ、器楽の指導も法的に許可されることになった[1]。戦後教育改革期には、1947（昭和22）年発行の「学習指導要領音楽編（試案）」[2]（以下、「22年音楽編（試案）」と略称する）において器楽教育の全国的な実施が示唆された。また1958（昭和33）年改訂の「小学校学習指導要領」[3]（以下、「33年指導要領」と略称する）が法的拘束力をもつものとされるにいたって、そこに明記されていた器楽教育は、全国の小学校で必ず取り扱われなくてはならないものとなり、現在に至っている。このように、法令上の変遷のみをたどるならば、器楽教育がどのようなタイミングで公教育に導入されたのかは明らかである。

　しかし、法令上の導入にいたるまでには、必ずこれに先立つ実践や環境整備が行われたはずである。「国民学校令施行規則」に器楽教育が位置づけられる以前にどのような実践があり、音楽教育界にはどのような動きがあったのか。戦後教育改革期において、文部省が器楽教育を全国で実施することを示唆した背景には何があったのか。器楽教育の指導が義務化された「33年指導要領」に至るまでの文部省や教育現場の教師たちの動向はどのようなもの

だったのか。

つまり器楽教育が全国の小学校で広く行われるようになるまでに、誰が、どのように、何をしたのか、というのが、器楽教育成立過程の研究の全体を貫く問いであり、その問いに具体的に答えていくことがその研究課題となる。

2 問題意識——器楽教育成立過程研究の意義

本研究が器楽教育成立過程の解明を課題とした理由は、以下の3点の問題意識による。第1点は、音楽教育史研究において、器楽教育についての歴史研究が唱歌教育のそれに比べて遅れをとっているということである。従来の学校音楽教育に関する歴史研究では、近代の初等音楽教育が唱歌という教科として開始されたことを反映し、唱歌教育に関連する研究が中心であった[4]。しかし、現在の音楽科[5]は歌唱のみならず、器楽、鑑賞、創作の活動が相互に関連づけられ、総合的に音楽学習が行われることで成り立っている。なかでも器楽は戦後の学校音楽教育において、歌唱とともに表現活動の両輪の一つをなすものであり、器楽教育成立過程の研究は、日本における音楽科全体の成立過程解明にもつながる音楽教育史研究にとって必須の課題であるといえる。それにもかかわらず、器楽を主題とする歴史研究は近年ようやく着手され始めたところであり、その成果の蓄積が待たれる状況にある。のちに詳述するように、これまでに蓄積された器楽教育に関する歴史研究は個別の具体的実践の解明にとどまっていた。本研究ではその器楽教育の実践者たる教師[6]たちの組織化と運動という視点を取り入れることによって、実践相互の関係性を描出しつつ、器楽教育の成立過程を解明したい。

第2点は、教育と商業主義の問題、換言すれば学校および教育行政と営利を目的とする一般企業の関係性の問題である。器楽教育には実施の前提として、教具あるいは教材としての楽器の存在が不可欠である。この楽器を生産する楽器メーカーと学校に直接販売する販売業者からなる楽器産業界は、器楽教育成立過程のなかで教育現場や教育行政とどのような関係を築いてきた

のだろうか。戦前から現在にいたるまで常に存在し続ける教科書をめぐる不正問題をあげるまでもなく、教育用品をめぐる官民の表裏一体性、もっと踏み込んだ表現をするなら両者の癒着関係は楽器に関しても例外であるということはないだろう。例えば河口道朗は、器楽教育の指導が義務化された「33年指導要領」の改訂にあたり、「利潤の追求」という発想から、楽器産業界がこの改訂にいかに「熱心で積極的」だったかを指摘し、「商業主義の学校音楽への侵入」が「一段と進行した」と批判している[7]。

　ただし、本研究は楽器産業界と教育界の癒着関係についてスキャンダラスに暴き出して批判しようとするものではない。本章の冒頭で述べたように、現在の日本の一般的な小学校の音楽室には多種多様な楽器が豊富にあり、この十分に整備された音楽的環境の実現は楽器産業界の関与と協力なしには実現できないものであり、その恵まれた環境を支えているのもまた楽器産業界と教育界の表裏一体性であることは否定できない事実である。したがって、本研究では楽器産業界と教育界のそれぞれにどのような事情があり、どのような戦略をとってこのような関係性を築くにいたったのかを明らかにしたい。このことを通して明らかとなった事実は、音楽教育にとどまらず、広く教育界における官民の表裏一体性の問題になんらかの示唆を与えるだろう。

　第3点は、現在の器楽教育そのものが抱える問題である。日本の器楽教育は、リード楽器やリコーダー、木琴、鉄琴、打楽器など、統一性のない雑多な楽器を組み合わせて合奏指導が行われる、他の国にはみられない独特なものである。このような、雑多な楽器が用いられる器楽教育の現状について、1970年代の小学校におけるリコーダー指導実践で名高い柳生力は、「音楽の本質からもっとも遠い大音響の騒音合奏」であると批判した[8]。柳生をして「騒音合奏」といわしめた現在の合奏形態が、どのような歴史的経緯を経て形成されたのかを知るためには、器楽教育で用いられる楽器のそれぞれがどのような教育効果を求めて、つまりはどのような思想に基づいて取り入れられたのかを紐解く必要がある。ここに、器楽教育の成立過程が解明される必

要性が存在するのである。

第2節　先行研究の検討

1　音楽教育史研究の動向と本研究の位置づけ

　1960年代に着手された音楽教育史研究は、長らく唱歌教育に関するものが中心であった。それは、日本の近代以降の音楽教育が唱歌と呼ばれる教科として始まり、明治から昭和初期にかけて、法令上は歌唱の活動のみが行われたことを反映した結果であると言えよう。代表的なものとしては音楽教育史研究の端緒を開いた山住正己『唱歌教育成立過程の研究』[9]や、田甫桂三編著『近代日本音楽教育史Ⅱ：唱歌教育の日本的展開』[10]、河口道朗『近代音楽教育論成立史研究』[11]などがあげられる。

　近年、学校音楽教育に関する歴史研究は大きく二つの方向に進んでいる。一つは唱歌教育の歴史をさらに深めていく方向であり、もう一つは現在の音楽科を構成する歌唱、器楽、創作、鑑賞の四つの活動のうち、歌唱を除く器楽、創作、鑑賞にも目を向けそれらの源流を探究する方向である[12]。したがって、近い将来に前者と後者の研究が統合されていくとき、現在の音楽科がどのように成立したのかが徐々に明らかになっていくと思われる。

　前者としては東京高等師範学校附属小学校に焦点を当て唱歌教育方法の成立を明らかにした鈴木治[13]、唱歌の音楽的構造等にも着目しながら唱歌教育の展開過程を明らかにした嶋田由美[14]、唱歌を西洋音楽受容の視点から音楽文化史上に位置づけていこうとする安田寛[15]などがあげられる。唱歌教育の方法論の成立過程や、教材としての唱歌そのものの音楽的構造の解明、その音楽文化史上の固有性に着目した研究など、唱歌教育に関する歴史研究はさらに厚みを増している。

　また、歌唱以外の活動を対象とした研究として、鑑賞教育について明らかにした寺田貴雄の一連の研究[16]や、創作・作曲の教育について明らかにした

三村真弓[17]の研究をあげることができる。本研究はここに器楽の歴史研究を加えることにより、音楽科の成立過程の解明に寄与したいとの立場をとる。近年の器楽教育に関する先行研究については次項で詳述する。

さて、以上の諸研究に加え、現在の音楽科がどのように成立したのかを明らかにすることを直接の研究課題としたものとして、菅道子による一連の研究があげられる。菅は戦後の音楽教育の方向性を示した「22年音楽編（試案）」と1951（昭和26）年改訂の「小学校学習指導要領音楽科編（試案）」に着目し、それらの成立過程についての詳細な研究を1980年代から90年代に発表した[18]。また近年は戦後の音楽教育との連続性を視野に国民学校期や戦前の学校現場における実践を明らかにしている。実践の対象は音感教育や器楽教育に関するものを含み幅広いが、菅の研究関心は常に、現在の音楽科が過去のどのような思想と実践によって規定され成立してきたのかを明らかにすることに置かれている。

また近年は戦後の音楽科につながっていく戦中期の音楽教育への関心も高まり、その研究成果が発表されている。国民学校期に関する画期的研究である本多佐保美らの共同研究はその代表的なものであろう[19]。国民学校期の音楽教育について、当時の児童であった人々からの聞き取りや学校所蔵の一次史料の収集を長年かけて行い、それらを丹念に分析することで明らかにしている。本研究でもとくに当時の器楽教育の動向についてここから多くを学んでいる。

2 器楽教育に関する歴史研究

近年、器楽教育に関する歴史研究も蓄積され、戦前の実践を明らかにした諸研究によって器楽教育の黎明が1930年代の東京市にあることが明らかにされている。例えば東京市昭和尋常小学校の上田友亀の簡易楽器指導が米国の音楽教育者サティス・コールマンの影響を受けていたことを指摘した橋本静代[20]、同じく上田友亀の実践について打楽器活用の視点から考察した門脇早

聴子[21]、三河台尋常小学校における坊田壽眞による器楽教育の実践を明らかにした權藤敦子[22]、和泉尋常小学校の山本栄によるハーモニカを中心とした簡易楽器指導実践を明らかにした菅道子[23]、大正時代から器楽教育に取り組んでいた瀬戸尊の誠之国民学校における実践を明らかにした藤井康之[24]の研究などがあげられる[25]。

これらの先行研究は、いずれも学校現場の器楽教育実践や実践者に焦点を当て、丹念な史料分析を行うことで、実践の具体像や実践者たちのねらいを明らかにしてきた。藤井が指摘するように、このような「個々の学校内外の器楽活動の実態を豊かに蓄積すること」は[26]、過去の器楽教育の全体像を明らかにするために重要である。

しかしながら本研究は、それらの先行研究に学びながらも、異なる側面から器楽教育史に光をあてる。というのも、個々の学校における個別の具体的実践に焦点を絞った研究を蓄積するだけでは、器楽教育成立過程の解明に到達することは難しいと考えるからである。器楽教育は、教材・教具として楽器を用いることが前提であり、楽器を供給するメーカーやその楽器と関連する音楽文化の状況などと相互にかかわり合いながら成立、発展してきたはずである。また本書で明らかにするように、器楽教育は、東京を中心とする実践者たちによる実践の積み上げが先にあり、これを、文部省を始めとする教育行政が制度化し、今度は教育行政の主導によって全国各地で実施されるようになっていった。

以上のことから本研究は、器楽教育の成立を解明するためには、器楽教育実践者である教師による「指導方法の確立＝実践研究」だけでなく、楽器産業界や教育行政の関与にも目を配る必要があるとの立場をとる。そしてこの立場から着目したのが、現場教師たちが戦前から戦後にかけて組織した音楽教育研究団体[27]である。彼らは研究団体を組織することを通して楽器メーカーや教育行政と連携をとり、器楽教育の普及に努めたからである。このように、本研究では音楽教育研究団体に着目し、実践相互の関係や、現場教師と

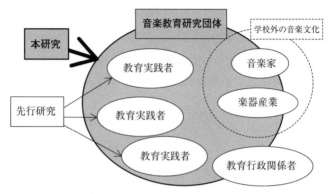

図0-1. 先行研究と本研究の相違

楽器産業界および教育行政の関係を考察する（図0-1）。

第3節　研究の視点と方法

1　"ある教育"の成立過程を明らかにした先行研究における研究視点

　本研究の課題は器楽教育成立過程の解明である。しかしそもそも、何が揃えば器楽教育は成立した、といえるのだろうか。ここでは、教育史学において教育の成立を扱った先行研究を取り上げ、それぞれの研究における成立の要件について検討してみよう。

1）山住正己『唱歌教育成立過程の研究』の場合[28]

　山住の研究は3部構成で、第Ⅰ部第1章で「明治期の学制頒布直後の唱歌教育のこころみ」を検討するところから開始される。続く第2章で、音楽取調掛の設立までの前史として伊沢修二と目賀田種太郎の米国留学とメーソンの来日を描く。第Ⅱ部では第3章で「音楽取調のための諸条件の整備」として、楽器と図書の購入、オルガンの製作、取調掛員の採用について述べ、音楽取調掛の設立過程を明らかにしている。第4章では「最初の唱歌教材の作

成」、第5章で「唱歌教員養成のこころみ」、第6章で「唱歌教材、教具の普及」について述べている。つまりこの第4章から第6章の三つの章で音楽取調掛による教材、教師、教具の整備の過程が描かれているといえる。第Ⅲ部はその後の展開が明らかにされている。すなわち、第7章「東京音楽学校の設立」では音楽取調掛が東京音楽学校へと発展していく過程が、また第8章「教師による唱歌教育普及の活動」では中央によって整備された唱歌教育が地方へ広がっていく過程がそれぞれ描出される。これに続く第9章「唱歌科教則の整備」では俗歌排斥の学校通達などをみながら「唱歌科教育課程の整備」までをみる。第10章「祝日大祭日唱歌の成立」では学校儀式と唱歌が結びつき、『君が代』を始めとする8曲の祝日大祭日唱歌が官報告示として公布されるまでを明らかにしている。

　以上のように、山住の研究では、制度的側面から、唱歌教育実施の大きな方針を示した「学制」の頒布から音楽取調掛設立までを前史として扱い、取調掛による教材、教師、教具の整備を唱歌教育成立の3本柱として扱っている。その後、唱歌教育が中央から地方へと広がる課程で文部省の通達が出されるなど教育課程が整備され、唱歌が教科として制度のうえにも整備されていったことを示している。このように、山住の唱歌教育成立過程の研究においては、教材、教師、教具、制度の4点をみていることがわかる。

2）片上宗二『日本社会科成立史研究』の場合[29]

　片上の研究は戦後教育改革期にGHQの意向のもとで成立した社会科を扱っているため、アメリカ側の史資料が豊富に用いられている。第1章、第2章、第4章ではアメリカ側の第一次史料を用い、戦時中のアメリカ対日教育政策、終戦直後のGHQの動向、『アメリカ教育使節団報告書』を考察している。一方、第3章では日本側の対応として文部省内外の動向を考察し、3教科目停止指令が具体的にどのように行われたのかを明らかにしている。以上の制度上の手続きを受けて、第5章では「社会系教科目の改革・再建過

程」として暫定教科書の編集過程を描出し、「地理、歴史、公民教育体制の暫定的成立とその実践」についても言及している。ここまでに教育行政による制度上の手続きと、これを受けての暫定的な教科書教材、暫定的（三科目）体制下における実践の動向に目が向けられていることがわかる。第6章では社会科実践と社会科研究の萌芽的動向を、教育現場における取り組みに焦点を当てて考察し、現場教師の動向に目を向け、指導方法確立への道筋を明らかにしている。第7章では「社会科成立史にとってのハイライト」として、総合社会科導入への道筋を、CIEの動向から社会科の「学習指導要領」の作成過程までを一貫して考察する。第8章では社会科における選択科目の導入過程に焦点をあてこれをもって社会科体系が樹立されたことを明示している。「学習指導要領」の成立と選択科目の導入を受けて、どのような社会科教科書が作成されたのかを明らかにしたものが第9章である。したがってここでも制度上の社会科成立とこれを受けての教科書作成が明らかにされている。

　このようにみると、片上の研究においては制度の成立とこれを受けての教科書教材の作成が中心的に扱われており、教師による実践上の模索や教師教育（教員養成制度や現職教員向け講習会）には重点が置かれていない。

　これは、片上の研究があくまでも「社会科」の成立過程研究であって、「社会科教育」の成立過程研究ではないということに起因するものであると思われる。というのも、「ある教科」が成立することと、「ある教育」が成立することの間には、質的な差異があるからである。すなわち、教科とは教育行政が意図をもって教育内容の範囲を定め、これを体系化して制度のうえに定めたものであるといえる。例えば戦後の社会科という教科は、歴史教育や地理教育を含んで成り立っているが、これら二つの教育内容は「国民学校令」下においては国民科という教科のなかで国史と地理という科目名で扱われていたのであった。いわば歴史教育と地理教育をどのようなまとまりの教科のなかで扱うのか、というのは、ときの教育当局の政策方針次第であって、

このことからも「ある教科」は主に教育行政の作用の結果として成立するものであることがわかる。

　これに対して、「ある教育」というものは、ある社会でその必要に迫られたときに、教育行政の関与があろうとなかろうと、起こってくるものである。日本においては近代学校教育そのものが教育行政の強い主導性のもとで成立してきた歴史があるため、「ある教科」の成立と「ある教育」の成立が一致する場合が多い。さきに考察した山住『唱歌教育成立過程の研究』が、唱歌という教科の成立史研究であるのと同時に、唱歌教育の成立史研究であることはその好例である。

　したがって、教育行政が意図しないところで、社会のなかに起こってくる「ある教育」というものがある。多くの場合、それは児童のすぐそばにいる教師たちの教育実践という形をとることとなる。そのような、教科という枠組みでは捉えられない「ある教育」の成立過程研究を扱ったものの代表としてあげられるのが中内敏夫『生活綴方成立史研究』である。

3）中内敏夫『生活綴方成立史研究』の場合[30]

　中内の研究では、第1部を「随意選題綴方運動」とし、第1章で中村春二の「成蹊教育会」運動と芦田恵之助の「随意選題」綴方を、第2章では橋田邦彦「国民学校令」について、第3章では恵雨会の文章表現指導運動について明らかにしている。このように、第1部では生活綴方運動へと繋がっていく先駆的な教師たちの思想と具体的実践について考察している。続く第2部「綴方教師の誕生」において、第1章で雑誌『綴方生活』創刊の経過を明らかにし、雑誌『赤い鳥』との関係や『綴方生活』の歴史・社会的性格について考察している。生活綴方運動は『綴方生活』を媒体として全国の教師たちに広まっていったのであり、同誌を軸にして展開されていったのである。つまりこの章においては綴方教師たちがどのように誕生してきたのかを、彼ら自身の運動の広がりのなかで捉えようとしている。第2部の第2章「日本の

学校教育制度と生活綴方」では「生活綴方の、学校教育という制度の次元での定型化がどういうかたちでありうるか」ということを明らかにすることを課題とする。具体的には野村芳兵衛の「生活学校」に着目し、これを取り巻く人々の思想的立場の差からくる論争の過程を描出している。

このように中内の研究においては、生活綴方の先駆的実践を行った教師たちの思想と実践、その後の雑誌『綴方生活』を軸として展開された生活綴方運動による全国の教師たちへの広がりを重点的に描出し、最後に教育制度との関係を、やはりその思想を軸にして考察している。

以上、本項でみたように、諸々の教育の成立過程を主題とする先行研究の間には、研究視点として何に焦点を当てるのかについてはばらつきがみられた。まず、唱歌教育の成立過程を明らかにした山住は、教材、教具、教師の整備を中心的に取り上げたうえで、唱歌の普及とともに整備された制度に目を向けていた。続く片上と中内の研究では「ある教育の成立過程」と「ある教科の成立過程」は教育行政のかかわり方という面で質的な差異があるということが明らかになった。すなわち片上『日本社会科成立史研究』のように、地理教育や歴史教育のような教育がどのような教科の枠組みとして制度化されていったのか、あくまで教科の成立過程を明らかにしようとする場合には、教育行政による制度の整備や教科書のような教材が中心となる。これに対して、中内『生活綴方成立史研究』のように、教師たちの中から教育運動として立ち現れてきた教育の成立史を研究する場合には、先駆的かつ中心的な教師たちの唱えた思想や実践の確立を中心に明らかにすることとなる。

2　器楽教育成立過程研究における研究視点と成立の3要件

1）研究視点

器楽教育成立過程研究において留意しなければならないことを整理しておこう。まず、戦前の黎明期における器楽教育は、大正末期から昭和初期にかけて、つまり1920年代から30年代にかけての現場教師たちが唱歌教育の改革

に取り組むなかで立ち上がってきたものである。音楽教師たちは、大正新教育の児童中心主義と芸術教育運動の影響を受けながら、唱歌教育を音楽教育へと発展させるべく試行錯誤した。彼らは民間の音楽教育研究団体を組織し、互いの取り組みについて情報交換をするようになる。そのような教師たちのなかから器楽教育実践者が現れ、教具としてどのような楽器を用い、教材としてどのような曲を教えるのかを研究し、指導方法を模索するようになる。そのうちの一部には器楽教育を専門的に研究する団体を立ち上げ、楽器メーカーと協力して教具である教育用楽器の開発をしたり、学校外の音楽家と協力して教材を研究したりする者もあった。このように、唱歌という教科を発展させようとする戦前の動向のなかで、現場教師たちの自律的な実践と運動の形として立ち上がってきたものの一つが器楽教育であった。したがって、本研究も中内の研究にならい、器楽教育の先駆的・中心的実践者たちの思想と実践に目を向けることが必要となる。

　一方、国民学校期に入ると教科としての唱歌は芸能科音楽となり、これに伴って器楽教育は「国民学校令施行規則」のなかに位置づけられ、ここに教育行政の関与と制度の問題が登場することとなる。戦後は文部省が発行した「22年音楽編（試案）」の方針に従うようにして徐々に全国の学校で行われるようになり、やがて法的拘束力をもつとされた「33年指導要領」によって器楽の指導が義務づけられた。つまり、「国民学校令」以降、器楽教育は芸能科音楽、あるいは戦後の音楽科といった教科の中に位置づけられるようになり、制度の整備が急速に進められていくのである。もちろん、戦後も引き続き教具と教材の研究・開発は教育行政も関与しながら行われていたし、全国の教師たちに器楽教育の指導方法を伝達するための講習会も文部省と民間団体の協力で推進された。また戦後、教育行政の主導で器楽教育が行われるなかで、器楽教育実践者たちの思想がどのように揺れ動いたのかもみておかなければならないだろう。

　以上のように、器楽教育成立過程を明らかにするにあたっては、実践者た

ちの思想と実践、教育行政による制度の整備に目を配らなければならない。

2）器楽教育成立の3要件

研究視点である思想、実践、制度のうち、実践を具体的に形づくるものが、教材、教具、指導方法の三つであり、これらを支えるもの、取り巻くものとして思想と制度は位置づけられる（図0-2）。本研究では実践を形づくる教材、教具、指導方法の整備を器楽教育成立過程の3要件とする。

本研究における器楽教育とは、初等教育の音楽授業において楽器を用いて行われる教育のことをさす。この定義に基づけば、器楽教育が行われる場には、まず児童と教師がおり、そこには教具としての楽器が存在する。また、楽器を用いて何を学ばせるのか、つまり教育内容を児童に示す教材として教科書や楽譜が必要となる。さらに、楽器と教科書を用いてどのように教えるかということ、すなわち指導方法を教師が知っていなければならない。このように、ある場所で器楽教育が成り立つためには、児童と教師の存在する学習空間に、教具と教材が存在し、指導方法を教師が知っていることが必要である。

以上のことから、本研究では、教材（教科書・楽譜）、教具（楽器）、指導方

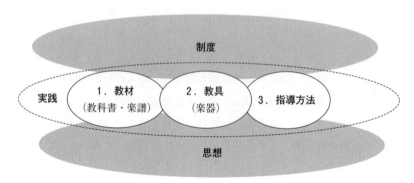

図0-2．器楽教育の成立3要件

法を器楽教育成立の3要件とし、これらが整備・確立され、全国の小学校に普及していく過程を描出することによって、器楽教育の成立過程を解明する。

3 研究の方法——音楽教育研究団体に着目した文献研究

　器楽教育の成立を担ったのは誰だったのだろうか。前項を受けて、この問いは、教材、教具、指導方法は誰によって整備されたのかという問いに換言できるだろう。本研究では、現場教師、楽器産業界、教育行政の3者をその担い手として想定し、この3者の動向を観察することによって、器楽教育の成立過程を描出していく。

　これまでにも述べたように、もっとも中心的・先導的役割を果たしたのは、この3者のうち現場教師たちであった。1930年代に器楽教育実践に取り組み始めた彼らは、その後、時代ごとに音楽教育研究団体を組織し、そこに楽器産業界を巻き込み、また組織的に教育行政に働きかけていった。その組織的な取り組みのなかで、器楽教育の指導方法を練り上げ、教育用楽器を開発し、教科書に掲載する合奏用の楽譜を作成していったのである。したがって、現場教師が組織した各時代の音楽教育研究団体の活動を追いつつ、楽器産業界や教育行政の動向にも目を配ることで、先行研究が明らかにしてきた個別の実践事例も位置づけながら器楽教育成立過程の全体像を描くことができるはずである。

　以上のことから、本研究では、時代ごとの音楽教育研究団体に着目し、現場教師、楽器産業、教育行政の3者の動向を観察する。そして、教材、教具、指導方法がどのように整備・確立され、全国へと普及していったのかを明らかにすることで、器楽教育の成立過程を解明したい。具体的には、日本で最も早い音楽教育研究団体の一つといえる日本教育音楽協会（1922年設立）、戦前の器楽教育実践者の情報交換の場となった学校音楽研究会（1933年設立）、ハーモニカ音楽家[31]や楽器メーカーと連携して楽譜集や児童用ハーモニカの開発を行った東京市小学校ハーモニカ音楽指導研究会（1937年設立）、戦後に

器楽教育の普及活動に取り組んだ新生音楽教育会（1948年設立）、初の全国規模の器楽教育研究組織である日本器楽教育連盟（1956年設立）の五つの団体を取り上げる。

なお本研究では、これら諸団体が発行した機関誌を中心的な史料として用いる。教育研究を目的とする団体の多くは、その活動の成果を発表し、会員間で情報を共有するために機関誌を発行していた。多くの場合、機関誌の創刊号には研究団体の設立主体や活動の目的が明記されている。また長期にわたって活動した団体であればその誌上の記事の特色や特集の内容の変遷を分析することで、そこに所属する人々の問題関心の移り変わりを知ることができると考えられる。

4　器楽教育成立過程の時期区分と成立のメルクマール

ここでは本研究で扱う時代の範囲を示すために器楽教育の成立に至るまでの時期区分とメルクマールの設定を行う。

本研究では器楽教育成立過程を、黎明期、整備・普及期、成立期の3期に分ける。黎明期は現場教師たちが音楽教育研究団体を媒介にして情報交換を行いながら、器楽教育の試行的実践を積み上げた1930年代から1940年代半ばまでである。整備・普及期は、戦後になって文部省が器楽教育の全国的な実施を示唆し、教育用楽器の普及施策や器楽教育用教材集の発行に取り組んだ1940年代半ばから1950年代半ばである。この時期には、戦前からの先駆的な器楽教育実践者たちも新たな音楽教育研究団体を組織し講習会を開くなど、指導方法の全国への普及に努めた。成立期は、成立のメルクマールが到来する1950年代半ばから1960年代半ばである。

本研究ではメルクマールを2段階で設定する。第1段階は「33年指導要領」施行である。これはいわば音楽科という教科の指導内容として器楽教育が明確に位置づけられ、かつ「学習指導要領」が法的拘束力をもつとされたことによってその指導が事実上義務化された、という意味で、器楽教育の歴

史にとって一つの節目となるからである。これをきっかけに全国のすべての小学校で器楽教育が行われるようになったのであって[32]、音楽科という教科におけるいわば制度上の器楽教育成立といえる。

　メルクマールの第2段階は、器楽教育実践者たち自身による「器楽教育成立の宣言」ともいえる、日本器楽教育連盟の機関誌『器楽教育』の改題である。器楽教育実践者たちは戦前から戦後にかけて、複数の研究団体を立ち上げながら器楽教育の普及に努めるが、その集大成ともいえるのが日本器楽教育連盟である。その機関誌『器楽教育』が1966（昭和41）年4月以降、『音楽教育研究』に改題される。その理由として、「昨今の音楽教育界」を見渡せば「ひとり器楽教育にとどまることなく、広く音楽教育の根本問題について解決を迫られる事態に立ち至って」いることがあげられた[33]。器楽教育実践は、それだけを取り上げて研究する時期を終え、音楽科教育全体の一部として歌唱や鑑賞と関連づけた研究が行われる段階に入ったのである。これは裏を返せば器楽教育実践が全国的に行われるようになり、最早その普及活動の段階を終えた――教材（教科書・楽譜）、教具（楽器）、指導方法の3要件の普及が完了した、とみることができる。

　以上のことから、本研究では、「33年指導要領」を経て1966（昭和41）年に『器楽教育』が改題された時点をもって器楽教育成立のメルクマールとする。

第4節　本書の構成と概要

　本書の構成と各章の関係を示したものが図0-3である。前節で述べたように、本研究では、器楽教育成立の担い手3者の動向を追うにあたって現場教師たちが時代ごとに組織した音楽教育研究団体に着目する。したがって、関係3者の動向が研究の縦糸、各研究団体が横糸となり、これらを編み上げるようにして器楽教育の成立過程を描出する（第1章～第4章、第6章、第10章）。また、戦後は文部省も器楽教育の普及に乗り出したため、第5章、第7章、

18　序　章

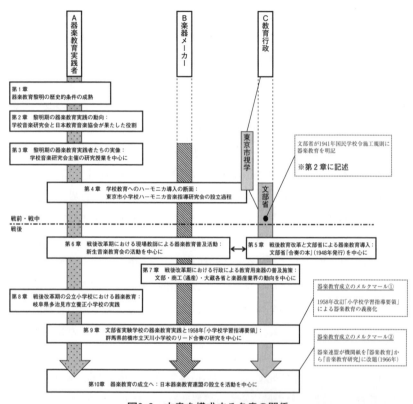

図0-3.　本書を構成する各章の関係

　第9章の各章では教育行政側の動向を追う。さらに戦後は文部省の器楽教育普及の施策に呼応するように各地の公立小学校において器楽教育実践が開始された。その一事例として、岐阜県多治見市立養正小学校における実践を第8章で考察した。

　以下、前節で示した時期区分にそって、各章における概要を述べる。本書は二部に分かれている。第1部では戦前から戦中にかけて、すなわち黎明期にあたる1930年代から40年代半ばの器楽教育実践の諸相について論じる。

　第1章では、器楽教育黎明の前史として1900年ごろから1920年代（明治の

唱歌教育成立後から大正期まで）の音楽教育界をとりまく状況を、先行研究に拠りながら確認し、器楽教育黎明の歴史的条件の成熟過程をみる。ここでいう器楽教育黎明の歴史的条件とは、次の3点を指す。第1点は唱歌（音楽）教師の研究者的資質[34]の成熟である。器楽教育は、1930年代以降に教師たちが自身の実践に何らかの問題意識をもち、これを解決していこうと試行錯誤するなかで始められた。したがって、器楽教育の黎明には教師たちの研究者的資質の成熟が必要である。第2点は、黎明期の器楽教育実践を支えた、唱歌教育を音楽教育へと発展させようとする思想と、児童の音楽生活を重視する思想の形成過程である。第3点は教師たちの団結と組織化である。器楽教育は黎明期以降、音楽教育研究団体の活動によって普及が図られていくが、ここではそれ以前に音楽教師たちがどのような団体により自らを組織化していったのかを確認する。以上の3点を踏まえ、1920年代に試みられた先駆的な楽器指導の事例についても検討し、児童作曲や歌唱の補助として唱歌の授業に楽器が用いられたことを明らかにする。

　第2章では黎明期の器楽教育実践の全体的な動向を明らかにする。1930年代以降、器楽教育の固有の価値を主張し、それを学校の音楽教育のなかに位置づけようとする器楽教育実践者が現れた。彼らは互いに情報を交換しあいながらその普及活動を組織的に展開し始めた。ここでは、当時の実践者たちの連絡・情報交換の場となった学校音楽研究会（1933年設立）の活動をみる。同研究会の機関誌『学校音楽』[35]の記事を手掛かりに、当時の音楽教育思潮の傾向を明らかにし、器楽教育実践の広がりがいかほどのものであったのか、またどのような合奏形態で器楽教育が行われたのかを考察する。また音楽教育界の代表として文部省の諮問機関の役割を果たした日本教育音楽協会の活動にも着目し、1941（昭和16）年4月の「国民学校令施行規則」において器楽教育が法的位置づけを獲得した経緯を明らかにする。

　第3章では、器楽教育の黎明期における4名の実践者の具体的実践を明らかにし、それぞれの実践を支えた思想について考察する。一人目に取り上げ

た小出浩平は、1920年代後半に自由作曲や歌唱指導の補助として扱うのではなく、独立したものとして児童への楽器の指導を試みていた。したがって学校音楽研究会の中心にいた彼は1930年代の器楽教育実践者たちにとって先駆的存在であり、実践者たちに与えた影響も少なくなかったはずである。二人目以降は、同研究会主催の研究授業で授業者を務めた瀬戸尊、上田友亀、山本栄について考察する。この３名を取り上げる理由は次の二つである。第１点は３名ともに戦後以降の小学校の器楽教育に直接つながっていく簡易楽器を用いた器楽教育、いわゆる簡易楽器指導を実践していたからである。彼らの実践を考察することは戦後の器楽教育実践の源泉を具体的に明らかにすることにつながる。第２点は、３名がその後の器楽教育の成立過程において、常にその普及活動の中心にいるからである。したがってこの３名の思想を明らかにすることは、器楽教育成立過程の全体を貫く思想の軸を明確にしておくことと同義である。

　第４章では、1937（昭和12）年に設立された東京市小学校ハーモニカ音楽指導研究会（以下、東ハ音研と略称する）の設立過程を検討することを通して、学校教育へのハーモニカ導入史の一断面を明らかにする。東ハ音研は、東京市の小学校教師たちが結成した組織で、全日本ハーモニカ連盟（以下、全ハ連と略称する）に所属する作曲家やハーモニカ奏者を参与、東京市視学を顧問に迎えて設立された。東ハ音研は全ハ連の全面協力のもと、下部組織のような位置づけで設立されたのであった。当時のハーモニカ音楽界を代表する団体である全ハ連は、1927（昭和２）年に楽器メーカーであるトンボ楽器の主導で設立された。したがって、東ハ音研主催の演奏会でも同社の楽器が用いられた[36]。このように東ハ音研は、東京市の小学校教師たちと東京市視学、ハーモニカ音楽界の人々、さらに特定の楽器メーカーとを結びつける組織であった。ここでは、1920年代から30年代のハーモニカ音楽界の状況を全ハ連の活動に焦点を当てつつ、東ハ音研の設立と活動の成果を明らかにし、器楽教育成立過程におけるこの研究会の意義を検討する。

第2部では、戦後における器楽教育の整備・普及期および成立期を扱い、教材、教具、指導方法が整備され、全国にその実践が広がり、成立するまでを論じる。まず、第5章では、戦後教育改革期における文部省による教材の整備を、文部省『合奏の本』[37]の発行（1948年）を中心に明らかにする。『合奏の本』は、文部省が戦後の国定音楽教科書と関連づけながら器楽合奏指導の方法と内容を具体的に示した初めての本であり、合奏指導を中心に据えながら展開する戦後器楽教育の原点とも呼びうる一冊であることから、器楽教育成立過程研究を進めるうえでその検討を避けて通ることができないものである。しかし、その具体を明らかにした研究は管見の限り見当たらない。それは『文部時報』を始めとする教育行政発行の文書のなかにこの本に関する記述がほとんどなく[38]、史料的制約があったことが原因として考えられる。そこでここでは、諸井三郎や近森一重など文部省内で音楽教育行政にかかわった者の論稿を用い、「22年音楽編（試案）」や戦後の国定音楽教科書との関連を具体的に描出することを通して、この『合奏の本』を器楽教育成立過程のなかに位置づける。

　第6章では、山本栄、瀬戸尊、上田友亀が中心を担った1947（昭和22）年設立の新生音楽教育会（以下、新音教と略称する）の活動について論じる。戦後は文部省の方針によって全国の小学校で器楽教育の導入が進められたが、その普及には戦前から器楽教育に取り組んできた実践者たちも尽力した。その設立の主な目的として器楽教育の普及を掲げた新音教の活動は、彼らの重要な普及活動の一つといえる。同会については木村信之が山本への聞き取りを裏づけるためにその存在に言及し、器楽教育普及に果たした役割を指摘しているのみで[39]、その設立や活動の詳細を明らかにした研究はなかった。ここでは、新音教の設立過程や活動の具体を明らかにすることで、戦前の東京における器楽教育の試行的実践から戦後の全国への指導方法の普及という流れを描出する。

　第7章では、戦後の教育用楽器の生産確保と普及、およびその品質保証の

諸施策がどのように行われたのかを、各省庁および楽器産業界の動向に焦点を当てて明らかにする。終戦直後は物資が不足し、教育用楽器の確保が難しかった。文部省は商工省（1949〔昭和24〕年に通商産業省に改組）による生産資材の確保や大蔵省による教育用品免税措置を得ながら教育用楽器の生産とその学校現場への供給のための施策に取り組んだ。また「教育用楽器規格審査委員会」[40]を設置したり、教育用楽器基準を制定したりして、楽器の品質管理を行った。一方、このような行政の動向に敏感に反応したのは、教育界よりもむしろ、楽器の製品基準および審査の制度の如何によって製品の売り上げに影響がおよぶ楽器産業界であった。文部省と一体となって楽器にかけられた物品税撤廃運動を行うなど、業界全体をあげて積極的に行政に働きかけていった。ここでは、楽器産業界のトップとして関係各省に太いパイプをもつ宮内義雄が主幹を務めた業界誌『楽器商報』を中心的な史料とし、文部省を始めとする行政機関の文書も合わせて用い、文部、商工（通産）、大蔵の各省と楽器産業界の動向を明らかにする。

　第8章では、戦後教育改革期の岐阜県多治見市立養正小学校（以下、養正小と略称する）における器楽教育実践の具体について明らかにする。養正小は、校條武雄を中心として熱心に器楽教育の実践に取り組んだ。1949年（昭和24）年3月には東京で開かれた日本音楽教育連盟主催・文部省後援の器楽教育研究会に同校の器楽合奏団が招かれて演奏を披露し、その演奏は、文部省の諸井から高く評価され、その後は全国の小学校から器楽教育のモデルとして認識されるに至った。ここでは養正小の実践を検討することで、終戦直後の困難な時代に、どのような工夫をしながら一地方の公立小学校が全国のモデルとされるような器楽教育実践を行い得たのかを明らかにする。

　第9章では、1955（昭和30）年から2年間文部省初等教育実験学校として器楽教育の研究に取り組んだ群馬県前橋市立天川小学校（以下、天川小と略称する）と、「33年指導要領」について検討する。天川小は、当時新設4年目で楽器設備も揃わず音楽専科もいないという、いわばゼロベースで研究を開

始し、作曲家の菅原明朗から指導を受けつつトンボ楽器の協力を得て独自にリード合奏[41]と呼ばれる合奏形態を「開発」し[42]、その研究成果は「33年指導要領」とその後の器楽教育に大きな影響を与えたとされる[43]。ところが、天川小に実験学校の依頼が出される1年以上前の時点で、文部省の刊行物として『リード合奏の手引』[44]という本が発行されており、その著者の一人は菅原であった。ここではこの本の内容を検討し、天川小の器楽教育の研究を器楽教育成立史のなかに今一度位置づけなおすことを試みる。また文部省が発表した天川小の研究成果は、「合奏形態はリード合奏でなければならないのか」ということを主題とする論争を引き起こした。そこで、この論争を考察し、同校の研究をめぐる文部省の対応の問題点を指摘する。以上の歴史的事実を踏まえて、「33年指導要領」に天川小の研究成果がどのように反映されているのかを確認する。

　第10章では、1956（昭和31）年に設立された日本器楽教育連盟に焦点を当てる。同連盟は、器楽教育実践者たちが戦前から継続して積み上げてきた音楽教育研究団体の運営経験のいわば「集大成」として結成された組織である。同連盟の設立過程と、その代表的な事業である器楽合奏コンクールについて考察し、器楽教育実践者たちがどのような方策で全国的な器楽教育の充実をはかり、その成立へと導いていったのかを明らかにする。

　終章では、器楽教育成立過程の構造的特徴について述べ、合わせて今後の研究課題を指摘する。

序章　註

1）「国民学校令施行規則」第14条（文部省普通学務局『国民学校令及国民学校令施行規則』、1941年）。
2）文部省『学習指導要領音楽編（試案）』東京書籍、1947年。
3）文部省調査局編『小学校学習指導要領』帝国地方行政学会、1958年。
4）例えば、音楽教育史研究の端緒を開いた山住正己『唱歌教育成立過程の研究』

（東京大学出版会、1967年）や、田甫桂三編著『近代日本音楽教育史Ⅱ：唱歌教育の日本的展開』（学文社、1981年）などは、明治から戦前期までの唱歌教育に限定してその成立と展開を考察している。また先史から現代までの日本の音楽教育の通史である供田武嘉津『日本音楽教育史』（音楽之友社、1996年）においても、近代以降で器楽について扱われるのは戦中に軍国主義との関連で鼓笛隊と吹奏楽が盛んになったことを指摘しているのみである。

5）本研究では戦後の小学校における教科「音楽」についてはすべて括弧なしで音楽科と表記する。また戦前の教科「唱歌」については括弧なしで唱歌と表記する。ただし引用史料に対応するために必要な場合は括弧をつけて「唱歌科」と呼称する場合がある。

6）本研究では基本的には「教師」と「実践者」を次のように使い分ける。まず一般の唱歌および音楽の教師をさす場合は「教師」「音楽教師」「音楽専科の教師」というように「教師」を用いる。教師のうち、とくに器楽教育を実践した者をさす場合には「器楽教育実践者」もしくは単に「実践者」と表現する。ただし、「教育行政」や「楽器メーカー」などに対する「教師」の立場を表現するときには器楽教育実践者であっても「教師」との表現を取る場合がある。

7）河口道朗『音楽教育の理論と歴史』音楽之友社、1991年、316頁。

8）柳生力『仕組まれた学習の罠』有限会社アガサス、2006年。

9）山住『唱歌教育成立過程の研究』、前掲註4）。なお山住によれば同書のもととなった博士論文は1958年12月には書き上げられた（306頁）。

10）田甫編『近代日本音楽教育史Ⅱ：唱歌教育の日本的展開』、前掲註4）。

11）河口道朗『近代音楽教育論成立史研究』音楽之友社、1996年。

12）ここでは主に、現在の音楽科を構成する歌唱、器楽、創作、鑑賞の各活動がそれぞれにどのように成り立ってきたのかという本研究の視点から先行研究を検討しているが、こうした分類では対応できない優れた先行研究があることも事実である。例えば個別の教師の成長に着目し、その思想と実践がどのように形成されたのかを明らかにした塚原健太の一連の研究（「北村久雄の『音楽生活の指導』の特質：カリキュラム論の視点からの検討を通して」〔日本音楽教育学会『音楽教育学』第46巻第1号、2016年、13-24頁〕など）や、三村真弓の一連の研究（「幾尾純の音楽教育観の変遷：基本練習指導法及び児童作曲法の検討を中心に」〔『広島大学教育学部紀要　第二部』第49号、2000年、381-388頁〕など）、藤井康之の一連の研究（「北村久雄の音楽教育論と生活の信念」〔『東京大学大学院教育学研究科紀要』第43号、2004年、287-294頁〕など）がある。これらの研究からは、本研究が戦前の教師た

ちの思想と実践について考察するときに多くを学んでいる。
13) 鈴木治「明治中期から大正期の日本における唱歌教育方法確立過程について」神戸大学博士論文、2005年。
14) 嶋田由美「唱歌教育の展開に関する実証的研究」東京学芸大学博士論文、2008年。
15) 安田寛『「唱歌」という奇跡十二の物語：讃美歌と近代化の間で』（文藝春秋、2003年）および安田寛『日本の唱歌と太平洋の讃美歌：唱歌誕生はなぜ奇跡だったのか』（東山書房、2008年）など。
16) 寺田貴雄「田辺尚雄の音楽鑑賞論：『音楽の聴き方』（1936）を中心として」（日本音楽教育学会『音楽教育学』第27巻第2号、1997年、1-10頁）など。
17) 三村真弓「大正後期から昭和初期の小学校唱歌科における児童作曲法の展開と特質」（日本音楽教育学会『音楽教育学』第30巻第1号、2000年、42-60頁）など。
18) すなわち次の三つの論文がそれにあたる。菅道子「昭和22年度学習指導要領・音楽編（試案）の作成主体に関する考察」（日本音楽教育学会『音楽教育学』第20巻第1号、1990年、3-14頁）、および、菅道子「諸井三郎の音楽教育思想：『昭和22年度学習指導要領・音楽編（試案）』の思想的基盤」（日本音楽教育学会『音楽教育学』第24巻第4号、1995年、3-18頁）、菅道子「占領下における音楽教育改革：昭和26年度学習指導要領・音楽編の作成過程に関する一考察」（『武蔵野音楽大学研究紀要』第20号、1988年、39-56頁）。また次の二つの研究からもわかるように、菅の問題関心はつねに戦後以降の音楽教育に重点が置かれている。菅道子「戦後の『日本音楽教育学会』設立の試みとその歴史的位置づけ」（関西楽理研究会『関西楽理研究』第11号、2004年、23-41頁）、菅道子「戦後の文部省著作音楽科教科書にみる教材構成の原理」（お茶の水女子大学『人間発達研究』第27号、2004年、17-32頁）。
19) 本多佐保美ほか『戦時下の子ども・音楽・学校：国民学校の音楽教育』開成出版、2015年。
20) 橋本静代「サティス・コールマンによる"Creative Music"の思想」音楽教育史学会『音楽教育史研究』第3号、2000年、31-42頁。
21) 門脇早聴子「初等科音楽における簡易楽器導入の歴史的背景」日本音楽表現学会編『音楽表現学』vol.12、2014年、37-46頁。
22) 権藤敦子「昭和初期の東京市三河台尋常小学校における音楽教育の実践」音楽教育史学会『音楽教育史研究』第8号、2000年、13-25頁。
23) 菅道子「1930年代の山本栄による簡易楽器の導入」『和歌山大学教育学部教育実践総合センター紀要』第21号、2011年、143-151頁。
24) 藤井康之「国民学校期における器楽教育」『奈良女子大学研究教育年報』第9号、

2012年、71-83頁。
25) その他の器楽教育に関する重要な研究として、リコーダーという楽器そのものに焦点を当て、その受容と学校現場への導入過程を明らかにした山中和佳子「戦後の音楽科教育におけるリコーダーの導入と指導の史的展開」（東京芸術大学博士論文、2012年）があげられる。器楽教育成立過程を明らかにする本研究では、小学校におけるリコーダー指導が本格化する前の時代を中心に扱うため、リコーダーについてはほとんど論じない。山中は戦前まで遡ってこの楽器の学校現場への導入過程を描出しており、同様にハーモニカの小学校への導入過程を描出しようとする本研究もここから多くを学んだ。また、戦後の器楽教育について明らかにした研究として二つの研究をあげておく。戦後の「学習指導要領」の変遷から器楽教育の展開を整理した中地雅之（「戦後器楽教育の展開」『戦後音楽教育60年』開成出版、2006年）、および、「笛」と「鍵盤ハーモニカ」という楽器に着目し、楽器産業界のかかわりも含めて考察した嶋田由美「戦後の器楽教育の変遷：昭和期の「笛」と「鍵盤ハーモニカ」の扱いを中心として」（日本音楽教育学会編『音楽教育実践ジャーナル』第7巻第2号、2010年、15-25頁）である。これら二つの研究は、本研究において戦後の器楽教育を考察するときに大いに参考となるものである。
26) 藤井「国民学校期における器楽教育」、前掲註24)、80頁。
27) 本研究における「音楽教育研究団体」とは、音楽教育の現場教師もしくは研究者を中心に組織され、音楽教育の諸問題について研究し、その解決に向けて活動する団体をさす。音楽教育研究団体を対象にし、その詳細を明らかにした先行研究としては、日本教育音楽協会の設立主体者たる音楽教育家たちの思惑や協会の活動目的を明らかにした上田誠二『音楽はいかに現代社会をデザインしたか』（新曜社、2010年）、また1950（昭和25）年に設立された「日本音楽教育学会」が、京都で始まった近畿音楽教育連盟や全国組織としての日本音楽教育連盟から発展的に設立されていった経緯を明らかにした菅「戦後の『日本音楽教育学会』設立の試みとその歴史的位置づけ」（前掲註18)がある。
28) 山住『唱歌教育成立過程の研究』、前掲註4)。
29) 片上宗二『日本社会科成立史研究』風間書房、1993年。
30) 中内敏夫『生活綴方成立史研究』明治図書、1970年。
31) 1920年代以降盛んになった「ハーモニカ音楽」については本書の第4章を参照のこと。
32) 1941（昭和16）年の「国民学校令施行規則」では器楽教育はその実施を許可されたに過ぎず、戦後最初の二つの「学習指導要領」は「試案」であって法的拘束力も

なく、設備の整わない学校では実施しなくても問題はなかった。しかし中地によれば1958（昭和33）年の改訂以降「学習指導要領」が法的拘束力をもつようになり、「この法的措置によって、全国の学校で楽器の普及が促進された」という（中地「戦後器楽教育の展開」、前掲註25）、78頁）。

33）「社告」『器楽教育』第9巻第3号、1966年3月、21頁。
34）本研究が考える教師の「研究者的資質」とは、教師が自身の実践に何らかの問題意識をもち、これを解決するために実践上の研究に取り組もうとする資質である。
35）学校音楽研究会の機関誌『学校音楽』は、創刊号（1933年9月）から第9巻第3号（1941年3月）まで発刊された。戦前期の音楽教育史研究に欠かせない史料である。東京芸術大学附属図書館に第8巻第9号から第12号を除くすべての号が所蔵されており、第8巻の全号が札幌大谷大学附属図書館に所蔵されているので、これらを合わせると発行された全号を閲覧できる。
36）木村信之『音楽教育の証言者たち（上）』音楽之友社、1986年、91-92頁。
37）文部省『合奏の本』日本書籍、1948年。
38）戦後教育改革期に発行された文部省『文部時報』（第824号〔1946年1月〕から第880号〔1950年12月〕まで）、および「GHQ/SCAP 文書」における音楽関係箇所（江崎公子『音楽基礎研究文献集第14巻』大空社、1991年）、近代日本教育制度史料編纂会「第三十一編　学校教育に関する諸規定　一　教科用図書および教材教具関係」（『近代日本教育制度史料』第25巻、1958年、大日本雄弁会講談社）、近代日本教育制度史料編纂会「第二十七編　初等教育および特殊教育等」（『近代日本教育制度史料』第22-23巻、1957年、大日本雄弁会講談社）などを調査した。
39）木村『音楽教育の証言者たち（上）』、前掲註36）、103-105頁。
40）先行研究でもこの文部省内委員会の存在が指摘されているが、品質管理の仕組みやその変遷については未だ明らかになっていない。例えば、木村信之『昭和戦後音楽教育史』（音楽之友社、1993年）、嶋田由美「戦後の器楽教育の変遷：昭和期の『笛』と『鍵盤ハーモニカ』の扱いを中心として」（前掲註25）、山中和佳子「戦後日本の小学校におけるたて笛およびリコーダーの導入過程：昭和20年代を中心に」（『音楽教育実践ジャーナル』第7巻第2号、2010年、73-83頁）など。
41）リード合奏とは、ハーモニカやアコーディオンなど金属製リードを発音体としてもつ楽器を中心に構成した合奏の形態である。1955（昭和30）年と1956（昭和31）年に文部省研究指定校となった群馬県前橋市立天川小学校における実践研究は、1958（昭和33）年の「小学校学習指導要領」改訂とそれ以降の器楽指導に大きな影響を与えた。（中地「戦後器楽教育の展開」、前掲註25）、78頁。

42) 木村信之『音楽教育の証言者たち（下）』音楽之友社、1986年、184頁。木村は、天川小で研究の中心を担った尾林文、水野文一にインタビュー調査を行い、当時の資料も用いながら同校の器楽教育の研究について明らかにしている（同書、183-202頁）。
43) 中地「戦後器楽教育の展開」、前掲註25)、78頁。
44) 文部省『リード合奏の手引』、教育出版、1954年。

第1部　戦前から戦中にかけての器楽教育の黎明と試行的実践の諸相

第1章　器楽教育黎明の歴史的条件の成熟

　日本における器楽教育の試みはどのような歴史的条件のもとで始められたのだろうか。本章では、器楽教育黎明の前史として1900年ごろから1920年代（明治の唱歌教育成立後から大正期まで）の音楽教育界をとりまく状況を、先行研究に拠りながら確認し、器楽教育黎明の歴史的条件の成熟過程をみる。ここでいう器楽教育黎明の歴史的条件とは、①唱歌（音楽）教師の研究者的資質の成熟、②唱歌教育を音楽教育へと発展させようとする思想および児童の音楽生活を重視する思想の形成、③教師たちの団結と組織化である。この3点を踏まえ、1920年代に試みられた先駆的な楽器の指導事例についても合わせて検討する。

第1節　唱歌教育の成立と音楽教師の研究者的資質の成熟

1　唱歌教育の成立──官から民へ

　日本の近代以降における初等音楽教育は、1872（明治5）年の「学制」に示された教科目である唱歌として開始された[1]。唱歌の指導内容はその字の通り歌唱のみであった。しかし当初は歌唱指導ができる教師もおらず教材として使う唱歌や教科書そのものも未整備であったため、「学制」においては「当分コレヲ欠ク」と但し書きが付された。1879（明治12）年には文部省の直轄機関として音楽取調掛が設置され、日本最初の音楽教科書『小学唱歌集』全3巻を編纂し、師範学校に先んじて音楽の教師を養成するなど「音楽取調掛は唱歌教育の普及に大きな役割を果た」していく[2]。

　序章でも言及したように、唱歌教育成立過程研究に先鞭をつけた山住正己は、音楽取調掛によって「最初の唱歌教材の作成」「唱歌教員養成のこころ

み」「唱歌教材、教具の普及」が行われたことを明らかにした。つまり唱歌教育の成立過程は、教材、教師、教具という実践を構成する基礎的な要素を音楽取調掛が整備することによって為されたといえる。山住は唱歌教育のその後の展開について次のように述べる[3]。

> そのごの歴史をみると、唱歌をも芸術作品にたかめ、一方、子どもの生活感情に近づける努力をしたのは、「官」の指導者たちではなく民間側であった。明治三十年代に、芸術として水準のたかい作品を生み出そうとした瀧廉太郎も、言文一致唱歌の運動をおこした田村虎蔵も、官立東京音楽学校の卒業生だが、一介の青年であり現場教師にすぎなかった。しかも、ともに明治十年代以後につくられた小学唱歌にたいする批判が、その活動の原動力となっていた。さらに明治四十年代以後つくられた文部省唱歌にたいし、大正期にはいると民族的伝統（わらべ唄）と日本の子どもの生活感情との尊重を基調とした童謡運動がさかんになった。この運動をすすめたのは、師範教育やいわゆる唱歌教育界とは無縁の詩人や作曲家であり、この趣旨に共鳴した現場教師であった。日本の音楽教育を前進させてきたのは、ひとくちにいって民間運動であった。

また山住は、唱歌教育が成立したのちに、その成立過程で養成された教師たち自身のなかから唱歌教育そのものへの疑問が沸き起こり、やがて唱歌教育から音楽教育へと発展させていこうとする動きが出てくることも指摘する。すなわち山住は「いったん唱歌の効能を知った明治政府」が「唱歌を徹底的に利用しようとしていたこと」を指摘したあとに次のように続ける[4]。

> しかしだいじなのは、いったんひろく学校で唱歌教育がおこなわれるようになったとき、唱歌を実際に子どもたちに教えている教師たちから、こういう方針で指導をすすめてよいのか、子どもにうたうこと自体の喜びを味わせる必要があるのではないかという疑問がでてきたことである。こうして、芸術教育としての音楽教育を確立していくべきだとする主張が出てくる。しかし、それは本書で扱う範囲をこえる。

山住の研究の範囲をこえる時代、つまり唱歌教育成立後の時代にまでくだって、いよいよ唱歌教育は、その展開過程で芸術教育としての音楽教育の確立が志向されるようになる。そして重要なことは、それはもはや官ではなく民によって、それも現場の教師たちの運動の形をとって展開されていくということである。いい換えれば明治末期に至って、唱歌を教える教師たちは、自分たちの教育実践に問題意識をもち、具体的にそれを解決する方法を自ら模索していくところまで研究者的資質が成熟したということである。

2　言文一致唱歌運動にみる音楽教師の研究者的資質の成熟

　唱歌教育の成立過程とともに育った教師たちが最初に疑問をもったのは教材としての唱歌そのものであった。その最初の動向としてよく知られているのは言文一致唱歌運動と呼ばれるものである。これは、明治中期に唱歌教材としてもっとも普及していた音楽取調掛編『小学唱歌集』に収められた唱歌に対し、その歌詞が文語体であるのは児童にとって理解が難しいとの批判から、歌詞の言文一致をめざして教育現場から起こった「唱歌革新の運動」のことである[5]。その中心は東京高等師範学校附属小学校（以下、東京高師附小と略称する）の田村虎蔵[6]であった。

　田村は兵庫県師範学校に奉職しているころから『小学唱歌集』の教材の大部分は「小学児童に不適当であると気付いてゐた」という[7]。そして1899（明治32）年に東京高師附小に赴任したとき「是等の教材を実際に小学児童に教授し」、改めて「其歌詞・曲節共に、余りにも高尚・立派過ぎて、小学児童には不適当なることを痛感」したのであった[8]。すなわち『小学唱歌集』の唱歌に対する田村の評価は、「歌詞の全部は古語・雅句の羅列、『こそ―けれ』で固められて居り」「其想に到つては大人の力作、到底児童意中のものでなく」「曲節亦大人びて悠長」「結局歌曲共に、小学児童の思想・感情に投合するものではない」というものであった[9]。そこで自ら言文一致の歌詞を作り、同僚であった石原和三郎に相談してそれらに曲節をつけ児童に歌わせ

たところ、「児童は大いにこれを歓迎し、前の渋面は化して笑顔となり、輝く眼・朗らかな気持で唱謡した」のであった[10]。翌1900（明治33）年には言文一致唱歌運動の嚆矢とされる唱歌集『教科適用　幼年唱歌』（全10冊）を作曲家・納所弁次郎との共編で発行した[11]。

　田村の生涯を描出した丸山忠璋は、「言文一致唱歌はこの時代の大きな流れであり、多くの人々の手によって進められたのであり、けっして田村一人の功績にすることはできない」としたうえで、「しかしながら、田村はその生涯におびただしい数の唱歌を世に送り出し、それらの多くが人々に歓迎され迎え入れられた」と述べ、田村が運動の先駆けであり常にその中心にあったことを指摘している[12]。

　唱歌教育がある程度普及し始めたとき、子どもに実際に唱歌を教える立場にあった教師から、教材への疑問と批判が提出され、具体的な解決策が打ち出されて運動として広がっていったのである。このことは、音楽教師たちが明治後期にいたって自らの問題意識に基づき行動できるまでに成熟したことを端的に示している。

第2節　大正新教育における芸術としての音楽教育の志向

1　童謡運動

　1910年代から20年代半ば、すなわち大正期の日本の教育界では、19世紀末から欧米に始まった国際的な教育改革運動の影響を受けた教育改造運動が広がった[13]。この運動の立場を端的に言えば、明治初頭以来の「画一主義的な注入教授、権力的な取り締まり主義を特徴とする訓練」に対して「子どもの自発性・個性を尊重しようとした自由主義的な教育」であり、その立場からの教育改造をめざして展開されたその運動は、大正新教育運動、あるいは大正自由教育運動と呼ばれる[14]。

　「大正新教育の全体像を理解しようとする際」に見過ごすことができない

のが、「芸術がもつ人間形成的な価値を重視し、それを教育全般にもたらそうとした潮流」[15]であるところのいわゆる芸術教育運動である[16]。芸術教育運動は「自由画、童話・童謡、自由作曲など芸術諸分野に亘って」おり、このうち明治以来の学校の唱歌を批判し、新しい「子どもの歌」の創作と普及をめざしておこなわれたのが童謡運動であった[17]。したがってこの運動は音楽教育史においては、言文一致唱歌運動に続く、既存の唱歌に対する疑問から起こった運動としても位置づけられる。

　童謡運動の興隆をうながしたのは、鈴木三重吉が「童話と童謡を創作する最初の文学的運動」の展開を目的として創刊した雑誌『赤い鳥』であった[18]。『赤い鳥』には成田為三、弘田竜太郎ら作曲家が積極的に参加し、このあと創刊された雑誌『金の船』においては詩人・野口雨情の詩に中山晋平が作曲、また山田耕筰は「芸術的に水準の高い創作に努力」した[19]。

　ところで芸術教育運動は、童謡運動を作曲家や詩人が中心的に担ったように、美術や文学など他の分野においても学校の教師ではなく芸術家が主導する傾向があった[20]。しかし塚原健太によれば、同じ芸術教育運動に位置づけられる童謡運動と自由画教育運動では、学校教育の実践とのかかわりからみると異なる傾向があった。というのも自由画教育運動が進められた図画・美術教育の分野では「芸術家と教育実践家との関わりの中で実践が生み出されていった」のに対して、童謡運動の中心にいた詩人や作曲家は「童謡という子どもたちのための歌——学校教育の側からみれば教材——の作成に携わるだけで、学校での唱歌・音楽の教育実践の在り方には積極的に関与していなかった」からである[21]。むしろ「大正新教育期において学校の音楽教育の改革を推進」したのは、「芸術教育運動の影響を受けながらも、それまでの実践の在り方を内側から批判し、問い直そうとした小学校の唱歌専科の教師たち」であった[22]。

2　学校現場における音楽教育の改革

　大正新教育期に率先して唱歌教育の改革に取り組んだことでよく知られている専科教師としては次の人々があげられる。言文一致唱歌運動の中心的存在であり東京高師附小で唱歌専科を勤めた田村および同校の青柳善吾[23]、奈良女子高等師範学校附属小学校（以下、奈良女高師附小と略称する）の幾尾純[24]、広島高等師範学校附属小学校（以下、広島高師附小と略称する）の山本壽[25]、大正から昭和初期にかけて長野県と兵庫県の公立小学校で唱歌専科を勤めた北村久雄[26]である。北村を除けば師範学校の附属小学校の教師たちが率先してこの時期の改革に取り組んだことがわかる。これは、師範学校の附属小学校が大正新教育運動の中心であったことと無関係ではない。

　周知のように、大正新教育運動の中心をなしたのは先にあげたいくつかの師範学校附属小学校や、澤柳政太郎の成城小学校を始めとする複数の私立小学校であった。これらの大正新教育運動の実践を展開した諸学校における音楽教育の内容をみてみると、そこには唱歌教育から脱却して芸術教育としての音楽教育を行おうとする傾向がみられる。そこでここでは、先にあげた専科教師たちや、大正新教育運動の代表的な学校がどのような唱歌（音楽）教育を行っていたのかを、歌唱にとどまらない教育内容の広がりという視点で確認したい。

　例えば、全国の師範学校附属小学校の総本山ともいえる東京高師附小の唱歌専科・田村と青柳は大正期以降、同校の唱歌教授細目に鑑賞教材を導入している。1882（明治15）年から1936（昭和11）年の間に発表された同校の12の唱歌教授細目に検討を加えた鈴木治によると[27]、田村が作成にかかわった1916（大正5）年版の細目から「『鑑賞材料』が示され、1学期あたり1～2曲、教師が子どもに歌って聴かせる教材」が加えられた[28]。また1923（大正12）年版では鑑賞について、「優秀なる楽曲」を鑑賞させることは極めて大切なことなので、できるだけ多くの楽曲を聴かせ、豊かな楽想を涵養すべきとされた[29]。なお、1928（昭和3）年版からは「補充教材や教師が歌って聴

かせる鑑賞のみならず、蓄音機を使った『鑑賞曲』も取り上げられ」たという[30]。

また、広島高師附小の山本壽も唱歌教育から鑑賞をも含んだ音楽教育への脱却を図った[31]。さらに「学習法」で知られる木下竹次[32]が主事を務めた奈良女高師附小の唱歌専科の幾尾純は、児童自身による創作活動である自由作曲に取り組んだ[33]。同校では、専科ではなく合科学習の指導を行った鶴居滋一の実践のなかでも児童作曲の学習が行われ、そこで楽器が使われたことも明らかにされている[34]。さらに自由教育運動の中心であった千葉県師範学校附属小学校（以下、千葉師範附小と略称する）では、主事である手塚岸衛の考えに基づき唱歌の時間に「学校劇」や児童による「作歌作曲」、児童への楽器の指導なども行われていた[35]。なお奈良女高師附小および千葉師範附小における楽器の導入については本章の第4節で詳述する。

一方、大正新教育を先導した私立小学校の場合はどうだったのだろうか。1917（大正6）年に創設された成城小学校では、同時代の公立小学校で唱歌の授業を週1時間行っていたのに対し、教科名を「音楽」とし、授業時間も週2時間をこれに当てた。それは、児童を「崇高なる生活をなし、高尚なる趣味を味ひ得る程の人になるやうに教育」し、「古語に『文質彬々』たる教養ある紳士になり得る素地を作り上げるのが我が校の理想とする所」であるという[36]、創設者澤柳の創設趣意にしたがい芸術教育を重視した結果であった[37]。また1919（大正8）年に主事となった小原国芳が、「真善美聖の諸方面にわたって調和し統一された人格の形成を目指す全人教育を主張」し、「正しい人間・真の文化人であるために芸術教育は必要であると芸術教育論を説いた」ことも、その背景にあったとされる[38]。同校では演奏家や声楽家、作曲家といった音楽の専門家が音楽の授業を担当し、内容としては歌唱にくわえて鑑賞や児童作曲の授業も行われた[39]。

以上のように、学校現場における音楽教育の改革は、大正期の教育思潮の影響を受けながら、芸術文化としての音楽を教育内容とする音楽教育へと唱

歌教育を脱却していく動きであり、一方で自由作曲にみられるように、児童の創造性を保障する児童中心主義的な教育を確立しようとするものでもあった。この点について三村真弓は、大正期の教師たちは欧米の芸術教育思想の影響をうけながら、「芸術としての音楽文化を教科内容とし、その教科内容を効率よく獲得させることを意図」して「領域の質的・量的拡大を図り、系統的・論理的な指導法を試みた」結果、唱歌教育が「教科主義的な特質を有することとなった」と説明する[40]。そして、一方で新教育運動の影響による児童中心主義は、音楽文化の系統的指導を前提とする教科主義とは相いれず、これらの接合を模索したのが例えば奈良女高師附小の鶴居滋一であったとする[41]。

芸術としての音楽教育への志向が、児童中心主義の教育とはときとして対立するというこの指摘は重要である。というのも、後の各章において明らかになるように、器楽教育の成立過程においても両者の緊張関係が、「芸術的見地」と「教育的見地」のどちらを優先するべきかというジレンマの形で通底してゆくからである[42]。

いずれにせよ1910年代から20年代にかけて、児童中心主義と、芸術教育としての音楽教育への志向の二つが、大正新教育運動の影響をうけつつ、学校の現場から提起され当時の音楽教育思潮を形成していったのであった。

第3節　音楽教師たちの団結と組織化

1　東京高等師範学校附属小学校初等教育研究会と「全国訓導（音楽）協議会」

1）「全国訓導（音楽）協議会」の概要

1904（明治37）年、東京高師附小の教師たちは初等教育研究会を組織し、その研究成果を発表する場として同年4月に機関誌『教育研究』を創刊した。同研究会は1913（大正2）年以降1941（昭和16）年まで毎年春秋2回、合計57

回にわたって研究協議会を開催した。この会は毎回教科が変わり、第1回は国語であった[43]。

　初等教育研究会の唱歌研究部が主催となる「唱歌および音楽」は、**表1-1**のように計5回行われた。この5回はとくに「全国訓導（音楽）協議会」と呼ばれる[44]。ここでは全国から唱歌専科の教師が集い、各地の実践報告がなされ、「名士による唱歌教育にまつわる講演」も行われた。さらには当時の唱歌教育が抱える問題について協議し、文部省に「建議」として提案する、あるいは文部省からの諮問に答申することもあった。このように「全国訓導（音楽）協議会」は、「当時の唱歌教育に積極的なイニシアティヴを発揮」していたのである[45]。なお、この協議会の記録は『教育研究』に掲載され、全国に流通した。

　東京高師附小の研究会が主催するこの協議会は、全国から教師を集め、ときには文部省に働きかけつつ、また『教育研究』を通してその記録を全国の教師に発信するなど、同校を頂点とする「実践構造上のピラミッドが成立していた」戦前の音楽教育界の状況[46]をよく反映した会であった。

表1-1．東京高師附小初等教育研究会主催「全国訓導（音楽）協議会」一覧

開催年月日・期間	開催回	協議会名
1916（大正5）年6月3日〜7日	第7回	全国小学校唱歌教授担任・中等学校音楽科担任教員協議会
1921（大正10）年5月21日〜25日	第16回	全国唱歌担任教員協議会
1928（昭和3）年5月19日〜23日	第30回	全国訓導（音楽）協議会
1933（昭和8）年10月14日〜18日	第41回	全国訓導（音楽）協議会
1940（昭和15）年5月17日〜21日	第54回	全国訓導（音楽）協議会

［註］出典は下記の通りである。
・初等教育研究会『教育研究・臨時増刊号』第158号、1916年11月。
・初等教育研究会『教育研究・臨時増刊号』第231号、1921年10月。
・初等教育研究会『教育研究・臨時増刊号』第330号、1928年7月。
・初等教育研究会『教育研究・臨時増刊号』第412号、1933年12月。
・初等教育研究会『教育研究・臨時増刊号』第516号、1940年7月。

2）大正新教育期の「全国訓導（音楽）協議会」の研究発表の変容

　ここでは1916（大正5）年の第7回と1921（大正10）年の第16回に着目し、当時どのような研究発表が行われたのかをみる。

　第7回は1916（大正5）年6月3日から7日にかけて東京高師附小の講堂で行われ、事前申込者90名と同校職員31名の総員121名が参加した。北は青森から南は宮崎・熊本まで全国各地から参集、中には「朝鮮」からの参加者もいた[47]。会員の実践報告にあたる「会員講演」全87件の題目として、例えば次のようなものがあった。伊藤胤吉（静岡市城内尋常小学校訓導）による「唱歌と趣味教育」、内藤俊二（香川県師範学校教諭）による「唱歌教授に対する希望」、徳地嘉市（宮崎県東諸県郡倉岡小学校訓導）による「唱歌の機会に就て」など、唱歌の指導に関係するもの[48]、また保科寅治（東京市本郷尋常小学校訓導）の「尋常小学校に於ては本譜略譜何れを可とするか」、山田シヅ（松山市松山第二尋常小学校訓導）の「尋常科の児童にも本譜を以て教授するを可なりとす」など、全体のうち13件は、唱歌の授業における楽譜の問題に関するものであった[49]。これは唱歌の指導に用いる楽譜を、明治以来普及していた略譜（＝数字譜）[50]を用いるか、本譜（＝五線譜）とするべきかという議論が当時あったことを反映したものである。

　さていずれにせよ第7回の研究発表はすべてが唱歌教育、つまり歌唱に関連したテーマであった。ところがこれに対して、5年後に開催された第16回の研究発表では、歌唱以外にもテーマが広がった。

　第16回は1921（大正10）年5月21日から25日にかけて東京高師附小講堂で開かれ、全国からの参加者は66名であった[51]。全61件の「会員報告」の題目をみてみると、唱歌を主に扱うものに混ざって、鑑賞や自由作曲に関する題目がみられる。すなわち石川正一（埼玉県師範学校訓導）による「蓄音機を用ひての鑑賞教授」、青柳善吾（横浜市尋常青木小学校訓導）による「児童の自由作曲に就いて」がそれである[52]。また、岩本恒雄（京都市日彰尋常小学校訓導）による「唱歌科と自由教育」や、深山桂（横浜市尋常高等元街小学校訓導）の

「唱歌の自学方法について」など、同時代の新教育の思潮を唱歌の指導に取り入れようとしたことがうかがわれるものもある[53]。そして本研究の視点から興味深いのは原三代治（神奈川県鎌倉郡尋常高等大正小学校訓導）による「農村小学校に於ける児童楽器使用」[54]である。大正期における楽器指導の試みの一例といえる。これについては次節にて詳述する。

このように1910年代半ばに開催された第7回と、1920年代に開催された第16回の実践報告の内容を見比べると、後者は明らかに大正新教育運動における自由教育や学習論に影響を受けながら、唱歌教育の枠を越えた音楽教育を志向する傾向がみられるのである。

以上のように、この時代の唱歌専科の教師たちは、東京高師附小を中心に据えた全国レベルの「全国訓導（音楽）協議会」をもつようになった。その研究発表の内容は時代の流れを反映したものであり、また初等教育研究会の機関誌『教育研究』を通じてその情報は全国の教師たちに伝わり、共有されていったのである。

2　日本教育音楽協会の設立（1922年）

一方で、音楽教育界の関係者たちは音楽教育研究団体を結成することによっても団結し、その機関誌を通じて音楽教育研究に関する情報を交換するようになっていく[55]。

1922（大正11）年12月に設立された日本教育音楽協会もまたそのような団体の一つである。同協会は初代会長小山作之助を始めとする東京音楽学校の出身者の会である「同声会」のメンバーを中心に設立された。同協会には全国の唱歌専科が参加した。その設立経緯や活動内容については上田誠二の研究[56]で詳細が明らかになっているので、ここではこれに依拠しながら同協会の活動の特徴をみる。

上田は、同協会の指導層を「ⓐ音楽家志向の強い音楽教育家」「ⓑ現場音楽教師のための音楽教育家」、さらに世代的に若く役員職に就かない「ⓒ子

どもへの接近志向の強い役員外サブリーダー」の３層に分け、協会の社会運動戦略を分析している。「ⓐ音楽家志向の強い音楽教育家」とは「音楽学校で音楽家（演奏家や作曲家など）あるいは音楽教師を養成する立場」にあり「その経歴から考えても音楽教師というよりは音楽家と見なすべき人物たち」、例えば島崎赤太郎（東京音楽学校）、鈴木米次郎（東洋音楽学校）などである[57]。「ⓑ現場音楽教師のための音楽教育家」とは「師範学校や小学校で教鞭を執りながら音楽教育の学問的研究に尽力」した福井直秋（東京府青山師範学校）、草川信雄（浅草区福井小学校）、山本正夫（東京府豊島師範学校）などである[58]。そして「ⓒ子どもへの接近志向の強い役員外サブリーダー」とは「役員外にあって積極的に協会の運動に身を投じていた」人々であり、上田はその重要人物の一人として小出浩平（東京市赤坂区赤坂小学校）をあげる[59]。小出の特徴は「現場を第一義に考え、子どもの『音楽生活』を豊かにすることを音楽教育の目的としている点」である[60]。したがってⓒの層は上田の表現を借りれば「子どもの『生活』を充足させることに心血を注ぐ」人たちであった[61]。

　さて、上田によれば同協会の設立の動機[62]は、当時の音楽教師たちの教育現場に於ける冷遇への不満、さらに第一次世界大戦後の教育改革における教科としての唱歌の「格下げ案」浮上に対する危機感であった。また彼ら「音楽エリート」は、当時の大衆的流行歌に対する「生理的嫌悪感」から、それらの社会への浸透を問題視していたという。そこで同協会は、唱歌の歌詞を教え込むという従来の「明治的唱歌教育」ではなく、芸術音楽のもつ美的秩序を社会秩序に適用し国民統合を促すという「美育」的手法を文部省に提示しながら音楽教育の社会的、制度的地位の向上をめざした。さらに音楽教育の国民統合上の有用性をアピールすることで国家観念という正当性を動員し、音楽的見地から生理的嫌悪を抱く大衆の流行歌に対抗していった。

　協会の主張や活動の成果は、機関誌『教育音楽』[63]を通して全国の音楽教師たちのもとに伝達された。1923（大正12）年１月発行の創刊号は、「趣意書」と「本会創立までの経過報告概要」のみの掲載であるので、会員による

論文の掲載が増え始めた第4号（1923〔大正12〕年4月発行）を例にとってその内容をみておきたい。この号では「趣意書」「本会規則」に続いて「音楽理論と技術及文芸」（狩野眞一）、「文化と音楽教育」（小川友吉）、「小学校唱歌教授週案（二）」（草川宣雄）、「児童の発声」（山川三郎）、「薄弱なる音楽家の団結」（松山里芳）であった。「音楽教育家」ではなく「音楽家」の団結の「薄弱」について憂いているところが音楽学校の出身者を中心に結成された同協会の性格を表している。

　試みに10年を経た第11巻第9号（1933年9月）の目次もみてみたい。「声楽の一般知識に就いて」（萩野綾子）、「ピアノ演奏法について」（田中規矩士）、「作曲法について」（橋本国彦）、「音声学」（颯田琴次）など音楽学のものが5編、「中等学校音楽教育座談会」、「小学国語読本巻一に拠る朗読から歌唱へ」など音楽教育に関するものが3編、「文部省音楽科教員検定試験問題」などその他3編、という内訳になる。同協会の指導層が「音楽学校で音楽家（演奏家や作曲家など）あるいは音楽教師を養成する立場」にある「ⓐ音楽家志向の強い音楽教育家」たちであったことを反映して、この団体の興味は音楽学に属するものと音楽教育に属するものの両方にまたがっていた。

第4節　1920年代における音楽教育現場への楽器導入の試み

1　千葉県師範学校附属小学校「唱歌科」における楽器指導

　1919（大正8）年から1926（大正15）年までの自由教育運動の中心となった千葉師範附小[64]の主事・手塚岸衛は、その主著『自由教育真義』において、「唱歌科」で取り扱うべき内容として次の四つを掲げた。すなわち「一、自由唱歌を重んじ、教材採択の範囲を拡め対話唱歌（歌劇）」等をも加ふ」「一、楽器使用を許し之が指導をなす」「一、児童に作歌作曲をさしむ」「一、教師は優秀歌曲を口唱し弾奏し鑑賞せしめ、更に之を言語、文章、絵画によりて発表せしむ」の四つである[65]。手塚は「文化価値の不断の創造は自由の実現

である」との考えに基づき、芸術教育としての唱歌の授業を行うことをめざした[66]。本研究の立場から興味深いのは「楽器使用を許し之が指導をなす」との一文である。実際の授業ではどのようにしてその指導が行われたのだろうか。

手塚の『自由教育真義』に収録された「尋常五年女生唱歌」の「実地授業」[67]をみてみよう。そこでは、個人で取り組む「自由学習」と一斉授業の「共通取扱」の二つの授業形態によって読譜や合唱の練習、曲想についての話し合い、聴音の練習などが行われたあと、それぞれの学習を発表しあう「分別取扱」の形態で次のような場面がある。まず教師が「自分の創作した歌の独唱なり、遊戯なり、歌劇なりやつてもらひませう」と声をかけると、これに答えて何人かの児童が自作の歌を歌い、それぞれについて皆で批評しあう。そのなかで、ある児童は「私は家で練習してゐる曲を二つばかり弾きます」といってオルガンの独奏を行う。他の児童らが「上手ねぇ」と感心するなか教師は「よく指が動くやうになりましたね。ただあまり踏板をはげしく踏まないやうに気をつけてください」と「指導をなす」のであった。

このように、千葉師範附小では唱歌の授業のなかで読譜や聴音練習、鑑賞の授業が行われるなど、唱歌教育の枠を超えた音楽教育と呼びうる内容が展開され、児童による楽器演奏を発表する場面——といっても家庭でオルガンを練習してきた児童が発表して教師が二言三言助言するというものであったが——がみられたのであった。

2　神奈川県鎌倉郡大正尋常高等小学校における希望者への楽器指導

1921（大正10）年5月に開催された第16回「全国訓導（音楽）協議会」では児童に楽器を指導した実践報告があった。すなわち原三代治（神奈川県鎌倉郡大正尋常高等小学校訓導）による「農村小学校に於ける児童楽器使用」[68]では、高等科1年生以上の児童に対して、学校に設備されている91鍵と61鍵の2台のオルガンの「使用を許可」し、希望者に練習させたと報告している。高等

科2年生の女子8名と男子10名が希望し、放課後に希望者だけを残して練習させたという。

　原がこの報告で語った教育上の問題意識とは、「現今此の村に限らず殆んどすべての農村の青年處女」に「多少農業を嫌ふ傾向」があることを憂い、「小学校教科の中で比較的自ら好む本科（唱歌――引用者註）によって幾分なりとも農村の教育に貢献したい」との思いであった。「農村の教育への貢献」と楽器の指導がどのような理路で繋がるのかは報告をみる限り不明である。しかし、地域への貢献という観点から自身の唱歌授業の改善を模索した結果、児童への楽器指導を発想したということはわかる。

　原は「楽器使用の価値」として「イ、聴くことに趣味を持って来た」「ロ、唱ふ事が余程巧になった」「ハ、譜を読む力がついて来た」「ニ、目や頭の働もそうとうよくなつてきたやうである」とその教育上の効果をあげている。とくに「ロ」については「従来は甚だ不正確な唱ひ方メチャメチャの音程であつたが近頃は余程それが少くなつた様」だと唱歌の指導における手応えを感じている。また「下級生を苛め」「女生徒を苛める、畑を荒し、山を荒すという悪い子供」が、「楽器使用を始めてからは毎日早く学校に来て、夕方遅く迄学校に居つて、オルガンに噛付いて一生懸命でやつて居る」「之が為めに、大分悪い事も直つたやうに思ひます」と、今でいうところの生活指導上の「効果」も報告しているのが興味深い。

　原は理想として将来的には49鍵のオルガンを少なくとも7、8台、ヴァイオリンを4、5丁は設備したいと述べ、尋常科5年生くらいから指導していきたいとしている。

3　奈良女子高等師範学校附属小学校・鶴居滋一の自由作曲における楽器の使用

　木下竹次が主事を務めた奈良女高師附小では、「子どもの自由作曲を核とした音楽の総合的学習」が構想された[69]。平井建二によれば「自由作曲は20年代の音楽教育の顕著な動向の一つであったが、木下のそれは、最も本質的

かつ積極的な位置づけを意図したもの」であったという[70]。

　音楽教育史において同校の実践をみるとき名前があがるのが、唱歌の専科教師・幾尾純と、木下の影響下で合科学習において唱歌を指導した鶴居滋一の二人である[71]。本研究の立場から興味深いのは、鶴居の授業において自由作曲の学習に楽器が持ち込まれている点である。

　以下、1924（大正13）年10月に発表された、鶴居の低学年における唱歌授業実践の報告を頼りに彼の授業で楽器がどのように使われたのかをみておこう[72]。鶴居はまず尋常科第1学年の入学第2週目から児童に対して「ハーモニカを学用品の一つとして持参するように命じた」のであった（圏点は引用者）。これは「先づ喜びの中に音に関する理解を得せしめるためには、唯単に教師が楽器を弾奏して聴かせ、または肉声によつて唱歌して聴かせ、或は彼らに従唱せしめる」だけでなく、「彼らに適当なる――音律の正調、音色の快美、練習の容易、携帯の便宜を標準とする――楽器を与へることが第一であると信じて」のことであった。音律が正しく音色が良くて、容易に練習できて携帯にも便利という、のちの時代に教育用楽器に求められる諸条件を鶴居はすでに勘案したうえでハーモニカを「学用品」として導入したのであった。

　さらに興味深いことに、鶴居は児童にハーモニカを持参させたあと、「吹けとも吹くなとも、如何にして吹けとも何を吹けとも決して指導がましいことはしなかった」。それでも児童たちは「路を歩いても、運動場に出ても、教室にゐても、暇さへあれば訳のわからないものを一生懸命にピーピーと吹いた」といい、鶴居は「この訳もわからない没入的吹奏が、強いられることなく歓喜の裡にどれほどまでに彼らの耳を練習したかも知れない」とその学習効果を強調する。やがて彼らは楽譜を読む以前に「楽譜も知らないで、耳底に残つた音楽的リズム」を「直ちにハーモニカによつて吹奏することが出来るやうになつた」。

　鶴居はしかし、既成の曲を吹けるようになったことは「他人のものした曲

譜を機械的に反射的に表出してみるといふに過ぎないこと」であるとし（圏点は原文ママ）、「如何にして彼らの思想感情を歌曲によつて表現せしめようかに顧慮をめぐら」せて自由作曲の指導に入った。第1学年の2学期には児童たちは「自分の歌詞を自分のリズムによつて」歌うことができるようになった。何度も繰り返し歌わせてその歌が安定してくると、今度はこれを記録に残すために、再びハーモニカを用いた。1学期のうちに既成の曲をハーモニカで吹くことができるようになっていた児童たちは、「今度は自己のリズムを自己のハーモニカによつて吹奏」することができた。さらにいくつかの指導上の壁を乗り越え、児童は「自分の歌詞を自分の曲譜によつて歌ふといふ」、「自己表現の学習として、最も嬉しいことの一つ」ができるようになったのである。

　鶴居は「この機会を捉へて……音楽上の環境整理の一つとして楽器の種類を増加」し、「シロホン、マンドリン、ヴァイオリン、フリュート、シンバル、トライアングルなどを設備」して「自由に弾奏し吹奏することが出来るやうに」した。その狙いは「楽器によって音色の差があること」、しかしまたそれらが「互に交響し調和する点のあることを発見せしめ、やがては交響楽への入口を示してやらふ」というものであった。児童は「何時の間にか各自その好むものを練習し、新歌曲は多くの場合それ等の楽器からなる『小さなバンド』によつて合奏せられ、愉快に唱歌を進めていくことが出来た」のであった[73]。

　以上、本節でみたように、大正新教育期のいくつかの学校では、校内で児童に対して楽器を指導する試みがすでに行われていた。

　とくに器楽教育成立史の視点からみると、奈良女高師附小において、自由作曲の学習過程でハーモニカが「学用品」として取り入れられ、そのほかの楽器とともに合奏も行われていたことは特筆に価する。この時代に同様の指導が一般的な公立小学校で行われたとは考えづらいが、その実践が同校発行の雑誌『学習研究』に掲載され全国に向けて紹介されたことの意味は小さく

はないだろう。

小結──歴史的条件の成熟

　本章では、唱歌教育が成立したあと、その教材や方法上の改革が、教育行政よりも子どもに近い立場の現場教師たちの主導で進められたことを確認した。それは唱歌を教える教師たちの研究者的資質の成熟を示している。とくに1900年代から20年代にかけては、大正新教育運動、あるいは芸術教育運動の影響を多分に受けながら、唱歌教育を、芸術教育としての音楽教育へと脱却させることを志向する動きがみられた。具体的には自由作曲や音楽鑑賞を積極的に取り入れ、その補助的な手段として楽器を指導する試みもみられた。

　一方、同時期には唱歌専科の教師たちが全国的なレベルで組織化されていった。東京高師附小の初等教育研究会が主催した「全国訓導（音楽）協議会」や、東京音楽学校の出身者を中心に設立された日本教育音楽協会は、それぞれが発行する雑誌を通して全国の教師へと音楽教育研究の情報を発信し、共有したのであった。

　さて1930年代にはいると、日本教育音楽協会において「子どもへの接近志向の強い役員外サブリーダー」[74]として振舞っていた人々が新たに学校音楽研究会（1933年設立）を立ち上げ、協会よりもさらに現場に近い問題関心をもって研究を進めていく。そしてこの研究会の中心には、器楽教育の固有の価値を訴え積極的に普及していこうとする教師が含まれていた。第２章および第３章ではこの会に着目し、黎明期の器楽教育の実像に迫る。

第1章　註

1）唱歌教育の成立過程については、山住正己『唱歌教育成立過程の研究』（東京大学出版会、1967年）、中村理平『洋楽導入者の軌跡』（刀水書房、1993年）、鈴木治『明治中期から大正期の日本における唱歌教育方法確立過程について』（神戸大学博

士論文、2005年）を通読することで、明治期の唱歌教育の成立過程にかかわる基本的事項と唱歌教育研究の過去50年間の進展を把握できる。
2）鈴木『明治中期から大正期の日本における唱歌教育方法確立過程について』、前掲註1）、18頁。
3）山住『唱歌教育成立過程の研究』、前掲註1）、7頁。
4）同前書、8頁。
5）山住正己「言文一致唱歌運動」『日本近代教育史事典』平凡社、1971年、358-359頁。
6）田村虎蔵は1873（明治6）年、現在の鳥取県生まれ。1892（明治25）年鳥取県尋常師範学校、1895（明治28）年東京音楽学校本科専修部を卒業後、兵庫県尋常師範学校助教諭、兵庫県師範学校などを歴任、1899（明治32）年東京高等師範学校訓導と東京音楽学校助教授を兼任。全国各地の唱歌講習会講師としても活躍し、1922（大正11）年文部大臣より唱歌研究のための欧米留学を命じられる。1924（大正13）年帰国後、東京市視学事務を委嘱される。1936（昭和11）年、東京市視学退職、1937（昭和12）年、東京帝国音楽学校長に就任、1943（昭和18）年逝去（満70歳）。田村の生涯については丸山忠璋『言文一致唱歌の創始者田村虎蔵の生涯』（音楽之友社、1998年）の「田村虎蔵年譜」（252-258頁）に詳しい。
7）田村虎蔵「我国教育音楽の変遷」田村虎蔵先生記念刊行会編『音楽教育の思潮と研究』目黒書店、1933年、107頁。
8）同前書、107-108頁。
9）同前書、108頁。
10）同前書、108頁。
11）丸山『言文一致唱歌の創始者田村虎蔵の生涯』、前掲註6）、114頁。
12）同前書、123頁。
13）中野光「大正自由教育と『芸術自由教育』」冨田博之、中野光、関口安義編『大正自由教育の光芒（復刻版『芸術自由教育』別巻）』久山社、1993年、7-14頁。
14）中野光『大正自由教育の研究』黎明書房、1968年、10頁。
15）塚原健太「北村久雄の『音楽的美的直感』概念：音楽教師としての音楽と『生命』の理解」東京芸術大学音楽教育学研究会『音楽教育研究ジャーナル』第42号、2014年10月、1頁。
16）芸術教育運動については上野浩道『芸術教育運動の研究』（風間書房、1981年）に詳しい。
17）山住正己「童謡運動」『日本近代教育史事典』平凡社、1971年、359頁。

18) 山住正己「〔27〕音楽（唱歌）教育〈大正・昭和前期〉」『日本近代教育史事典』平凡社、1971年、359頁。
19) 同前書、359頁。
20) 例えば『赤い鳥』をつくった鈴木三重吉は文学者であった。また自由画教育運動の中心を担った山本鼎は版画家であり洋画家であったし、山本とともに雑誌『芸術自由教育』をつくった他の3名のうち、教育者である岸辺福雄以外の片上伸と北原白秋はそれぞれ文学者と詩人であった。『芸術自由教育』に関しては冨田ほか編『大正自由教育の光芒（復刻版『芸術自由教育』別巻）』（前掲註13）を参照のこと。
21) 塚原「北村久雄の『音楽的美的直感』概念：音楽教師としての音楽と『生命』の理解」、前掲註15）、1頁。
22) 同前書、1頁。塚原は、当時の唱歌専科の代表的な人物として、大正から昭和初期にかけて長野県と兵庫県で小学校唱歌専科を勤めた北村久雄に着目し、彼の思想形成と実践を明らかにしている。塚原の北村に関するその他の研究としては、「北村久雄の『音楽生活の指導』の特質：カリキュラム論の視点からの検討を通して」（日本音楽教育学会『音楽教育学』第46巻第1号、2016年、13-24頁）、および「北村久雄における唱歌科教師としての専門性認識の変容：実践的問題関心の検討を通して」（『東京成徳大学子ども学部紀要』第3号、2014年、67-77頁）がある。ところで、言文一致唱歌運動の提唱者である田村虎蔵を始めとする「童謡運動に批判的な態度をとった」「従来の唱歌教育の指導的立場にいた人たち」は、童謡を退廃的・軟弱・卑俗と非難したという（山住「〔27〕音楽（唱歌）教育〈大正・昭和前期〉」、前掲註18）、359頁。山住正己は、彼らが「しだいに教授法を改革していったことはたしかである」としながらも、「しかしそれは文部省唱歌の範囲内でこころみられるにとどまり……大衆音楽や芸術音楽と遮断されたところに成立していた『教育音楽』という世界のなかでおこなわれた教授法の改革であった」と手厳しい（同、359頁）。しかし、それでもなお、現場の教師たちによって進められた唱歌教育の改革は、次項でみるように芸術教育としての音楽教育への脱却を志向し実現していったという点でやはり評価されるべきであろう。
23) 青柳に関する研究としては、鈴木『明治中期から大正期の日本における唱歌教育方法確立過程について』（前掲註1）、および塚原健太「青柳善吾による形式的段階の唱歌科への適応：技能教科としての特質の認識を中心に」（『日本教科教育学会誌』第36巻第2号、2013年、51-60頁）などがある。
24) 幾尾純については、三村真弓「幾尾純の音楽教育観の変遷：基本練習指導法及び児童作曲法の検討を中心に」（『広島大学教育学部紀要　第二部』第49号、2000年、

381-388頁）を参照のこと。
25）山本壽の思想と実践については、三村真弓「大正期から昭和初期における広島高等師範学校附属小学校に見られる音楽教育観：山本壽を中心として」（中国四国教育学会『教育学研究紀要　第二部』第43巻、1997年、271-276頁）および三村真弓「山本壽の音楽鑑賞教育観」（『広島大学大学院教育学研究科音楽文化教育学研究紀要』第19号、2007年、1頁）に詳しい。
26）北村久雄は、「大正期から戦中期にかけて長野市城山尋常高等小学校や神戸市東須磨尋常小学校などの音楽教師として生涯実践活動を行うかたわら、理論家として多くの著書や論文を世に送り出すことによって、当時の音楽教師たちに影響を与えた人物」である（藤井康之「北村久雄の音楽教育論と生活の信念」『東京大学大学院教育学研究科紀要』第43号、2004年、287頁-294頁）。
27）鈴木『明治中期から大正期の日本における唱歌教育方法確立過程について』、前掲註1）、75-96頁。
28）同前書、88頁。
29）同前書、89頁。
30）同前書、90頁。
31）ただし広島高師附小は、「従来の知識偏重の教育を批判しながらも、千葉師範学校附属小学校・奈良女子高等師範学校附属小学校・明石女子師範学校附属小学校・成城小学校などの新教育思想による実践を行った学校とは異なり、急進的な新教育運動に対し迎合しない立場を採り教科主義を貫いた」とされ（三村「大正期から昭和初期における広島高等師範学校附属小学校に見られる音楽教育観：山本壽を中心として」、前掲註25）、271頁）、大正新教育の中心的あるいは先導的位置にあったかどうかについては別に検討が必要である。
32）土方苑子「木下竹次」民間教育史料研究会、大田堯、中内敏夫編『民間教育史研究事典』評論社、1975年、356-357頁。
33）奈良女高師附小における音楽教育（学習）の詳細については、平井建二「1920・30年代の音楽教育の動向に関する一考察：奈良女子高等師範学校附属小学校を中心に」（日本音楽教育学会『音楽教育学』第11巻第1号、1981年、28-39頁）、および三村「幾尾純の音楽教育観の変遷：基本練習指導法及び児童作曲法の検討を中心に」（前掲註24）を参照のこと。
34）同前書、33頁。
35）中野「大正自由教育と『芸術自由教育』」、前掲註13）、10-11頁。
36）「私立成城小学校創設趣意」成城学園澤柳政太郎全集刊行会編『澤柳政太郎全集

（第4巻）初等教育の改造』国土社、1979年、409頁。
37) 中野「大正自由教育と『芸術自由教育』」、前掲註13)、12頁。
38) 三村真弓「大正期から昭和初期の成城小学校における音楽教育実践」安田女子大学児童教育学会『児童教育研究』第9号、2000年、89-90頁。
39) 同前書、90-96頁。
40) 三村「幾尾純の音楽教育観の変遷：基本練習指導法及び児童作曲法の検討を中心に」、前掲註24)、381頁。
41) 同前書。381頁。
42) 戦前の器楽教育実践において「芸術的見地」と「教育的見地」の相克が存在したことを最初に指摘したのは菅道子「1930年代～40年代の小学校簡易楽器指導の展開：上田友亀の簡易楽器指導の実践を中心に」(日本音楽教育学会第40回大会研究発表、2009年10月3日、広島大学、発表レジュメ) である。本研究では菅の指摘に学び、器楽教育成立過程全体を通してこのジレンマがどのような形で通底しているのかを検討する。
43) 全国訓導（音楽）協議会については、次の二つを参考に記述する。鈴木治「全国訓導（音楽）協議会」(日本音楽教育学会編『日本音楽教育事典』2004年、音楽之友社、526-527頁)、および、鈴木『明治中期から大正期の日本における唱歌教育方法確立過程について』、前掲註1)、6頁および158頁の〔註9〕)。
44) 表からもわかるように、第7回と第15回の協議会名はそれぞれ「全国小学校唱歌教授担任・中等学校音楽科担任教員協議会」と「全国唱歌担任教員協議会」であったが、その後の第30回、第41回、第54回は「全国訓導（音楽）協議会」となる。また『日本音楽教育事典』においても「全国訓導（音楽）協議会」で項が立てられている (鈴木「全国訓導（音楽）協議会」、前掲註43)。
45) 鈴木『明治中期から大正期の日本における唱歌教育方法確立過程について』、前掲註1)、6頁。
46) 鈴木「全国訓導（音楽）協議会」、前掲註43)、526頁。
47) 「会議の概況」初等教育研究会編『教育研究』第158号、1916年11月、1頁。
48) 「目次」初等教育研究会編『教育研究』第158号、1916年11月、1-6頁。
49) 同前書、1-6頁。
50) 柴田篤志「唱法―日本の学校教育における唱法」(『日本音楽教育事典』、音楽之友社、2004年、478頁-479頁) によれば、日本の学校教育においては、「メーソン、伊沢修二による洋楽導入期、音名が〈ハニホヘトイロ〉のイロハ音名、階名は〈ヒフミヨイツムナ〉のヒフミ唱法であった。この時期の本譜（五線譜）には、数字が

付してあるものがほとんどで、唱法としては視覚的にヒフミ階名が優勢であった。……明治期、音楽科が学校教育の中で地位を固めていくなかで、唱法はドレミ階名が浸透していく。〈レ〉〈ファ〉〈ラ〉〈シ〉などが、日本人には発音しづらかった、ともいわれ、ヒフミ階名も唱法としては存続していた」という。

51）「協議会の概況」初等教育研究会編『教育研究』第230号、1921年11月、193-194頁。
52）「目次」初等教育研究会編『教育研究』第230号、1921年11月、1－4頁。
53）同前書、1－4頁。
54）原三代治「農村小学校に於ける児童楽器使用」初等教育研究会編『教育研究』第230号、1921年11月、161-162頁。以下、とくに断りがない限り、本報告に関する記述はここからの引用である。
55）日本の音楽教育研究団体の嚆矢は1908（明治41）年に設立された「音楽教育界」もしくは「全日本音楽教育会」と呼ばれる団体である。実はこの団体については複数の先行研究によって異なる見解が示されている。丸山『言文一致唱歌の創始者田村虎蔵の生涯』（前掲註6）、140頁）によれば、これは田村虎蔵を中心とした「音楽教育界」という組織で、顧問として伊沢修二、嘉納治五郎、高嶺秀夫、田中正平、坪内雄蔵、湯原元一などの名前があった。そして、この会の機関誌『音楽界』は、山田源一郎の雑誌『音楽新報』と山本正夫の雑誌『音楽』が合同して『音楽界』となり、田村らのつくった研究団体「音楽教育界」に移管されたというのが丸山の述べるところである。一方、石塚真子（「山本正夫」日本音楽教育学会編『日本音楽教育事典』2004年、音楽之友社、779頁）によれば、山本正夫がまず1903（明治36）年7月に月刊『音楽界』を創刊、1908（明治41）年に「全日本音楽教育会」を発会、この会はその後33年間継続したという。また唐沢富太郎（「山本正夫：音楽教育の師父」唐沢富太郎編『図説教育人物辞典：日本教育史の中の教育者群像』ぎょうせい、1984年、832頁）によれば、山本正夫が私財を投じて1908（明治41）年に「全日本音楽教育会」を発会し「音楽教育者の研究連絡・発表交換・相互扶助を図ること三三か年に及んだ」という。そして発会にあたっては「伊沢修二を名誉会長に、嘉納治五郎、坪内雄蔵、湯原元一、村岡範為馳、田村虎蔵などを本部顧問とした」とする。以上の先行研究を総合すると、田村が中心となったとされる「音楽教育界」と山本が私財を投じたという「全日本音楽教育会」は同じ組織のように思われ、今後この団体に関してはさらに研究と整理が必要である。いずれにせよこの団体の機関誌『音楽界』は当時「音楽教育に関する唯一の言論機関」であり、この組織は明治から昭和初期にかけて学術講演会や講習会を多く開催するなど「音楽教育研究

機関として全国に大きな影響を与えつづけ」たとされる（丸山、140頁）。このような音楽教育を対象とする研究団体が明治末期につくられた事実は、先にみた唱歌教育の成立に伴う教師の研究者的資質の成熟と組織化という視点から興味深い。

56）上田誠二『音楽はいかに現代社会をデザインしたか』新曜社、2010年。なお、1920年代から1930年代にかけての日本教育音楽協会の諸活動については同書の第2章と第5章に詳しい。

57）同前書、79-81頁。

58）同前書、80-81頁。

59）同前書、80-82頁。

60）同前書、80頁。小出は次章で考察する学校音楽研究会の設立（1933年）でも重要な役割を果たし、さらに児童の「音楽生活」を重視する姿勢・思想は器楽教育の黎明にもかかわって重要である。

61）同前書、82頁。

62）日本教育音楽協会の設立については上田『音楽はいかに現代社会をデザインしたか』（前掲註56）の第2章（69-103頁）に詳しい。以下の記述は同書に依っている。

63）日本教育音楽協会の機関誌『教育音楽』は、創刊号（1923年1月）から第18巻第12号（1940年12月）まで発刊された。戦前期の音楽教育史研究に欠かせない史料の一つであるが、すべての巻号を所蔵している図書館はない。その所蔵状況は、国立音楽大学附属図書館に第1巻、第3巻（第7号）、第4巻（第1、2、4、6号）、第6巻（第3号）、第7巻（第7、11号）、第8-10巻、第11巻（第1-8、10-12号）、第12巻（第1、3-12号）、第13-18巻と、その多くが所蔵されている。また国立音楽大学附属図書館が所蔵していない前半期の号については、相愛大学図書館の所蔵分でその多くを閲覧できる。すなわち、第1巻（第1、12号）、第2巻（第1-4、12号）、第3巻（第2-3、9、11号）、第4巻（第2、6-9、11-12号）、第5巻（1、5-7、10-11号）、第6巻（第2-5、7-8、10-12号）、第7巻（第2-3、5、8-12号）、第8巻（第1-6号）が相愛大学図書館に所蔵されている。

64）中内敏夫『中内敏夫著作集Ⅵ　学校改造論争の深層』藤原書店、1999年、46頁。

65）手塚岸衛『自由教育真義』東京寶文館、1922年、183頁。圏点は引用者。

66）中野「大正自由教育と『芸術自由教育』」（前掲註13）、12-13頁）において手塚の「自由教育論」と芸術教育の重視との関連が考察されている。

67）手塚『自由教育真義』（前掲註65）には各教科目の「実地授業そのまゝを筆記したもの」を「教授の実際」として収録している（198-310頁）。

68）原三代治「農村小学校に於ける児童楽器使用」初等教育研究会編『教育研究』第

230号、1921年11月、161-162頁。以下、とくに断りがない限り、本報告に関する記述はここからの引用である。

69) 平井建二「1920・30年代の音楽教育の動向に関する一考察：奈良女子高等師範学校附属小学校を中心に」日本音楽教育学会『音楽教育学』第11巻第1号、1981年、29頁。

70) 同前書、29頁。木下は主著の一つである『学習各論』の下巻において、「児童音楽の創作的学習」という音楽教育論を128頁にわたって展開しており、また彼の音楽教育に関する知識は「当時の青柳善吾や、草川宣雄、北村久雄、山本寿等に続くと判断され」「音楽教育に対する認識は実に的確」であったと平井は評価する（29頁）。大正新教育運動の中心人物たちのなかで最も音楽教育について理解の深い人物の一人であった。木下の音楽教育観にはアメリカの音楽教育者サティス・コールマンの影響が大きかったというのが平井の指摘であるが、この見解については近年、塚原健太「大正新教育期におけるアメリカ音楽教育情報の受容：サティス・コールマンの『創造的音楽』を中心に」（『アメリカ教育学会紀要』第25号、2014年12月、28-40頁）において、コールマンから木下への影響は断片的・かつ限定的であったのではないかという指摘が出ている。

71) 平井は奈良女高師附小における自由作曲の指導方法について、鶴居は帰納法的方法、幾尾は演繹法的方法であったとして両者の相違を指摘している（平井「1920・30年代の音楽教育の動向に関する一考察：奈良女子高等師範学校附属小学校を中心に」、前掲註69)、35-37頁）。また両者の違いを実践の背景にある社会的文脈まで視野に入れてより深く考察した研究として三村真弓「奈良女子高等師範学校附属小学校合科担任教師鶴居滋一による音楽授業実践：進歩主義と本質主義との接点の探求」（『日本教科教育学会誌』第22巻第2号、1999年、55-65頁）がある。

72) 鶴居滋一「唱歌学習の一方面（承前）」『学習研究』第3巻第10号、1924年10月、93-101頁。本節における以下の引用は、断りのない限り同論文からのものである。

73) 鶴居滋一「低学年に於ける唱歌学習」『学習研究』第6巻第11号、1927年11月、188-189頁。

74) 上田『音楽はいかに現代社会をデザインしたか』、前掲註56)、82頁。

第 2 章　黎明期の器楽教育実践の動向
　　　──学校音楽研究会と日本教育音楽協会が果たした役割

　1930年代以降、器楽教育の固有の価値を主張し、それを学校の音楽教育のなかに位置づけようとする器楽教育実践者たちが現れた。彼らは互いに情報を交換しあいながらその普及活動を組織的に展開し始める。本章では、当時の実践者たちの連絡・情報交換の場となった学校音楽研究会の活動と、音楽教育界の代表として文部省の諮問機関の役割を果たした日本教育音楽協会の活動に着目し、黎明期（1930年代から1940年代半ば）の器楽教育実践の全体的な動向を描出する。

第 1 節　器楽教育成立過程における学校音楽研究会の位置

1　学校音楽研究会の設立（1933年）とその背景

　1933（昭和 8 ）年、学校音楽研究会が設立された。前章にみたように、1920年代にはすでに全国規模の組織である日本教育音楽協会が設立されていた。それにもかかわらず、1930年代に入って新たにこの研究会が必要であったのはどのような理由によるものであろうか。その答えは設立メンバーをみると直ちに理解される。同研究会を設立したのは、学校現場の音楽教師であった小出浩平（1925年当時、東京市赤坂区赤坂尋常小学校）と井上武士（同じく東京高等師範学校附属小学校）であった[1]。前章でみたように、上田誠二の研究で日本教育音楽協会における「子どもへの接近志向の強い役員外サブリーダー」[2]に分類されていた小出は、学校音楽研究会の設立には、政治的なことから距離をおいた組織を立ち上げる意図があったことを後年語っている[3]。

　小出は日本教育音楽協会の機関誌『教育音楽』の編集を担当していたが、

日本には音楽教育の雑誌がその一冊しかなく、新たな雑誌を作りたいと考えたことが同研究会設立の始まりであった[4]。そのアイデアを井上に話し、二人は新たな会を設立してその機関誌を出す詳細を決めたという[5]。そして井上が出版社の共益商社と交渉し、井上が理事長兼編集長、小出が常務理事、幾尾純（奈良女子高等師範学校附属小学校）や上田友亀（東京市京橋区昭和尋常小学校）を始めとする現場の教師たちを理事とする学校音楽研究会と、その機関誌『学校音楽』が誕生したのであった[6]。

先行する団体である日本教育音楽協会が、音楽教育そのものの社会的地位上昇のために文部省に対して意見を発信するという、いわば行政に向かって活動する団体であったのに対し、現場教師たちによって設立された学校音楽研究会は全国各地の教師たちに向けて、つまり教育現場に向けて結成された団体であった。

その研究会の特徴を機関誌『学校音楽』にみてみよう。学校音楽研究会の主要メンバーたちが全国の教師たちと向き合おうとしていたことは、『学校音楽』第3巻第1号（1935年1月）から第9巻第1号（1941年1月）にかけて掲載された22回にのぼる地方音楽教育座談会の記録から窺い知ることができる。その開催地をみてみると、東北地方から九州地方までにおよんでいる[7]。このように地方の音楽教師たちと音楽教育の諸問題について直接話し合い、その記録を機関誌上に掲載することで、全国の教師が課題を共有しえた点に同研究会の意義と特徴があった。

学校音楽研究会は現場教師の団体であったことから、機関誌『学校音楽』に掲載された記事も音楽教育に関するものにほぼ限定されていた。ここでは創刊号（1933年9月）の目次のいくつかをみてみよう。論説・研究として「学校音楽の社会に与えしもの」（堀内敬三）、「音楽教育はどこへ行く──今後の音楽教育」（北村久雄）など5編、「尋一九月の教材と指導の実際」（上田友亀）から「高二九月の教材と指導の実際」（小出浩平）まで小学校の教材解説が8学年分、新作唱歌の解説「新作唱歌遊戯ギッコンバッタン」（戸倉ハ

ル)、鑑賞指導の手引き「レコード鑑賞の実際」(小出浩平)となっている。本書第1章第3節の2でみた、同じ時期に発行された日本教育音楽協会の機関誌『教育音楽』第11巻第9号(1933年9月)では音楽学の記事が多くみられたのに対し、『学校音楽』では、音楽学に関する論考はみられず、音楽教育の現場に向けた解説や教師による論考がすべてを占めており、二つの団体の性格の違いがよくわかる。学校音楽研究会は、あくまでも現場教師たちのための組織として、現場教師たちによって設立され、活動したのであった。

2 器楽教育の黎明における学校音楽研究会の役割

　学校音楽研究会は器楽教育の成立過程においても重要な役割を果たした。菅道子が指摘するように、同会の機関誌『学校音楽』は器楽教育実践者たちの情報交換の場になっていたからである[8]。

　例えば次節でも詳述するように、同誌の創刊から終刊までの通巻91冊のうち少なくとも41冊の口絵(写真)に、楽器を演奏していたり、手にもっていたりする児童が登場している。また、『学校音楽』誌上ではその発行期間の間に全3回の研究授業記録が掲載されたが、3回とも熱心な器楽教育実践者の授業者であった。すなわち、第1回は瀬戸尊(東京市麻布区麻布尋常小学校)、第2回は上田友亀(東京市京橋区昭和尋常小学校)、第3回は山本栄(東京市神田区和泉尋常小学校)の3名である。この3名は、器楽教育普及運動を支えた中心人物であった。本書第3章で詳しくみるように、彼らの研究授業は器楽教育独自の意義を前面に押し出した内容であった。全国の学校現場の音楽教師を束ねたこの研究会主催の研究授業で彼らが授業者を務めたことは、器楽教育成立過程において重要な意味をもつ。

　このように学校音楽研究会は、唱歌の授業に器楽を取り入れたり、課外活動で器楽実践を行ったりすることを、先進的な取り組みとして積極的に紹介した。そのことは、主要メンバーに器楽教育実践者が含まれていたことと無関係ではない。例えば先に名前をあげた上田友亀は同会の設立時の理事であ

ったし、設立者である小出も、1920年代半ばにすでに器楽教育を試みていた[9]。会の主要メンバーに実践者を含んでいたこともあって、同研究会と機関誌『学校音楽』は器楽教育実践者相互の情報交換の場として機能したのである。

3 児童の音楽生活を重視する音楽教育思潮と器楽教育

児童たちに接しながら日々教育を営む現場教師の立場を反映し、学校音楽研究会は常に児童の生活を重視する音楽教育を実践した。そのことは機関誌『学校音楽』に掲載された「楽譜生活指導の土台」(第1巻第12号、北村久雄)、「我校児童楽譜生活の実際状況」(第2巻第9号、北村久雄)、「音楽生活の羅針盤」(第3巻第11号、寺岡秀夫)、「ラヂオと音楽生活」(第4巻第2号、杉尾俊郎)などの記事名にもよく表れている。

もっとも、児童の音楽生活を重視することは『学校音楽』のみならず『教育音楽』誌上にもみられ、当時の音楽教育界全体の思潮であったとみてよい。この時代は教育界全体が「児童の生活」を学校教育のなかに位置づけていこうとする動向にあり、1930年代の「生活教育論争」にみられるように、「人づくりにおける子どもの生活の世界」がとりだされ、「同時代の教師たちによる子どもの生活の発見」がなされた時代であった[10]。こうした「児童の生活」の発見は、大正新教育運動の児童中心主義の系譜の延長線上にあった[11]。このような教育思潮を背景に、音楽教師たちもまた自身の実践を進めていくにあたって「児童の生活」を「音楽生活」という側面から見つめ直したのである。例えば、北村久雄の問題提起はその典型であった。大正新教育期より独自の音楽教育論を展開していた北村は、同時代の音楽教育が、美しい歌や道徳的な歌を歌わせることが内容であると考えられ、「しかもその歌はせたり聴かせたりすることを生活と見ずに、単なる模唱であり、感覚の満足」だけに終わっていると批判を展開した[12]。そして、①「今後の音楽教育は音楽教育独自の目的を自覚」し、②「従来の歌謡伝授から脱して、音楽的発展を

目的と」すべきであり、③「それには音楽的直感の体験を目標とする音楽生活の指導でなければならない」と、今後の展望を述べた[13]。北村のいう「音楽生活の指導」とは、「児童生活に内在する音楽の事実であり、児童が音楽を自身生活すること」であった[14]。1930（昭和5）年には「音楽的生活過程に於ける器楽指導」について、「音楽的生活の立場からは、単に楽器演奏の技術に熟達させると云ふより」も、「その演奏技術を歌謡生活材料に需めたり、作曲生活に依る作品と連絡をとつたり、関係づけたりして、その児童の全体的音楽生活を豊富にしていく」ことが望ましいと述べている[15]。このように、北村においては「器楽指導」は「児童の全体的音楽生活を豊富にしていく」ための方法として捉えられたのであった[16]。

また児童の音楽生活を重視する教師たちのなかには、より具体的に児童が抱える問題の解決のために器楽指導に取り組む者もいた。例えば東京市芝区愛宕高等小学校訓導の小鷹直治は、高等小学校で変声期に入った児童が多く「全然唱歌の出来ない男児組」の実態や、彼らの「歌ひ得ぬ不満さ」が「ハーモニカやレコードまたはシロホンに依つて欲求するのを見て」器楽指導の必要を感じたという[17]。変声期の児童に対して手近な楽器の演奏指導を始めた小鷹は、個別指導によって簡単な曲が演奏できるようになると「そろそろ児童は熱して空腹も忘れてしまふ。そして一曲を仕上げる頃には教室に電燈がつくので急いで帰宅させることも多かった」という[18]。このような児童たちの反応に、教師たちは器楽教育の教育的効果に手応えとその必要性を感じたに違いない。

第2節　器楽教育の実践校とその広がり

1　雑誌『学校音楽』にみる器楽教育の実践校

1930年代以降、東京を中心に複数の実践者たちが器楽教育実践に取り組み始める。先行研究が明らかにしてきたところによれば、瀬戸尊[19]、上田友

亀[20]、山本栄[21]、そして三河台尋常小学校の坊田壽眞[22]など、東京市の小学校教師たちが器楽教育実践を行っていた。

しかし、ひとくちに器楽教育といっても、実際には多様な合奏形態がみられ、また東京以外の地域においても実践は行われていた。そこで、ここでは『学校音楽』に掲載された器楽教育実践に関する記事を実践地域や合奏形態の種類によって分類し、器楽教育の全体的な動向を描出する。これにより当時の器楽教育の状況が整理されれば、1930年代の個別の実践を、当時の器楽教育実践の動向のなかに位置づけることができるようになり、それらの関係がより明瞭になるはずである。

菅道子の研究は、山本栄の器楽教育実践を明らかにするにあたり『学校音楽』を取り上げ、1930年代を中心に器楽指導の動向を分析している[23]。その際、『学校音楽』の楽器指導の記事・写真を整理した表を作成している[24]。本研究ではその成果に学びつつ、独自に同誌の閲覧可能な全号を史料として新たな表を作成した（表2-1参照）。

菅作成の表との違いは次の2点である。第1点は、表の項目を新たに加えたことである。本表では「地域」の列を設けた。また多様な合奏形態のそれぞれがどのような場で指導されたのかを検討するために「校種」「授業内／外」の列を設けた。さらに「記事に記載の合奏形態」および「使用楽器」の列も設けた。これは「合奏形態」の項目における分類の根拠を示すためである。

第2点は、本表では、器楽教育関係の記事および口絵に加えて、学校訪問記（参観記）の記事などで器楽教育に言及されている場合も対象とした。菅が作成した表は、記事および口絵のタイトルから器楽教育関係の記事と判断できるものだけを収録しているが、本表では、閲覧可能な号の記事内容すべてに目をとおし、器楽教育が実践されていることが語られている記事も収録した[25]。その結果、菅によって指摘された器楽指導実践の記事29件（実践校22校）に対し[26]、本研究の指摘する記事は49件（実践校39校）となった。本表

第1部　戦前から戦中にかけての器楽教育の黎明と試行的実践の諸相

表2-1.　雑誌『学校音楽』の掲載記事と

記事	校数	地域	学校名	指導者	校種	指導形態	合奏形態の分類	記事に記載の合奏形態
1	1	東京	東京府立第一商業学校	廣岡九一	商業	課外	吹奏楽	スクールバンド
2	2	東京	東京市芝区愛宕高等小学校	小鷹直治	高小	課外	管弦楽（→のちに吹奏楽）	オーケストラ、児童管弦楽団、吹奏楽隊（管弦楽団の一部を吹奏楽隊としたか？）
3								
4								
5								
6								
7	3	東京	東京市京橋区昭和尋常小学校	上田友亀	尋小	授業	簡易合奏（ハ）	簡易合奏
8								簡易楽器（合奏隊）
9	4	東京	東京市目黒区中目黒尋常高等小学校	庄司武夫	尋高	不明	オルガン指導	オルガン合奏？
10	5	東京	東京市下谷区龍泉尋常小学校	加藤義登	尋小	課外	ハモ合奏	ハーモニカ合奏
11								
12	6	京都	京都市朱雀第七尋常小学校	下村好廣	尋小	課外	簡易合奏	リズムバンド
13	7	東京	東京市品川区芳水尋常小学校	石本義造	尋小	不明	その他	ヴァイオリン（合奏？個人？）
14	8	東京	東京市渋谷区千駄谷尋常高等小学校	山先秀麿	尋高	不明	管弦楽	児童オーケストラ
15	9	東京	東京市麹町区富士見尋常小学校	瀧井僴介	尋小	不明	簡易合奏	児童オーケストラ
16	10	京都	京都市西京極尋常高等小学校	下村好廣	尋高	授業	ハモ合奏	ハーモニカ合奏団
17	11	東京	東京市麻布区三河台尋常小学校	坊田壽眞	尋高	授業	簡易合奏（ハ）	簡易合奏
18				若松盛治				器楽合奏
19	12	東京	東京市深川区川南尋常小学校	石川誠一、西田愛弘	尋小	課外	簡易合奏	児堂管弦楽団
20	13	山梨	甲府市琢美尋常高等小学校	三井純清	尋高	授業	ハモ合奏	ハーモニカ指導
21	14	東京	東京市神田区和泉尋常小学校	山本栄	尋小	授業	ハモ合奏	ハーモニカ合奏
22								
23	15	山梨	甲府市春日尋常小学校	久保島武	尋小	課外	ハモ合奏	ハーモニカバンド
24	16	東京	東京市小石川区小石川高等小学校	石川友松	高小	課外	吹奏楽	旋律鼓笛喇叭隊
25	17	神奈川	横浜市二谷尋常高等小学校	古田ツヂエ	尋高	授業	簡易合奏（ハ）	器楽合奏
26	18	茨城	茨城県平磯尋常高等小学校	中崎操	尋高	課外	簡易合奏	簡易楽器合奏
27	19	富山	富山県東砺波郡野尻尋常小学校	高田ゆり子	尋小	授業	リズム指導	リズム指導？
28	20	東京	東京市芝区愛宕尋常小学校	千葉キヨ子	尋小	授業	リズム指導	リズム指導
29	21	東京	東京市慶応義塾幼稚舎	江澤清太郎	尋高	授業	吹奏楽	器楽合奏
30	22	東京	東京市麻布区麻布尋常小学校	瀬戸摩	尋小	授業	簡易合奏	簡易楽器指導
31	23	茨城	茨城県那珂郡湊尋常小学校	中崎操	尋小	不明	オルガン指導	オルガン合奏
32	24	兵庫	兵庫県加東郡中番尋常高等小学校	大熊誠	尋高	課外	吹奏楽	喇叭鼓隊
33	25	東京	東京市下谷区下谷高等小学校	松下之知	高小	課外	吹奏楽	吹奏楽隊
34	26	東京	東京市向島区第四吾嬬尋常小学校	白石梅雄	尋小	授業	簡易合奏	簡易楽器指導
35	27	富山	富山県東礪波郡城端尋常高等小学校	中川昌	尋高	課外	吹奏楽	吹奏楽
36				?				吹奏楽団
37	28	愛知	名古屋市熱田区旗屋尋常小学校	荻村小金	尋小	課外	管弦楽	児童管弦団
38	29	東京	東京市豊島区時習尋常小学校	山寺嘉七	尋小	授業	リズム指導	リズム指導？
39	30	東京	東京市浅草区蔵前高等小学校	加藤蓑之助	高小	課外	吹奏楽	吹奏楽隊
40	31	東京	東京市荒川区第一荒川高等小学校	辻進一	高小	課外	吹奏楽	喇叭鼓隊
41	32	東京	東京市荒川区第四峡田尋常小学校	武田瀧三郎	尋小	課外	吹奏楽	吹奏楽隊
42	33	東京	東京市下谷区根岸尋常小学校	武藤利直	尋小	授業	リズム指導	リズム指導
43	34	東京	東京市鞆絵尋常高等小学校	板垣了的	尋高	授業	オルガン指導	オルガン（個人指導）
44	35	東京	東京市杉並区桃井第一尋常高等小学校	北川正義	尋高	授業	簡易合奏	器楽合奏
45	36	東京	東京市品川区大井高等小学校	松下之正	高小	課外	吹奏楽	吹奏楽隊
46	37	東京	東京市豊島区仰高西尋常小学校	菊田要	尋小	課外	吹奏楽	ブラスバンド
47	38	香川	香川県香川郡香西尋常高等小学校	久保末三	尋高	授業	ハモ合奏	ハーモニカ合奏団
48	39	愛媛	愛媛県宇和島市明倫尋常小学校	高畠茂久	尋小	課外	ハモ合奏	ハーモニカリズムバンド
49								

第 2 章　黎明期の器楽教育実践の動向　63

口絵にみる器楽教育実践校

使用楽器（記事に記載あるいは写真で確認）	出典 巻	出典 号	出典 記事名／口絵	掲載時期 年	掲載時期 月
吹奏楽器・打楽器	1	2	記事「最小限度のスクールバンドについて」	1933	10
管弦楽、オルガン	2	10	記事「小学児童の合奏」、口絵	1934	10
管弦打	6	3	口絵	1938	3
管打楽器	6	6	口絵「二月二十日爆弾三勇士銅像前に於ける慰霊演奏」	1938	6
管打楽器	7	12	口絵「吹奏楽隊分列行進」	1939	12
管打楽器	8	10	記事「課外・学校音楽隊の指導」	1940	10
簡易楽器（打楽器類、ハーモニカ）	3	8	記事「簡易楽器による音楽生活の指導」、口絵	1935	8
木琴、ハーモニカ、タンブリンなどの簡易楽器	8	5	記事「豪華新唱歌研究授業」、口絵	1940	5
オルガン	3	8	口絵	1935	8
ハーモニカ、打楽器類	3	11	記事「小学校に於けるハーモニカ合奏及び其の実際」	1935	11
	3	12	記事「小学校に於けるハーモニカ合奏及び其の実際」続編	1935	12
タンバリン、木琴、小太鼓、たて笛	3	12	口絵「低学年のリズムバンド」	1935	12
	4	4	口絵	1936	4
管弦楽器	4	4	口絵	1936	4
ヴァイオリン、ハーモニカ、打楽器	4	9	口絵	1936	9
ハーモニカ	4	10	口絵	1936	10
玩異楽器（女児木琴、男児ハーモニカ）	5	2	記事「玩具楽器の指導」、口絵	1937	2
ハーモニカ、ヴァイオリン、マンドリン、アコーディオン	7	9	口絵	1939	9
ヴァイオリン、ハーモニカ、打楽器	5	2	口絵	1937	2
ハーモニカ	5	3	口絵	1937	3
簡易楽器（打楽器類）、ハーモニカ	5	7	口絵	1937	7
ハーモニカ	8	7	記事「新人推薦唱歌研究授業」、口絵	1940	7
ハーモニカ	5	10	口絵（写真中「春日ヤマハバンド」とあり）	1937	10
管打楽器	5	11	口絵	1937	11
木琴、ハーモーカ、オルガン、ピアノ	6	1	口絵	1938	1
簡易楽器（木琴、打楽器類）、オルガン	6	4	口絵（写真中「楽隊合奏、陸軍マーチ」とあり）	1938	4
ミハルス	6	6	口絵（唱歌教室黒板前の児童四名がミハルスらしきものを演奏）	1938	6
ミハルス	6	8	口絵	1938	8
金管楽器、打楽器、アコーディオン（？）	6	10	口絵	1938	10
木琴をはじめとする打楽器類	6	11	「第一回唱歌研究授業」、口絵	1938	11
オルガン	7	2	口絵	1939	2
金管楽器	7	2	口絵	1939	2
管打楽器	7	3	口絵	1939	3
ミハルス、タンバリン	7	4	口絵	1939	4
金管、打楽器	7	5	口絵（スミレ音楽団）	1939	5
金管、木管、打楽器	8	10	口絵	1940	10
管弦楽器	7	6	口絵	1939	6
ミハルス	7	10	口絵	1939	10
金管、打楽器	7	11	口絵（運動場でマーチングをしている）	1939	11
金管、打楽器	8	1	口絵	1940	1
金管、打楽器	8	2	口絵	1940	2
ミハルス	8	3	記事「東京市下谷区根岸尋常小学校参観記」	1940	3
オルガン（シロフォンを併用）	8	3	記事「我が校に於ける器楽指導」	1940	3
たて笛、大太鼓、小太鼓、シンバル	8	4	口絵	1940	4
金管、打楽器	8	5	記事「東京市品川区大井高等小学校参観記」、口絵	1940	5
管打楽器	8	6	記事「東京市豊島区仰高西尋常小学校」	1940	6
ハーモニカ、トライアングル、カスタネット、拍子木、大太鼓、小太鼓	8	10	口絵、記事「農村に於ける簡易ハーモニカ指導」	1940	10
ハーモニカ、簡易楽器	9	2	記事「ハーモニカリズムバンドの理論と実際」、口絵	1941	2
	9	3	記事「ハーモニカリズムバンドの理論と実際」続編	1941	3

によって、より精緻に当時の器楽教育実践の動向を把握できるようになったといえる。

2　器楽教育の実践地域——東京を中心とする広がり

1930年代の器楽教育はどのような地域で行われていたのだろうか。**表2-1**の「地域」の項目からも分かるように、掲載された39校のうち、東京の学校は26校であった。その他の地域としては、神奈川1校、茨城2校、山梨2校、愛知1校、京都2校（両校とも下村好廣の実践）、兵庫1校、富山2校、香川1校、愛媛1校であった。

先行研究が示してきた通り、1930年代の器楽教育は東京が中心であったといえるだろう。しかしまた、数校ずつとはいえ地方の器楽教育実践校が紹介されていたことは見逃せない。東京を中心としながらも、当時すでに全国各地に器楽教育実践の種はまかれていたといえる。

東京市がこの時代に器楽教育の実践の中心であった理由はいくつか考えられる。例えば菅は、1930年代が「大正期からの新聞、出版、映画、レコードなどのメディアの発達による文化の産業化」に伴って「一部の知識人のものであった教養的文化が大衆化し、産業化していった時代」であり、「流行歌とともに、ハーモニカや木琴、アコーディオンなど軽楽器も普及」して、「大衆がラジオやレコードを通して器楽を気軽に聴いたり、演奏したりするようになっていった」時代であると説明したうえで、「こうした文化の大衆化、産業化は人間、情報、技術が集中的に行き交う東京を中心に起っており、音楽教育の先駆的な実践がそこから生れることも、自然なことであった」とする[27]。このような教養的文化の大衆化と産業化が東京を中心に起こり、その環境下で先進的な音楽教育が行われた、という見方は重要である。

しかしより重要なことは、1920年代以降の東京市では、「東京市教育局の支持と指導」[28]のもとに多くの公立小学校でも大正新教育運動の影響を受けた実践が行われるなど、学校現場そのものが先進的であったという点である。

例えば東京市の富士尋常小学校では、奈良女子高等師範学校附属小学校の影響を受けながら、上沼久之丞校長のもとで若い青年教師たちが自由に研究に取り組み、東京市教育局公認で「合科学習」の実践を行っていた[29]。その他、横川尋常小学校や瀧野川尋常高等小学校なども新教育に取り組んでいたことが明らかにされている[30]。こうした新教育への取り組みのなかで、東京には富士尋常小学校や横川尋常小学校などの「青年教師」が中心となって結成した「日本新教育協会」や、「学者や学校長」が結成した「新教育協会」のような組織が設立されている[31]。「新教育協会」の創立発起人には、上田友亀の勤務校である昭和尋常小学校の服部蓊校長も名を連ねている[32]。

一方1920年代以降は小学校教師や小学校長の海外視察も盛んになる。東京市では、後藤新平が市長の時代に計画された海外教育視察が、後任市長の永田秀次郎によって1924（大正13）年から3カ年にわたり実施された[33]。この海外視察は赤坂小学校長の宮内与三郎の提案により始まったとされるが[34]、その赤坂小学校は学校音楽研究会の設立者である小出の勤務校であった。また、この海外視察の3年目には富士見小学校長の津田信雄が富士小学校長上沼とともに派遣されているが[35]、富士見小学校もまた新教育の実践校であり[36]、表2-1の記事番号15にあるように、1930年代には滝井悌介による器楽教育が行われた学校であった。

このように、1920年代の東京市には、教育行政当局の支持のもとに公立小学校の現場において若い教師たちから学校長までが熱心に新教育の研究と実践に取り組む土壌があった。このような背景をもつ東京市の音楽教師たちが、1930年代以降学校現場における音楽教育の改革の中心となり、器楽教育実践に取り組み始めたのである。

第3節　多様な合奏形態とその特徴

1　合奏形態の分類

　1930年代の器楽教育実践では、どのような形態で合奏指導が行われたのだろうか。

　表2-1の「記事に記載の合奏形態」の列は、雑誌『学校音楽』の記事や口絵に記載された合奏形態をそのまま記載したものである。各記事のオリジナルの表現は多様で、このままでは同時代の全体的な傾向を把握することは難しい。そのため本研究ではそれぞれの実践の「使用楽器」の列に基づいて「合奏形態の分類」の列に示した独自の分類を行った。例えば、記事の中で「スクールバンド」「吹奏楽隊」「喇叭鼓隊」「旋律鼓笛喇叭隊」と表現されていた実践における使用楽器は、いずれも管楽器と打楽器による合奏である。これは広義の吹奏楽にあたるため、本研究ではこれらをまとめて「吹奏楽」に分類した[37]。同様に、管楽器、弦楽器、打楽器による合奏は「管弦楽」に分類した[38]。

　「リズム指導」「簡易合奏」「ハーモニカ合奏」の三つに分類した合奏形態は、児童の発達に即して相互に関連づけられ段階的に取り扱われたため、明確にわけることが難しい。主に低学年を対象に打楽器だけを用いてリズムの指導を行った実践は「リズム指導」に分類した。当時は、唱歌を歌いながら、あるいはその旋律に合わせてリズムを打つことで、唱歌教育を発展的に取り扱うことができるとして、打楽器が授業内に持ち込まれたのである。使用楽器としては、カスタネットのように二枚の板を合わせただけの簡易な打楽器であるミハルス[39]などが用いられた。

　「リズム指導」で用いられた打楽器に加えて、木琴やハーモニカなど児童に身近な旋律楽器を用いた合奏が「簡易合奏」である[40]。ミハルスを始めとする打楽器やこれらの旋律楽器は、玩具的色彩を帯びた児童にも取り扱いや

すい楽器であるとして簡易楽器とよばれた。

　学校や指導者によっては、さらに学年が進むと、この「簡易合奏」を発展させたものとして、ハーモニカの旋律楽器としての役割を重くした合奏形態で器楽教育を実践した。すなわち、ハーモニカを二つ以上のパートに分けたり、低音ハーモニカなど合奏用のハーモニカを用いたりするその形態が「ハーモニカ合奏」である（表中では「ハモ合奏」と表記）。本研究では、記事の中で「ハーモニカバンド」「ハーモニカ合奏」「ハーモニカ指導」のようにハーモニカを重視したことが明らかな表現のものや、使用している楽器についての記載や写真の様子から合奏におけるハーモニカの比重が大きいと考えられるものは「ハーモニカ合奏」に分類した。「簡易合奏」のうち、簡易楽器の一つとしてハーモニカを用いたと考えられるものについては分類が難しいため「簡易合奏（ハ）」と表記した。

　以上のように、1930年代の学校器楽教育の実践においては、ひとくくりに「器楽教育」と表現していても多様な合奏形態が混在しており、それらは、「リズム指導」「簡易合奏」「ハーモニカ合奏」「吹奏楽」「管弦楽」に分類することができる。それぞれの実施校数をみてみると、**表2-1**の39校のうち、「リズム指導」4校、「簡易合奏」が10校、「ハーモニカ合奏」が7校、「吹奏楽」が11校、「管弦楽」が3校、その他4校となる。

2　合奏形態と校種および指導の場との関連

　各学校の合奏形態の選択は、その実践された校種（尋常小学校、高等小学校）や、指導の場（授業内の指導か課外活動なのか）といった諸要素と相互に関連しあっている。

　表2-1から「合奏形態の分類」と「校種」を取り出し、どの校種でどの合奏形態に取り組まれていたのか、その実施校数を示したのが**表2-2**である。

　「校種」の項目からわかるように、尋常小学校（「尋小」と表記）が19校、尋常高等小学校（「尋高」と表記）が13校、高等小学校（「高小」と表記）が6

表2-2. 合奏形態と校種

	リズム指導	簡易合奏	ハモニカ合奏	吹奏楽	管弦楽	その他	合計
商業	0	0	0	1	0	0	1
高小	0	0	0	5	1	0	6
尋高	0	3	3	4	1	2	13
尋小	4	7	4	1	1	2	19
合計	4	10	7	11	3	4	39

校、商業学校（「商業」と表記）が1校であった[41]。

校種別の特徴をみてみると、尋常小学校19校のうち「簡易合奏」が7校で最も多く、「リズム指導」（4校）と「ハーモニカ合奏」（4校）が続く。高等小学校に目を向けると、「吹奏楽」が最も多く5校となっている。尋常小学校で多かった先ほどの三つの合奏形態は高等小学校では0校である。商業学校1校の実践も「吹奏楽」であった。このようにみると、校種ごとに選択される合奏形態が異なっていることがわかる。

この校種ごとの合奏形態の選択には、学習者である児童・生徒の発達段階への配慮があった。廣岡九一は、『学校音楽』第3巻第6号の記事[42]において、小学校において実施される「音楽合奏団組織としては先づ低学年に於ては打楽器合奏」にあるとし、「四学年以上の児童に対しては、ハーモニカバンド・喇叭隊、ブラスバンド、オーケストラであるけれども私の考えではハーモニカバンドを正しく且つ音楽的に行ふを第一とします」と述べている。吹奏楽を実践する廣岡が4年生以上の小学生児童にハーモニカを薦めたのは、「児童が無理をしてその体力も及ばないものに吹奏楽器を練習させ」たり、「喇叭を吹かして教師も児童も共に労力をより減さなくとも」ハーモニカであればそれ以上の容易さで音楽教育のためになると考えたからであった。また廣岡は「高等科併置でない限り」は小学校に「喇叭鼓隊は採り度く」ないとする。それは「体力の問題であつて苦しんで下手な合奏より簡単でも愉快な斉奏喇叭隊の方が効果的」であるからだという。楽器についても「喇叭鼓隊用のものは児童には普通の信号喇叭よりも吹きにくい点からも割愛せざるを得ない」とし、児童の体力に合わせた楽器の選択を求めた。

廣岡のような児童の発達段階を考慮した楽器の選択という観点は、他の器

楽教育実践者たちにも共有されていた。例えば京都市朱雀第七尋常小学校でハーモニカを含むリズムバンドの指導を実践した下村好廣は、「児童に一番奏し易い楽器それはハーモニカをおいて外にないだらう。それが学校音楽にハーモニカを取り入れるについての最も有利な事である」と述べている[43]。また東京市明治尋常小学校の眞門典生も、「最も簡易にして便利な、そして児童の一番親しみ深い楽器」であるとしてハーモニカの指導に取り組んだ[44]。

　このように、児童の学齢や体力と楽器の親しみ易さや難易度を考慮した結果、校種によって選択される楽器や合奏形態に一定の傾向がみられるようになったのである。すなわち、演奏が容易な楽器を用いた「リズム指導」と「簡易合奏」、これを発展させるために児童に身近な楽器を用いた「ハーモニカ合奏」は尋常小学校で行われた。また、より体力の必要な管楽器を用いる「吹奏楽」は高等小学校以上でそれぞれ取り組まれるようになったのである。これを裏づけるように、尋常高等小学校では、それぞれの校種の要素を両方とも反映する形で、「簡易合奏」3校、「ハーモニカ合奏」2校、「吹奏楽」4校であった。ここでも「簡易合奏」と「ハーモニカ合奏」は尋常科で、「吹奏楽」は高等科で取り組まれたと考えられる。

　では1930年代の器楽指導実践はどのような場で指導されたのだろうか。ここでは、合奏形態と指導の場の関連について、すなわち授業内と課外活動ではそれぞれどのような合奏形態で器楽指導が行われたのかについて考察する。

　表2-3をみてみると、「リズム指導」「簡易合奏」の多くが授業内で実施されていることがわかる。「ハーモニカ合奏」は授業内が3校、課外が4校である。また「吹奏楽」はそのほとんどが課外において実践されている[45]。

　このことと、先にみた校種と合奏形態の関連をつき合わせて考えると、それぞ

表2-3. 合奏形態と指導の場

	リズム指導	簡易合奏	ハモ合奏	吹奏楽	管弦楽	その他	合計
授業内	4	6	3	1	0	1	15
課外	0	3	4	10	2	0	19
不明	0	1	0	0	1	3	5
合計	4	10	7	11	3	4	39

れの合奏形態がどのような場で実践されていたのかがわかる。つまり、「リズム指導」「簡易合奏」は尋常小学校の授業内で、これを発展させた「ハーモニカ合奏」は尋常小学校ないし尋常高等小学校尋常科の授業内あるいは課外活動として実践された。一方、「吹奏楽」は高等小学校ないし尋常高等小学校高等科の課外活動として実践されたのであった（図2-1参照）。

このようにまとめてみると、現在の器楽教育の状況とよく似ていることに気がつく。現在、多くの小学校では、低学年の音楽科の授業内で簡単な打楽器をもちいたリズム打ちを指導し、少しずつ簡易な旋律楽器、鍵盤ハーモニカやリコーダーなどの楽器を用いた合奏に発展させていく。高学年になると様々な簡易楽器をとりまぜてクラス全員での器楽合奏に取り組む学校も少な

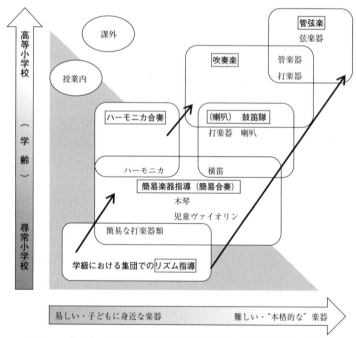

図2-1. 黎明期の器楽教育の合奏形態と校種・指導の場との相関

くない。やがて児童は小学校を卒業し中学校に進むが、多くの中学校には課外活動（部活動）として吹奏楽部（ブラスバンド部）が設けられ、器楽に興味のある生徒はそこで本格的に管楽器に触れることになる。

　戦前の高等小学校が国民学校高等科を経て戦後の新制中学校へと改組されたことを考えれば[46]、戦前における合奏形態と、指導の場や校種（学齢）との関係が、そのまま戦後に引き継がれていったと考えるのが自然である[47]。

　以上のように、小学校の音楽科授業で簡易な楽器による器楽合奏に取り組み、中学校で課外活動として吹奏楽に取り組むという、現在の日本の学校現場で広くみられる器楽教育のあり方は、黎明期の器楽教育実践の場ですでにその原型がつくられていたといえる。戦前の器楽教育は、その具体的な実践の側面はもちろん、児童の発達段階を考慮した校種ごとの楽器や合奏形態の選択という視点からみても、戦後の器楽教育を準備していたといえるのである。

第4節　「国民学校令施行規則」（1941年）に位置づけられた器楽教育

　1941（昭和16）年4月「国民学校令」が施行され、明治以来の教科である唱歌は芸能科音楽に名称が変わった。同年の「国民学校令施行規則」（以下「施行規則」と略称する）の第14条（芸能科音楽に関する条）では、歌唱指導に加えて鑑賞指導も必ず行うことが定められた。また「器楽ノ指導ヲ為スコトヲ得」との文言も挿入され、これにより器楽教育は、歌唱と鑑賞のように指導の義務はなかったものの、初めて法的な位置づけを得ることとなった。

　前節までにみてきたように、1930年代から40年代前半までを通じて、器楽教育実践者たちは学校音楽研究会のような全国組織で情報交換をしつつ研究を進め、その実践を積み上げていた。国民学校期の音楽教育に器楽が位置づけられた背景に、このような実践の積み上げがあったことは間違いない。しかしながら、器楽教育が法的な位置づけを得るためには、音楽教育界から教

育行政に対するより直接的な働きかけが必要だったはずである。本節では、この「施行規則」への器楽教育導入までにどのような動きがあったのかを確認する[48]。

「施行規則」に器楽教育の一文が挿入された背景には日本教育音楽協会から文部省への働きかけがあった。同協会は本書の第1章でもみたように、戦前に文部省の諮問機関として機能し、音楽教育界を代表して文部省に要望を伝える役目を負っていた。

1939（昭和14）年11月、同協会と帝国教育会の連合主催で教育音楽研究大会が開催された。大会参加者は「北は北海道より、南は台湾、満州に及び受付番号561号に達した」といい[49]、参加者が550人を超える大規模な大会であったことがわかる。

この大会では、全体協議に四つの協議題が設定され、そのうちの第一が田村虎蔵の提案による「国民学校案に対する音楽教育の具体案如何」であった[50]。当時すでに教育審議会[51]の答申によって国民学校および中学校の案が出されており[52]、この協議題はこれを受けて提案されたものであった。各協議題は全体協議のあと議長指定の委員に付託され、委員会にて協議された。第一協議題の付託委員は**表2-4**の通りである。この委員会が協議の結論として出した決議案には、「二、小学校の唱歌科に関する諸法規は国民学校の音楽に於

表2-4. 第一協議題付託委員

受付番号	氏名（所属）
14	三澤亀晴（新潟市湊尋常小学校）
34	菅生直巳（群馬県師範学校）
72	堀江清一（白鳥尋高小学校）
80	佐藤吉五郎（堺市立高等女学校）
129	橋本秀次（東京音楽学校）
151	近藤義次（京都市視学）
279	久木原定助（山形県師範学校）
477	小林つや江（東京高等師範附属小学校）
479	井上武士（東京高等師範附属小学校）
483	○田村虎蔵（帝国高等音楽院）
484	中野義見（東京市視学）
505	下総皖一（東京音楽学校）
506	城多又兵衛（東京音楽学校）

［註］所属は参加者名簿の記載による。○印は委員長。
「教育音楽研究大会概況」『教育音楽』第18巻第1号、1940年1月。

てそれぞれ次の如く改訂することが必要である」として「国民学校ニ於テハ平易ナル単音唱歌及重音唱歌ヲ授ケ、更ニ適宜簡易ナル楽器ノ使用法ヲ授クルコトヲ得」という一文が挿入された[53]。この決議案を再度検討する全体協議の場で、付託委員長の田村は、「『更に適宜簡易なる楽器の使用法を授くることを得』、此等も長年の間同じ様な事を建議致して居ります」と説明した[54]。つまり日本教育音楽協会としては、初等音楽教育における器楽教育の導入についてそれまでにも文部省に建議してきたのであった。かくしてこの案は大方異論なく全体協議会で決議された。

ところでこの大会では、文部省からの諮問「時局ニ鑑ミ中等学校ノ音楽教育ニ於テ国民精神涵養上特ニ留意スベキ事項如何」に対する答申も決議された[55]。諮問そのものは中等学校の改革に関するものであったが、日本教育音楽協会が出したその答申には、「中等学校ニ関連シ国民学校案ニ於ケル音楽教育ヲ左ノ如ク改善セラレタシ」という項目が添えられた。そしてそこに、先ほどの決議案の文言がほとんどそのまま挿入されたのであった[56]。つまり、先にみた第一協議題の決議文は、答申につけ加えられるという形で、事実上そのまま文部省に「建議」されたのである。

文部省に対して「建議」された先の一文は「施行規則」第14条に生かされることとなった。ここに第14条の該当部分を引くと、「初等科ニ於テハ平易ナル単音唱歌ヲ課シ適宜輪唱歌及重音唱歌ヲ加ヘ且音楽ヲ鑑賞セシムベシ又器楽ノ指導ヲ為スコトヲ得」となる[57]。先の決議案の文言と見比べるとよく似ており、この決議案をもとに第14条が書かれたことが想像される。

「施行規則」は、実際は教育審議会ではなく文部省によって定められた。すなわち、全体協議会で出された「すでに国民学校の教科の内容に就ては研究せられて居るといふ御話でありますが、只今の教育審議会に於て教科の内容を研究して具体案を作製されるのでありますか」という質問に対し、文部省督学官倉林源四郎は、「それは審議会は大方針だけでありまして、その内容は文部省に於て研究して定める」のであり、「その場合特に芸能科音楽に

関する審議会を開いてそれに依つて内容を決めるといふ所迄は考へて居らぬのであります」と答えた[58]。つまり文部省としては、教育審議会は改革の「大方針」についての見解を示すだけであり、各教科の内容の詳細は省で決定するものと考えていた。そして、日本教育音楽協会のような各教科の専門家の集まりに諮問を出したり、場合によっては建議を受けたりし、これを元に内容を決定していったのである。

さて、文部省への「建議」では「簡易ナル楽器ノ使用法ヲ授クル」という表現であったものが、「施行規則」では「器楽ノ指導ヲ為ス」との表現に書き換えられている。これは、本章でみたように、1930年代から40年代前半にかけて行われた器楽教育には簡易楽器の指導からブラスバンドや管弦楽まで様々な合奏形態による指導が試みられていたため、これら全体を包含する意味で「器楽ノ指導」としたと思われる。いずれにせよ日本教育音楽協会の働きかけがあって、「施行規則」のなかに「器楽ノ指導ヲ為スコトヲ得」との一文が入れられることとなったのである。

このような経緯で法的な位置づけを得た器楽教育であったが、その後の国民学校期に入ってそれまで以上に器楽教育が盛んになるということはなく、その取り組みはそれ以前から器楽教育に取り組んでいた学校や師範学校の附属校にほぼ限定されていた[59]。その理由の一つとして、「施行規則」においては歌唱と鑑賞が「セシムベシ」とされたのに対して、器楽は「為スコトヲ得」、つまりその実施を許可するとの表現にとどまっていることがあげられよう。また、戦中は少国民錬成と関連づけられて盛んになった音感教育の実践に注目が集まったこと、さらに日々の戦況悪化にともなう物資不足によって新たに楽器をそろえることが困難であったこともある。これらの理由により、器楽教育が全国的に行われるには戦後を待たなければならなかった。その意味では、器楽教育の「施行規則」への位置づけは制度上大きな意味をもったものの、実践レベルで見れば大きなインパクトにはならなかったのである。

小結──黎明期の器楽教育の全体的動向

　本章では器楽教育の黎明期にあたる1930年代から40年代前半までの実践の全体的な動向を、主に学校音楽研究会の雑誌『学校音楽』を中心に描出した。
　まず、学校音楽研究会の設立背景や活動、その思想的特徴について明らかにした。学校音楽研究会は、現場教師たちのための研究団体として設立され、器楽教育実践者にとっては相互の情報交換の場として機能していった。また同会には児童の生活を重視する音楽教育思想をもつ教師たちが集まった。この児童中心主義的な教育思想を背景として、器楽教育実践は行われたのである。この点については次章で個別の実践を検討する中でさらに考察を深める。
　次に、同研究会の機関誌『学校音楽』の記事を手掛かりに、器楽教育実践の広がりがいかほどのものであったのか、またどのような楽器の編成によって指導が行われたのか、その合奏形態についても検討した。1920年代から新教育の実践が行われていた東京市の公立小学校を中心にしつつ、他の地方においても、少ないながらも複数の器楽教育実践校がみられた。合奏形態の分類においては、ハーモニカや木琴など児童に身近な楽器を用いる簡易合奏や、そのなかでもとくにハーモニカを中心に扱うハーモニカ合奏、吹奏楽、管弦楽など、多様な形態がみられた。これらの楽器選択は、基本的には児童の身体の発達段階を考慮して選択されていた。すなわち尋常小学校（尋常科）では簡易合奏やハーモニカ合奏、高等小学校（高等科）では体力の必要な吹奏楽の形態が選択されたのである。
　さらに、1941（昭和16）年の「国民学校令施行規則」において、国民学校の芸能科音楽で器楽教育が位置づけられた経緯を明らかにした。すなわちその背景には日本教育音楽協会の文部省への「建議」があった。しかし、器楽教育は歌唱や鑑賞のように指導が義務づけられていなかったこと、また戦中の物資不足の影響もあって、それまで以上に盛んになることはなかった。

次章では、同じく黎明期の器楽教育を、個別の思想と実践という視角から描出していく。具体的には戦後の器楽教育に直接つながる簡易楽器を用いた器楽教育、すなわち簡易楽器の指導に取り組んだ実践者たちに焦点をあて、それぞれの思想と実践について考察する。

第2章　註

1）目賀芳音『あの頃・あの人　東京市視学を横取りされた男』『教育音楽』第9巻第8号、1954年8月、134-135頁。この記事の著者「目賀芳音」は次の理由により小出浩平であると考えられる。まず、この戦後の『教育音楽』第9巻第6号から第11号に連載された「あの頃・あの人」という随筆は、戦前の音楽教育界の出来事をユーモラスに描写したシリーズであるが、その第1回（第6号）においては目次の執筆者名が「小出浩平」となっており、本文のみ「目賀芳音」となっている。また第9巻第9号は「あの頃・あの人」の掲載はなく、代わりに小出浩平「江戸児・萩原先生」という萩原栄一を偲ぶ随筆が掲載されており、これが明らかに他号掲載の「目賀芳音」による随筆と同じ文体である。おそらくこの回だけは故人を偲ぶ記事であったため小出の本名で掲載されたものと思われる。さらに、連載「あの頃・あの人」は戦前の出来事を登場人物の会話まで再現して描いているが、すべてのエピソードに小出自身が登場し、このシリーズのすべての回を書き得るのは小出だけなのである。実際、『あの頃・あの人　東京市視学を横取りされた男』では小出と井上の会話が記されているが、その内容は二人にしか知り得ない内容である。以上のことから、本研究では「目賀芳音」名義のこの随筆を小出による回想録として扱う。

2）上田誠二『音楽はいかに現代社会をデザインしたか』新曜社、2010年、82頁。

3）木村信之『音楽教育の証言者たち（上）』音楽之友社、1986年、50頁。

4）目賀『あの頃・あの人　東京市視学を横取りされた男』、前掲註1）、134-135頁。

5）同前書、134-135頁。

6）同前書、134-135頁。

7）東京市（第1回）を皮切りに、長野市（第2回）、山梨県甲府市（第3回）、大阪市（第4回）、東京市（通し番号なし、第5回に相当か）、青森市（第6回）、東京市（第7回）、新潟県高田市（第8回）、岐阜市（第9回）、仙台市（第10回）、大分県玖珠郡（通し番号なし）、福井市（第11回）、群馬県高崎市（第12回）、静岡県榛原郡（第13回）、名古屋市（第14回）、岩手県盛岡市（第15回）、福島市（第16回）、

東京市（通し番号なし・第17回に相当か）、愛知県安城町（第18回）、水戸市（第19回）、三重県（第20回）、東京市（通し番号なし）である（通し番号のない回を入れて全22回）。

8) 菅道子「1930年代の山本栄による簡易楽器の導入」『和歌山大学教育学部教育実践総合センター紀要』第21号、2011年、144頁。
9) 上田と小出の実践および思想については次章を参照のこと。
10) 中内敏夫『中内敏夫著作集Ⅵ　学校改造論争の深層』藤原書店、1999年、87頁。
11) 中内によれば、私立成城小学校など新学校を通じて「自由教育」として現場に浸透した「理想主義的性格のつよい広義の生活教育論」は、「はじめ芸能教科の分野で『自由歌謡』『自由彫塑』などと呼ばれていたが」、1930年代になると「分野を拡大しかつ呼称をかえて、『生活算術』とか『生活理科』とよばれるものに」なっていった（同前書、89-90頁）。
12) 北村久雄「音楽教育はどこへ行く」『学校音楽』第1巻第1号、1933年9月、6頁。圏点は原文のまま。
13) 同前書、8頁。
14) 同前書、10頁。
15) 北村久雄「音楽的生活過程に於ける器楽指導」『教育音楽』第8巻第4号、1930年3月、10頁
16) 同前書、10頁。
17) 小鷹直治「小学児童の合奏：口絵写真に就て」『学校音楽』第2巻第10号、1934年10月、52頁。
18) 同前書、52頁。
19) 藤井康之「国民学校期における器楽教育：東京と長野を中心に」『奈良女子大学研究教育年報』第9号、2012年、71-83頁。
20) 橋本静代「サティス・コールマンによる"Creative Music"の思想」（音楽教育史学会『音楽教育史研究』第3号、2000年、31-42頁）、および門脇早聴子「初等科音楽における簡易楽器導入の歴史的背景」（日本音楽表現学会『音楽表現学』vol.12、2014年、37-46頁）。
21) 菅「1930年代の山本栄による簡易楽器の導入」、前掲註8）。
22) 権藤敦子「昭和初期の東京市三河台尋常小学校における音楽教育の実践」音楽教育史学会『音楽教育史研究』第8号、2000年、13-25頁。
23) 菅「1930年代の山本栄による簡易楽器の導入」（前掲註8）では1933（昭和8）年9月から1941年（昭和16）年3月までの『学校音楽』の記事を取り上げている。

24）同前書、145頁、表2。
25）例えば、表2-1の記事番号42の東京市下谷区根岸尋常小学校の実践は、水戸武夫「東京市下谷区根岸尋常小学校参観記」（『学校音楽』第8巻第3号、1940年、49-50頁）において同校の音楽の授業の様子が紹介されており、その中でミハルスの使用が明記されていたため、これを根拠に、器楽教育実践校であると判断し、表に加えた。
26）菅「1930年代の山本栄による簡易楽器の導入」（前掲註8）の研究では、本来記事とセットとなっている口絵も独立した記事として数え、記事数34件としている。本研究では、記事数よりも実践校数を重視するため、記事とセットで掲載された口絵はそれぞれひと組で一つの記事として数える。同様に数えると菅作成表における記事数は29件（実践校22校）となる。
27）菅「1930年代の山本栄による簡易楽器の導入」、前掲註8）、143頁
28）鈴木そよ子「1920年代の東京市横川小学校における新教育：『動的教育法』の実践」（日本教育方法学会『教育方法学研究』第16巻、1990年、44頁）。また、鈴木そよ子「公立小学校における新教育と東京市の教育研究体制：1920年代を中心に」（『教育学研究』第57巻第2号、1990年、13-22頁）も参照のこと。
29）鈴木そよ子「富士小学校における教育実践・研究活動の展開：昭和初期公立小学校の新教育実践」『東京大学教育学部紀要』第26巻、1986年、251-260頁。
30）鈴木「1920年代の東京市横川小学校における新教育：『動的教育法』の実践」（前掲註28）、および、鈴木そよ子「公立小学校における大正新教育：東京市瀧野川尋常高等小学校の『綜合教育』」（神奈川大学『国際経営論集』第14号、1997年、133-152頁）。
31）木戸若雄「東京都」小原國芳編『日本新教育百年史』第四巻、玉川大学出版部、1969年、387-390頁。
32）同前書、390頁。
33）同前書、395頁。
34）同前書、395頁。
35）同前書、395頁。
36）同前書、386-387頁。
37）「吹奏楽」は、広義には「吹奏楽器による音楽一般を指し、……木管のみ、あるいは金管のみのアンサンブルから、木管、金管に打楽器、ときには弦バス等の一部弦楽器を補助的に加えたいわゆる『吹奏楽団』までを含んで」いる（保柳健、大石清「吹奏楽」『音楽大辞典』平凡社、1982年、1274-1276頁）。

38）「管弦楽」はオーケストラのこと（「管弦楽」『標準音楽辞典』音楽之友社、2008年、451頁）。オーケストラとは「合奏の一形態。種々の弦楽器、管楽器、打楽器からなる組織化された合奏を意味」する（同、273-275頁）。

39）ミハルスは打楽器の一種。現在の保育や教育現場で用いられる教育用カスタネットの前身とされる。木製の２枚の板を蝶番でつなぎ、それぞれの板の表面にある革製の輪に指をいれて開閉させて音を出す。ミハルスの歴史や構造、教育現場における活用については門脇早聴子「日本の初等科音楽教育における楽器『ミハルス』の意義と役割」（音楽教育史学会『音楽教育史研究』第18号、2016年、１-12頁）に詳しい。

40）ただし、表2-1からもわかるように、尋常小学校で簡易楽器とともにヴァイオリンを扱った学校がいくつかみられる。1930年代にはすでに「名古屋の鈴木ヴァイオリン会社が児童の練習用として１／２ヴァイオリンを安価で製造して」おり、戦前の東京市内では瀧井悌介の麹町区富士見尋常小学校（表2-1記事番号15）を始め、課外活動としてヴァイオリンの指導に取り組んだ小学校があった（瀧井悌介「音楽の課題活動の一例」田村虎蔵先生記念刊行会編『音楽教育の思潮と研究』目黒書店、1933年、545-546頁）。分数ヴァイオリンを簡易楽器として扱うべきかどうかは議論の分かれるところであるが、本研究では他の簡易楽器とともにヴァイオリンが扱われている場合には「簡易合奏」に分類し、個人指導でヴァイオリンだけを扱っている実践は「その他」に分類した。

41）1930年代の尋常小学校は修業年限６年の義務教育、高等小学校は修業年限２年間で義務教育ではなかった。尋常高等小学校は、尋常小学校と高等小学校が併設された学校で尋常科と高等科に分けられていた。

42）廣岡九一「学校合奏団指導」『学校音楽』第３巻第６号、1935年６月、42-47頁。以下の発言はすべてこの記事からの引用である。

43）下村好廣「学校音楽の一部門としてのハーモニカ」『学校音楽』第３巻第６号、1935年６月、52-53頁。

44）眞門典生「東京市小学校ハーモニカ音楽指導研究会に就いて」『ハーモニカ・ニュース』第11巻第８号、1937年８月、６頁。

45）菅「1930年代の山本栄による簡易楽器の導入」（前掲註８）においても吹奏楽や管弦楽が「教科外の活動の中で実施」されたことが指摘されている（144頁）。しかし、次の点で菅論文と本研究の視点は異なっている。すなわち、菅は「音楽週間」や学校行事のなかで吹奏楽や管弦楽が実施されたことを明らかにしたうえで、「これらは集団的音楽活動による国体観念の強化を示そうとするもの」であったとし

「他者に見せる音楽表現が求められた」ことを指摘している（144頁）。したがって、菅の視点は「指導の成果の発表の機会」が教科外にあったことに向いている。この指摘は、1930年代後半に強まっていく軍国主義的教育のなかで求められる集団としての一体感の醸成に器楽合奏が一役買った点を明らかにするもので、重要である。一方、本研究における「指導の場」との視点は、菅の指摘した「発表の機会」にたどり着く前の段階、まさに合奏の練習と指導の場が「授業内」であったか「課外」であったかに視点がある。

46) 1941（昭和16）年の「国民学校令」により尋常小学校と尋常科は国民学校初等科、高等小学校と高等科は国民学校高等科に改組され、戦後教育改革期の1947（昭和22）年に国民学校初等科は新制の小学校に、国民学校高等科は新制中学校の第1学年、第2学年に改組された。なお、この改組は教師の人事にも適用された。例えば、戦前に東京市芝区愛宕高等小学校で吹奏楽や管弦楽の指導を行い、『学校音楽』でも度々その実践が取り上げられた小鷹直治は、戦後は新制中学校の教諭となり、小中学校間の連携による器楽教育普及を掲げた日本器楽教育連盟の設立時（1956年）には中学校側の代表として副会長に就任している（「日本器楽教育連盟会則」『器楽教育』第1巻第1号、1956年12月、3-4頁。および、「会務報告」『器楽教育』第1巻第1号、1956年12月、24頁）。

47) ただし、新制中学校の音楽の授業内でも器楽教育は行われており、これについては別に研究が必要である。

48) 上田友亀の回想によれば、文部省の角南元一の判断によって「器楽ノ指導ヲ為スコトヲ得」との文言が挿入されたという（木村『音楽教育の証言者たち（上）』、前掲註3）、77頁）。ただしこれには裏づけとなる史料が乏しく、また上田自身も「あれは角南さんが私の学校をみて、後からいれたらしい」と伝聞の表現で回想しており、現段階では歴史的事実として確定するのは難しい。角南は1943（昭和18）年12月の時点で文部省第一編修課図書監修官であった人物であり（「文部省高等官名簿」『文部時報』第803号、1943年12月、77-83頁）、1940（昭和15）年前後には芸能科を担当する図書監修官であったということは、当時の彼の著作物に記された肩書きとその著作内容から間違いない。すなわち角南元一「芸能科の本質に就て」（倉林源四郎、竹下直之、藍野直道、野口源三郎、角南元一、早川富正『国民学校各科教育の本義』、モナス、1941年、181-214頁）や角南元一『芸能教育論』（教育美術振興会、1943年）、角南元一「『高等科音楽・図画・工作・家事一』の編纂趣旨」（日本放送協会編『文部省国民学校高等科教科書編纂趣旨解説』日本放送出版協会、1944年、82-98頁）など、複数の著作における彼の肩書きは「文部省図書監修官」であ

り、その内容は芸能科にかかわるものであった。
49）「教育音楽研究大会概況」『教育音楽』第18巻第1号、1940年1月、3頁。
50）同前書、4頁。
51）1937（昭和12）年12月に設置された、内閣直属の教育諮問機関。戦時下の教育改革はその答申を基本として実施された。1941（昭和16）年10月までに、初等教育から中等、高等教育、青年学校、師範学校、社会教育などに関する七つの答申と「国語教育に関する建議」など四つの建議を行った（「教育審議会」日本近代教育史事典編集委員会『日本近代教育史事典』平凡社、1971年、17頁）。
52）協議会における文部省督学官倉林の発言として「…教育審議会に於て、我国の教育の内容及制度の根本的刷新を致すといふ事の為に慎重審議して過般答申されました国民学校及中学校に関する案の要項を見ましても…」との発言からも、この時点ですでに国民学校に関する大枠が案として出されていたことがわかる（「教育音楽研究大会概況」、前掲註48）、23頁）。
53）「文部省諮問案答申」『教育音楽』第18巻第1号、1940年1月、115-119頁。圏点は引用者。
54）「教育音楽研究大会概況」、前掲註49）、85頁。
55）「文部省諮問案答申」、前掲註53）、115-119頁。
56）同前書、115-119頁。
57）文部省普通学務局編『国民学校令及国民学校令施行規則』、1941年、21頁。圏点は引用者。
58）「教育音楽研究大会概況」、前掲註49）、27頁。
59）例えば、藤井は、東京と長野の数校に焦点を当て、豊富な史料に基づいて国民学校期の器楽教育の実態を検討したうえで、「瀬戸尊が指導していた誠之（引用者註：誠之国民学校）での器楽活動以外は、盛んに器楽実践が行われていたとは言い難い状況にあった」と結論づけている（藤井「国民学校期における器楽教育：東京と長野を中心に」、前掲註19)。

第3章　黎明期の器楽教育実践者たちの実像
　　　──学校音楽研究会の研究授業を中心に

　黎明期の器楽教育実践はどのような思想に支えられていたのだろうか。本章では、1930年代の器楽教育実践者たちにとって先駆的存在であった小出浩平と、学校音楽研究会主催の研究授業で器楽を中心とする授業を行った瀬戸尊、上田友亀、山本栄を取り上げる。彼らの実践と思想を考察することによって、器楽教育がどのような問題意識と目的をもって開始されたのか、その思想上の原点を明らかにする。

第1節　「楽器教授」の先駆的試み──小出浩平

1　音楽それ自身の独立した美

　小出浩平は1897（明治30）年生まれで新潟県出身、1917（大正6）年高田師範学校卒業、西頸城郡南西海小学校訓導となる[1]。1918（大正7）年東京音楽学校甲種師範科入学、1921（大正10）年同卒業、香川県師範学校教諭となる。1922（大正11）年より東京市赤坂尋常小学校、城東尋常小学校訓導を経て1937（昭和12）年から学習院教授、1964（昭和39）年から東邦音楽大学教授を歴任した[2]。なお赤坂尋常小学校在勤中の1924（大正13）年から、「池袋児童の村小学校の音楽専科訓導として野村芳兵衛ら生活教育の実践に協力」したという[3]。

　小出はすでに1920年代後半に児童への楽器の指導を試みていた。彼は本論第1章でみた大正新教育期の他の学校における楽器の指導とは異なり、それを自由作曲や歌唱指導の補助として扱うだけでなく、独立した活動としても扱っている。その意味で彼は黎明期の器楽教育実践者たちにとって先駆的存

在であった。また学校音楽研究会の中心にいたため実践者たちに与えた影響も少なくなかったはずである。そこで、ここでは彼の音楽教育思想と、器楽教育の先駆的実践の内容、その限界性についてみる[4]。

　小出は1927（昭和2）年に『唱歌新教授法』を出版し、このなかで唱歌の授業における楽器指導に幾度か言及している。序文を寄せた田村虎蔵によれば、この著書は出版までの5年間、すなわち小出が香川県師範学校から東京市赤坂小学校に転じた1922（大正11）年から1926（大正15）年にかけての時期に試みた実践研究の「苦心の結晶」であるという[5]。つまりここに収録されている論考は、1920年代半ばの、小出にとっては東京における最初期の実践の集大成ということになる。以下、同書を中心に小出の思想をみてみよう。

　小出は「唱歌教授の目的」（第1章）の冒頭に「芸術教育」の項を立て、「芸術教育とは、この人間本来の美的要求に着眼して、純情直ちに自他融合せしめやうとする教育である」「彼の木の葉と共に踊り、小川と共に歌ひ、夕日にみとれ、友と手をとつて喜ぶ生活を生活させることが芸術教育である」と述べる[6]。児童の「生活」と「芸術教育」を直結させている点に注目したい。

　続いて「唱歌教授」について、唱歌も音楽の一種であるから、その芸術教育における「独自の意義」を知るためには音楽について把握しなければならないとし[7]、音楽について、「表現の具として用いられた、リズムカルな音である」とし、「リズム、メロデー、ハーモニーを、美的形式に配列し、他の芸術では現せない人生の一面を歌ふところの時間的、動的芸術である」とする[8]。さらに「音楽は音以外の外界の物体の力を求めず、他の助けを借りずにそれ自身だけで完全である。自由である」とも述べる[9]。ここで小出が、音楽それ自身の独立した美に言及していることに注意したい。さらに、小出によれば「音楽は言語などの習慣的制限から離れて、純粋な感情の力によつてのみ経験しうる無形無限の精神的人生の微妙を表現する」のである[10]。音楽は、言語とは独立したところで、音の組み合わせとその動きそのものによ

って複雑な感情を表現しうる芸術である、というのが小出にとっての音楽であった[11]。

2　芸術教育としての「唱歌科」へ——「従来の唱歌」批判

　小出は、「唱歌は、思想や感情の美的あらはれである言葉に、形を与へたもの」であり「人声によつて表現されるところの音楽である」とする[12]。そして、人の声によって表現されるとき、「歌詞は詩にして単に詩にあらず、音響として響き、音響として働きかけ、声楽独自の音楽美を表現し生命の神秘に触れる」のである[13]。唱歌につけられた歌詞もまた、あくまで「音響として」声楽独自の音楽美を表現するべきものと捉えた。

　小出は「従来の唱歌」について「比較的非芸術的な作品が多い」とし[14]、その原因として次の四つをあげた[15]。

（1）「唱歌が我が国に輸入されて」から歴史が浅く「人々が未、唱歌と云ふものが如何なるものであるかと云うことを理解して」いないこと。

（2）日本の伝統音楽が旋律よりも歌詞に重点を置き、旋律は「単に歌詞の伴奏に過ぎないと云つた様な傾向」があったため、その影響で「歌詞に重きを置いてメロデーには比較的注意してこなかつた」こと。

（3）唱歌という言葉が、初めは学校教育で用いられたために「唱歌に過大な有限的教育的効果を期待し、学校内だけで歌ふもの」としたこと。

（4）歌詞の作詞者と旋律の作曲者が、それぞれに「単独の行動をとつた」、すなわち、「歌詞の作者は出来るだけ教育的内容を羅列した歌詞を作つて、歌詞それ自身の力で教育的効果をあげさせやうと企て」、「メロデー作者は、歌詞の暗示する気分背景等を表現して歌詞と融合した歌曲を作るよりも美しい音をならべてよい気分を与えることに苦心した」こと。

　このような理由から「唱歌は、歌詞とメロデーとが融合した子供の心の神秘を歌つたものが少なく、無味乾燥で徒に固くるしくて、子供が日常の生活に取り入れて生活する様な、子供の成長の糧になる様な芸術的な作品が少な

以上のように小出は、唱歌における歌詞の優位性と、歌詞と旋律とが融合しない結果としての非芸術性のために、児童の生活のなかに受け入れられなかったと主張したのである。小出の芸術教育、音楽教育、唱歌教育に関する主張をみてみると、彼が一貫して、児童の生活の充実を掲げつつも、あくまで芸術教育としての音楽教育を志向していることがわかる。例えば彼の唱歌教育論は「歌詞とメロデーとが融合した子供の心の神秘を歌つたもの」や「子供の成長の糧になる様な芸術的な作品」があれば「子供が日常の生活に取り入れて生活する」というように[17]、唱歌に芸術性を確保すれば、自然に児童の生活のなかにそれが取り込まれるという論理で展開されていた。

したがって、彼にとっての「唱歌教授の目的」とは「子供の現在の生活をよい作品を歌はせよい作品を鑑賞させることによつて充実させ、満足せしめると同時に、他日大人としての音楽生活の基調をも作るものである」ということになる[18]。ここでの「よい作品」とはこれまでにみたことからもわかるように「芸術的」であることが認められる作品なのである。そして彼は「唱歌科を唱ふことだけを教授する技能かと考へて、真の音楽教育をなすことを忘れてしまつてゐるものが多い」ことを嘆き、その誤解を一掃するため「ここに小学校中学校等の唱歌科の名称を音楽科と改めたいと思ふ」と述べ、教科名を「唱歌科」から「音楽科」へ改称することを主張したのであった[19]。

3 「楽器教授の研究」とその「挫折」

唱歌教育の音楽教育への脱却を主張した小出は、当然唱歌だけでなく「鑑賞教授の研究」(『唱歌新教授法』第8章)や「児童作曲の研究」(同、第10章)について言及し、また「楽器教授の研究」についても述べている。

まず彼は、奈良女高師附小の鶴居滋一の実践[20]と同様に、児童作曲の補助として楽器を用いている。低学年の指導の方法として、彼は「形式の整つた最も簡単な歌を歌つて聞かせたり、歌はせたりする」ことに続いて「自由独

唱」を楽しませ、次に「楽器を与へる」ことに言及する[21]。与える楽器としては「笛」「手製のシロホン」「ハーモニカ」「鉄琴」「オルガン・ピアノならば一層よい」とし、これを「子供の思ふまゝに弾かせておけばよい」とする[22]。そして「子供はピアノやその他の楽器につかまつて」、「自分の習つた曲を一生懸命弾いたり吹いたりしやうと」「苦心する」のである[23]。この苦心のなかで「いい音も記憶する、正確な音も記憶する」、また「自分のやつてゐることの誤謬も発見」し、さらに「拍子も正しくなる」のである[24]。やがて「いつとはなしにいい音の蓄積をみ、創作の喜びを感ずるように」なると小出は述べている[25]。

　また小出は歌唱指導において「難聴児童」を支援するものとして楽器を用いた。ここでいう「難聴児童」とは現在一般的に理解されるそれとは異なり、「どうしても自分の欲する音を声音機官によつて得られない子供、耳が音に対して敏活に働くことができないために、音楽に対する感激性の甚だ少ない子供」をさしている[26]。そのような児童に対して小出は、①「リズミカルなマーチ」や「軍歌式な歌曲など」を「手拍子を取らせたり、タクト棒をかしてやつたり歩かせながら歌はせる」というように「身体にきかせること」、②「視覚の利用」を提案し、そのうえで、③「楽器を与えること」を提案する[27]。小出は「難聴児童に最も欠けてゐるものは音楽的経験」であり、教師の範唱などは「比較的効果が少ないもの」であるが、「彼らに楽器、ピアノ、オルガン、又はハーモニカを与へると、彼ら自から積極的に楽器を弾いてやらうと試み」、「いつのまにか多少でも楽音を記憶する様になる」とした[28]。また経費の点から「最も安く出来るのはハーモニカ」であるとも述べている[29]。そのほかに蓄音機を自由に使用させて、「音楽的雰囲気の中に」遊ばせるなど、彼らが積極的に喜んで試みることの出来るものを与えることで「不幸な彼らの音楽生活を出来るだけ豊富にしてやらなければならぬ」と述べた[30]。児童の音楽生活を楽器の導入によって豊かにしていくという発想は、のちにみる器楽教育実践者たちと共通するものであり、注目しておきたい。

小出はここでみたような児童作曲や歌唱指導の補助的手段としてだけでなく、「楽器教授の研究」も独立したものとして考えていた。彼はこの「楽器教授の問題」について「一章を設けて書いた」が「楽器教授といつても比較的都会に限られ勝なので、一章を設けることをやめて後の機会に述べる」ことにしたといい[31]、このテーマについては「第13章　残された問題の研究」のうちの1節として記述している。以下、とくに断りのない限りはその節「三、楽器教授の研究」[32]からの引用である。

　小出は指導する楽器としてまずハーモニカをあげた。それは「子供に最も簡単で面白味が」あり、「価も安く、教へ方も単純、音もすぐに出る点で、もつてこいのもの」だからである。そして「現今ハーモニカについての指導は、楽器中に於て最も単純なもの」で、「これは、田舎でも出来るから充分に田舎地方では、利用してほしいと思ふ」として、都市部以外での楽器の導入にはハーモニカが適しているとの考えを述べた。

　これに続いて小出はヴァイオリンとピアノをあげているが、この二つについては技術的な問題、経済的な問題から「特別な子供」「特種な子供」にのみ教授しうるものとしている。その他の楽器として、「横笛」や「太鼓」、「シロホン」「鉄琴」などもあげている。すなわち「横笛」は「たくさんの子供に教へて置けば、運動会などに役だつてたいへんよい」とし、「太鼓」については「拍子等の練習に大いによい」として「時々用ひさせることは大切である」とした。「シロホン、鉄琴」については「教へると云ふよりは学校に用意して子供に自由に用ひさせ」ることを勧めている。その他、オルガンはピアノよりも安くどこの学校にもあるので指導するにはよいとし、「朝などの行進曲は子供が弾ける様にしたい」とする。さらに「たて笛」も「大いに用意して置いて、子供の音楽生活に参加させることは大切なこと」とした。

　このように小出は実際に楽器を用いた授業を展開していたが、1930年代以降は、これ以上にその実践を追究して発表することはなかった。その背景には、田村虎蔵からの干渉があった。後年小出は器楽教育に関する座談会で

「大正14年に私が明笛一六本、ハーモニカ六本、それに小太鼓をつけたバンドをやって、田村先生に来ていただいた時」に、「田村先生から、こんなちんどん屋のけいこをやるというのは音楽に対する冒涜であるとお叱りを受けてやめさせられた」と回想している[33]。田村はこのとき東京市視学であり[34]、その干渉は小出に「楽器教授の研究」を断念させるには十分であったと思われる。彼はこの後、器楽教育について自らの実践を発表することはなかった。

もっとも、このあとにみるように、1930年代に入ると田村も心変わりをして器楽教育について否定することはなくなる。それどころかその実践者たちを援護するようにさえなっていくのである。その意味では小出の1920年代の取り組みはいささか早すぎる実践であったといえよう。

第2節　児童の音楽生活へのまなざし――瀬戸尊

1　児童の観察から始まった器楽教育実践

瀬戸尊は1900（明治33）年福島県に生まれた[35]。瀬戸は、自身が幼少期のころから「日露戦争のおかげで陸軍の信号ラッパを吹くことができ」、ハーモニカも吹くことができたという[36]。また小学生のときには「オルガンがひきたくて、放課後、ひそかにさぐってみるのが楽しみであった」といい、そのような経験から、教師になってからも「児童にオルガンを解放するのは当然だと思っていた」と回想している[37]。1919（大正8）年に中学校を卒業後、群馬県の小学校にて代用教員となる[38]。この小学校で音楽教員の検定を受けるように勧められ、東京市の小学校で専科教員となった[39]。この頃東京市視学として巡回していた田村虎蔵が瀬戸の音楽授業をみて以降、瀬戸は田村にかわいがられるようになる[40]。

1923（大正12）年の関東大震災で勤務先の学校が焼け、これを機に田村の勧めもあって岡崎師範学校附属小学校訓導となった。当時同校は新教育として生活教育に取り組んでいた[41]。このときの同僚のなかには、のちに奈良女

子高等師範学校附属小学校に勤め「生活修身」に関する業績を残した岩瀬六郎がおり[42]、瀬戸は彼と「時には夜を徹して涙を流して子どもの問題を話し合った」といい、「それでだいぶその空気を吹き込まれた」と回想する[43]。この岡崎で、瀬戸は最初の器楽合奏の指導を行った。すなわち1925（大正14）年の音楽会で「オルガン十数台、ハーモニカ多数、太鼓一等で『春のほほえみ』その他一曲を合奏して公開」したのであった[44]。

その後田村に呼び戻され東京市麻布尋常小学校に転じた瀬戸は、本格的に器楽教育の研究に取り組み始めた。当初はハーモニカを旋律楽器として使い、リズム楽器として「屑箱（大太鼓）、木魚、仏壇のチンチン（トライアングル）、でんでん太鼓（小太鼓）、拍子木、空きカン、空きビン等」も使ったという。これらの楽器は「普通授業の時に、歌唱伴奏として役だった」という[45]。瀬戸は本格的に器楽の指導に乗り出すきっかけとなったエピソードを次のように語っている。瀬戸の思想の根幹をなす「児童の生活へのまなざし」がよく表れているので引用しておこう[46]。

> とても音程の狂う子どもがありまして、合唱するといつもその子がはずむんです。ときには私が頭をつついたりしたもんですよ。ところがあの時分に校外補導というのがありまして、学校の帰りに地域を廻って歩くんです。子どもの町遊びを見るんです。私が廻ったときに子どもたちが竹の鉄砲をかついで、小さな山を上がったり下がったりしているんです。1年ぐらいの生徒がたくさんね。私がだんだんちかづいて参りますと、どこからか音楽が聞こえるんです。それにみんなの足が合っている。おかしいな、と思って私がそばへいきましたら、ハーモニカの音が聞こえてマーチをふいているんですよ。……私は感心しましてもっとそばへいってみると、例の音程をはずす子どもがハーモニカをふいているんです。私はビックリしましてね「ああすまなかったな」といったんですね。子どもはなぜすまなかったといわれていたのかわからないんですよ。

この出来事から瀬戸は「ただ歌だけ教えてはまずい。子どもの生活の中にこんな立派な音楽があるじゃないか」、そして「声だけでお前音痴だからダ

メだ、といったり、丙をくれたりするなんてとんでもないことだ」と「眼がさめた」のだという[47]。

　器楽教育の研究にあたって瀬戸は上田友亀と山本栄に声をかけ、ともに実践研究に取り組んだ。菅道子が生前の山本への聞き取りで明らかにしたところによれば、瀬戸が「皆で一緒になってこの音楽の研究をやるために、何人か主になる者を集めようじゃないか」と山本に提案し、「上田友亀を含めた三人」が集まって、「唱歌を教えるんでなしに、やはりこの音楽を教えなくてはいけない」ということで「器楽指導を始めようという話になった」という[48]。また丸山忠璋が明らかにしたところによれば、このような器楽教育実践の研究に対して理解を示し、指導と援助をしたのは、田村虎蔵であった[49]。1920年代に小出が「楽器教授の研究」を試みたときには「こんなちんどん屋のけいこをやるというのは音楽に対する冒涜である」[50]と叱責した田村も、1930年代には器楽教育実践を認めるようになっていたのである[51]。

　瀬戸は、東京に戻って音楽を教えるうちに「学問的な裏付がないということはひじょうに淋しい」と感じるようになり[52]、日本大学文学部教育学科の「夜学」に入学、10年間在籍ののち1940（昭和15）年に卒業した[53]。大学に通いながら瀬戸は器楽教育実践を積み上げていき、1932（昭和7）年には木琴を50台購入して本格的に指導を始め、1937（昭和12）年には「バス木琴」を5台自作し、「JOAK（引用者註：東京中央放送局）から『空びんから木琴合奏まで』という放送をした」[54]。この番組では「空びんのようなもののリズム打ちから始めて、旋律合奏にいたる指導経過」を発表した[55]。そして、1938（昭和13）年9月、彼は本節で取り上げる研究授業において、器楽の活動を取り入れた授業を展開するのである。

2　音楽教育の要としての器楽教育

　瀬戸は1920年代から30年代にかけて鑑賞指導や読譜指導に関する論考も発表しているが[56]、このような音楽教育についての諸問題のなかでも「器楽教

育はわたしの教員生活のなかに、本質的な光明を与えたという点」で「特別な喜びを」感じさせるものであったと回想している[57]。それは、器楽教育実践に取り組むなかで、「音楽は、児童が自分で造り出すものである」、「子供の音楽生活は、歌唱に限定されるものではない」、「音楽技能は個人差がある」、「音楽は広い意味のリズム感から出発する」といった音楽教育にかかわる「原則を打ち立てることができた」からであった[58]。瀬戸はこれらの原則を要約して「児童を発見した」のだと述べる[59]。こうした原則は、先にみた「音程の狂う子ども」が上手にハーモニカを吹く様子をみて「眼がさめた」という体験をもつ、瀬戸ならではのものであった。

とくにこれらの原則のうち「児童の音楽生活という視点から導かれた唱歌から音楽教育への脱却」に注目したい。瀬戸は唱歌教育から音楽教育への脱却をめざしていたが、例えば歌が苦手でもハーモニカが得意な児童もいる、というように、児童の音楽生活は歌唱以外にもあるとの論理で領域の拡大を考えた。小出が芸術教育としての音楽教育を追求する文脈で「唱歌科」から「音楽科」への教科名改称を主張したのに対し、瀬戸は「児童の音楽生活」を観察したときに歌唱以外の音楽生活があることを「発見」し、それを根拠として歌唱以外への活動領域の拡大を考えたのである。

確かに、先にみた実践のなかでは、リズム楽器として屑箱や仏具、でんでん太鼓、空きカン、空きビンのような、当時の児童にとり身近であったものが多く使われている。これは楽器が豊富にあったわけではない当時の物質的、あるいは経済的状況を反映したものと思われる。しかしその後のラジオ放送で空きビンのリズム打ちから木琴合奏へと展開する指導経過を発表していることからも、彼にとって児童に身近なものの活用は、「児童の音楽生活の重視」という思想を反映する一つの方法であったとみてよい。

ところで彼は器楽教育の意義について、1920年代当時に「盛んになりつつあった作曲指導、鑑賞指導」なども、「器楽合奏指導をバックとして分担奏をせねば決して成功しないという強い意見を持っていた」という[60]。本論の

第1章でみた大正新教育期の諸学校における楽器指導の試みのように、他の活動の補助としてではなく、また小出のように楽器の指導だけを独立したものとして捉えているのでもない。瀬戸は、歌唱はもちろん、作曲や鑑賞指導の「バック」として、つまりこれらの活動の背景として、さらに換言すれば他の活動を繋ぐ音楽教育の要として器楽教育を捉えていたのである。しかもそれは、「合奏指導」による「分担奏」によって行われる器楽教育を前提としていた。

3　研究授業の実際

　1938（昭和13）年9月19日、学校音楽研究会は東京市音楽教育研究会と神田区唱歌部の協力を得て「学校音楽研究会推薦第一回唱歌研究授業」を開いた。『学校音楽』誌上で教材解説を担当する小出浩平（学習院）、井上武士（東京高等師範学校）、上田友亀（東京市昭和小学校・東京市視学事務嘱託兼任）ほか3名からの推薦によって、授業者に抜擢されたのが瀬戸尊であった。研究授業は瀬戸の勤務校である東京市麻布小学校で行われた。井上、小出、上田と東京女子高等師範学校の玉村なみ、東京高等師範学校の小林つやえの5名が「批評者」として授業を参観し、その後の座談会にも出席した[61]。

　以下では同誌第6巻第11号に掲載された研究授業の記録記事[62]をみながら、瀬戸の器楽教育観が、実際の授業にどのように反映したのかを検討する。記事中に対象学年は明記されていないが、授業の中心教材である「虫の声」が、当時使われていた文部省発行の唱歌教科書『新訂尋常小学唱歌』[63]の第3学年に収録されていることから、3年生の児童であったと考えられる。

　授業を考察する視点は、次の二つである。一つ目は、瀬戸の器楽教育観がどのように授業に反映されているか、という視点である。つまり器楽教育を作曲や鑑賞指導などの活動の背景として捉えており、かつ、それはあくまでも合奏による「分担奏」を前提としていたことを確認する。二つ目は瀬戸が器楽教育の実践を通して打ち立てた原則、①「児童の創造性」、②「児童の音

楽生活という視点から導かれた唱歌から音楽教育への脱却」、③「児童の音楽技能の個人差」、④「リズムを重視する音楽観」の四つが授業にどのように反映されているかである。

　まず、授業の導入部において、「今日は楽隊をやるつもりだったんですが約束の音のするものを持つて来ましたか」と声をかけ、本時が器楽合奏を中心に展開されることを暗示すると同時に児童の意欲を引き出そうとしている（**表3-1**、①）。そのうえで主要な教材である「虫の声」の歌唱の活動に入る。ここではテンポや音の強弱といった音楽の諸要素に目を向けさせながら指導し、その歌唱に児童が持ち寄った鈴を合わせる。歌詞の虫の声を表現した「ちんちろちんちろ」の部分に鈴を入れる。ここでも音の強弱について助言している（**表3-1**、②）。

　そして今度は器楽が中心の活動となる（**表3-1**、③）。クラスを2グループに分け、木琴の練習をするグループと写譜をするグループにわける。写譜の活動をさせた理由について、瀬戸は授業後の座談会で「譜を書くことが速く、且つ正確であると云ふことを一寸お目にかけたいといふこと」と「且つお客様の前で木琴を旨くやれない子供もあつたのでその方面へ利用したわけです」と説明した。木琴が苦手な児童には他の活躍の機会を与えようという意図である。写譜を済ませた児童はそれを見ながら再度歌唱し、木琴を練習していた児童はそれに合わせて演奏をする。写譜のグループは教師から「おみやげ」としてミハルスを受け取り、木琴とミハルス、鈴、トライアングル、太鼓を用いた「楽隊合奏」へと展開していく。ここで瀬戸の音楽教育の原則③「児童の音楽技能の個人差」という視点、また器楽教育は「分担奏」による合奏指導であるべきという器楽教育観が確認できる。つまり「技能の個人差」があっても異なる楽器で全員が参加できるのが「分担奏」の利点なのである。木琴が得意な児童は木琴を、苦手な児童はより演奏が簡易なリズム楽器ミハルスで参加し、全員で音楽に取り組むことができるのである。つまり彼の「分担奏をせねば」ならないという考えは、「児童の音楽技能の個人差」

表3-1. 瀬戸尊による研究授業の様子

部分	活動の領域	・教師の働きかけ ◆発問　△指示　◇評価	・児童の主な活動、反応	・教材 ★楽器
①	鑑賞 ＋リズム打ち （導入）	◆「手を叩いて、…手をつないで歩く気持になれますか」 △「おしまひになつたら手を挙げて」 ◇「大方合ひますね」 ◆「この間中やった虫の声、あれはもうみんな出来ますね、〈…〉今日は楽隊をやるつもりだったんですが約束の音のするものを持つて来ましたか」	・レコードの音楽に合わせ手拍子を打ちながら聴く ・曲の終わりに手を挙げる ・「虫の声」で使う「音のするもの」を取り出す。 （種々の鈴、「セルロイドのガラガラなど」）	・レコード「ハイドンの作曲玩具交響曲」
②	歌唱	・虫の声の旋律を弾く。 ・範唱する。 △「本当はもっと早いんです。」 ・テンポを上げて、メトロノームを出して測る。 ・「何だか追駆けられる様な気持」がする理由として「何時も同じ強さで歌って居るからつまらない」と助言する。 ◇「是なら大変気持がいい」	・「虫の声」を歌唱する。 ・テンポを上げて歌唱する。 ・斉唱。「チンチロチンチロ」という「擬声」の箇所を小さく歌う。	・「虫の声」
	歌唱 ＋器楽	◆「鈴を持つて来て居る子はチンチロと云ふところでちゃらちゃらとやつたらよいと思ふが、どうでせう」 △鈴を持ってきた5、6人に「ぢゃその人はチンチロのところで振つて下さい。音は小さくてもいい、根元のところを確り持つて振るんですよ」	・歌いながら鈴を振ってみる。 （みんな笑う） ・鈴を入れて斉唱する。	★鈴
③	器楽	△「では楽隊をすぐやりませう、練習をして来た人は手を挙げて」「みんなとりにいらっしゃい」「木琴の人はどんどん叩いてお稽古をしなさい」	（木琴の児童） ・木琴を取りにいく。 ・各自で練習する。	（木琴以外の児童）	★木琴
	＋写譜 ＋歌唱	◆「木琴をやつてゐない人は譜を写して下さい」 ・木琴の「出来ない子供」に五線紙を配布。 ・「虫の声」の旋律を板書する。		・板書の楽譜を写す。	
		・木琴の指導をする。 ・3、4小節目の「C-C-A-A-G」という旋律を「C-C-H-A-G」と間違って演奏している児童がいるので指導する。 ◇「大変旨くなりましたね」	・一斉に「虫の声」を演奏する。 ・もう一度演奏する。		

第3章　黎明期の器楽教育実践者たちの実像　　95

		△「譜のできた人は譜を持ってこっちへ出ていらっしゃい」 ◇「大変旨く出来たからおみやげをあげませう」 ・楽譜を写した児童にミハルスを渡す。	・歌唱に合わせて木琴を斉奏する。	・前に並んで写した楽譜を見て歌う。
④	楽器 (合奏)	△「木琴と此のミハルスを合わせてやりませう、『ちんちろ』といふところは叩かないでその代りに鈴の音を入れませう。」 ・トライアングル、太鼓を出してそれぞれ一人の児童に担当させる。	『楽隊合奏』をする。	★ミハルス ★トライアングル ★太鼓 ★カスタネット
	リズム練習	△「今迄はカスタネットもトライアングルも皆勝手に叩いたが、今度は先生が叩く場所を教へませう」 ・リズム練習の楽譜を板書 △「始めこれで、「トンクー」を稽古しましょう」	・リズム譜に合わせて「トント」と唱えながら身振りもつけてリズムの練習をする。(右手指で左掌を叩きながらリズムを唱える。伸ばす音は「トンクー」、休符では「ムネ」と言いながら両手で胸を抑える)	
	器楽 (合奏)	・カスタネットとトライアングルの2段の楽譜を板書し、合奏をさせる。 ・楽器ごとに「もう少し強く」「弱く」と助言する。 ◇「この位でいいでせう、大変よくできました」	「楽隊合奏」をする。 ・再度合奏をする。	
⑤	鑑賞	△「今やつた様に、音楽が進んでいくそれを今日は聞かせませう」「今やつた様なのを楽隊でやるんですよ」 ・レコードをかける。 △「聞こえてくる楽器を説明しながら、何度か繰り返される旋律が出たら手をあげさせる。 ◇「よく聞こえましたね」 △「曲がおしまひになつたら用意しておいて手を挙げませう」	・「気持ちの良いと思ふところ」が出てきたところ、同じ旋律が聞えたところで、手を挙げる。 ・曲の終わったところで手を挙げる。	・レコード「軽騎兵」 ・レコード「アマリリス」

「学校音楽研究会推薦第一回唱歌研究授業」(『学校音楽』第6巻第11号、1938年11月、11-28頁)の「一　授業経過」より作成。

という原則から導き出されたものであった。

　さて「楽隊合奏」では、「今迄はカスタネットもトライアングルも皆勝手に叩いたが、今度は先生が叩く場所を教えませう」と声をかけ、楽譜を板書してリズムの練習を入れている(**表3-1**、④)。最初は自由なリズムで打たせておき、全体で合わせていくときに初めてリズムを教える、という段階を踏んでいる。ここで行われるリズムの練習では「トンクーのお稽古」が用いられる。これは、右手指で左掌を叩きながらリズムを唱える練習で、4分音符は「トン」8分音符は「ト」、伸ばす音、例えば2分音符は「トンクー」、休符では「ムネ」といいながら両手で胸を抑えるというもので、記事においては「一種のリトミック」だと説明されている[64]。この「トンクーのお稽古」によって、それぞれの楽器に固定されたリズムが初めて与えられ、これらがそれぞれ「分担奏」の1パートとなっていく。ここに瀬戸の原則①と④が確認された。すなわち彼は初めから固定したリズムを教えるのではなく、ある

東京市麻布區飯布野常小學校唱歌教室（本文「研究教授」参照）

写真3-1. 瀬戸尊による研究授業の様子

『学校音楽』第6巻第11号、1938年11月、口絵頁。

程度の段階までは自由にさせておき（①「児童の創造性」）、リズム指導では身体の動きを伴った「一種のリトミック」によって正確なリズムを教えた（④「リズムを重視する音楽観」）のであった。「分担奏」による合奏指導のあと、同じように「楽隊」が演奏しているレコードを鑑賞して授業は終わる（表3-1、⑤）。

　全体をみて気がつくのは、この授業はあくまでも唱歌の授業として行われたにもかかわらず、歌唱だけでなく、鑑賞、器楽、創作、リズム練習など、様々な音楽活動を総合的に展開していることである。これは彼の「児童の音楽生活という視点から導かれた唱歌から音楽教育への脱却」という思想の反映でもあった。そして重要なことは、これらの活動を貫くように器楽の活動が存在していることである。瀬戸のいう他の活動の「バックとして」器楽教育が存在する、という考えは、換言すれば他の活動を繋ぐ音楽教育の要として器楽教育を捉えるということであった。瀬戸の音楽教育論の根底には何よりもまず児童への眼差しから発想された「児童の音楽生活の重視」という思想が横たわり、それを基礎として「唱歌教育から音楽教育への脱却」が志向され、その音楽教育の要として個人差があっても参加できる「分担奏」による器楽教育の重要性が説かれていたのである。

第3節　簡易楽器指導の唱導者——上田友亀

1　音楽教育の「高踏的傾向」と「歌謡万能唱歌教育」への批判

　上田友亀は1896（明治29）年愛媛県に生まれた。1921（大正10）年に東京音楽学校甲種師範科を卒業し、愛媛県師範学校、東京市の田原尋常小学校、月島尋常小学校、京橋昭和尋常小学校を歴任した。1945（昭和20）年に旧「満州国」新京の女子師道大学に転じて終戦まで勤務、戦後は引き上げて白桜社を設立し、教育用カスタネットの製作・普及に務めた[65]。

　ここでは、上田が1935（昭和10）年に『学校音楽』誌上で発表した「簡易

楽器に依る音楽生活の指導」[66]を中心的な史料として上田の器楽教育観を検討する。

　上田の「児童の音楽生活の重視」の思想と「簡易楽器指導」の実践は、既存の唱歌教育が「高踏的」過ぎることへの批判から始まっている。上田は、当時の唱歌教育において児童の歌唱技術が向上している点を評価したうえで、しかし「果たしてその児童が心から喜びを持ってそれを唱つてるであらうか」とその問題点を指摘した。すなわち「唱歌会に於ける唱歌、教室での唱歌」を見れば、教師は児童に「如何にして難しい芸術的歌曲を、如何に巧みに唱はせるかに腐心して、その訓練に渾身の努力を励みつつ」あるが、児童の方は「決してその歌曲の一つ一つの音、楽句、リズムの音楽的意義を理解して唱つては」おらず、「従つて内心から湧き起る喜び、明朗さ、力強さを持つて居ない」と指摘する。そして、その原因は「全くその唱ふ歌曲が、又その唱ひ方が、児童の立場から見てあまりに高踏的である」からだとし、この「音楽教育の高踏的傾向」を批判した。

　上田はこの「高踏的傾向」を打破するためには、小学校の音楽教育は「児童生活の音楽的な部面を指導することに出発しなければならない」とした。上田は「音楽的生活」とは「音を中心にしてその動きを観照し、その興味の中に自己を没入して全く無我の境地に入る」ことであるとし、小学校における音楽教育は、そのような「生活経験を児童に得させる事が第一でなければならない」というのである。したがって唱歌の授業は「児童が音楽を中心にして、他の一切を忘れ、音の流れの微妙な感興の中に全的活動を営む、音楽遊戯の時間」でなければならず、そのような経験の上に初めて「技術訓練を受け入れる素地が出来、芸術音楽を観照する能力も培はれる」と上田は考えたのである。

　第1節でみた小出浩平もまた「音の動き」に着目していたので、この点では二人の音楽観は共通している。しかし、ひとたび音楽教育観の問題、つまり「児童の生活」と「芸術教育」の関係に話を進めると、二人の考え方は全

く異なる様相を示す。小出が芸術的な曲、例えば「子供の心の神秘を歌つた」歌曲を与えれば、すぐに児童の生活に取り入れられると考えていたこととは対照的に、上田は「如何に霊妙な芸術音楽を持ち来つて、児童の同感共鳴を得、その心性を陶冶し様と企図しても、それは結局徒労である」と手厳しい。上田にいわせれば「生活の無い所に真の興味は起らない」し、「興味の無いものに同感はあり得ない」のであって、「これを強制すれば児童は逃避を企てるのが当然」なのであった。まず児童の「音楽的生活」の経験を十分にさせることを重視し、その上に芸術的な音楽の理解へと道が開かれるというのが上田の音楽教育観であった。

　一方、唱歌教育のあり方に対する問題意識という点では、上田は、小出と同様に「歌詞を中心にした」「歌謡教授の殻を脱却し得ない」唱歌教育を批判した。二人がここで再び一致するのは、歌詞（言葉）から独立した「音の動き」に音楽の本質があるという音楽観であった。上田は「歌謡は児童の音楽生活としては、最も自由で最も主要なものであるには相違ない」としながら、「児童が歌を唱ふ際には、決して音を辿つてはゐない、いつも歌詞の言葉を辿つてゐる」としてその問題点を指摘した。当然その批判は小出と同様、教材としての唱歌にも向けられた。すなわち「特に我国の学校唱歌は、歌詞が非常に重く見られて居て、曲節は詞を唱ふ便宜につけられてゐる様なものが多い。最近の進歩した歌曲と称するものは、尚更、歌詞と曲との完全な融合といふ事を考へる結果、曲の音楽的な自然の流れが、言葉のアクセント等の関係で犠牲になる様な事が甚だ多い。……児童の音楽生活材となる歌曲は、曲の音楽的価値を第一にすべきであつて、歌詞はその音楽を唱ふ便宜に附ける程度でも良い場合もあるのではないか」と、歌詞に従属する音楽として従来の唱歌をとらえ、これを批判した。このように歌詞（言葉）に音楽が従属している唱歌の教材を用い、「総ての指導が歌詞をめぐつてなされる」ような歌詞中心の指導をどれだけ繰り返しても「児童に真の音楽を生活する体験は、決して得させられない」と上田は考えたのである。

2　簡易楽器の導入

1）音楽教育における楽器導入の意義

　従来の「高踏的な音楽教育」への批判から導き出された「児童の音楽生活の重視」の思想と、歌詞中心の唱歌教育への批判の両方を受けて上田が唱導したのが簡易楽器指導であった。まず上田は「音楽的生活」すなわち「音を中心にしてその動きを観照」するために、「歌曲の指導方法を、曲節本位に改めなければならない」とした。児童に「歌曲のリズムや旋律に注意させ、それを音楽として味はひ、かつその形態を正しく観照する事」を教えなければならないからである。そのために「歌詞を離れて曲節のみを唱ふ習慣を作る事」が必要なのであった。ここでいう「曲節のみを唱ふ」というのは、例えば「全く意味を持たぬ母音、若しくは何かの擬声で唱つて楽しむ事」である。旋律を「ア」や「ラ」で歌うことによって歌曲から歌詞を取り除き、音楽の独立した構造を取り出してリズムや旋律のような諸要素に注目させることが「音楽的生活」の第一歩なのであった。

　しかし、歌詞を離れたとしても、歌を歌っているときには「あまりにも自由である為に、主観的となって、真に深くその旋律なり、リズムなりを観照する事が困難」であるので楽器が必要になる。「歌曲の旋律を楽器に移し、演奏して見る時は、自分が演奏するものでも、その結果は、単に聴いたり唱つたりするよりは、空間的な広がりを持ち、筋肉運動を伴ふだけ、遥かに具体的になつて、その姿が児童の前にはつきり展開されて来る」というのが上田の考えであった[67]。

　ここで使われる楽器は、当然「高踏的な」楽器ではなく、児童の生活に身近な楽器でなければならず、「玩具楽器、乃至之に類似の素朴なる簡易楽器こそ、児童の音楽性を伸長させる力を持つもの」なのであった[68]。それがカスタネットやタンブリン、木琴、そしてハーモニカなどである。上田はこのような楽器を「簡易楽器」と呼び、それを用いて音楽教育を行うことで、児童の音楽生活を指導しようとしたのである。

2）簡易楽器導入のきっかけ

　彼が「児童の生活に身近な楽器」として簡易楽器を用いることを着想した背景には、アメリカの音楽教育者サティス・コールマンの音楽教育論からの影響があった[69]。コールマンは「原始人による単純な音楽を経験することから始まり、舞踊、歌唱、楽器に関する学習、楽器製作、演奏、創作、音楽の背景の調査や理解、などを含んだ学習活動によって、音楽の発展史をたどる」という「創造的音楽」（Creative Music）の実践に取り組み、実施10年間でカリキュラムの最後に「児童自作の楽器により児童自作の主題による交響曲の合奏」を実現した音楽教育者であった[70]。

　上田は、勤務校の校長が欧米の教育視察から持ち帰ったパンフレットでコールマンが「アメリカの衒学的な音楽教育を酷しく難じ、音楽教育の初程に原始的音楽の体験をさせることの必要性を説き」、「原始楽器を児童に自ら製作させて、之によつて音楽的自己表現を試みさせる」と論じているのを読んで、「何か示唆されるものを感じた」という[71]。しかし上田は「児童を音楽的原始人と見做」すコールマンの方法には同意ができなかったとする[72]。彼は「児童と雖も文化社会に住む以上矢張り文化人である」から「其の音楽生活は、単純ではあるが文化的音楽でなければならぬ」と考え、「児童の生活圏内にある単純な文化音楽を、文化として生活させ充分に修得させることが生活指導」であると考え、「さういう音楽生活の指導に、是非楽器を用ふべきである」と考えた[73]。コールマンから上田への影響についてはすでに複数の先行研究[74]が明らかにしているので詳細は譲るとして、ここではコールマンの理論と出会い、器楽教育を始めた上田を取り巻く環境に注目しておきたい。

　上田が勤務した京橋昭和尋常小学校の校長服部翕は、東京市から欧米教育の視察を命ぜられ、1930（昭和5）年1月に横浜を出発、「米欧各都市を巡歴し、その教育の思潮を温収、実際を視」て同年9月17日に帰国した[75]。その報告書にあたる『社会的発動学習（米欧視察報告第1輯）』[76]には、「米国教育

展覧会」の写真や、「京橋昭和小学校児童の製作」による飛行機や電車の模型の写真などが挿入されている。服部は視察の成果として「社会的発動学習」を同校において実践していったのである。このような勤務校の環境が、上田の「児童の音楽生活を重視する思想」を形成した背景にあったことは見逃せない。彼もまた、東京市の公立小学校における新教育実践を背景に、器楽教育実践を開始していったのである。

さて、上田の器楽教育はこの京橋昭和尋常小学校で開始された。彼の回想するところによれば「たまたま学校で、後援会に八十円の金があるが何か使うことはないか」といわれて「そうか、それじゃ、それで器楽をやってみるかなということになった」という[77]。そしてハーモニカや「ハーモニホン」という、中にリードのついた楽器（図3-1参照）、大太鼓、小太鼓、ミハルスを購入、「日本楽器に注文して、ハ調の木琴を十台」作らせ、これらを用いて上田の簡易楽器指導は開始されたのであった[78]。

3）簡易楽器指導の限界性

上田の簡易楽器指導の実践についてはすでに菅道子が考察し、その意義と限界について言及している[79]。菅は、上田の実践で鳴り響いた簡易楽器の音質に着目し、その実践が「芸術的見地と教育的見地の分離」という問題を内包していたことを指摘する[80]。

すなわち1940（昭和15）年3月に行われた上田の研究授業後の座

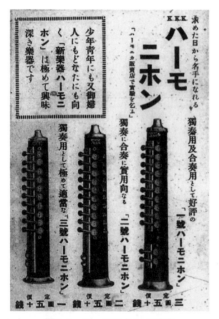

図3-1. ハーモニホンの広告
［註］『ハーモニカ・ニュース』第5巻第3号、1931年3月。

談会では、参観者から簡易楽器、とくに木琴の音質に対して批判の声が起こったのである。上田はその後1943（昭和18）年の著書[81]で「教育的見地からする楽器の考へは、芸術的見地からするものと同一では無い」、「音が悪くても表現が脆弱でも、音楽の本質を表出する事の出来るものであれば、それを用いて音楽を生活させることができるし、それから音楽を学ぶことも出来る」と述べた[82]。このことを受けて菅は、上田が「芸術的見地と教育的見地が簡易楽器指導においては一致しないことがあるとの認識」をもっていたと指摘する[83]。

では上田の簡易楽器指導における「芸術的見地」と「教育的見地」の不一致やそれによる限界性はどのような形で彼の思想に埋め込まれていたのだろうか。菅は上の指摘から「簡易楽器のもつ限界性『音が悪くても表現が脆弱でも』を含みながら、音楽を生活化することを意図して戦前戦中と簡易楽器指導が展開していったと考えられる」との結論を述べるにとどまり[84]、この問題を上田の思想に帰しては考察していない。そこでここでは、その不一致が上田の思想の中でどのように存在するのかをみておきたい。

これまでにみたように上田は、音楽の動きを「観照」し、「その興味の中に自己を没入して全く無我の境地に入る」という「音楽的生活」を経験させるため、「音の流れの微妙な感興の中に全的活動を営む、音楽遊戯の時間」として唱歌の授業を考えた。上田が語る「音が悪くても表現が脆弱でも、音楽の本質を表出する事の出来るものであれば」という言葉にある「音楽の本質」とは、小出が考えた、歌詞（＝言葉）から独立したところにある音楽それ自身の美と同じものであった。上田が簡易楽器指導で試みようとしたことは、「芸術的見地」から「良い音」とはいえないが「教育的見地」からみれば操作が簡単であるという特長をもつ簡易楽器を用いることで、「音の動き」や「音楽の諸要素」といった音楽の構造に触れさせることだったのである。したがって、実際に響く音の芸術性はひとまず置いて、児童に身近な簡易楽器によって言葉から解放された音楽の構造的な美に迫ろうとしたのが彼の簡

易楽器指導であった。換言すれば、児童の音楽生活を重視するために具体的な音の経験よりも抽象的な音楽構造の美の把握を優先したということであり、この点が上田の実践の限界でもあったといえよう。

3 研究授業の実際

1940（昭和15）年3月15日、東京市音楽教育研究会と学校音楽研究会、唱歌指導法研究会の共同主催によって「豪華新唱歌研究授業」が行われた。授業者は学校音楽研究会理事の上田であった。以下では『学校音楽』第8巻第5号に掲載されたこの研究授業の記録記事をみながら上田の実践の具体を明らかにする[85]。同記事では、上田を「本誌創刊以来教材解説を通して古い顔なじみ」で「夙に音楽生活指導の見地に立つ唱歌教授を説き、リズム教育を強調、簡易楽器を指導すべきことを唱導」してきた者として紹介する。また上田は1938（昭和13）年12月に「東京市視学嘱託を辞して、元の訓導に返って以来それを実際に具現し」て来たのであるが、「今その成果を吾々一般の者が観るを得た」のだ説明している。

授業は上田の勤務校である東京市京橋昭和尋常小学校で行われた。事前に作成・配布されたとみられる授業の「要項」をまとめたものが**表3-2**である。対象学年は尋常科第6学年男子である。「要項」をみてまず気づくのは、その活動内容の多さである。「要項」で上田は、この授業は「第六学年の男児に私が現在行ひつつある音楽生活指導の、種々な場面を有りの儘に展開」するもので、「大方の批判と研究を仰ぎ」、「今後の進路に何等かの示唆を得度い」との考えから、45分間で区切らず「適当な時間まで進めて見度い」と述べている。授業の記録によれば「正味一時間と十分で総計七十分に及んだが児童は些か倦怠や疲労の様子がなく始終深い興味に緊張してゐた」という。上田の実践研究のすべてを詰め込んだうえ、70分間に及ぶ授業でも児童に倦怠の様子がみられなかったというのだから、上田の考える「音を中心にしてその動きを観照し、その興味の中に自己を没入して全く無我の境地に」入る

第3章　黎明期の器楽教育実践者たちの実像　105

表3-2. 上田友亀の研究授業の構成

〔要項〕に示された活動
一、歌曲の唱謡 　　1　スキーの歌 　　2　瀧 二、聴音 　　簡易なる短小なる旋律の階名聴取反唱 三、読譜 　　ニ長調の読譜 　　（音程練習と旋律構成練習を兼ねる） 四、歌曲の指導（仰げば尊しの新指導） 　　1　歌詞試唱 　　2　曲節唱謡練習 　　3　拍子（リズムの吟味指導） 　　4　旋律の吟味（階名唱指導） 　　5　楽譜の指導 　　6　曲節唱謡演習 　　7　歌詞唱謡の指導 五、歌曲々節の音楽的生活指導 　　1　曲節唱謡練習 　　　　主旋律、低音部旋律、二部合唱、変奏旋律、短調旋律 　　2　木琴の演奏練習（木琴音階図に依る） 　　3　木琴の演奏練習 　　　　主旋律、二部合奏、短調旋律 　　4　簡易楽器の合奏練習 六、鑑賞 　　木琴独奏レコードの鑑賞指導

〔註〕「豪華新唱歌研究授業」『学校音楽』第8巻第5号、1940年5月、6-30頁。

「音楽的生活」[86]の実際を参観者たちにみせしめた授業であったのだろう。

　実際のところその授業記録をたどってみると、前項までにみた彼の思想がよく反映された授業であったことがわかる。例えば「要項」（表3-2参照）にある「四、歌曲の指導」では、「卒業の時期が近くなつたから」と「仰げば尊し」を初めて学習するのであるが、このなかで「ララで曲節歌謡をする」場面がある。初めは児童に歌詞をつけて歌わせるが、2回目からは歌詞では

なく「ララ」だけで旋律を歌わせてこの曲の拍子を考えたり、リズムだけを「タタ」で唱えさせたりするのである。階名唱を挟みながら曲全体の構造を把握し、再度「ララ」で旋律を歌ったうえで「ふしがよく分かつたから今度は歌をやらう」と声をかけ、歌詞での歌唱にもどり、この部分は終わる。ここには上田の歌詞から解放された状態での音楽構造の把握という思想が表れている。

さて、簡易楽器指導は「五、歌曲々節の音楽的生活指導」の部分で行われる。彼の楽器指導があくまでも歌曲の曲節を「音楽的生活」の視点から指導するための手段であったことがよくわかる。ここでの中心教材は「ロング・ロング・アゴー」である。初めに主旋律を「ドレミ」つまり階名で歌い、二つ目のパートである低音部も同様に歌う。これを2声で合わせて歌い、さらに変奏部も同様に歌うことで旋律を確認する。次に階名唱で確認した旋律を木琴に移していくが、ここで黒板に貼り出した「木琴図」を用いたトレモロの練習を挟む。トレモロの練習のあと、木琴で旋律を演奏し、それを終えると「簡易楽器の合奏」となる。

授業記録によれば合奏の前には細かな指導はなく、これまでに練習してきた合奏を参観者に披露する意図があったものと思われる。記録の合奏の様子からは、その編曲が、簡易楽器を用いながらも様々に工夫され、手の込んだものであったことがわかる。初めに小さな音のリュート琴の2部演奏で曲が開始され、繰り返しのたびに主旋律を担当する楽器が交代していき、その数も増え、また主旋律にあわせて変奏旋律が奏でられる。短調に編曲された部分を経て長調の旋律に戻り、「テンポが次第に速く迫り華々しく最強奏となつて」合奏は終わるのである。静かに開始された音楽が様々な編曲上の工夫を経ながら華々しいフォルテに向かっていくように編曲が工夫されている。ここからわかるのは、上田が「芸術的見地」からみて「良い音」とはいえない簡易楽器を用いながらも、なお、複雑な編曲を通して児童に芸術的な音楽構造を体験させようとしていることである。

第 3 章　黎明期の器楽教育実践者たちの実像　107

写真3-2．上田友亀による研究授業の様子
『学校音楽』第 8 巻第 5 号、1940年 5 月、口絵頁。

　このあとのレコード鑑賞で授業は終わる。そのレコードは先ほどまで児童が演奏していた木琴の、プロによる演奏、しかも同じ「ロング・ロング・アゴー」の変奏曲であった。児童自身が「音楽的生活」を通して経験した楽器、楽曲と地続きの音楽を鑑賞することにより、上田は児童の音楽生活を充実させつつ、芸術音楽の理解へと押し上げていこうとしていたのである。

第 4 節　ハーモニカ合奏の研究と実践――山本栄[87]

1　最も音楽的な簡易楽器としてのハーモニカ

　山本栄は1901（明治34）年広島県に生まれた。1922（大正11）年、広島県師範学校卒業、広島市天満小学校訓導となった。1926（大正15）年に東京高等音楽学院（のちの国立音楽大学）に入学し、1930（昭和 5 ）年に卒業後、東京市神田区和泉尋常小学校、橋本尋常小学校、戦後は小川小学校を歴任した。1957（昭和32）年に東京都指導主事、1962（昭和37）年に国立音楽大学教授と

なった[88]。

　山本が器楽教育の実践を始めたきっかけは瀬戸や上田との勉強会であった[89]。したがって山本の器楽教育実践もまた瀬戸や上田のそれと近く、とくに上田からの影響が大きい。例えば山本は後年に、自身の実践をまとめた著書[90]のなかで、「歌曲を唱謡する事は、音楽教育中最も大きな役割をなし、又常にその中心をなすものである」が「自己批判が困難である」としたうえで、「然し一度その曲節が楽器に移行」されれば「客観的に自己批判をなし得る喜悦を生ずる」として、楽器演奏により自己の演奏を客観的に評価できるのだと論じている[91]。この理路は、先にみた上田の論じる楽器導入の意義と同じものである。

　また児童の生活重視の姿勢も共通している。すなわち山本は「教育に於て、児童の生活を無視した指導法程無謀なものはない」としたうえで、「いかに立派な音楽であつても、消化し得ない者に与へたのでは、それは血や肉にはなり得ない事は解りきつた事柄」とする[92]。そして「易から難へ、単純より複雑へと発展せしむる為の素地を順次に作りあげて後にこそ、高踏的音楽も理解」され、「芸術の核心へと触れさせ得る手引きともなるし、又以つて精神的教養を高めさせ得るに至る」という[93]。

　当然のようにこの考え方から選ばれる楽器は上田と同じく簡易楽器であった。山本は「音楽教育の任務が芸術的陶冶にある如く、器楽教育に於ても、楽器を透して児童の人格陶冶を図る事に変わりはない」としたうえで、「児童の発達程度に適応した（玩具的色彩を帯びた程度の）簡易楽器を与へてこそ真の目的に添ふ事も出来」「児童に大した負担を感ぜしめることもなく喜色団楽の中に指導し得る事になる」とする[94]。

　ここまでの山本の考え方をみると、基本的には器楽教育において簡易楽器を用いるべきという論理は上田のそれと変わらない。しかし、山本の実践は簡易楽器のうち、とくにハーモニカを重視した点で独自の行き方をしたのである。すなわち菅によれば山本は「大衆的、玩具的楽器でありながらも、和

音を作り出すことのできるハーモニカを用いながら、音楽の生活化と芸術性の追求との両立を」めざしたのであった[95]。

山本は、「簡易楽器中最も音楽的であり且つ利用範囲の広い点」、「旋律によく和音に適し、奏法容易にして音高正確、音律の狂ひ難い事は簡易楽器中随一である」と述べ[96]、ハーモニカの音楽性と楽器としての機能を高く評価していた。このハーモニカへの評価のうちには音高の正確さや音程の狂いにくさという観点が入っている。ここには、たとえ簡易楽器であっても音の響きのよいものを使いたいという山本の考えが反映されている。

例えば山本は、「音質の良不良、演奏法の巧拙などは問題ではない、音楽教育に於て器楽を如何に取扱ふかと云ふ事が満足されればよいと云ふ意見を持つ方があるかも知れない」と、暗に上田の考え方を登場させ、「最な意見で、器楽教育の根本意見はさうでなくてはならぬ」[97]とこれに共感を示した直後にこのように続ける[98]。

> 然し更に一歩進めて考へるとき、楽器の正しき指導によつて、児童の音楽生活を少しでも美しくさせたいといふ気持、これは教育者の誰しもが持つ欲望であり、良心である、その気持を満足させる為めには指導者の正しき指導、いい換えれば楽器の正しき演奏指導が必要なのではなかろうか。……只楽器を美しく響かせる為めに、音楽を美しく聴かせる為めに、専門的技巧を要しない範囲に於て楽器の正しき演奏指導を必要とするといふ事を考へて、童心を疵附けない程度に指導することが大切である。

ここで山本が「楽器を美しく響かせる為め」の指導に言及していることは重要である。上田が実際の音の響きを教育的見地から犠牲にしたのに対し、山本は音の響きの美しさも確保しようと考え、簡易楽器のなかでも音程が狂いにくく、和音を作り出せるハーモニカを選んだのである。このように山本の実践は、ハーモニカのもつ性能や、玩具的楽器のなかで最も音楽的な楽器であることなどを高く評価し、この楽器によって簡易楽器の指導であっても

「美しい響き」を追求しようと試みた点に独自性が認められるのである。

2 ハーモニカという楽器それ自体の研究へ

　山本の独自性は、授業でハーモニカを中心的な楽器として扱ったことだけにとどまらない。彼は授業で楽器を扱う以上、教師はその楽器に関する知識をよく知っていなければならないと考え、その研究に励んだ。山本は、器楽教育は「理屈では論ぜられるものでは」なく、「実際指導して始めて論ぜられる問題」であるとしたうえで、「然しそれを最も効果あらしめる為めには、楽器の性能・構造・奏法等実際方面に精通」し、「それを如何なる方法によつて実際指導方面に活用すべきかと云ふ両方面の研究が必要」であると述べた[99]。この山本の考えに基づく研究組織が1930年代後半にはすでに設立されていた。すなわち1937（昭和12）年4月、山本は、同じくハーモニカを中心的な楽器として簡易楽器指導に取り組んだ東京市の教師、眞門典生、加藤義登とともに、東京市小学校ハーモニカ音楽研究会（以下、東ハ音研と略称する）を設立した。この研究会は、大正時代から大衆音楽の一つとして流行したハーモニカ音楽の演奏家やハーモニカ製造会社トンボ楽器との協力のなかで、児童用ハーモニカを開発したり、児童のためのハーモニカ音楽について研究して編曲集を出版したりした[100]。

　このように、山本は、瀬戸や上田とともに簡易楽器指導の研究に取り組む一方で、簡易楽器のなかでも音楽的な楽器であるとしてハーモニカを重視し、この楽器の演奏家や製造会社との間にも連携を広げて実践のあり方を研究したのであり、ここに彼の独自性があった。

3 研究授業の実際

　1940（昭和15）年5月9日、「新人推薦唱歌研究授業」が行われた。授業者は山本、『学校音楽』誌上における研究授業としては瀬戸、上田に続いて3人目であった。以下、同誌第8巻第7号に掲載された研究授業の記録記事

101)から山本の実践をみていこう。この記事では、山本を「ハーモニカ指導に於て最近メキメキと実績をあげて来た一人」と紹介している。この研究授業は「国民学校案中楽器指導をなすことを得るとあるに対して、果して小学校に於てこの問題が可能であるか否かを実験して貰つたのである」と説明されている。翌年の1941（昭和16）年4月から施行された「国民学校令施行規則」には「器楽ノ指導ヲ為スコトヲ得」との一文が挿入されたのであるが、その案がこの研究授業の時点ですでに知られており、その観点から抜擢されたのが「ハーモニカ指導に於て最近メキメキと実績」をあげている山本だったのである。

　授業は山本の勤務校である東京市和泉尋常小学校で行われた。事前に作成・配布されたとみられる授業の「指導案」をまとめたものが表3-3である。対象学年は尋常科第5学年男子である。歌唱に加えて聴音、器楽、鑑賞の活動が展開された。授業記録を一読すると、菅による「一連の授業は尋常小学校五年の児童には相当に音楽内容の専門的なものになっている印象がある」との指摘には肯首するしかない102)。専門性の高い音楽の知識を伝授するために、教師の発言量が児童のそれに比べて非常に多いのである。

　例えば「3、歌曲指導」ではまず「イ、読譜練習」として、新しい曲の旋律を「ドレミ」で歌わせる。そのあとに教師はピアノ伴奏の和音のうち「ソ、シ、レ」と「ファ、シ、レ」の違いに気付かせ「ファ」の音が「七の音」であることを教え、「お仕舞の所に其の音を使ふと宜い」と述べる。これは楽曲の終結部で属和音から主和音に進行するときに属和音上の7の音を付加するという和声学の知識を感覚的にとらえさせようとしているのであるが、この間、児童は教師の説明を一方的に聞いているのである。

　さて上田の授業と同様、歌唱指導の後半に「ロ、楽器指導」が入る。歌唱と同じ旋律を楽器に移して演奏させるのであるが、山本が使うのはもちろんハーモニカである。主旋律を練習したあと、これに低音部の楽譜を新たに加え、その場でこれも練習する。そして二つの組に分かれてこれを合わせ、ピ

表3-3. 山本栄「尋常科第五学年男子指導案」

山本栄「尋常科五学年男子指導案」
本時の取扱は普通の形式による研究授業としないで児童に音楽生活をなさせる為めに種々な方法によつて指導してきたその一部を展開したに過ぎない。 　従つて次の項目によつて授業を進めたいと思ひます。 1、歌曲唱謡　「鯉のぼり」――既習歌曲 2、聴音 　　　イ、旋律 　　　ロ、和音の性格判別 3、歌曲指導　聴音・楽器と連絡をとりつゝ進める。 　　　イ、読譜練習 　　　ロ、楽器指導（ハーモニカ使用） 　　　　A　旋律 　　　　B　和音（合奏）――二声より、四声まで進める。 4、ハーモニカ合奏練習 　　　使用楽器 　　　（ハーモニカ、第一、第二、バリトン、バス、打楽器適宜に加ふ） 5、鑑賞 　　　三拍子の歌曲に連絡して「ワルツ、金と銀」

［註］「新人推薦唱歌研究授業」『学校音楽』第8巻第7号、1940年7月、17-41頁。

写真3-3. 山本栄による研究授業の様子
『学校音楽』第8巻第7号、1940年7月、口絵頁。

第3章　黎明期の器楽教育実践者たちの実像

アノ伴奏も加えて演奏する。

　続いて「4、ハーモニカ合奏練習」に移る。ここで注目したいのは、ハーモニカを4声に分けて指導しているところである。すなわちハーモニカを二つの組に分け、その片方をさらに三つの組に分けてバリトンとバスのハーモニカのパートを作っている。山本のいうところの「和音に適し」たハーモニカを用いて複数のパートに分けることで、和音を響かせることを意図していることがわかる。なお、授業後の座談会で、上田から「あのバスのハーモニカを子供が有つて居るんですか」、「どの位しますか」と質問された山本は「あれは学校の備品です」、「私が買つたときは八円でした」と答え、「あのバスは研究会の方で子供に向くやうに造らした特別品です」と述べている。つまり、この研究授業で使われたバス・ハーモニカは東ハ音研の活動を通して開発され、トンボ楽器が作った楽器であった[103]。

　さて、同じくハーモニカとバリトン、バス、打楽器の編成で、今度は「四季の雨」の演奏に移る。この曲の指導でも、山本が和声感を重視していることがうかがわれる発言がある。すなわち「ドミナントの時はどう云ふ音が出て来るか、大体分かつて居るでせう」と述べている。ここでいうドミナントとは属和音のことで、要するに「イ、読譜練習」のときにでた和声感の問題をここでも取り上げて注意を促しているのである。このあと既習曲である「港」の合奏を行い、鑑賞の活動で授業は終了となる。

　このようにみると、山本が授業全体を通して和声感を重視していることがみえてくる。これは瀬戸が音楽教育の原則の一つとしてリズムをあげていたことと対照的である。もちろん山本においてもリズムがないがしろにされることはなかったであろうが、彼は和音を奏でるのに適したハーモニカを用いることによって、児童に和声感をとらえさせることを意図していたのである。それによって、簡易楽器を用いながらも美しい響きも体験させようというのが山本の考える器楽教育の姿であったといえる。

小結——黎明期の器楽教育実践者にみる思想の共通点と相違点

　以上、本章では、学校音楽研究会の設立者で1920年代に「楽器指導の研究」に取り組んだ小出と、1930年代の簡易楽器指導の実践者であり同研究会主催の研究授業で授業者をつとめた瀬戸、上田、山本に着目し、それぞれの音楽教育思想と器楽教育実践を検討した。ここではまとめとして彼らの思想と実践について共通点と相違点を整理しておく。

1）　共通点①：「児童の音楽生活の重視」と「唱歌教育から音楽教育への脱却志向」
　まず、彼ら全員に共通していたのは「児童の音楽生活の重視」と「唱歌教育から音楽教育への脱却志向」という傾向であり、これは前章までにみてきたように、当時の唱歌専科の教師たちとも大体共有されていたものといえる。この傾向が大正新教育期の児童中心主義と芸術教育運動の思潮から直接影響を受けたものであることは、彼らの経歴をみても明らかであろう。すなわち小出は池袋児童の村小学校の設立から音楽専科として働きながら、公立小学校で自身の音楽教育の思想と実践を深めていたし、瀬戸もまた「生活教育」を実施していたという岡崎師範学校で教育者としての思想の根幹部分を形成した。また上田が簡易楽器指導の実践にたどり着いたのは、校長服部の欧米視察の成果として「社会的発動学習」に取り組んだ京橋昭和尋常小学校であった。1930年代は大正新教育の衰退期であると同時に、その隆盛期に教育思想を形成した一般の教師たちが、自身の思想や信念を実践として具体化しようと試みた時代でもあっただろう。黎明期の器楽教育実践はそのような試みの一つとしても教育史上に位置付けられるのである。

2）　共通点②：「音楽の独立した美」という音楽観に基づく器楽教育実践
　さて、小出、上田、山本に共通する思想上の特徴として「音楽の独立した

美」という音楽観に基づく、歌詞から解放された音楽それ自体の把握をめざす音楽教育観がみられた。小出と上田はともに、音楽は「音の動き」そのものによって表現しうる「美」をもち、それゆえに歌詞（＝言葉）に従属する唱歌や歌詞中心の唱歌教育を批判したのであった。

　そして、ここで重要なのは、上田と山本がこの「音楽の独立した美」という音楽観を支えにして楽器導入の必要を説いたことである。そしてこうした考え方は、他の簡易楽器指導者にも共有されていた。例えば、山本とともに東ハ音研を設立した加藤義登は、「小学校の『唱歌』は『音楽』と発展して来たのであつて、唱歌科は音楽科でなければならぬ」と主張しているが、歌詞だけではなく「音楽的諸要素」に目を向けることの重要性を説いた[104]。すなわち「一つの唱歌教材を児童に与えるにしても、これを唱歌する以外に其の素材よりして音楽の含む諸要素」、「リズム、旋律、和音等の諸要素に迄、児童をして触れさせなければならない」と述べている。このように、黎明期の器楽教育実践には、児童に、歌詞（＝言葉）から離れたところにある「音楽それ自体の美」や「音楽的諸要素」に触れさせることをめざして開始されたという側面があった。

3）相違点①：音楽教育思想における「児童の音楽生活の重視」と「唱歌教育から音楽教育への脱却志向」の関係

　しかし一方で、彼らの個別の思想と実践のなかで「児童の音楽生活の重視」と「唱歌教育から音楽教育への脱却志向」がどのような論理で捉えられ、関連づけられているのかを注意深く見比べると、当然のように相異点がみえてくる。山本については簡易楽器導入の理路は基本的に上田と重なると思われるので、小出、瀬戸、上田の思想の特徴をみていこう。

　小出の思想の出発点は、児童の生活と一体のものとして定義された芸術教育であった。芸術として独立した美をもつ音楽そのものを教えるべきであるのに歌詞を中心にした唱歌教育が行われている現状や、歌詞に従属した唱歌

そのものを批判したうえで、芸術的な作品であれば、すぐに「子供が日常の生活に取り入れて生活する」とした[105]。しかしこの小出の思想のなかに、彼が先駆的に取り組んだ「楽器教授の研究」は位置づかない。そのため田村からの干渉に小出はあっさりと器楽教育の実践研究をやめてしまったのである。

　これと好対照をなすのが上田や山本である。上田もまた小出と同じく音楽自体の独立した構造を重視し、歌詞従属の唱歌教育や教材としての唱歌を批判している。しかし彼の場合は児童の音楽生活の現実に対して、学校の唱歌教育があまりに「高踏的」になりすぎているという批判も同時にもっているので、小出のように、芸術性の高い楽曲を与えれば児童の生活に取り込まれる、という発想には至らない。むしろ目の前の音の動きを「観照」しそれに「没入」する体験の積み重ねこそ重要であるとしたのである。もちろんこの「音の動き」の重視の背景には、音楽の本質は音の動きそのものにあるという音楽観があった。さてこの「音の動き」に「没入」するための手段として上田が考えたのが、歌詞から開放され、児童自身の身体からも離れたところで音響する楽器の導入であった。そして高踏的な唱歌教育に批判的な彼が導き出したのが簡易楽器を用いた器楽教育、簡易楽器指導だったのである。このように、上田の器楽教育実践は、彼の音楽教育思想のなかにしっかりと位置づき、その思想によって支えられていた。

　瀬戸の場合、出発点はすべて児童の生活、彼の言葉を借りれば「児童の発見」にあった。児童の生活をみつめるなかで、児童の音楽生活は歌唱に限られないということへの気づきがあり、これが歌唱以外への領域の拡大（＝唱歌教育から音楽教育への脱却）へとつながる。だから彼にとって「児童の音楽生活の重視」と「唱歌教育から音楽教育への脱却志向」はひと続きにあった。それはしかし彼が「芸術として音楽そのものをどのように捉えるのか」という、小出や上田が論じた音楽観の問題についてほとんど語らなかったことと無関係ではない。それは換言すれば、音楽観について語らなかったからこそ

可能となったシンプルな理路だったのである。「芸術的見地」から音楽やその芸術性について吟味するよりもまず先に「教育的見地」から児童を見つめようとしたのが瀬戸であり、それが彼の思想の独自性を形づくっているとみられる。

4）相違点②「芸術的見地」と「教育的見地」の乖離の問題

　菅道子が指摘したように、上田と山本は、簡易楽器指導の意義を語る論理は共通していながら、どのような簡易楽器を用いてどのような音の響きを児童の前に差し出すのか、という点では異なる方向をとった[106]。すなわち本章でも確認したように、上田は「教育的見地から」児童でも操作可能な簡易楽器で「音の動き」を客観的に捉えることさえできれば、音楽的・芸術的な響きは諦めざるを得ないと考えた。それに対して山本は「芸術的見地」から簡易楽器の中でも最も音楽的な楽器としてハーモニカを選び、それを中心楽器としたハーモニカ合奏に取り組むことで、和音を重視した音楽的な響きを実現しようと苦心していた。これを菅は「芸術的見地」と「教育的見地」の「分離」の問題ととらえ、簡易楽器を用いた器楽教育に通底するジレンマであると指摘した[107]。そして、より「教育的見地」を重視したのが上田であり、上田に共感しつつも「芸術的見地」へと向かおうとしたのが山本であったと捉える[108]。

　ここに本研究が一つだけつけ加えることがあるとすれば、それは瀬戸の立ち位置であろう。すでに明らかにしたように、瀬戸にとって最も重要なのは児童の生活であり、それゆえ彼は「芸術的見地」について吟味することには関心を示さなかった。つまり瀬戸の実践は、先の二人の立ち位置からみれば、極めて「教育的見地」重視の実践者として定位することができるのである。

　次章では、山本がハーモニカ合奏の研究を推進するために1937（昭和12）年に設立した東ハ音研の設立過程を、その上部組織である全日本ハーモニカ

連盟の活動も含めて検討する。このことを通して、器楽教育にハーモニカという楽器が導入された歴史的経緯やその意義について考察する。

第3章 註

1）木村信之『音楽教育の証言者たち（上）』音楽之友社、1986年、47頁。
2）「小出浩平」『音楽家人名事典』日外アソシエーツ、1991年、228頁。
3）「小出浩平」『近代日本社会運動史人物事典』日外アソシエーツ、1997年、519頁。
4）小出浩平の当該時期の思想研究として藤井康之「1920年代における小出浩平の唱歌教育論」（『平成16年度全日本音楽教育研究会大学部会会誌』2005年、2-15頁）がある。しかしその研究目的から器楽教育の実践については触れていない。本研究では藤井の研究成果に学びながら、器楽教育の黎明期を支えた思想にかかわる部分にとくに焦点をあて、器楽教育実践についてもみていく。
5）田村虎蔵「序」小出浩平『唱歌新教授法』教育研究会、1927年、1頁。
6）小出浩平『唱歌新教授法』教育研究会、1927年、2頁。
7）同前書、3頁。
8）同前書、3-4頁。
9）同前書、3-4頁。
10）同前書、4頁。圏点は引用者。
11）この点については藤井「1920年代における小出浩平の唱歌教育論」（前掲註4）でも指摘されている。藤井はこの小出の音楽観を「自律的な音楽」と表現し、彼の「『芸術教育』としての唱歌教育」の支柱であると指摘している。
12）小出『唱歌新教授法』、前掲註6）、5頁。
13）同前書、5頁。
14）同前書、5頁。
15）同前書、5-6頁。圏点は引用者。
16）同前書、6頁。
17）同前書、6頁。
18）同前書、8頁。
19）同前書、11頁。
20）本書の第1章参照のこと。
21）小出『唱歌新教授法』、前掲註6）、423頁。

第3章　黎明期の器楽教育実践者たちの実像　　119

22）同前書、423頁。
23）同前書、423-424頁。
24）同前書、424頁。
25）同前書、424頁。
26）同前書、445頁。
27）同前書、453-454頁。
28）同前書、454頁。
29）同前書、454頁。
30）同前書、454頁。
31）同前書、488頁。
32）同前書、488-494頁。
33）山本栄ほか「座談会　簡易楽器指導の方向」(『教育音楽』第3巻第5号、1948年5月、2頁)における小出の発言。
34）丸山忠璋『言文一致唱歌の創始者田村虎蔵の生涯』音楽之友社、1998年、256頁。「田村虎蔵年譜」。
35）瀬戸尊『器楽指導の入門』明治図書、1953年、奥付（著者紹介）。
36）瀬戸尊「器楽教育の今昔」『教育音楽』第15巻第1号、1960年1月、29頁。
37）同前書、29頁。
38）梅根悟、瀬戸尊『音楽科指導の技術（講座・初等教育技術5）』東洋館出版社、1957年、227頁。同書の第9章は梅根と瀬戸の対談が掲載されており、ここで瀬戸は音楽教師になるまでの生い立ち、器楽教育実践に関する思想や経験について語っている。
39）瀬戸が語るところによれば、代用教員として勤務したのは群馬県の田舎の小学校で、秋に村の運動会があり、楽隊もレコードもないなかオルガンで入場行進をするが音が聞こえない。そこで学校に一つだけあったヴァイオリンを弾いたところ「お前音楽うまいじゃないか。無資格の代用教員じゃもったいないから、音楽の先生の検定を受けろ」と音楽教師への道を勧められたのだという（同前書、227頁）。
40）田村が巡回してきたとき、瀬戸は「つゆ晴れの農村の歌」を子どもに教えていた。瀬戸は農村の絵を黒板に描き、子どもたちにも農村の絵を描かせ、その間に一人ずつ呼んで教室の隅で発声練習のようなやり方で歌を歌わせていた。その様子をみた田村が「教え方がうまいじゃないか」と褒め、それ以降「何かにつけて私をかわいがってくれました」と瀬戸は回想している（同前書、228頁）。
41）同前書、228-229頁。

42）本名裕之、福田修「岩瀬六郎の生活修身における「自律と協同の精神」について」山口大学教育学部『研究論叢. 第3部, 芸術・体育・教育・心理』第62号、2012年、321-332頁。
43）梅根、瀬戸『音楽科指導の技術（講座・初等教育技術5）』、前掲註38）、229頁。
44）瀬戸「器楽教育の今昔」、前掲註36）、29頁。
45）同前書、29-30頁。
46）梅根、瀬戸『音楽科指導の技術（講座・初等教育技術5）』、前掲註38）、230頁。
47）同前書、230頁。
48）菅道子「1930年代の山本栄による簡易楽器の導入」『和歌山大学教育学部教育実践総合センター紀要』第21号、2011年、146頁。
49）丸山忠璋『言文一致唱歌の創始者田村虎蔵の生涯』音楽之友社、1998年、226頁。
50）山本ほか「座談会　簡易楽器指導の方向」、前掲註33）、2頁。
51）この田村の「心変わり」の理由について、はっきりとしたことは分からないが、彼が1922（大正11）年7月から1925（大正13）年2月にかけて行った欧米の教育事情視察旅行での経験が大きいとみられる。すなわち彼はこの間、欧米の学校教育で器楽教育が行われている様子を視察し、それを肯定的な表現で記録しているのである（丸山忠璋『言文一致唱歌の創始者田村虎蔵の生涯』音楽之友社、1998年、183頁）。
52）梅根、瀬戸『音楽科指導の技術（講座・初等教育技術5）』、前掲註38）、229頁。
53）同前書（229頁）および、瀬戸『器楽指導の入門』、前掲註35）、奥付（著者紹介欄）。
54）瀬戸「器楽教育の今昔」、前掲註36）、30頁。
55）同前書、30頁。
56）例えば岡崎師範学校附属小学校奉職中の論稿「鑑賞への学習指導に就いて」（『教育音楽』第5巻第2号、1927年2月、9-15頁）や、東京市麻布小学校時代の論考「聴音を基礎とせる本譜視唱への指導過程」（田村虎蔵先生記念刊行会編『音楽教育の思潮と研究』目黒書店、1933年、411-434頁）などを発表している。
57）瀬戸「器楽教育の今昔」、前掲註36）、29頁。
58）同前書、29頁。
59）同前書、29頁。
60）同前書、29頁。
61）同前書、11頁。
62）「学校音楽研究会推薦第一回唱歌研究授業」『学校音楽』第6巻第11号、1938年11

月、11-28頁。以下、本項におけるとくに註のない引用は、すべてこの記事に依るものである。
63) 文部省『新訂尋常小学唱歌』は、1911（明治44）年発行の『尋常小学唱歌』の改訂・増補版として、1932（昭和7）年に第1学年から第6学年までの各学年1冊ずつ発行された。なお、この第3学年用に収録された際の「虫の声」は「虫のこゑ」と表記された。
64) 「学校音楽研究会推薦第一回唱歌研究授業」、前掲註62)、14頁。なお、瀬戸の国民学校期の器楽教育実践を検討した藤井康之「国民学校期における器楽教育：東京と長野を中心に」(『奈良女子大学文学部研究教育年報』第9号、2012年、71-83頁)においては、東京市誠之国民学校で瀬戸から音楽教育を受けた経験のある卒業生にインタビュー調査を実施しており、多くの卒業生がこの「トンクー」の指導を覚えていたという。ここからも瀬戸がリズム教育を重視していたことがわかる。
65) 以上の上田の経歴は、木村『音楽教育の証言者たち（上）』（前掲註1)、69頁)による。
66) 同記事は二つの号に連続して掲載された。すなわち、上田友亀「簡易楽器に依る音楽生活の指導」(『学校音楽』第3巻第8号、1935年8月、2-10頁)、および、上田友亀「簡易楽器に依る音楽生活の指導（二）」(『学校音楽』第3巻第9号、1935年9月、7-15頁)の二つである。本項における、とくに註のないものはすべてこれらの論文からの引用である。なお、引用文中の圏点は全て引用者による。
67) 上田「簡易楽器に依る音楽生活の指導」、前掲註66)、9頁。
68) 同前書、10頁。
69) 橋本静代「サティス・コールマンによる"Creative Music"の思想」音楽教育史学会『音楽教育史研究』第3号、2000年、31-42頁。
70) 同前書、33頁
71) 上田友亀『国民学校器楽指導の研究』共益商社、1943年、序1頁。上田はコールマンの理論との出会いを次のように回想する。「昭和五年十月の事である。8ヵ月に亘る欧米の教育視察から帰った服部鯱氏（当時東京市京橋昭和尋常小学校長）は視察中に蒐集して持ち帰つたおびただしい教具その他の参考品のなかから、コロムビア大学のコールマンが書いた音楽教育に関する数冊のパンフレットや写真を私に示し乍ら『アメリカでは何処の学校でも音楽室に太鼓がある』と語られるのであつた」（同書、序1頁）。
72) 同前書、序1頁。
73) 同前書、序2頁。

74）この点については、橋本静代「サティス・コールマンによる"Creative Music"の思想」（音楽教育史学会『音楽教育史研究』第3号、2000年、31-42頁）、および、塚原健太「大正新教育期におけるアメリカ音楽教育情報の受容：サティス・コールマンの『創造的音楽』を中心に」（『アメリカ教育学会紀要』第25号、2014年、28-40頁）を参照のこと。
75）服部㠶『社会的発動学習（米欧視察報告第1輯）』博文社、1930年、2頁。
76）同前書。
77）木村『音楽教育の証言者たち（上）』、前掲註1）、71頁。
78）同前書、71頁。
79）菅道子「1930年代～40年代の小学校簡易楽器指導の展開：上田友亀の簡易楽器指導の実践を中心に」（日本音楽教育学会第40回大会研究発表、2009年10月3日、広島大学、発表レジュメ）。この論考は口頭発表の配布資料であるが、上田友亀の実践の具体について詳細に明らかにした最初の研究成果であり、その意義が非常に大きいため重要な先行研究として扱う。簡易楽器指導の黎明から戦後改革期の器楽教育の展開までを視野に入れたこの研究は本研究にも非常に大きな示唆を与えたものであり、今後早い時期に論文として公刊されることが望まれる。
80）同前書、7-11頁。
81）上田友亀『国民学校器楽指導の研究』共益商社、1943年。
82）同前書、27-28頁。
83）菅「1930年代～40年代の小学校簡易楽器指導の展開」、前掲註79）、11頁。
84）同前書、11頁。
85）「豪華新唱歌研究授業」『学校音楽』第8巻第5号、1940年5月、6-30頁。以下、本項におけるとくに註のない引用は、すべてこの記事に依るものである。
86）上田「簡易楽器に依る音楽生活の指導」、前掲註66）6頁。
87）なお山本の研究授業については菅「1930年代の山本栄による簡易楽器の導入」（前掲註48）によりその詳細が明らかにされている。ここではその成果に学びながら、簡易楽器のなかでもハーモニカを重視した山本の独自性について確認する。また、菅によっては言及されていない、山本が設立したハーモニカ指導の研究団体である東京市小学校ハーモニカ音楽研究会についても言及することで、山本の独自性をさらに浮き彫りにしたい。
88）以上の山本栄の略歴は、木村『音楽教育の証言者たち（上）』（前掲註1）、87頁）による。
89）菅「1930年代の山本栄による簡易楽器の導入」、前掲註48）、146頁。

90）山本栄『国民学校教師の為の簡易楽器指導の実際』共益商社、1943年。
91）同前書、3頁。
92）同前書、5頁。
93）同前書、5頁。
94）同前書、4頁。
95）菅「1930年代の山本栄による簡易楽器の導入」、前掲註48)、150頁。
96）山本『国民学校教師の為の簡易楽器指導の実際』、前掲註90)、43頁。
97）同前書、11-12頁。
98）同前書、12頁。
99）同前書、序（頁記載なし）。
100）東京市小学校ハーモニカ音楽研究会については、本書の第4章で詳細を明らかにする。
101）「新人推薦唱歌研究授業」『学校音楽』第8巻第7号、1940年7月、17-41頁。以下、本項においてとくに註のない場合、すべてこの記事からの引用である。
102）菅「1930年代の山本栄による簡易楽器の導入」、前掲註48)、148頁。
103）本書の第4章を参照のこと。
104）加藤義登「児童音楽教育とハーモニカに就いて」『ハーモニカ・ニュース』第11巻第8号、1937年8月、7‐8頁。
105）同前書、6頁。
106）菅「1930年代の山本栄による簡易楽器の導入」、前掲註48)、149頁。
107）菅「1930年代〜40年代の小学校簡易楽器指導の展開」、前掲註79)、11頁。
108）菅「1930年代の山本栄による簡易楽器の導入」、前掲註48)、149-150頁。

第 4 章　学校教育へのハーモニカ導入の一断面
　　　　——東京市小学校ハーモニカ音楽指導研究会の設立過程

　1937（昭和12）年、東京市小学校ハーモニカ音楽指導研究会（以下、東ハ音研と略称する）が設立された。東ハ音研は、東京市の小学校教師たちが結成した組織で、全日本ハーモニカ連盟（以下、全ハ連と略称する）に所属する作曲家やハーモニカ奏者、東京市視学を迎えて設立された。本章では、全ハ連の活動を中心に1920年代から30年代のハーモニカ音楽界の状況を明らかにしたうえで、東ハ音研の設立過程とその意義を検討することを通して学校教育へのハーモニカ導入史の一断面を明らかにする。

第 1 節　全日本ハーモニカ連盟の設立（1927年）

1　明治期から昭和初期にかけてのハーモニカ音楽界の動向

　日本へのハーモニカの伝来は1891（明治24）年頃とされる[1]。当初日本ではドイツのホーナー社からの輸入ハーモニカが独占状態にあった。例えば、ハーモニカ奏者の草分けである川口章吾が初めてハーモニカを吹いたのは1902（明治35）年、彼が10歳のときであった。そのハーモニカはホーナー社製であり、川口自身が初めて購入したハーモニカも同社製であった[2]。

　国産ハーモニカは、1909（明治42）年頃に小林政二郎が起こした小林鶯声社によって製造が開始された。しかし製造開始当初の国産品は、「質的にも量的にいっても到底ホーナー製品を向うに廻せるものではなく、主として玩具店の店頭をにぎわすもの」であった[3]。ところが1914（大正 3 ）年に起きた第一次世界大戦で日本とドイツが敵対したため、ホーナー社製品の日本への輸入が途絶え、国産ハーモニカの需要が高まった。

第4章　学校教育へのハーモニカ導入の一断面　　125

　1915（大正4）年頃から日本楽器が蝶印ハーモニカの製造に乗り出し、1917（大正6）年頃までに真野商会がトンボ印ハーモニカの製造を開始するなど、この時期から国産ハーモニカの生産は量質ともに向上していった[4]。

　国産ハーモニカの品質が向上していくのと同じ時期、ハーモニカ音楽と呼ばれる大衆音楽が流行した。ハーモニカ音楽の普及について研究した尾高暁子は、ハーモニカ音楽が大正期に大衆音楽として普及した要因として、楽器そのものが安価で奏法を習得しやすかったことに加え、ハーモニカ音楽界をあげての様々な取り組みがあったことを指摘している。具体的には、まず川口や宮田東峰らプロの演奏家たちや彼らの結成したハーモニカバンドの存在があげられる。写真4-1はハーモニカバンドの写真である。オーケストラのように配置されたハーモニカと、アコーディオン、ドラムの姿がみられる。これは後の小学校におけるリード合奏の原型ともいえる編成であり興味深い。また、アマチュアバンドも大学等の学生バンドを先駆けとして全国に広ま

写真4-1．昭和初期のハーモニカ・バンド
　［註］『ハーモニカ・ニュース』第1巻第4号、1937年6月、口絵頁。

り[5]、1924（大正13）年に全国に40強あったものが、1928（昭和3）には植民地も含めると96団体を数えたという[6]。

また、その他にもハーモニカ音楽普及の要因として、レコードやラジオなどのメディアの発達や、コンクールの開催、演奏家と楽器メーカーの連携、その連携を支えた同好組織の存在などがあげられる。とくに楽器メーカーは各社がそれぞれに一流のプロの演奏家を迎えて同好組織をつくり、アマチュア演奏家の会員を増やして機関誌を発行するなど、ハーモニカ音楽の発展に重要な役割を担った。

さらに、ハーモニカ音楽普及の背景には、大衆が急速に洋楽と接触し始めた当時の社会状況があげられる。ハーモニカは「既存の音楽ジャンルに属さないため、洋楽から唱歌、演歌、軍歌、ジャズまでどんなジャンルの再現も可能」であり、高級品のピアノやヴァイオリンよりも手軽で身近な洋楽体験を大衆にもたらした[7]。

ところが、「日本のハーモニカ界は大正期から昭和初期の全盛期をこえると、1920年代末から慢性的な停滞感にさいなまれる」ようになった[8]。ハーモニカで交響曲やオペラのレパートリーを聴き、演奏して新鮮な喜びを感じた人々も、やがては本物のオーケストラやオペラに関心を向け、あるいは本物のジャズバンドに惹かれ、代替品だったハーモニカへの関心を失っていった[9]。

2　全ハ連の設立と機関誌『ハーモニカ・ニュース』

ハーモニカ音楽界が最も隆盛を極め、それと同時に慢性的な停滞期に入った1920年代末に設立されたのが全ハ連である。その設立は1927（昭和2）年1月27日であった。全ハ連は「日本全国に於けるあらゆるハーモニシストを網羅した一大リーグ」を自認し、「全国ハーモニカ愛好家連絡をとつて互いに協力して、ハーモニカ音楽の普及並に発達向上を計る」ことを目的としていた[10]。また全ハ連の行う具体的な事業として、機関誌の発行、演奏会の主

催および後援、ハーモニカ音楽に関するいっさいの事柄の相談とその報道があげられている[11]。実際、全ハ連はハーモニカ愛好家を広く会員に迎え入れた。設立当初の入会金は50銭、年会費は1円であった。会員特典として会員メダルが進呈され、そのメダルを示せば連盟主催の演奏会に無料で入場ができた。また機関誌『ハーモニカ・ニュース』（1号10銭）の無料配布や、ハーモニカ音楽に関する事業の後援や研究の相談、演奏会を開くときには連盟の後援も受けることができた。

　ここで機関誌『ハーモニカ・ニュース』に目を向けてみよう。同誌は、昭和初期のハーモニカ関連雑誌のうちで保存・所蔵状況が最も良好であり[12]、当時のハーモニカ音楽界の状況を知るうえで好個の史料である。同誌は全ハ連の目的を達成すべく、演奏会などのハーモニカ界全体の様々な情報、ハーモニカ演奏に必要な音楽上の知識に関する記事、付録としてハーモニカ用に編曲された様々な楽曲の楽譜などを掲載した。

　付録として掲載されたハーモニカの楽譜は**図4-1**のようにほとんどすべて略譜、すなわち数字譜で記譜されている。音楽を専門的に学習したわけではない大衆にとって、数字譜をみながら西洋音楽の名曲を演奏することができるハーモニカは、五線譜を読むことが求められるその他の洋楽器よりも取り組み易い楽器であった[13]。このように数字譜で演奏を楽しむことができるというハーモニカ音楽の特徴も、ハーモニカが大衆楽器として親しまれる理由のひとつであった。

　またハーモニカを演奏するうえで必要な知識として、基本的なハーモニカ奏法の解説や数字譜の読み方、ハーモニカバンドの編成の参考となるオーケストラ編成について解説する記事などが掲載された。これらの記事は、連盟の理事を務めた宮田や松原千加士ら第一線で活躍するハーモニカ奏者たちによって書かれていた。

　このように『ハーモニカ・ニュース』は、宮田らハーモニカ界の一流奏者による記事や付録楽譜を掲載することにより幅広くハーモニカ愛好家の読者

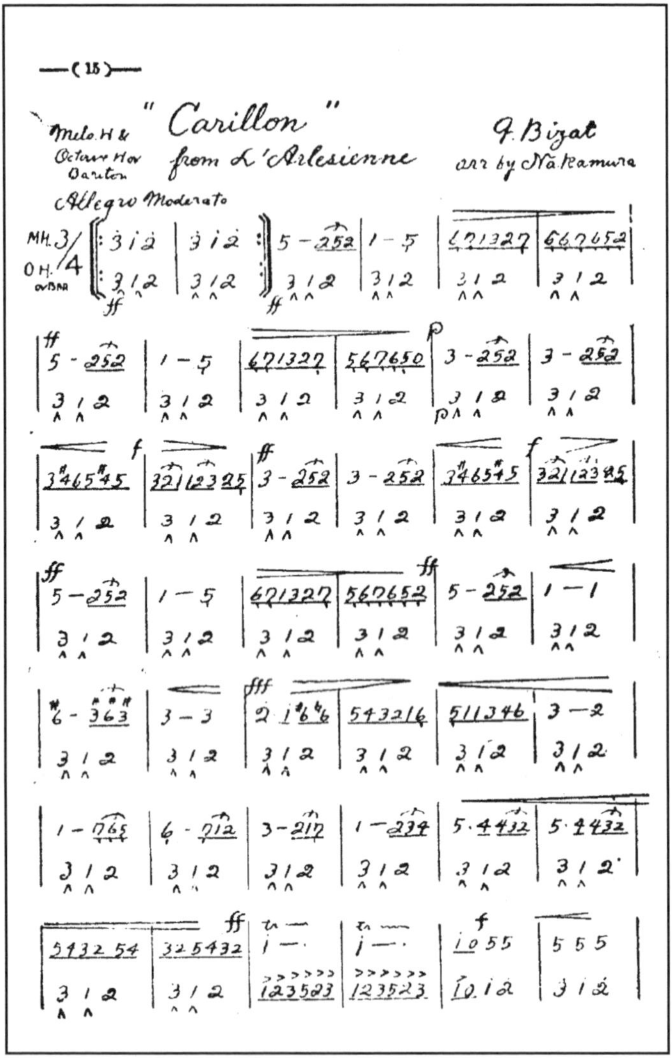

128　第1部　戦前から戦中にかけての器楽教育の黎明と試行的実践の諸相

図4-1. 数字譜によるハーモニカ用の楽譜

［註］中村憲一編曲、ビゼー作曲「アルルの女第1組曲の2重奏編曲」『ハーモニカ・ニュース』第2巻第6号、1937年6月、15頁。

第4章 学校教育へのハーモニカ導入の一断面　129

を獲得した。同誌を通じて会員を増やした全ハ連は「ハーモニカ界の一大勢力」[14]をなしたのであった。

3　楽器メーカー・トンボ楽器

　全ハ連の設立当初の中心メンバーをみてみよう[15]。連盟会長はハーモニカ製造メーカーであるトンボ楽器[16]の2代目社長真野市太郎である。

　理事には松原（東京リードバンドのハーモニカ奏者）、宮田（ミヤタ・ハーモニカバンドのハーモニカ奏者）、佐藤時太郎（明大バンド創立者・指揮者）、大塚潤一郎（アコーディオン奏者）の名前があった。彼ら理事もまた全員がトンボ楽器の関係者であった。例えば松原や宮田の監製したハーモニカはトンボ楽器の主力商品である。機関誌『ハーモニカ・ニュース』の広告欄に掲載されているハーモニカの広告は、すべて図4-2に示したようなトンボ楽器の製品であった。つまり同誌は同社の広告誌としての役割も担っていたのである。

　このように全ハ連は、ハーモニカ界全体の発展をめざす団体であると同時に、トンボ楽器の宣伝機関であるという側面ももっていた。

図4-2．ハーモニカの広告
［註］『ハーモニカ・ニュース』第1巻第1号、1927年3月。

第2節　ハーモニカ音楽界の停滞的状況

1　「ハーモニカは玩具か?」騒動

　本研究は、全ハ連が東ハ音研を設立する背景には、尾高の指摘した当時のハーモニカ音楽界の「慢性的な停滞感にさいなまれ」ていた状況があったと考えている[17]。しかしながら、尾高論文ではその具体的な論拠が示されていない。そこで本節ではハーモニカ音楽界における停滞的状況を示唆する事象として、1936（昭和11）年4月から5月にかけて全ハ連と日本演奏家連盟との間で起ったハーモニカの玩具性に関する騒動に焦点を当てる[18]。騒動の経過については、『ハーモニカ・ニュース』第10巻第5号および第6号に詳細が記録されており[19]、以下の記述はそれによっている。

　1936（昭和11）年4月23日の東京朝日新聞朝刊に掲載された「ハーモニカは除けもの　演奏家連盟」という見出しの記事が騒動の発端となった。記事の伝えるところによれば、同年4月22日午後に「純音楽家の大衆化と演奏家の生活擁護」を目的とする日本演奏家連盟創立委員会が開かれ、「入会資格の問題で議論百出」し「演奏者とは何ぞや」「ハーモニカは楽器であるか?」「ギターは?」「マンドリンは?」との議論の末に「『ハーモニカは玩具である』ことになってしまった」という[20]。「ギターとマンドリンは委員付託」となり、「演奏者」とは「アマチュアでない音楽家」という結論を得てその会は散会した、と同記事は伝えた[21]。

　4月24日早朝、この記事を問題視した全ハ連が理事会を開き、演奏家連盟に対して「十年前既に立派な楽器として認められてゐるハーモニカが如何なる根拠によつて玩具だと決定されたか」を問う詰問状を発送した。日本演奏家連盟が創立委員会に先立ち全ハ連の会長に対して連盟創立の発起人への勧誘状を出していたにもかかわらず、その創立委員会で「ハーモニカは玩具である」ということになったと新聞で報じられたことを全ハ連は問題視したの

であった。同日午後、詰問状を受けた日本演奏家連盟の奥田良三が全ハ連本部を訪ね、「朝日所載の記事は全然朝日記者のデマであり、当連盟ではそのやうな決議をした覚えはない」ことを釈明した。その後奥田は全ハ連理事宮田とともに朝日新聞社会部を訪れ、記事の取り消しを求めた。しかし朝日新聞社会部は「あの記事が事実無根だなどとは以ての外だ。ハーモニカ奏者に騒がれたので慌忙だしたに違ひないが、今更取消す事は出来ない。演奏家連盟の卑怯な二枚舌にはあきれた」旨を宮田に述べたという。

4月27日に日本演奏家連盟委員会が開かれ、翌4月28日、全ハ連に演奏家連盟から次のような回答文が到着した[22]。

> 謹啓益々御隆盛の段奉賀ます。拠私達管弦楽器、ピアノ、声楽等の専門家はいまだに連盟すら持たず芸術上の研賛生活向上等々惨憺たる状況でこれを貴団体の早くより連盟結成しその団結の強固にして勢の隆々たるに比しては同日の論ではありません。その御活動の旺んなるを蔭ながら喜んで居ります。然るに私達にも時来つて愈々日本演奏家連盟が誕生の緒に就きましたが未だに内容的にも不備の点多く、貴団体とは自ら趣きを異にしている点もありますし、ハーモニカの分野に於ては己に強固なる連盟があることですから屋上屋を重ねることも愚なる事と思考されるまま然るべく御賢察頂き度く折り入つて願上げる次第です。

全ハ連は、この「ハーモニカの分野に於ては己に強固なる連盟があることですから……御賢察頂き度く」という返答を「極めて曖昧模糊で全連の詰問の要点に少しも触れず不誠意も甚だしい」とし、ハーモニカは玩具であるという決議の根拠を示すように迫った詰問状に対する「明晰にして曖昧ならざる御確答」を求め、再抗議を提出した。

『ハーモニカ・ニュース』第10巻第5号（1936年5月4日）は、特集「ハーモニカは玩具か？」を組み、ここまでの顛末について詳細を報じるとともに、「『ハーモニカは玩具か』に対する楽壇諸家の批判」を掲載した。

5月5日、再抗議のための演奏家連盟宛の詰問状に対する回答が1週間た

ってもなされなかったため、全ハ連は再度内容証明郵便にて発送した。5月7日、演奏家連盟からの回答文が全ハ連に到着、「ハーモニカは玩具なり」という決議はとっていないとの回答文であった。

全日本ハーモニカ連盟としては、7日付の回答をもって演奏家連盟との対立紛争は「一応形式的には解決」したこととした。しかし、「残る問題は、朝日の記事に依る全国ハーモニカ職業奏者並びにファンの蒙つた迷惑を如何なる方法で解決するか」であるとして、5月8日に緊急理事会を開き、善後策を討議した。その結果、5月10日に行われる日本演奏家連盟第1回例会の会場に出向いて、①日本演奏家連盟が「ハーモニカは玩具である」と決議したのは東京朝日新聞の誤報である旨を全国の主要新聞社、通信社、楽壇各方面、放送局等に可及的速やかに声明すること、②東京朝日新聞社社会部宛に誤報記事の取り消しを求めること、の二点について要求することとなった。

5月10日、日本演奏家連盟第1回例会の会場蠶糸会館にて全ハ連と演奏家連盟が会談した。全ハ連の第1の要求はその場で承認され、第2の東京朝日新聞への記事の取り消し要求については他日に委員会を開き、全ハ連の満足いく回答をすることが約束された。ところがその後、日本演奏家連盟と連絡のつかない状態が続き、結局、第2の要求については回答を得られることのないまま『ハーモニカ・ニュース』第10巻第6号（1936年6月4日）の発行日となった。

この誌上、全ハ連は「『玩具問題』ついに全連の勝利に帰す」との記事においてここまでの詳細を報じるとともに、5月30日づけで「『ハーモニカを玩具であるなどとは決議しない。（換言すればハーモニカは立派な楽器である。）』と云ふ演奏家連盟の声明を以て、ハーモニカ界及び楽壇を聳動せしめた問題を一先づ解消したひと思う」としてこの問題の収束を宣言したのである。とはいえ、この号においては、巻頭言にあたる「斯楽時事」で宮田がこの問題について改めて演奏家連盟を批判したほか、「『ハーモニカは玩具？』問題を廻って」（吉川新次郎）、「ハーモニカは楽器である」（飯田忠純）といった記事

が掲載され、全ハ連のこの問題への強い執着がうかがわれる。

2　ハーモニカ音楽人の自負と矜持

　全ハ連はなぜ、この騒動に対して一見過剰ともいえる対応と強い執着をみせたのか。理由は二つ考えられる。一つは、ハーモニカという「楽器」とハーモニカ音楽という「文化」を自分たちの手で作り上げて来たという自負と矜持があったからである。そのことは、『ハーモニカ・ニュース』第10巻第5号（1936年5月4日）の特集「『ハーモニカは玩具か』に対する楽壇諸家の批判」によく表れている。**表4-1**はそれを一覧にしたものである。この特集に掲載された記事の執筆者は、全ハ連常務理事の宮田を筆頭に、音楽評論家や作曲家、音楽理論家、蓄音機公論社長、演芸日報社長などの7名である。宮田を除く6名がハーモニカ奏者ではないことからもわかるように、全ハ連の主張をハーモニカ奏者以外から引き出すねらいがあった。

　これらの記事を総合すると、全ハ連の主張は次の2点に集約される。第1点は、ハーモニカは他の楽器同様に楽器であるという主張である。例えば音楽評論家の鈴木賢之進は「ハーモニカそのものは決して玩具ではない。それは一箇の楽器であり、一箇の商品たるに過ぎぬ。けれども此れはハーモニカが玩具にならないと云うことを保護するものではない。ヴァイオリンでもピアノでも、それを玩具として取扱へば玩具になるし、其れを玩具として取扱はなければ玩具にならないだけのことである」と述べている。作曲家の菅原明朗も「ピアノにせよ、ヴァイオリンにせよ、何れも玩具といへば玩具であるし、楽器といへば楽器である」と述べ、どのような楽器も扱い方によって玩具になり得るのであって、ハーモニカだけを例外にするべきではない、もしもハーモニカが玩具というなら扱い方によってヴァイオリンやピアノも玩具になりうるとの主張を展開する。ここには、ハーモニカだけを他の洋楽器と区別して玩具とすることへの不満がにじみ出ているといえるだろう。

　第2点は、自分たちがハーモニカをただの玩具から芸術的な楽器にまで引

表4-1. 特集「ハーモニカは玩具か？」記事一覧

鈴木賢之進 （音楽評論家） 「ハーモニカは玩具か？」	ハーモニカそのものは決して玩具ではない。それは一箇の楽器であり、一箇の商品たるに過ぎぬ。けれども此れはハーモニカが玩具にならないと云うことを保護するものではない。ヴァイオリンでもピアノでも、それを玩具として取扱へば玩具になるし、其れを玩具として取扱はなければ玩具にならないだけのことである。……過去のハーモニカは非常に簡単なものであり、半音さへ出すことができなかつたが、現在のハーモニカは製作技術と演奏技法の進歩に依つて改良され、既に独奏楽器としての固有の能力を発揮して居る。
宮田東峰 （全ハ連常務理事） 「憫笑・自戒」	今時、ハーモニカは玩具だなどと放言して、遠い昔のハーモニカ（それは音楽的ではなかつた）を想像している人達は、ハーモニカ音楽の文化的な使命に全く理解のない、自分たちだけが「ゲイジュツ」家であると自惚れている甘ちやんであらう。此の国の西洋音楽発達史の伝統を無視してハーモニカ音楽の本質が解る筈はない。
深井史郎 （作曲家） 「ハーモニカは玩具か？」	とにかくハーモニカ人は自信をもつて、その芸術家的生命をハーモニカの中に叩き込めばよい。……が、かういふ事は事実として言ひ得る。ハーモニカ人一般の音楽的レベルが、ヴァイオリン其他の人たちのそれよりも低いといふ事だ。これだけはどうしても他日他の楽器人のそれよりも向上する必要がある。即ち「ハーモニカは玩具である」といふ言葉はあてどないハーモニカ界一般への放言であり、あたかも高貴が下賎一般を侮蔑視するのと同様な心境だ。これはたしかによくないものだが、しかし探してみたまへ。われわれのどつかには必ずかういふ気持の屑が残つてゐる筈だから。
門馬直衛 （音楽理論家） 「一通りの音楽を奏せる楽器」	楽器としてのハーモニカは尚も確かに不完全である―然し、ピアノだつて之を誰が完全無欠と断言し得るか？―が、最近に著しい進歩を示した。之ならば、一と通りの音楽はできる。最早『小児だまし』ではなくなつた。詰り、赤ん坊の玩具から大人の楽器に立身した。
菅原明朗 （作曲・理論家） 「ハーモニカは断じて玩具に非ず」	最近の涙組ましいほど真摯なハーモニカ音楽当事者の斯楽樹立への努力、音楽として立派なオリジナリテを有つリード音楽を知悉する私にとつて、これほど馬鹿々々しい話はない。先づ、私は、ハーモニカは玩具なりという説には大反対である。芸術とは人間の最も高級なる遊びである。私に云はしむれば、ピアノのせよ、ヴァイオリンにせよ、何れも玩具と言へば玩具であるし、楽器と言へば楽器である。……今、仮に一昔前の幼稚な

第4章　学校教育へのハーモニカ導入の一断面　135

		ハーモニカのメカニズム或はハーモニカ音楽を問題としている人がゐるとすれば、そんなことを問題にしてゐる人自身こそ一昔前なのだ。
島川観水 （蓄音機公論社長） 「音楽家よ冷静であれ」		我々は、今純音楽の而かも大衆化を目的とするものゝ会合で「ハーモニカは玩具なり」との結論に対し三十年前の「小説は文学にあらずで軟文学なり」と極めた当時が思出されて笑止を禁じ得ない。我等は「民衆音楽の徹底はハーモニカの普及である」ことを主唱して十有余年間大衆音楽の楽器はハーモニカでありと主張して来たものである。今日ハーモニカは楽器なりやなぞの声を聞くことは寧ろ不思議を感ずるものである。而かも玩具なぞとは大衆音楽を侮辱したものと云ひたい。
松野信太郎 （演芸日報社長） 「小児病的な潔癖を嗤ふ」		「東京音楽協会」を尻目に「日本演奏家連盟」なるものが新たに結成された。「純音楽の大衆化と演奏家の生活擁護」といふのが連盟のスローガンである。しかし、生活擁護を叫ぶ口の下に「ハーモニカは玩具である」などと小児病的な潔癖に拘つてゐるやうでは、連盟の仕事に大した期待はできまい。くだらない潔癖がいつも音楽家の団結を拒んで来てゐたのに気がつかないのか。

［註］記事は一部抜粋したものである。『ハーモニカ・ニュース』第10巻第5号、1936年5月、4-9頁。

き上げて来たのだというハーモニカ音楽界の人々の主張である。彼らにいわせれば、「過去のハーモニカは非常に簡単なものであり、半音さへ出すことができなかつたが、現在のハーモニカは製作技術と演奏技法の進歩に依つて改良され、既に独奏楽器としての固有の能力を発揮して居る」（鈴木）のであつて、著しく進歩した現在のハーモニカならば「一と通りの音楽はできる。最早『小児だまし』ではなくなつた。詰り、赤ん坊の玩具から大人の楽器に立身した」（門馬）のである。宮田は「今時、ハーモニカは玩具だなどと放言して、遠い昔のハーモニカ（それは音楽的ではなかった）を想像している人達は、ハーモニカ音楽の文化的な使命に全く理解のない、自分たちだけが『ゲイジュツ』家であると自惚れている甘ちやん」であると語気を強めるのであった。

また、『ハーモニカ・ニュース』の編集兼発行人である吉川新次郎は同号の「編集後記」において、「問題の核心は、ハーモニカ音楽の文化的な役割

を否定されたやうな、私達ハーモニカ人にとつて、軽視し得ぬ重大なポイントなのです。……漸く一つの段階にたどりついたハーモニカ音楽のために、大きく云へば日本の文化のために。彼等に正しい認識を与へたい」と述べている[23]。

このように、全ハ連の執拗ともとれる猛抗議の裏には、もともと「小児だまし」の「幼稚な」玩具であったハーモニカを、プロ・アマの垣根を越えた演奏家たちや楽器メーカーを含むハーモニカ界全体で「楽器」の地位まで高めてきたという自負と矜持があったのである。

3 大衆音楽界に進出する純音楽家たちとハーモニカ音楽人の危機感

全ハ連が騒動に執着した理由の二つ目は、演奏家連盟への対抗心と危機感であった。

ここで、4月28日に全ハ連に到着した演奏家連盟からの回答文に改めて着目する。そこには、管楽器、ピアノ、声楽などの「純音楽」の演奏家たちはこれまで連盟を持たなかったため、「芸術上の研討生活向上等々惨憺たる状況」であると書かれている。当時の「純音楽」の「芸術上の研討」を担っていたのはおそらく東京音楽学校を始めとする音楽学校であった。優れた演奏家は欧米へ留学し、その技巧に磨きをかけたが、そうでない者は卒業後に演奏家として生活していくのは困難だったと考えられる。これに対して、ハーモニカはそもそも音楽学校とは無縁で、第一線で活躍する奏者は皆ごく一般的な大衆、それもどちらかといえば恵まれない境遇の人々であり[24]、楽器メーカーの協力を得ながら自分たちの手で早くから同好組織や連盟を立ち上げ、これら組織の援助やレコード録音、演奏会への出演で生計を立てていたのは、その他の楽器の奏者とは随分異なる状況であった。

いずれにせよ日本演奏家連盟は、「芸術上の研討生活向上等々惨憺たる状況」を克服すべく、「純音楽の大衆化と演奏家の生活擁護を目的」として組織されたのである[25]。日本演奏家連盟第1回例会の出席者には、国民歌謡の

レコード録音でヒットを飛ばした声楽家の奥田良三や、ラジオ放送への出演歴のある鯨井孝らの名前があり、「純音楽の大衆化」をめざす同連盟の特徴をよく表したメンバーであった。純音楽の大衆化とは、「大衆が本物のオーケストラやオペラに関心を向け、あるいは本物のジャズバンドに惹かれ、代替品だったハーモニカへの関心を失っていった」という、当時の音楽界の状況についての尾高の指摘とも符合する[26]。純音楽の演奏家たちは、「代替品」から「本物」に関心を移し始めた大衆の求めに応じるように大衆向けの演奏活動に関心を向け始めていたのである。

　大正期以来、「『民衆音楽の徹底はハーモニカの普及である』ことを主唱して十有余年間大衆音楽の楽器はハーモニカであると主張」[27]してきたハーモニカ音楽界の人たちにとって、日本演奏家連盟の純音楽家たちは、自分たちの活動の場たる大衆音楽界へ進出してきた新参者と捉えられただろう。ましてや大衆が「代替品だったハーモニカへの関心を失ってい」き、「慢性的な停滞感にさいなまれ」ていた時期のことであれば、ハーモニカ奏者たちが「純音楽家」の参入に対抗心や危機感を抱いたのは自然なことであった。

　こうしたそれぞれの楽器のもつ文化的文脈の違いを背景に、全ハ連の人々が燃やす感情的な対抗心に油を注ぐこととなったのが、日本演奏家連盟の「あたかも高貴が下賤一般を侮蔑視するのと同様な心境」[28]と、それを表明したかのような態度であった。その典型例が５月10日の日本演奏家連盟第１回例会における、全ハ連と演奏家連盟の会談である。『ハーモニカ・ニュース』の報じるところによれば、この会談において、演奏家連盟の委員には誠意ある対応をする者もいたが、中には「ピアニスト平田義宗氏の如く、頗る音楽家らしからぬ態度で、問題の焦点に外れた野次気分満々たる痴いを弄する人間が介在」しており、声楽家の柳兼子のように「ハーモニカの方も体して迷惑になつた訳でもないでせうから仲直りしませう」と「全く問題にならぬ皮相的な見解を、小学校の教壇で喋々するような態度で、ハーモニカ奏者を苦笑せしめた」者もいた。海外留学をして名声得ていた平田や柳らのような洋

楽演奏家の、ハーモニカ奏者を見下すような態度がうかがえる。全ハ連は、このような「演奏家連盟内部の不誠意なる一部の楽人が、ハーモニカ奏者群を軽視したこと」がこの問題の発端であるとし、「彼らは、ハーモニカ人の生活など眼中になく、自己中心の生活擁護だけに血眼になつていたと断ずることが出来る」と、演奏家連盟側への強い不満を表明した。

このように、一連の「ハーモニカは玩具か？」騒動は、大衆化をめざす「純音楽」の演奏家たちと、大衆音楽の代表格を自負するハーモニカ奏者たちの確執が具現した騒動であったといえ、大衆音楽におけるハーモニカ音楽の相対的な地位低迷の兆候を示唆するものであった。

第3節　東京市小学校ハーモニカ音楽指導研究会の設立（1937年）とその背景

1　小学校の音楽教師たちの思惑

「ハーモニカは玩具か？」騒動から1年後の1937（昭和12）年4月、東京市小学校ハーモニカ音楽指導研究会（以下、東ハ音研と略称する）が設立された。設立の中心には、黎明期の器楽教育実践において中心的な役割を果たした和泉尋常小学校の山本栄、明治尋常小学校の眞門典生、龍泉尋常小学校の加藤義登ら東京市の小学校教師たちがいた[29]。また全ハ連に所属する作曲家の陶野重雄、ハーモニカ奏者の花山道彦を参与に迎えている。陶野、花山の名前があること、また東ハ音研の設立を大々的に報じたのが全ハ連の機関誌『ハーモニカ・ニュース』であったことからもわかるように、東ハ音研は全ハ連の全面協力のもと、下部組織のような位置づけで設立された。

学校音楽を代表する音楽教師たちと、大衆音楽を代表する全ハ連のメンバーは、それぞれにどのような思惑をもってこの研究会を設立したのだろうか。眞門は、東ハ音研の設立と活動を特集した『ハーモニカ・ニュース』第11巻第8号の誌上、東ハ音研について、「合奏法の研究、斯楽の向上普及を図る為の研究団体である」と述べている[30]。東ハ音研の目的は、「合奏法の研究」

と「斯楽の向上普及」の二つにあった。そしてこの二つの目的は、山本たち小学校教師の目的と、全ハ連の活動目的を合わせたものであった。

「合奏法の研究」をめざしたのは山本栄を始めとする音楽教師たちであった。彼らは、あくまでも児童の音楽生活を充実させ、唱歌教育を音楽教育へと発展させるものとしてハーモニカ合奏の指導に力を入れていた。すなわち前章で明らかにしたように、山本は瀬戸尊や上田友亀とともに「児童の音楽生活の重視」と「唱歌教育から音楽教育への脱却志向」という思想に基づき、簡易楽器を用いる器楽教育実践、簡易楽器指導に取り組んでいた。そして、山本はそのなかでもとくに音楽的な楽器としてハーモニカを高く評価していたのであった。

これは東ハ音研の中心メンバーであった教師たちも共有する考えであった。すなわち加藤は、ハーモニカは「児童楽器」としてみた場合に「音の美しいこと、調子の正しきこと、音の長さに於て短くも長くも実験出来ること、奏法の簡易なること、比較的廉価なること、運搬に便なること」などから「独奏によく、斉奏実によく、合奏に至りては数種類の特殊楽器の併用により驚く可き合奏生活のなし得られたる点」など「実に目下の児童楽器はこれ以上に出るものがない」と述べている[31]。また眞門は「最も簡易にして便利な、そして児童の一番親しみ深い楽器」[32]としてハーモニカを捉えていた。実際当時の東京市の小学校においては「既にハーモニカを所持する児童は各校に於いて少くとも二三百の多くを数える」という状況であったという[33]。このように彼らは、単に児童にとっての身近な楽器であるという理由に加え、ハーモニカのもつ性能や、玩具的楽器のなかで最も音楽的な楽器であることなどを高く評価していた。

このように、東ハ音研を設立した小学校教師たちもまた、児童の音楽生活を充実させ、唱歌教育の音楽教育への発展を導こうとする1930年代の思潮のなかで簡易楽器の指導に取り組み、そのなかで最も音楽的であると考えたハーモニカの指導に力を入れたのである。

さて、1927（昭和2）年に設立された全ハ連は、東ハ音研設立の時点で、すでに10年間のハーモニカ音楽に関する研究の蓄積を有していた。つまり、ハーモニカ奏者であり全ハ連合奏団の指揮者をしていた花山と作曲家・陶野の二人の専門家の指導を受けながら、ハーモニカ合奏の児童への指導方法を研究することが音楽教師たちの目的であった。また、彼らは楽器制作会社が児童用ハーモニカの改良・開発に取り組むことも望んでいた。これもまた小学校教師たちが東ハ音研を設立したねらいであった。これらの具体的な活動については次節で詳述する。このように、彼らが全ハ連の人々と研究会を立ち上げたのは、全ハ連が有するハーモニカ合奏に関する研究の蓄積や、トンボ楽器のような楽器メーカーとのパイプを教育現場に生かすことを期待していたからであった。

ところで、東ハ音研の設立には、もう一人重要な人物がかかわっていた。顧問として迎えられた東京市視学の佐藤謙三である。佐藤もまた簡易楽器指導を実践した音楽教師たちと同様、過去の唱歌教育のありようを批判しつつ、小学校における楽器の指導は「音楽演奏の体験から理解への道を辿らせるといふ意味で最も喜ぶべきこと」とし、「これについて最近専科教員諸氏と全日本ハーモニカ連盟の諸氏が真面目な研究機関を設けて、諸種の観点から教育の応用方面に考究されてゐるのは誠に慶賀すべき」ことであると、東ハ音研の活動を高く評価している[34]。このことは東ハ音研にとって重要な意味をもつ。第1章でみた日本教育音楽協会の活動からもわかるように、1920年代以降の音楽教育界は大衆的流行歌の排除をめざす動きがみられ、それは1930年代に入っても変わることはなかった。その最中にあって、大衆音楽の代表ともいえるハーモニカ音楽の指導を小学校で行おうとするならば、批判的な眼差しは避けられなかったはずである。佐藤が東ハ音研のことをわざわざ「真面目な研究機関」と表現しているのは、そのような音楽教育界からの眼差しに対する牽制の意味が込められていたのだろう。東ハ音研は、音楽教師とハーモニカ音楽界の協力体制に東京視学が"お墨付き"を与える形で設立

されたといえる。

2　ハーモニカ音楽界の人々の思惑

　東ハ音研設立のもう一つの目的である「斯楽の向上普及」にある「斯楽」とは、ハーモニカ音楽のことである。つまり小学校に「ハーモニカ音楽」を取り入れて「向上普及」させることを目的とするということであり、これは全ハ連側の設立意図であった。

　「ハーモニカは玩具か？」騒動において、全ハ連は最後まで「ハーモニカは玩具ではなく楽器である」ことを社会に周知する事にこだわり続けた。それは、ハーモニカ奏者たちが、この楽器をいかに「赤ん坊の玩具から大人の楽器に立身」させ、芸術的な楽器へと引き上げるかということに熱心であり、またそれを成し遂げて来たという自負があったからである。ところが、東ハ音研で中心的役割を果たし、ハーモニカ指導に力をいれた山本は1943（昭和18）年の自著において、「児童の発達程度に適応した（玩具的色彩を帯びた程度の）簡易楽器を与へてこそ」児童に負担をかけずに器楽指導の目的を達することができると述べ[35]、ハーモニカは玩具的色彩を帯びた簡易楽器の一つであると捉えていた[36]。

　それでも全ハ連は、ハーモニカを「玩具的色彩を帯びた楽器」のひとつと捉える学校現場の教師たちとともに東ハ音研を設立する。そして、連盟として児童用合奏の楽譜の出版をしたり、「トンボ楽器」が児童用楽器の開発をしたりするなど、小学校におけるハーモニカ音楽の普及に積極的に協力していくことになるのであった。

　なぜ全ハ連はハーモニカの「玩具的色彩」を評価する教師たちとともに東ハ音研を立ち上げたのだろうか。それは、停滞感を抱えていたハーモニカ界にとって、ハーモニカの「玩具的色彩」を認めることと引き換えても、小学校における組織的な教育を通してハーモニカ音楽の裾野を広げることは魅力的だったからである。

前節までにみたように、東ハ音研が設立された頃のハーモニカ音楽界は、「純音楽」の演奏家たちの大衆音楽への進出や、大衆のハーモニカ離れに伴い、大衆音楽における相対的な地位低迷の憂き目にあっていた。それが、小学校の教室で組織的なハーモニカ音楽の指導が行われるならば、将来のハーモニカ音楽の担い手を育て、その愛好家の裾野を広げることになるのである。

全ハ連理事の宮田は、この『ハーモニカ・ニュース』の同じ号の巻頭記事において、1年前の「ハーモニカは玩具か？」騒動について触れながら東ハ音研の活動を紹介している[37]。宮田は、従来のハーモニカ界の人々がハーモニカ音楽の樹立に夢中になり、「ハーモニカ音楽の位置を客観的に認識する余裕がなかつたこと」が、「ハーモニカは玩具か？」騒動のようなトラブルを引き起こしたのだと指摘する。そして、ハーモニカ人が楽壇を神聖視し、逆に楽壇はハーモニカ人を軽蔑するという状況に疑問を呈している。さらに「ハーモニカ人が小さな世界に籠って感情的な口吻をもらしてゐる中は、ハーモニカ音楽は文化的に認められない」と指摘し、「ハーモニカ音楽の文化的使命を正当に認識し、その位置をハッキリと客観する事が必要」であると主張している。

宮田はこれに続き、東ハ音研の活動について、「ハーモニカ合奏法（ユニスンに非ず、重層的な）を、換言すれば西洋音楽の妙味を、児童に徹底せしむるのが目的」の組織であると紹介した。そしてハーモニカの演奏者の中には「極めて基礎的な奏法が、割合に満足に奏せない」者が多くいるとし、随想の締めくくりに「ハーモニカを教授される方は、細かく気を使つて、奏者の芸術的啓発を行なはなければならない」と述べ、ハーモニカ音楽の教授者、つまり東ハ音研に所属する教師たちに期待を寄せた[38]。このように、ハーモニカ音楽界を率いる立場にあった宮田自身が、小学校におけるハーモニカ音楽の指導に期待を寄せたのである。

一方、全ハ連のスポンサー企業、トンボ楽器にとってみれば、いずれ小学校におけるハーモニカ音楽指導の整備が進めば学校単位でしかも独占的にハ

ーモニカを納入していく絶好の機会ともなり得た。例えば、『ハーモニカ・ニュース』第11巻第8号には、「小学校用標準ハーモニカ」の広告が本誌の創刊以来、初めて掲載された。このハーモニカは東ハ音研の会員である小学校教師の意見を取り入れながら開発されたものであり、東ハ音研の特集とともに広告を出すことによって、より大きな宣伝効果をねらったと考えられる。

　このようにみてみると、騒動から1年後の東ハ音研の設立は、全ハ連や楽器メーカーにとっては、その楽器の玩具性について妥協し、教育現場に新たな活路を見いだす転換点であり、ハーモニカ音楽の慢性的な停滞感を打開するための戦略のひとつだったと捉えられるのである。

　以上、本節でみたように、東ハ音研は、音楽教育界とハーモニカ音楽界の人々の、両者の思惑が交錯するところに設立されたといえる。

第4節　東京市小学校ハーモニカ音楽指導研究会の活動の実際とその意義

1　東ハ音研の二つの成果と発表演奏会の開催

　音楽教育界とハーモニカ音楽界の人々のそれぞれの思惑は、東ハ音研の活動のなかでどのように具現したのだろうか。

　東ハ音研は1937（昭和12）年4月の設立以降、1ヵ月毎に例会を開いた。確認できている例会の開催日は同年4月23日、5月28日、6月25日、7月9日である[39]。開催場所はいずれも山本の勤務校であり、研究会事務所のおかれた和泉尋常小学校で行われた[40]。研究会に参加した小学校教師は20名ほどであった[41]。例会では「教員諸氏自らハーモニカを吹奏して斯楽の実際的研究」[42]に取り組み、研究の発表、理論の検討、実技の指導、模範演奏などを行った[43]。このような活動を通して世に送り出されたのが「小学校用標準ハーモニカ」と『小学校ハーモニカ合奏曲集』であり、これらを用いた児童による発表演奏会であった。

1）「小学校用標準ハーモニカ」の開発

　加藤義登は1932（昭和7）年頃からハーモニカによる指導を始めたが、それ以来の「実に苦しい経験から此の児童用ハーモニカ乃至合奏楽器の改造を機会ある毎に諸種の関係誌上に呼びかけた」という[44]。東ハ音研が設立されたころ、加藤は『ハーモニカ・ニュース』の誌上で、それまでに自身が実践をするなかで「普通のハーモニカを学用品と眺めて、起る値段の問題と、一つは合奏用に使用する特殊楽器の改造、即ち児童用特殊楽器との二問題」があったとし、「ハーモニカに関係せらるゝ専門家乃至は製造関係者」に対して「我々に安心して使用出来得る楽器の研究、製作、発表の機会を期待」する旨を述べている[45]。

　トンボ楽器は、このような教師の声に応えて「小学校標準ハーモニカ」の販売を開始した[46]。これは東ハ音研の設立に伴い「小学校教育者諸先生の御希望や、御主張を御伺ひする機会」を得て、花山、陶野の指導の下に開発されたハーモニカである[47]。1937（昭和12）年8月発売の『ハーモニカ・ニュース』第11巻第8号に初めて掲載された広告（図4-3参照）によると、このハーモニカは、小学生の呼吸量を考慮して作られ、音程の正確性、教育現場で扱いうるだけの耐久性を向上させ、カバーに音階名を刻印した点に特徴があった。

図4-3．「小学校標準ハーモニカ」広告
［註］『ハーモニカ・ニュース』第11巻第8号、1937年8月。

第4章　学校教育へのハーモニカ導入の一断面　　145

　また、同社は合奏において中低音部と低音部を担当する「小学校用標準バリトン」「小学校用標準バス」も開発している。これらもまたハーモニカ音楽界におけるハーモニカ合奏の研究と、小学校教師たちの意見を合わせて開発されたものであった。トンボ楽器は、明治期からハーモニカ奏者たちの意見を取り入れながら国産ハーモニカの改良を重ねてきた経験を生かし、教師たちの意見を反映させたハーモニカの開発を行ったのである。

　戦後の器楽教育においても、プラスティック製リコーダーや鍵盤ハーモニカなど、教師の意見を反映させた教育用楽器の開発は、学校現場の実践を支えていくことになる。「小学校標準ハーモニカ」は教育用楽器開発の最初期の試みのひとつであったといえ、音楽教育史上意義深いものである。

2）『小学校ハーモニカ合奏曲集』の出版

　1938年（昭和13）年には『小学校ハーモニカ合奏曲集』が出版された。同年1月発売の『ハーモニカ・ニュース』第12巻第1号に初めて掲載されたその広告に注目してみると、全10曲が収録された。「君が代」を除く9曲に作編曲者が付されている（図4-4参照）。小学校教師の山本、加藤が2曲ずつ、眞門が1曲を編曲している。全ハ連側は花

図4-4.『小学校ハーモニカ合奏曲集』広告
［註］『ハーモニカ・ニュース』第12巻第1号、1938年1月。

山が1曲を編曲し、陶野が1曲を編曲、1曲を作曲している。その他に童謡作曲家の本多鉄麿[48]が1曲を編曲している。

　この曲集は陶野と花山の共編の形をとり、全ハ連が出版している。東ハ音研は東京市の音楽教師たちの活動ではあったものの、その研究の成果は、全国規模の団体である全ハ連とその機関誌を通じて発表された。山本はこの曲集を用いて日本放送協会の学校放送に出演した[49]。東ハ音研の活動の成果は、山本の指導した児童たちの演奏として全国向けのラジオ放送の電波にも乗ったのである。加藤は日本教育音楽協会の機関誌『教育音楽』においても東ハ音研の活動に触れながら自身の実践を紹介し、ハーモニカ合奏の「標準的の楽曲は研究会で作製した十曲の合奏曲を参照」するように読者に促している[50]。このように、山本らはこの曲集を大いに活用しながら自分たちの実践について各方面に発表したのであった。

3）発表演奏会

　1938（昭和13）年6月25日、東ハ音研主催の第1回発表演奏会が有楽町の京橋区泰明小学校で開かれた。同年6月発売の『ハーモニカ・ニュース』第12巻第6号には、これを予告する記事が掲載された[51]。この予告記事によれば、演奏会は「小学校標準ハーモニカ」の開発に続いて『小学校ハーモニカ合奏曲集』が出版され、「斯かる運動の第一段階とも見る可き斯楽実践への基本的工作を一先づ整備し得た」ので、「全市の小学校教育界に之が成果を拡需する企画」として催された。非公開で行われ、東京全市の小学校長と教員が招待された。演奏会のプログラムとして、参与花山の講演、市内十数校の発表演奏、出演児童全員の合同合奏による「愛国行進曲」の演奏、全ハ連合奏団による賛助演奏、視学の講評などが計画され、出演する児童は合わせて約400名に及ぶとされた。

　同年8月発行の『ハーモニカ・アコーディオン研究』第12巻第8号には発表会の報告が掲載された[52]。それによれば実際に出演した小学校は、入新井

第四尋常小学校、野方第五尋常小学校、東陽尋常小学校、中延尋常小学校、和泉尋常小学校、盈進尋常小学校、明治尋常小学校、龍泉尋常小学校、本所高等小学校の10校であった。当日は「三種類の特製小学生用標準ハーモニカを使用」し、ハーモニカで4声部を作って随時打楽器を加えるという「指導研究会の定めた標準形態」を基本とし、出演校はこれを自由に工夫して、アコーディオン、オルガン、ギター、ピアノ、シロフォン、ドラムなどを加えた大がかりな出演校もあった。誌上で発表会を批評した本多鉄麿によれば、第1回発表会は「未だ試験期の発表会としては大成功」で、なかでも加藤の龍泉尋常小学校の演奏が「実に立派であって一頭群をぬいてゐた」という[53]。山本は戦後、東ハ音研の演奏会は4、5回行われたことを証言しており、このあとも同様の演奏会が行われたと考えられる[54]。

　このように東ハ音研の活動は、毎月の例会でハーモニカ合奏の指導方法を研究しながらトンボ楽器の協力を得て児童用ハーモニカを改良し、さらに全ハ連のメンバーとともに児童用合奏の編曲を手がけ、ついにはこれらを用いて自分たちが指導した児童による演奏会を開くまでになったのである。

2　東ハ音研の組織的特徴——楽器産業界との連携

　東ハ音研は特定の楽器メーカーの販売戦略の場として機能したという点で、当時存在した他の音楽教育関連の組織にはない特徴があった。

　東ハ音研の小学校教師たちと全ハ連、トンボ楽器の共同的な活動のなかで世に送り出された『小学校ハーモニカ合奏曲集』と「小学校標準ハーモニカ」であったが、その広告について注意深く考察してみると、そこにはトンボ楽器の巧みな販売戦略が透けてみえるのである。

　すでに述べたように、全ハ連のスポンサー企業トンボ楽器にとってみれば、いずれ小学校におけるハーモニカ音楽指導の整備が進めば学校単位でしかも独占的にハーモニカを納入していく絶好の機会ともなり得るのである。トンボ楽器はこの点についてよく計算して販売戦略を立てていたとみえる。

例えば「小学校標準ハーモニカ」の広告（図4-3）の初出のタイミングである。この広告が初めて掲載されたのは全ハ連の機関誌であり事実上のトンボ楽器の宣伝誌でもあった『ハーモニカ・ニュース』第11巻8号（1937年8月発行）である。この号は「特集・小学児童とハーモニカ音楽」を組み、東ハ音研の活動について報じた最初の号であった。東ハ音研の設立された4月から7月までの間はもちろん、それまで1927（昭和2）年の創刊以来、児童とハーモニカ音楽に関連する記事はほとんど皆無であった同誌が、初めて小学校におけるハーモニカ音楽指導についての特集を組んだのと同時に、「小学校用標準ハーモニカ」の広告を、最も目の行きやすい目次の隣のページに掲載している。また広告には「東京市小学校ハーモニカ音楽指導研究会御推薦」と銘打った。この「○○御推薦」という文句は、著名なハーモニカ奏者の監修であることをアピールする典型的な表現であり、当時のハーモニカの広告にはよくみられたものである。東ハ音研の活動がある程度軌道にのり、教師たちの声を取り入れた児童用ハーモニカを開発して発売できる状態になった時点で大々的に特集を組み、東ハ音研の名前とともに商品を売り出す、用意周到な販売戦略をここにみることができる。

また『小学校ハーモニカ合奏曲集』の広告の宣伝文では、冒頭で「小学校用標準ハーモニカを使用して演奏する合奏曲集が愈々出来ました」と記されている。トンボ楽器の宣伝機関としての側面ももっていた全ハ連によって出版された『小学校ハーモニカ合奏曲集』は、同社の「小学校用標準ハーモニカ」とセットで活用することを前提に発売されたのである。このように、「小学校標準ハーモニカ」の開発と、これに続く『小学校ハーモニカ合奏曲集』の発行は、同社の販売戦略の一環としてみることができる。

以上の特徴は、音楽教育者だけで構成されていた日本教育音楽協会や学校音楽研究会のような同時代の音楽教育研究会にはみられない東ハ音研独自の特徴であった。

3　東ハ音研の歴史的意義

　東ハ音研は、児童の音楽生活を重視し、唱歌教育から音楽教育への発展をめざした1930年代の簡易楽器指導の実践の流れのなかに位置づけられるものであった。また学校教育現場の音楽教師たちとハーモニカ音楽界の人々の協力により設立されたため、楽器メーカーの楽器販売戦略の場としても機能した。

　ここでは戦後との連続性という視点から東ハ音研を器楽教育成立史のなかに位置づけたい。本研究における器楽教育成立の3要件は教材としての楽譜、教具としての楽器、指導方法の確立であった。本章でみたように、東ハ音研は教材として『小学校ハーモニカ合奏曲集』を出版し、教具にあたる児童用ハーモニカを開発、指導方法を研究する例会も開いており、さらに教育用楽器開発のためのメーカーとのパイプまでもがすでに存在していた。そしてこれらは、様々な形で戦後の器楽教育に引き継がれていった。

　まず、東ハ音研の活動で研究された指導方法や編曲法は、主に山本の活動により戦後の器楽教育に継承された。例えば、第6章で詳述するように、山本は1947（昭和22）年に器楽指導の研究と推進を目的とする新生音楽教育会を組織し、その活動を通して各地で器楽指導の講習会を行った。また山本は1948（昭和23）年に文部省が発行した我が国初の器楽用教科書『合奏の本』の編纂にかかわり、全掲載曲27曲のうち「おうま」「くつがなる」「変奏曲・村のかじや」の3曲を編曲している[55]。

　一方、東ハ音研の活動を通して構築された人脈も、戦後へと引き継がれていた。山本は後年、戦後になって器楽教育実践を行うとき、楽器メーカーの協力を得ることができたため、自分は学校で楽器を購入したことがなかったと証言した[56]。この楽器メーカーにはもちろんトンボ楽器も含まれていた。さらに興味深いことに、1950（昭和25）年から1952（昭和27）年に、全国的な器楽教育の充実をめざして設置された文部省の音楽用品基準調査委員会の委員として、東ハ音研の山本、陶野、また全ハ連会長でありトンボ楽器社長で

もある真野市太郎[57]が名を連ねている[58]）。東ハ音研を設立した人々は戦後、文部省内の委員としてその関係を維持しつつ、それぞれの立場から器楽教育にかかわり、その全国的な充実に尽力したのである。

　以上のように、東ハ音研で研究された指導方法や、構築された人脈、とくに現場の教師たちと楽器メーカーとのパイプは、戦後の音楽教育界に引き継がれたのであった。東ハ音研は、東京市内の小学校教師たちの結成した小さな研究会であったものの、戦後の器楽教育の成立を準備する重要な役割を担った組織として、音楽教育史上に位置づけられるのである。

小結──小学校へのハーモニカ導入とその歴史的意味

　本章では、東ハ音研の設立へとつながる全ハ連の活動に焦点を当てながら、小学校にハーモニカが導入された当時のハーモニカ音楽界の状況を明らかにした。

　全ハ連は、スポンサー企業トンボ楽器の宣伝機関としての側面をもっていた。当然のことながら東ハ音研の背後にも同社の存在があった。また「ハーモニカは玩具か？」騒動は、東ハ音研が設立されたころのハーモニカ界が、「純音楽」の演奏家たちの大衆音楽への進出や、大衆のハーモニカ離れに伴い、大衆音楽における相対的な地位低迷の憂き目にあっていたことを示した。この騒動でハーモニカの玩具性を決して認めようとしなかったはずの全ハ連は、わずか1年後、ハーモニカの「玩具的色彩」を評価する山本栄たち小学校教師とともに、東ハ音研を設立する。そして小学校におけるハーモニカ音楽の普及に積極的に協力していくことになる。そこには、ハーモニカの玩具性について妥協してでも、教育現場に新たな活路を見いだそうとする全ハ連や楽器メーカーの思惑があったのである。

　以上のように、昭和初期に学校現場にハーモニカが導入され、その取り組みが盛んになっていった背景には、学校現場からの内的な動機や要求だけで

なく、「ハーモニカは玩具か？」騒動に象徴されるハーモニカ界全体の停滞的状況や、これを打開しようとするハーモニカ界の人々や楽器メーカーの思惑という学校外の状況があった。

では、ハーモニカ音楽界の停滞状況の打開策として、ハーモニカが「玩具的色彩をもった簡易楽器」として小学校教育に参入していくことは、1930年代当時の音楽文化状況においてどのような意味があったのだろうか。また、同時にこのことは音楽教育史上、どのような意味があったのだろうか。

大衆が西洋音楽に接し始めた時代、西洋楽器の代替楽器として、大衆と洋楽の橋渡しの役割を担い、大衆音楽の代表となったハーモニカ音楽であったが、1920年代から30年代にかけて「純音楽」にその座を譲っていった。これはいい換えれば大衆社会が成熟し大衆の生活環境が向上していくなかで、その橋渡しの役割を終えていったと捉えることができるだろう。

そこでハーモニカ音楽界は音楽教育の世界にその活路を見出したのである。1940年代に入ると、ハーモニカ音楽は戦時体制下にあって、厚生音楽の一部門としての役割を期待され、大衆音楽におけるその地位を一時取り戻したとされる[59]。しかし、戦中から戦後も引き続いてハーモニカという楽器が後々まで活躍できたのは大衆音楽界よりもむしろ教育界においてであった。

東ハ音研の設立に参加した陶野、花山らは、小学校教師山本らとともに児童用合奏の指導方法について研究し、全ハ連から『小学校ハーモニカ合奏曲集』を発行している。戦後は東ハ音研そのものの活動はなくなったものの、器楽教育の全国的な実施にともなって、ハーモニカは全国の小学校に普及していった。陶野、花山はもちろんのこと、ハーモニカ演奏のパイオニアとして知られた川口を始め、戦前に大衆音楽界の第一線で活躍していたハーモニカ音楽人たちは、戦後に全国の小学校に巡回指導をし、音楽教育におけるハーモニカ指導に力を注いだ[60]。

かつて大正から昭和初期の時代、大衆がハーモニカを通して洋楽に接していったのと同じように、1930年代から戦後にかけてのハーモニカは、児童た

ちの洋楽への入り口としての役割を担うようになったのである。雑誌『ハーモニカ・ニュース』第11巻第8号の随想で、宮田が、ハーモニカ人が客観的に認識すべきだと主張していた「ハーモニカ音楽の文化的使命」は、最終的には教育界において果たされたといえよう。

一方、ハーモニカの小学校への導入は、音楽教育史上どのような意味があったのだろうか。

本章でみたように、ハーモニカ音楽界は、プロ・アマを含む多くの演奏家や楽器メーカーの独自の研究によって、演奏法や合奏法を確立、発展させ、ハーモニカを大衆音楽の代表的な楽器のひとつにまで育てあげた。東ハ音研では、このハーモニカ音楽界の蓄積していた合奏法や楽器開発の技術と、小学校教師たちの教育経験の両方を生かしながら、児童たちへのハーモニカ合奏指導方法を確立した。また既に述べたように、ハーモニカ演奏家たちは全国を巡回し、小学校の教師たちにむけてその演奏法や指導方法の講習会を開いたのであった。

このことは、小学校にハーモニカが導入されたとき、楽器だけではなく、その合奏法や演奏法もまた大衆音楽界から音楽教育界に移されたことを意味している。換言すれば、音楽教育界の人々は、器楽教育の黎明期において、子どもに身近な楽器としてハーモニカを採用することにより、かつて彼らが忌避していたはずの大衆音楽を合流させ、受け入れていったということである。

唱歌教育から音楽教育への脱却がはかられる時代の中で、器楽教育の模索が、音楽教育界の人々の視線を学校外の音楽文化へと向けさせたことは、音楽教育史上重要な意味をもつといえるだろう。

第4章 註

1）三浦俊三郎『本邦洋楽変遷史』日東書院、1931年、261頁。
2）川口章吾、西宮森太郎「対談ハーモニカ生活五十年」『楽器商報』第5巻第11号、

1954年11月、16頁。
3）西宮安一郎、加藤善也『川口章吾』ミュージックトレード社、1970年、66頁。
4）同前書、65-66頁。
5）ハーモニカバンドの最初は、1919（大正8）年に結成された明治大学ハーモニカ・ソサエティである（繁下和雄「ハーモニカ」『大衆文化事典』弘文堂、1991年、623頁）。
6）尾高暁子「両大戦間期の中日ハーモニカ界にみる大衆音楽の位置づけ」『東京藝術大学音楽学部紀要』第33号、2007年、18頁。
7）同前書、26頁。
8）同前書、26頁。圏点は引用者。
9）同前書、26頁。
10）全日本ハーモニカ連盟「全日本ハーモニカ連盟の栞」『ハーモニカ・ニュース』第1巻第1号、1927年3月、7頁。
11）同前書、7頁。
12）『ハーモニカ・ニュース』の所蔵状況は、第1巻第1号（1927年3月）から第12巻第7号（1938年7月）が国立国会図書館に所蔵されている（ただし第1巻第6号、第2巻第3、6、8-12号、第6巻第1-12号、第10巻第3号が欠号）。欠号の所蔵は今のところ不明である。継続後誌『アコーディオン・ハーモニカ研究』の所蔵状況は、第12巻第8号（1938年8月）から第15巻第10号（1941年10月）の全巻が国立国会図書館に所蔵されている。合併後誌『国民の音楽』の所蔵状況は第1巻第1号（1941年11月）から第3巻第8号（1943年8月＝刊行終了）の全巻が国立国会図書館に所蔵されている。
13）日本の学校教育では「洋楽導入期、音名が〈ハニホヘトイロ〉のイロハ音名、階名は〈ヒフミヨイツムナ〉のヒフミ唱法であった」。この時期の五線譜には数字が付してあるものがほとんどで、「唱法としては視覚的にヒフミ階名が優勢であった」（柴田篤志「唱法―日本の学校教育における唱法」『日本音楽教育事典』、音楽之友社、2004年、478-479頁）。明治期の間に「唱法はドレミ階名が浸透していく」が、「〈レ〉〈ファ〉〈ラ〉〈シ〉などが、日本人には発音しづらかった、ともいわれ、ヒフミ階名も唱法としては存続していた」という（同、478-479頁）。明治期に数字譜によって唱歌教育を受けた児童達が大正時代に大衆となってハーモニカを手にしたとも考えられる。数字で記譜されたハーモニカ略譜を用いながら大衆がハーモニカ演奏を楽しむことができたのは、いわば唱歌教育のひとつの成果であったといえるだろう。

14）尾高「両大戦間期の中日ハーモニカ界にみる大衆音楽の位置づけ」、前掲註6）、17頁。
15）『ハーモニカ・ニュース』創刊号（1927年3月）に連盟理事の紹介がなされ、各理事が寄稿している（2-21頁）。川口章吾が全ハ連の理事に入っていないのは、彼は日本楽器に入社し、トンボ楽器との縁が切れていたからである（尾高「両大戦間期の中日ハーモニカ界にみる大衆音楽の位置づけ」、前掲註6）、17頁）。
16）1902（明治35）年の創業時の社名は「真野商会」、のちに「トンボ・ハーモニカ製作所」に改称した。初代社長は真野清次郎。1917（大正6）年よりハーモニカ、1930（昭和5）年よりアコーディオンの製作を開始した（トンボ楽器製作所『トンボ七十年の歩み』パンフレット、発行年不明）。現在の社名は「トンボ楽器製作所」である。本研究では同社については時代にかかわらず「トンボ楽器」と統一して表記する。
17）尾高「両大戦間期の中日ハーモニカ界にみる大衆音楽の位置づけ」、前掲註6）、26頁。
18）ただし、当時のハーモニカ音楽界の停滞的状況について言及しているのは尾高にとどまらない。例えば西宮、加藤らも、1937（昭和12）年度のハーモニカ・コンクール（全ハ連主催）に対する作曲家深井史郎の評文を引き、当時のハーモニカ独奏が「本質的には、下降線をたどっていた」ことを指摘している（西宮、加藤『川口章吾』、前掲註3）、135頁。
19）「特集・『ハーモニカは玩具か』？」（『ハーモニカ・ニュース』第10巻第5号、1936年5月、2-3頁）、および、「『玩具問題』ついに全連の勝利に帰す！」（『ハーモニカ・ニュース』第10巻第6号、1936年6月、12-15頁）。
20）「ハーモニカは除けもの　演奏家の連盟」『東京朝日新聞』1936年4月23日朝刊、11面。
21）同前書、11面。
22）「特集・『ハーモニカは玩具か』？」、前掲註19）、3頁。
23）吉川新次郎「編集後記」『ハーモニカ・ニュース』第10巻第5号、1936年5月、40頁。
24）例えば、川口章吾は貧しい家庭に生まれ、父親が失踪し、小学校を卒業後すぐに神田の旅籠町の印刷所に10歳で就職するという境遇であった（川口、西宮「対談ハーモニカ生活五十年」、前掲註2）、15頁）。また宮田東峰も「出生の日に父が他界、一家は離散、7歳で母も失い、小学校卒業とともに長兄の手伝いで味噌屋に勤める」という境遇であった（尾高「両大戦間期の中日ハーモニカ界にみる大衆音楽の

位置づけ」、前掲註6)、33頁の註6を再引用)。このような境遇の中でハーモニカと出会い、やがて第一線で活躍する演奏家となっていった彼等の存在は、大衆音楽の代表としてのハーモニカ音楽を象徴しているといえよう。

25) 日本演奏家連盟の結成について山口篤子「日本の合唱史における『幻の東京オリンピック』その意義と位置づけをめぐって」(大阪大学『待兼山論叢.美学篇』39号、2005年、27–49頁)では「著作権をめぐるいわゆる『プラーゲ問題』に対し、何の対策もとれなかった大日本音楽協会に反発した演奏家達が、自分たちの利益、生活を守るために団結したもの」であると解説している(43頁)。

26) 尾高「両大戦間期の中日ハーモニカ界にみる大衆音楽の位置づけ」、前掲註6)、26頁。

27) 島川観水「音楽家よ冷静であれ」『ハーモニカ・ニュース』第10巻第5号、1936年5月、9頁。

28) 深井史郎「ハーモニカは玩具か?」『ハーモニカ・ニュース』第10巻第5号、1936年5月、6頁。

29) 山本栄は、戦後、木村信之のインタビューに応じ、「日支事変のころ」(1937年ごろ)に和泉小学校を事務所にして全日本ハーモニカ連盟をつくったと証言した(木村信之『音楽教育の証言者たち(上)』、音楽之友社、1986年、90-91頁)。ところが、これは山本の記憶違いである。本章で詳述したように、全日本ハーモニカ連盟は、すでに1927(昭和2)年にトンボ楽器の主導で結成され、ハーモニカ音楽の普及発展のために活動を開始していた。山本が記憶していたのは、1937(昭和12)年に結成された東京市小学校ハーモニカ音楽指導研究会(東ハ音研)のことであった。東ハ音研は、全ハ連の下部組織として結成されたため、山本は東ハ音研についての記憶を語るとき、その本体である全日本ハーモニカ連盟の名称を語ったと思われる。それほど、両組織は一体のものとして関係者に捉えられていたのだろう。

30) 眞門典生「東京市小学校ハーモニカ音楽指導研究会に就いて」『ハーモニカ・ニュース』第11巻8号、1937年8月、7頁。圏点は引用者。

31) 加藤義登「児童音楽教育とハーモニカに就いて」『ハーモニカ・ニュース』第11巻第8号、1937年8月、9頁。

32) 眞門「東京市小学校ハーモニカ音楽指導研究会に就いて」、前掲註30)、6頁。

33) 同前書、6頁。

34) 佐藤謙三「小学校の音楽教育に就て」『ハーモニカ・ニュース』第11巻第8号、1937年8月、5-6頁。圏点は引用者。

35) 山本栄『国民学校教師の為の簡易楽器指導の実際』共益商社書店、1943年、4頁。

圏点は引用者。
36) ただし、山本栄は自著の中で、「簡易楽器中最も音楽的であり且つ利用範囲の広い点、ハーモニカに及ぶものは今のところ無い」と述べており、簡易楽器の中で最も音楽的であることを強調している（同前書、43頁）。これをハーモニカの小学校への導入に協力的であったハーモニカ音楽界の人々に気遣った結果の評であると考えるのは勘ぐりすぎであろうか。
37) 宮田東峰「夏日随想」『ハーモニカ・ニュース』第11巻第8号、1937年8月、2頁。
38) 同前書、2頁。
39) 眞門「東京市小学校ハーモニカ音楽指導研究会に就いて」、前掲註30)、7頁。1937年8月以降の例会の日時は明らかではないが、本論でも述べるように、1938（昭和13）年6月に東ハ音研の第一回発表演奏会が行われ、それ以降も4、5回演奏会が開かれたようであるので、その後も継続的に例会はもたれたと考えられる。
40) 同前書、7頁。
41) 木村信之『音楽教育の証言者たち（上）』音楽之友社、1986年、91頁。
42) 「東京市小学校ハーモニカ音楽指導研究会第一回発表演奏会」『ハーモニカ・ニュース』第12巻第6号、1938年6月、7頁。
43) 眞門「東京市小学校ハーモニカ音楽指導研究会に就いて」、前掲註30)、7頁。
44) 加藤義登「小学校に於ける児童ハーモニカ合奏に就いて」『教育音楽』第16巻第5号、1938年5月、31頁。
45) 加藤「児童音楽教育とハーモニカに就いて」、前掲註31)、10頁。
46) 加藤義登「児童とハーモニカ」『ハーモニカ・ニュース』第12巻第5号、1938年5月、10頁。
47) トンボハーモニカ手風琴製作所「小学校用標準ハーモニカ製作について」『ハーモニカ・ニュース』第11巻第8号、1937年8月、21頁。
48) 本多鐵麿は昭和初期から活動を始めた作曲家。童謡「おもいでのアルバム」の作曲者（『日本の作曲家：近現代音楽人名事典』日外アソシエーツ株式会社、2008年、600頁)。
49) 木村『音楽教育の証言者たち（上）』、前掲註41)、92頁。
50) 加藤「小学校に於ける児童ハーモニカ合奏に就いて」、前掲註44)、33頁。
51) 「東京市小学校ハーモニカ音楽指導研究会第一回発表演奏会」、前掲註42)、7頁。
52) 「小学校ハーモニカ音楽発表会批判」『アコーディオン・ハーモニカ研究』第12巻8号、1938年8月、2-3頁。

53）本多鉄麿「小学校ハーモニカ音楽第1回『発表会』聴聞雑感」『アコーディオン・ハーモニカ研究』第12巻8号、1938年8月、4-6頁。
54）木村『音楽教育の証言者たち（上）』、前掲註41）、91頁。
55）文部省『合奏の本』日本書籍、1948年。
56）木村『音楽教育の証言者たち（上）』、前掲註41）、98頁。
57）真野市太郎はトンボ楽器の2代目社長である。全ハ連の会長は代々同社の社長が就任している。市太郎は、戦後、全国楽器製造協会理事長、東部楽器製造協会会長（いずれも教育用楽器メーカーの協会）を務めるなど、教育用楽器メーカーの組織なかで、主要なポストを歴任している。戦前に東ハ音研とともに児童用ハーモニカの開発に着手していたトンボ楽器は、戦後の教育用楽器メーカーのなかでも強い発言力をもっていたと考えられる。
58）文部省『教育用楽器基準の解説』大蔵省印刷局、1958年、3頁。ここに1950（昭和25）年から1952（昭和27）年の音楽用品基準調査委員会の委員が一覧で紹介されている。同時期の委員は32名（会長を含む）で、構成は以下の通りであり、職名は発令当時のままである。山本栄など教師6名（うち1名は校長）、演奏家7名、楽器メーカー関係者8名、音楽系大学関係者4名、文部省関係者4名、中野正一（通商産業省通称雑貨局雑貨課長）、浜野政雄（東京都指導主事）、田口泖三郎（日本音響学会理事）。
59）尾高「両大戦間期の中日ハーモニカ界にみる大衆音楽の位置づけ」、27頁、前掲註6）。
60）川口章吾は1949（昭和24）年から全国を巡回し、器楽教育の指導を開始した。例えば同年は1月の静岡県沼津市を皮切りに、福島県、埼玉県などを回っている。その後も毎年巡回を行い、大阪府、三重県など、関西地方にも及んだ。そこではハーモニカの演奏法のみならず、笛、シロフォン、打楽器類の演奏の指導にも取り組んでいる（西宮、加藤『川口章吾』、前掲註3）、216-221頁）。

第2部　戦後における器楽教育の全国への普及と成立

第 5 章　戦後教育改革と文部省による器楽教育導入
　　　──文部省『合奏の本』を中心に

　戦後間もない1948（昭和23）年、文部省は『合奏の本』[1]を発行する。この『合奏の本』は、同省が戦後の国定音楽教科書と関連づけながら器楽合奏指導の方法と内容を具体的に示した初めての本であり、合奏指導を中心に据えながら展開する戦後の器楽教育の原点とも呼びうる一冊である。そこで本章では、『合奏の本』発行の背景とその内容を分析し、「22年音楽編（試案）」や国定音楽教科書との具体的な関連を指摘し、この本が発行後どのように活用されたのかを考察する。これにより戦後教育改革期における文部省による器楽教材の整備の具体を明らかにする。

第 1 節　『合奏の本』発行（1948年）とその背景

1　戦後の器楽教育導入の「三つの課題」

　明治以来長らく唱歌と呼ばれ歌唱指導のみが行われてきた小学校の音楽教育は、国民学校期の芸能科音楽を経て、戦後教育改革において歌唱、器楽、鑑賞、創作が総合的に行われるいわゆる音楽科として出発することとなった。戦後、文部省は1947（昭和22）年の「学習指導要領音楽編（試案）」（以下、「22年音楽編（試案）」と略称する）において、小学校の音楽教育における器楽教育実施の方針を示した[2]。ここでは、『合奏の本』の発行の時代的背景を明らかにするために、「22年音楽編（試案）」をみながら、戦後教育改革期における器楽教育を取り巻く状況を確認しよう。

　文部省は、1947（昭和22）年 3 月20日[3]に「学習指導要領一般編（試案）」を、 6 月10日[4]には「22年音楽編（試案）」を発行した。この「22年音楽編

（試案）」は、文部省視学官諸井三郎[5]が単独で著したもので[6]、彼の音楽観・教育観が「直截に」反映したとされる[7]。

諸井は、日本の西洋音楽移入史上「器楽の創作発展という新しい時代を築く萌芽期に生まれ」、「器楽音楽の作曲を目指した」人物である[8]。彼は自著『音楽教育論』で西洋音楽史の視点から器楽の重要性について述べている。すなわち西洋音楽が「今日の隆盛を来たした」のは、「実に器楽の発明とその発展にある」というのである[9]。西洋中世の音楽は「声楽を主体とする宗教音楽が大部分」であったが、その後の「ヒュマニズムの台頭」以来、「人間の自由奔放な気持ち」を表現する手段として声楽よりも「遥かに豊富な表現力を持つ器楽へと人々の心が向かつて」いき、器楽の発展、ひいては西洋音楽の発展に結びついた、というのが諸井の西洋音楽史の理解であった[10]。そして、敗戦を経て民主主義国家として再出発しようとする当時の日本と、西洋史における「ヒュマニズムの台頭」とを重ね合わせ、「ヒュマニズムに基づく民主主義の方向に進むべき今日、音楽教育において器楽教育を全面的にとりいれるのは正しい」とし[11]、「その実施を強く主張」したのであった[12]。

こうした諸井の考えを反映するように、「22年音楽編（試案）」には歌唱、器楽、鑑賞、創作を扱うという、戦後の音楽教育の方針が示された。器楽教育については各学年の指導内容が示され、各学年で扱うべき楽器も明記された。そこに明記された楽器をまとめた表5-1をみると、小学校第6学年までに、オーケストラで用いられる管弦打楽器は一通り指導することが求められていることがわかる。諸井は最終的にオーケストラの形態で合奏指導をすることを想定していた。

しかし、終戦直後という当時の社会状況から「22年音楽編（試案）」では「器楽を全面的に実施するには、楽器や楽譜の問題から解決してかからなければならないので、現在の状態では大きな困難を伴なうのは明らか」であるとされ、「児童の製作にかかる簡易楽器の利用」や、「教師の工夫にかかる代

表5-1. 1947（昭和22）年『学習指導要領音楽編（試案）』に示された楽器

小学校	1年	小型の打楽器を主にする拍子木・ミハルス・トライアングル・鈴・カスタネット・タンブリンその他の簡易楽器
	2年	同上
	3年	上の楽器に、ハーモニカ・木琴・笛・ピアノ・オルガンを加える
	4年	上の楽器に、手風琴を加える
	5年	上の楽器に、バイオリンのような弦楽器、フルート・クラリネットのような管楽器
	6年	上の楽器に、各種の弦楽器、各種の木管楽器、トランペットのような金管楽器を加える
中学校		楽器編成を、できるならば次第に本格的なものとする

［註］文部省『学習指導要領音楽編（試案）』東京書籍、1947年。

用楽器の活用」を考えるよう求めている[13]。児童に楽器を作らせたり、代用楽器を活用したりして楽器不足の状況をしのごうとしている点が興味深い。

このように、終戦後の物資不足のなか、まずは「楽器と楽譜の問題」を解決しなければならないという状況であった。これに加えて、器楽教育に取り組んだ経験のない学校や地域の教師に対する「器楽指導の方法」の普及を図ることも必要であった[14]。戦後教育改革期の器楽教育は、器楽教育成立3要件と一致する「楽器の確保」「器楽教育用楽譜の出版」「指導方法の普及」という「三つの課題」を背負って出発したといえる。

2　戦後の国定音楽教科書にみる器楽教育

文部省は1947（昭和22）年6月の「22年音楽編（試案）」に先がけ同年5月に最後の国定音楽教科書『一年生〜六年生の音楽』[15]を発行した。「22年音楽編（試案）」は諸井による単独執筆であったが、国定音楽教科書についても彼が中心的編纂者であったとされる[16]。

さらに諸井はこれに先立つ1947（昭和22）年1月に『音楽教育論』を出版している。以下では、この著書に示された諸井の器楽教育観について概観したうえで、国定音楽教科書のなかで器楽教育がどのように扱われたのかを分

析する。

1）諸井三郎の器楽教育観——楽器教育と演奏教育

　諸井によれば、器楽教育は楽器教育と演奏教育の二つに分けることができる。楽器教育は楽器に関する知識（音色や構造など）についての教育であり、演奏教育は楽器教育を前提にして実際に楽器を演奏する技能を育てる教育である。

　当時は終戦直後ということもあり、「器楽を全面的に実施するには、楽器や楽譜の問題から解決してかからなければならない」状況であった[17]。そこで諸井は楽器教育を行うときには楽器を各学校に設備することが望ましいが、現状では望むことはできないので、「教科書の附録としてなり、掛図としてなり、図を以て楽器を説明し、音色や技巧はレコードにをさめて教材とする」ことを提案した[18]。また、実物の楽器を必要とする演奏教育については「現状ではできるところだけでも始める以外に方法はない」とし[19]、設備の整った学校から取り組んでいくこととした。さらに、演奏教育に使用する教材（器楽用に編曲された楽譜）についても、「現在すぐに解決することの困難なのは明らか」であるとしたうえで、「とりあへず歌唱教育に使用する歌に極めて簡単な伴奏を附しておいて」これを教材とすることが良いとし、合奏を指導するときには「これをもととして先生が編曲すればよい」と述べた[20]。

　このように、器楽教育の実施を強く主張した諸井は、器楽教育を楽器教育と演奏教育に分け、それぞれについて、終戦直後の厳しい社会状況のなかでも実現していく具体的な手立てを示した。

2）国定音楽教科書の限界

　最後の国定音楽教科書である『一年生～六年生の音楽』6冊は、「22年音楽編（試案）」よりも1ヵ月早い1947（昭和22）年5月に発行された。文部省図書監修官であった近森一重によると、戦後の「新しい音楽教育では……歌

うことのほかに創作、鑑賞、器楽、理論などもやることに」なったため、新しい国定音楽教科書も「今までのような、歌唱教材だけを集めた単なる歌唱教材集」ではなく、「総合教科書としての性格をはっきり現して」いる[21]。具体的にその内容をみると、歌唱教材、楽典に関する内容に加えて、各学年に楽器の写真が多数掲載された（表5-2参照）。これらの写真の狙いについて近森は、「楽器の指導や鑑賞の指導と関連」させることで「高い教育的な意義を見出すこと」ができるだろうと説明した[22]。つまり、これらの写真は「教科書の附録の図をもって楽器を説明し、楽器教育の教材とする」という、前項でみた諸井の提案が具体化されたものであった。

一方、演奏教育に必要な具体的な奏法の提示や器楽用教材（楽譜）は掲載されていない。ただし、歌唱教材の楽譜の下に小さな音符で簡単な伴奏譜をつけており（図5-1参照）、近森によれば、これは「全児童に対して楽器を指導する場合には、教材として直ちに利用すること」ことをねらっており[23]、「合奏のよりどころ」とされた[24]。これもまた、演奏教育の教材は「とりあへず歌唱教育に使用する歌に極めて簡単な伴奏を附して」これを「先生が編曲すればよい」という諸井の案の具体化といえる。

しかし当時、伴奏用の楽譜を器楽用教材に編曲できる教師は決して多くは

表5-2. 国定音楽教科書に掲載された楽器の写真一覧

学年	掲載写真「キャプション」（頁）
1	「もっきん おおだいこ」(51)、「たんぶりん とらいあんぐる しんばる みはるす」(62)
2	たのしいがっそう (11)〔引用者註：簡易合奏の写真〕
3	トランペット (21)、トロンボーン (22)、フルート (37)、バイオリン (45)、バイオリンとピアノ (59)
4	吹奏楽 (1)、クラリネット (7)、ホルン (12)、チェロ (33)、こと (45)
5	オーボー (1)、ティンパニ (9)、ビオラ (17)、ピアノ三重奏 (23)
6	バスーン (1)、チューバ (19)、尺八 (29)、弦楽四重奏 (76)、三曲合奏 (77)

〔註〕文部省『一ねんせいのおんがく』、『二年生のおんがく』、『三年生の音楽』、『四年生の音楽』、『五年生の音楽』、『六年生の音楽』（すべて東京書籍、1947年）。

図5-1. 国定音楽教科書掲載の〈春の小川〉
[註] 冒頭部分を抜粋したものである。文部省『三年生のおんがく』東京書籍、1947年、2-3頁。

なかった[25]。また演奏教育を実施するには楽器についての知識も必要となるが、戦前まで唱歌教育のみを行ってきたほとんどの教師たちにはそのような知識もなかった。

このように、戦後の国定音楽教科書には諸井の器楽教育観が反映されたものの、演奏教育を実施するには現場教師にとってはいささか「不親切」であるといわざるを得ず、実質的には楽器教育の内容を盛り込むにとどまったといえる。

第2節 『合奏の本』の分析――演奏教育の実例指導書

1 出版状況および編集体制

『合奏の本』は「小学校の器楽教育のために編修したもの」であり[26]、「器楽指導、特に器楽合奏における楽器編成と合奏編曲のサンプルを示し、器楽指導を普及させる」ために出版されたものであった[27]。またその「あとがき」には、この本は「わが国において、初めての器楽教科書である」と記され、「文部省小学校音楽教科書六巻と関連をもって作られた」としている[28]。つまり『合奏の本』は、文部省が戦後の国定音楽教科書と関連づけながら器楽合奏指導の方法を具体的に示した初めての本であったといえる。

文部省の近森は「小学校の器楽とはどのようなものを指すのか」、その「具体的なひな形を知らせてもらいたいという声が起こる」状況に対して、「その疑問に答えるのが」『合奏の本』であると説明した[29]。またこの本は「どこまでも指導者のためのもので、これを児童に持たせるというのでは」ないとし、「そのような本は、また別に企画しなければならない」とも述べた[30]。したがって、『合奏の本』は「器楽用の教科書」であることを名乗ってはいたが、あくまで教師向けに器楽教育の内容を国定教科書と関連させつつ「かなり具体的にはつきりさせようとして編修された」ものであった[31]。

『合奏の本』は当初、1948（昭和23）年4月の発行が予定されていた[32]。同年2月発行の『教育音楽』第3巻第2号は「器楽指導の教科書」との見出しで「文部省では、新しく器楽指導の教科書を編纂」、「目下委員が任命され着々草案を作っております」と報じており[33]、この時点で編集作業が進められていたことがわかる。

しかし結局、『合奏の本』は同年10月25日に発行された。その奥付には同日に「文部省検査済」と明記されている。明確な発行部数や配布範囲は不明だが[34]、各地の小学校に配布されたと思われる[35]。また奥付に「定価金29円30銭」と値段が付記されていることから書店などで販売された可能性もある。現在でも全国の教育系大学・学部の附属図書館に9冊が所蔵されており[36]、学校現場だけでなく、師範学校でも使用されたと考えられる。

文部省は『合奏の本』の編集にあたって「各方面の人々に編曲を委嘱」し、その「作品の演奏技術、演奏効果を確かめるため、数回にわたって試演し、幾多の検討を」重ねた[37]。編集者をまとめた表5-3をみてみると、小学校および中学校の現場教師たちが名前を連ねている[38]。このうち、小鷹、瀬戸、広岡、山本らは1930年代から『学校音楽』などの音楽教育雑誌に器楽教育に関する論考を発表している。柴田は諸井に師事した作曲家、日本交響楽団の小森は打楽器奏者である。また音楽学校の教授が2名加わった。以上の編集者11名のうち、鷲見を除く10名は収録曲の編曲か作曲を担当している

表5-3.『合奏の本』編集者一覧

氏名	所属および職名
片山頴太郎	東京音楽学校教授
兼村寛政	東京都廣尾小学校教官
小森宗太郎	日本交響楽団理事
小鷹直治	東京都練馬中学校長
柴田南雄	作曲家
鷲見三郎	国立音楽学校教授
瀬戸尊	東京都誠之小学校教官
廣岡九一	東京都紅葉中学校教官
牧野守二郎	東京都牛込第六小学校教官
山本栄	東京都小川小学校教官
渡邊浦人	東京高南小学校教官

［註］所属は当時。なお職名の表現は史料のママ。

（表5-4参照）。

このように、『合奏の本』の編集にあたったのは、戦前から器楽教育の実践を重ね、自らが器楽教材への編曲をこなすことができる教師たちと音楽の専門家たちであった。

2　構成および内容

『合奏の本』は、前半の1頁から59頁にかけては器楽合奏の総譜（全パートの楽譜）がまとめられた楽譜集になっている。

収録された楽曲や掲載された楽譜をみると、この本が具体的にどのように国定音楽教科書と関連しているのかが浮き彫りとなる。表5-4に示したように、同書に教材として収録された全27曲のうち17曲は、国定教科書『一年生〜六年生の音楽』の各学年の歌唱教材を編曲したものであった。

続いて、国定教科書と『合奏の本』の両方に掲載された曲の楽譜を比較してみよう。国定教科書『三年生の音楽』に掲載された「春の小川」をみてみると、歌唱の旋律楽譜の下に小さな音符の伴奏譜がつけられていただけであった（図5-1参照）。これに対し『合奏の本』では、木琴、鉄琴、ハーモニカ、水笛、カスタネット、拍子木、トライアングル、タンブリン、小太鼓、大太鼓の各楽器に楽譜が割り当てられている（図5-2参照）。ここで注目したいのは、両者のピアノ伴奏が全く同じであるという点である。「春の小川」以外でも、国定教科書の教材を編曲した17曲のうち、10曲は全く同じ伴奏であった（表5-4、伴奏の欄参照）。つまり『合奏の本』は、歌唱教材につけた伴奏をもとに器楽合奏の編曲を行えばよいという文部省の諸井の提案が具体化されたものだったといえる。

表5-4. 『合奏の本』掲載曲と『一年生～六年生の音楽』の関連

	曲名	作曲者	編曲者	国定教科書との関連（掲載学年、掲載頁）	伴奏（※1）
1	ちょうちょ	ドイツ民謡	瀬戸尊	1年生、8頁	○
2	むすんでひらいて	ルッソー	大山綱信	1年生、11頁	○
3	よいこのうた	小森宗太郎	—	—	—
4	おうま	松島つね	山本栄	1年生、30頁	○
5	春	外国民謡	兼村寛政	2年生、1頁	○
6	くつがなる	弘田龍太郎	山本栄	2年生、8頁	○
7	さんぽ	多梅稚	牧野守二郎	2年生、12頁	○
8	虫の声	文部省唱歌	柴田南雄	2年生、27頁	×
9	かかし	文部省唱歌	中村盛治	2年生、33頁	×
10	三拍子のけいこ	小森宗太郎	—	—	—
11	春をまつ	フランス民謡	小鷹直治	2年生、56頁	○
12	春の小川	文部省唱歌	花村大	3年生、1頁	○
13	ぼんおどり	ドイツ民謡	片山顯太郎	3年生、18頁	○
14	汽車	文部省唱歌	廣岡九一	3年生、56頁	×
15	子どものマーチ	ドイツ民謡	瀬戸尊	—	—
16	ワルツ「雲と風」	ドイツ民謡	平岡均之	—	—
17	ガボット「アマリリス」	フランス民謡	瀬戸尊	4年生、40頁	×
18	しょうじょうじのたぬきばやし	中山晋平	弘田龍太郎	4年生、26頁	○
19	かわいいメヌエット	柴田南雄	—	—	—
20	雨だれ	メーヤー	平井保喜	5年生、12頁	×移調
21	勇ましい騎手	シューマン	山本直忠	—	—
22	変奏曲「村のかじや」	文部省唱歌	山本栄	4年生、46頁	×移調
23	子どものポルカ	外国曲	川本久雄	—	—
24	故郷の人々	フォスター	岡本敏明	5年生、30頁	×
25	変奏曲「五月の歌」	モーツァルト	小林基晴	6年生、7頁	×移調
26	行進曲「学校の庭」	渡辺浦人	—	—	—
27	おもちゃの交響曲	ハイドン（※2）	渡邊浦人	—	—

[註]
※1）国定教科書と『合奏の本』の伴奏が同一であれば「○」異なる場合は「×」、『合奏の本』のみ掲載の場合「—」。

※2）〈おもちゃの交響曲〉の作曲者は18世紀以来長らくフランツ・ヨーゼフ・ハイドンの作とされてきた。『合奏の本』における記述はこれによる。現在は同曲の作曲者をヨーゼフ・ハイドンとする説は否定されている。

170　第2部　戦後における器楽教育の全国への普及と成立

図5-2. 『合奏の本』掲載の〈春の小川〉
［註］冒頭部を抜粋したものである。文部省『合奏の本』日本書籍、1948年、10頁。

後半の60頁から99頁にかけては2章構成の解説編である。第1章「リズム合奏について」は四つの節に分けられ、それぞれ「リズム合奏とその指導過程」「楽器の編成」「編曲」「指揮」について、教師向けに解説が記されている。また第2章「楽器とその技術」では「リズム楽器」「旋律楽器と和声楽器」の二つの節に分けられ、各楽器の構造、奏法、手入れの方法などが詳細に説明されている。第2章に続いて「特殊な記号とその奏法」の説明が置かれ、最後に、前半の楽譜集に掲載された各教材について、一曲ずつ簡単な解説がつけられた。

以上のように、『合奏の本』は、国定教科書の歌唱教材を用いて演奏教育を行うための具体的な指導方法を示す指導書であった。換言すれば『一年生～六年生の音楽』6冊と『合奏の本』をセットで扱うことで、初めて「22年音楽編（試案）」に示された器楽教育を体現する国定音楽教科書は「完成」するのである。

第3節　『合奏の本』発行後の活用

1　音楽教育雑誌における特集および講習会開催

『合奏の本』が発行されると、各音楽教育研究団体の機関誌では特集を組むなどし、これを契機に器楽教育が進展することに期待を寄せた。例えば1948（昭和23）年12月発行の新生音楽教育会『音楽教室』第11・12号合併号においては、その表紙に「器楽指導と教師の自主性」との巻頭言を掲げ、「『合奏の本』がいよいよ出来た。俄然兎角低迷の気味にあつた音楽教育界に、活気が満ちてきた」としてその発行を歓迎し[39]、文部省の近森の論考「合奏の本について」[40]を掲載した。一方、1949（昭和24）年3月発行の日本教育音楽協会『教育音楽』第4巻第3号も、特集「器楽教科書『合奏の本』の取扱い」を組み、文部省の諸井、近森、『合奏の本』の編集に参加した山本、小森、兼村、その他に器楽教育実践者たちの論考を掲載している。

また、『合奏の本』の発行に伴い、各団体がこの本を用いて器楽教育の講習会を開催する動きもみられた。日本教育音楽協会は1948（昭和23）年6月の時点で「近く文部省から簡易楽器指導の教科書が発行される」ので、「その教科書についての講習会を本協会、東京音楽学校同声会共同主催・文部省後援で」8月に東京音楽学校奏楽堂で行うという告知を出した[41]。この告知記事では、「この講習会に類似した講習会として『教育音楽』編修部、『新音楽教育』編修部、『音楽教室』編修部発起としての通知が方々に配布されている」としたうえで、「本協会は全然関係のないものであるから、混同されないように」と注意を促した[42]。

実はこの日本教育音楽協会の講習会は、その後延期に追い込まれるのであるが、ここで興味深いのはその理由である。すなわち当初、講習会開催にあたって同協会から諸井と近森に対して「文部省の後援及講師の選定を」依頼し、快諾を得たのであるが、告知後に「本会の講習会講師と同一の方々」による講習会が、同じく文部省の後援で「本会より一週間前の七月下旬に国立音楽学校において開催されるとの発表に接した」というのである[43]。同協会としては「同一の題名のもとに同一講師によつて文部省後援のもとに二回講習を開くのも意味が」ないから延期を決定したのであった[44]。このような出来事は、『合奏の本』発行を契機に複数の器楽教育の講習会が乱立する状況となったことを示している。

結局、日本教育音楽協会の講習会は「音楽教育七十年記念行事」の一環として同年10月29日と30日に開催された。講師は諸井、近森、『合奏の本』編集者からは小森、兼村、山本、これに加えて上田友亀ら器楽指導の経験豊富な人々で、参加者約400名が熱心に受講した[45]。この講習会の前日には「新しくできた合奏の教科書を文部省の御尽力で分けていただいた」とされ、このような講習会の場でも『合奏の本』が配布もしくは販売されたことがわかる[46]。

2 『合奏の本』に準拠した教材の出現と文部省によるレコード化

　『合奏の本』発行後には、これに「準拠」と銘打った民間発行の副教材が出現した。1951（昭和26）年11月に永隆株式会社から発行された『もっきんの本』には、表紙に「文部省『合奏の本』準拠」と明記されている（図5-3参照）[47]。教材として『合奏の本』収録の「むすんでひらいて」「ちょうちょう」「くつがなる」「虫の声」の4曲と、加えて「みんないいこ」「小うま」が掲載された。これらはすべて国定音楽教科書『一ねんせいのおんがく』および『二年生のおんがく』の教材であることから、低学年向けであったことがわかる。器楽合奏の総譜が掲載された『合奏の本』とはちがい、この本は木琴の楽譜のみが大きな音符で印刷され、木琴の構造や奏法を説明する箇所では児童が読める漢字のみが用いられている（図5-4参照）。この特徴から、児童に配布する副教材として活用されたと思われる。

　ところで、演奏教育を行うための具体的な指導方法を示す指導書であった

図5-3.『もっきんの本』表紙
［註］永隆音楽部編『もっきんの本』永隆株式会社、1951年、表紙。

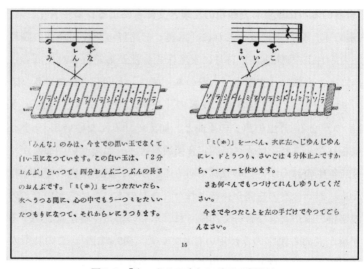

図5-4.『もっきんの本』における説明文
［註］永隆音楽部編『もっきんの本』永隆株式会社、1951年、15頁。

　『合奏の本』は、そのレコード化も企画された。すなわち『教育音楽』第3巻第10号は、「文部省では器楽教科書を編纂したが、今度これのレコード化が企画され、純楽器、歌唱伴奏の簡易楽器の吹き込みが終了した」と報じている[48]。文部省の諸井によればこの『合奏の本』のレコードは「音楽鑑賞教育教材レコード」や「体育レコード」などの6種類の「教育用レコード」のうちの一つで、「小学校用器楽範奏レコード」として計画され「今度新たに編集された小学校用器楽教科書中の教材二十七曲を十インチ十二枚に吹き込んだもの」であり、1948（昭和23）年12月現在「吹きこみは完了し生産にかかっている」状況であった[49]。「教育用レコード」とは、「その内容は教科書あるいは学習指導要領に基づくもので、文部省自体あるいは文部省内に設置された委員会が企画立案」したものであった[50]。具体的な生産数は不明だが、商工省や大蔵省、GHQの協力も得て「輸出レコード製作のための輸入されたレコード資材のうちから、七百万枚以上を一箇年間に製作しうるだけの資

材を、教育用レコード製作のために放出された」といい[51]、「小学校用器楽範奏レコード」も相当な枚数が生産されたとみられる。

　1953（昭和28）年には後継として『小学校の合奏』（全4巻）が文部省から発行されており、『合奏の本』はこの年までは出版されたと思われる。この『小学校の合奏』の「まえがき」によれば、「さきに文部省で刊行した『合奏の本』は、標準的な器楽合奏の教材のあり方を示したものとして有効に使用」され、「多大の成果をおさめて」きた[52]。しかし「過去四年間の使用の結果、これだけのわずかな教材ではなお不じゅうぶん」で、「特に、選曲や編曲などにおいて改善しなければならないいくつかの事がらが指摘」されるようになった[53]。そこで、「『合奏の本』を使用した結果の反省と、新編修に対する希望意見や資料に関する全国的な調査」を行い、その結果から得られた編集方針で『小学校の合奏』が編集されることになったのである[54]。

　以上のように『合奏の本』は、教師向け指導書として授業や講習会に使用され、副教材作成のよりどころとなるなどおよそ4年間にわたり多方面で活用され、『小学校の合奏』発行へと発展していくことによってその役割を終えたのであった。

小結——『合奏の本』の器楽教育成立過程における位置

　本章では、『合奏の本』発行の背景とその内容を分析して「22年音楽編（試案）」や戦後の国定音楽教科書との具体的な関連を描出し、発行後どのように活用されたのかを考察した。

　諸井の器楽教育観は「22年音楽編（試案）」や国定音楽教科書『一年生〜六年生の音楽』だけでなく、『合奏の本』の発行までを含めて体現されていた。すなわち、楽器や楽譜の不足という終戦後の状況のなかで器楽教育を推進するため、これを楽器教育と演奏教育に分けてとらえ、前者から後者へと段階的に実践に移してゆくという諸井の構想は、まず国定教科書で楽器教育

の教材として楽器の写真が掲載され、次に『合奏の本』で演奏教育の主となる合奏指導の例が示されることで具体化していったのである。これは、裏を返せば、戦後の国定音楽教科書は、『合奏の本』による補完があって初めて、諸井の構想した小学校における器楽教育の内容を体現し、「完成」することができたということである（図5-5参照）。

また上にみたような、器楽教育を、楽器教育と演奏教育に分けて時間差で具体化していく教科書編集のあり方は、戦後の音楽教育の理念を実現するには楽器や楽譜がないという多くの困難な状況を抱えるなかで、それでもいち早く教科書を発行して授業で使えるようにしていかなければならなかった文部省の事情を浮き彫りにした。教材化に時間のかかる演奏教育はひとまず置いて、まずは教育現場に新たな音楽教科書を配布しなければならなかったし、かといって演奏教育を置き去りにすることもできなかった[55]。このような、諸井を始めとする文部省の、音楽教科書編集にかかわる「苦労」は『合奏の本』まで視野に入れなければみえてこない。

以上のことは音楽教科書の歴史のなかに『合奏の本』を正当に位置づけることを我々に要求する。というのも、本研究が明らかにしたように、『合奏の本』をみなければ、国定教科書を使いながら具体的にどのような器楽教育を行おうとしたのかを知ることはできないし、戦後すぐの音楽教科書編集に

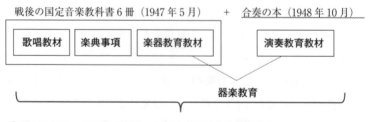

図5-5. 国定音楽教科書と『合奏の本』の関連

おいて文部省がどのようにして器楽教育の実現に迫ろうとしたのかを知ることもできないからである。『合奏の本』の体裁はあくまで教師用指導書であり、児童に配布される教科書とは異なっているため、当然のように音楽教科書の歴史を取り扱った先行研究で言及されることはなかった[56]。しかし今後、音楽教科書の歴史のなかで戦後の国定音楽教科書に言及される場合には『合奏の本』の存在についても留意されるべきであろう。

　『合奏の本』は発行後およそ4年間にわたり、教師向け指導書として、授業の教材としてはもちろん、器楽指導講習会、おそらくは師範学校などで使用された。また民間から発行された副教材作成のよりどころとされ、レコード化も図られるなど、この本は戦後の器楽教育の普及のために様々に活用されたことも明らかとなった。

　『合奏の本』は、最後の国定音楽教科書を補完する重要な一冊として音楽教科書の歴史のなかに、その正当な位置を与えられるべき本である、と同時に、戦後音楽教育、とりわけ器楽教育の出発点において重要な役割を果たした一冊として器楽教育成立過程の歴史に位置づけられるのである。

第5章　註

1）文部省『合奏の本』日本書籍、1948年。
2）「22年音楽編（試案）」には、新制中学校第1学年から第3学年にあたる第7学年から第9学年についても記載されており、この3学年についても器楽教育の実施の方針が示されている。本研究では小学校に焦点を当てるため、「22年音楽編（試案）」に関する記述も第1学年から第6学年のみを対象とする。
3）日本書籍株式会社版の発行日。別版の中等学校教科書株式会社版、東京書籍株式会社版も3月20日発行（国立教育研究所内戦後教育改革資料研究会『文部省学習指導要領11音楽科編』日本図書センター、1980年、1頁）。
4）東京書籍株式会社版の発行日。別版の大阪書籍株式会社版と中等学校教科書株式会社版は6月13日の発行である（同前書、25-26頁）。
5）諸井三郎は1903（明治36）年生まれ。作曲家、音楽理論家。1928（昭和3）年に

東京帝国大学卒業。1932（昭和7）年にドイツに留学。ベルリン国立高等音楽学校作曲科で作曲法、和声学、管弦楽法を学び、1934（昭和9）年に卒業、帰国。作曲家として活躍。1936（昭和11）年には文部省委嘱で第十二回国際オリンピック大会芸術競技調査委員をつとめた。戦後は1946（昭和21）年から1964（昭和39）年まで文部省社会教育局視学官をつとめた（下中弥三郎編『現代日本人名事典』〔平凡社、1955年、686-687頁〕、および秋山邦晴「諸井三郎」〔『現代人物辞典』朝日新聞社、1977年、1421-1422頁〕）。

6）「22年音楽編（試案）」は「ほとんどが諸井の執筆であり、後から入省した花村は相談相手になったり、原稿を見て意見を述べるという形で協力」した（木村信之『昭和戦後音楽教育史』音楽之友社、1993年、50頁）。

7）菅道子「諸井三郎の音楽教育思想」日本音楽教育学会『音楽教育学』第24巻第4号、1995年、3頁。

8）同前書、5頁。

9）諸井三郎『音楽教育論』河出書房、1947年、31頁。

10）同前書、32-33頁。

11）同前書、34頁。

12）菅道子「戦後の『日本音楽教育学会』設立の試みとその歴史的位置づけ」関西楽理研究会『関西楽理研究』第11号、2004年、27頁。

13）文部省『学習指導要領音楽編（試案）』東京書籍、1947年、3頁。

14）諸井三郎は『音楽教育論』のなかで器楽教育の重要性について述べたうえで、その実施のためには師範学校の教育についても議題にしなければならないとし、器楽教育に関する教師教育の必要性を示唆している（諸井『音楽教育論』、前掲註9）、36-37頁）。

15）国定音楽教科書6冊の個別の書名は『一ねんせいのおんがく』、『二年生のおんがく』、『三年生の音楽』、『四年生の音楽』、『五年生の音楽』、『六年生の音楽』である。以下本稿では、個別に呼称する場合には原書名で、6冊まとめて呼称する場合には『一年生〜六年生の音楽』と表記する。

16）菅道子「戦後の文部省著作音楽科教科書にみる教材構成の原理」お茶の水女子大学『人間発達研究』第27号、2004年、17頁。

17）文部省『学習指導要領音楽編（試案）』、前掲註13）、3頁。

18）諸井『音楽教育論』、前掲註9）、34-35頁。

19）同前書、35頁。

20）同前書、36頁。

21）近森一重「音楽教科書について」『文部時報』第847号、1948年3月、15頁。
22）近森一重「新音楽教科書とその取扱い」『教育音楽』第2巻第2号、1947年6月、10頁。
23）同前書、11頁。
24）近森「音楽教科書について」、前掲註21）、15頁。
25）例えば当時の雑誌『教育音楽』に掲載された座談会において、戦後の音楽教育と音楽教師の実力が話題にあがると「ある特殊の先生はレベル以上のものを持っているかも知れないが、全体のことを考えると前途程遠し」、あるいは「いまの制度を考えその制度を運用する先生達となると、これはあまりにかけ離れて、その運用ができないという実情じゃないか」といった意見が出ている（石黒一郎ほか「座談会 新人の観察」『教育音楽』第3巻第2号、1948年2月、32-33頁）。このように教師の「音楽の実力不足」が嘆かれるなかで、師範学校出身者を含む全国の小学校教師たちが、音楽理論の理解を前提とする編曲をこなすことは難しかっただろう。
26）文部省『合奏の本』、前掲註1）、99頁。
27）木村信之『昭和戦後音楽教育史』音楽之友社、1993年、71頁。
28）文部省『合奏の本』、前掲註1）、99頁。引用中の「文部省小学校音楽教科書六巻」は『一年生～六年生の音楽』のことである。
29）近森一重「『合奏の本』の内容」『教育音楽』第4巻第3号、1949年3月、15頁。
30）同前書、15頁。
31）同前書、14頁。
32）新生音楽教育会の機関誌『音楽教室』第9・10号（1948年10月発行）の編集後記には、「四月の新学年始めに出す予定と言われた文部省の器楽教科書『合奏の本』がまだ出ない」とある（16頁）。同会の活動の中心には山本栄がおり、『音楽教室』の編集担当は瀬戸尊が勤めている。本文でも述べるように、彼らは『合奏の本』の編集委員でもあったため、『音楽教室』の報じた『合奏の本』に関する情報は信用度が高い。以上のことから文部省は4月の新学期に『合奏の本』を間に合わせようとしたことがわかる。新生音楽教育会の活動の詳細については、次章を参照のこと。
33）「教音報道」『教育音楽』第3巻第2号、1948年2月、40頁。
34）発行部数等については、戦後教育改革期に発行された文部省『文部時報』（第824号〔1946年1月〕から第880号〔1950年12月〕まで）や近代日本教育制度史料編纂会「第三十一編　学校教育に関する諸規定　一　教科用図書および教材教具関係」（『近代日本教育制度史料』第25巻、1958年、大日本雄弁会講談社）、近代日本教育制度史料編纂会「第二十七編　初等教育および特殊教育等」（『近代日本教育制度史

料』第22-23巻、1957年、大日本雄弁会講談社）など教育行政関係史料に当たったが、記述は見当たらない。この点は今後の課題としたい。

35）1948（昭和23）年12月発行の『音楽教室』の「編集後記」(16頁)には「合奏の本もようやく出来て諸氏の手許にも届いた事と思う」との記述がある。ここでいう「諸氏」とは新生音楽教育会の会員であった現場の教師である。また、終戦直後の1946（昭和21）年4月より岐阜県多治見市立養正小学校に勤務した鵜飼節子によれば、当時『合奏の本』が学校にあり、自身もこれを用いながら器楽教育の実践を行ったという（鵜飼節子氏へのインタビュー、2016年7月4日、多治見市内にて）。これらのことから、『合奏の本』は何らかの形で小学校の現場に配布されたと思われる。

36）北海道大学附属図書館、北海道教育大学附属図書館岩見沢館、三重大学附属図書館、大阪教育大学附属図書館、京都教育大学附属図書館、京都大学教育学部図書室、広島大学図書館中央図書館の7つの附属図書館が1冊ずつ、東京学芸大学附属図書館が2冊所蔵しており、合わせて9冊となる。

37）文部省『合奏の本』、前掲註1）、99頁。

38）中学校所属の小鷹と廣岡が加わっているのは、二人が戦前から次のような器楽教育実践の実績を積んでいたからであると考えられる。すなわち練馬中学校長の小鷹は、戦前は高等小学校に所属しながら音楽教育雑誌『学校音楽』に吹奏楽団に関する論考を複数発表した実績があった（小鷹直治「小学児童の合奏」『学校音楽』第2巻第10号、1934年10月、52頁など）。また紅葉中学校の廣岡は、戦前は商業学校に勤務して吹奏楽の実践を積んでいたが、小学校低学年からの発達段階に合わせた器楽指導についての論考を発表している（廣岡九一「最小限度のスクールバンドについて」『学校音楽』第1巻第2号、1933年10月、16-17頁）。

39）巻頭言ではさらに、『合奏の本』の発行は、「急激な改革で混乱状態にある新教育界全般を軌道に乗せて推進する契機」となるだろうとも述べられている。それは「この教科書の意図する新しい音楽教育の効果が、実験的に確認されており、その具体的な方途が、既に体系づけられるまに（ママ）準備されているから」、また「音楽が児童と教師の精神を賦活し、士気を強めるから」であると続く（「器楽指導と教師の自主性」『音楽教室』第11・12号、1948年12月、表紙）。ただし、註32）でも述べたように、『音楽教室』を発行する新生音楽教育会の活動の中心には『合奏の本』の編集に参加した瀬戸と山本の二人がおり、巻頭言におけるこの『合奏の本』の持ち上げぶりは、いささか手前味噌の感が否めない。しかし、逆にいえば、彼らが『合奏の本』の編集と発行を通して器楽教育の進展をはかろうとした情熱が表れている

ともいえよう。
40）近森一重「合奏の本について」『音楽教室』第11・12号、1948年12月、1 - 2 頁。
41）「教音報道」『教育音楽』第 3 巻第 6 号、1948年 6 月、48頁。
42）同前書、48頁。
43）「教音報道」『教育音楽』第 3 巻第 8 号、1948年 8 月、48頁。
44）同前書、48頁。
45）「教音報道」『教育音楽』第 4 巻第 1 号、1949年 1 月、48頁。
46）同前書、48頁。
47）永隆株式会社は、児童向けの書籍や楽器を出版・販売していた会社であると思われる。『もっきんの本』64頁には、奥付とともに広告が掲載されており、ここに「永隆の小学生文庫」として『少年少女英語唱歌の本』『ピアノオルガンマーチの本』『幼稚園小学校舞踏の本』などが紹介されている。また「音楽の勉強にはよい本とよくなる正しい楽器が大切です」とし、ハガキで目録を請求すれば送付する旨が書かれている（永隆音楽部編『もっきんの本』永隆株式会社、1951年、64頁）。
48）「教音報道」『教育音楽』第 3 巻第10号、1948年10月、47頁。
49）諸井三郎「教育用レコード及び楽器の現状」『文部時報』第855号、1948年、29頁。
50）同前書、29頁。
51）同前書、28頁。
52）文部省『小学校の合奏』第 1 巻、明治図書出版、1953年、 1 頁。
53）同前書、 1 頁。
54）同前書、 1 頁。
55）戦後の国定音楽教科書の編集は1947（昭和22）年 4 月の使用開始をめざし「昭和21年度の新学期早々から始められた」のであるが、結局その発行は 4 月には間に合わず、1947（昭和22）年 5 月の発行（ 5 年生、 6 年生の教科書は 6 月）となった（木村『戦後音楽教育史』、前掲註27）、51-53頁）。その最大の原因は用紙事情の悪さともいわれるが（同、53頁）、 1 年間で編集・発行というタイトなスケジュールのなかで新たに編曲して器楽教育用の楽譜を掲載することが困難であったことは想像に難くない。実際、編集作業に時間的余裕のあった民間発行の検定音楽教科書（1949（昭和24）年度から使用開始）では、楽器教育に使用できる写真も、演奏教育に使用できる合奏用楽譜も掲載されている。すなわち少なくとも本研究が調査した以下の検定音楽教科書ではすべて楽器教育と演奏教育用の教材が掲載されていた。教育図書研究会編『私たちの音楽 3 〜 4 』（学校図書、1949年）、教科書研究協議会編『音楽の世界へ 1 』（教育出版、1950年）、教科書研究協議会編『音楽の世界へ 2

～3』（教育出版、1951年）、新教育実践研究所編『音楽の本4』（二葉図書、1951年）、弘田龍太郎ほか編『新しい音楽4年』（東京書籍、1951年）、鳥居忠五郎ほか編『新しい音楽5年』（春陽堂教育出版、1951年）、井上武士ほか編『おんがく　しょうがく2年生』（音楽之友社、1951年）。

56) もっとも、戦後も視野に入れて音楽教科書の歴史をまとめた論考は少なく、その代表的なものとして丸山忠璋「音楽科教科書編纂の変遷」（『音楽教育史論叢第Ⅲ巻（上）音楽教育の内容と方法』開成出版、2005年、14-41頁）があげられる。また戦後の国定音楽教科書の編纂過程や内容を詳しく検討した菅「戦後の文部省著作音楽科教科書にみる教材構成の原理」（前掲註16）、戦後音楽教育の動向を解説するなかで国定音楽教科書について検討した河口道朗「戦後の音楽と音楽教育：音楽教育の新動向（その三）」（『音楽教育研究』第15巻第8号、1972年8月、66-73頁）などにおいても国定教科書と『合奏の本』との関連は語られない。戦後の音楽教育をまとめた木村『昭和戦後音楽教育史』（前掲註27）においても、器楽教育について解説する項で『合奏の本』について解説しているが、教科書の項で触れられることはない。

第6章　戦後教育改革期における現場教師による器楽教育普及活動
――新生音楽教育会の活動を中心に

　終戦直後の時代に全国的な器楽教育導入を進めるためには、楽器・楽譜・指導方法の「三つの課題」が解決されなければならなかった。これらの課題を解決するために、民間でも様々な取り組みがなされた。例えば、京都に始まった近畿音楽教育連盟（1947〔昭和22〕年12月設立）による教育用楽器の確保や、同連盟が発展的に拡大した日本音楽教育連盟（1948〔昭和33〕年10月設立）による器楽指導講習会の開催などがあげられる[1]。

　これらの取り組みに先んじて、戦後器楽教育の「三つの課題」の解決のために活動を開始した組織があった。それが新生音楽教育会（以下、新音教と略称する）である。本章では、新音教の設立過程や活動の具体を明らかにすることで、戦前の東京における器楽教育の試行的実践が、戦後においてどのように全国へと普及していったのかを明らかにする。

第1節　新生音楽教育会の設立（1947年）とその理念

1　設立過程――山本栄、瀬戸尊、上田友亀を中心に

　新音教の設立は、1947（昭和22）年6月の文部省「学習指導要領音楽編（試案）」（以下、「22年音楽編（試案）」と略称する）の発行から3ヵ月さかのぼる同年3月のことであった。3月8日、山本栄が勤務する東京都千代田区立小川小学校の音楽室に数名の音楽教師が集まり研究会を開いた。山本、瀬戸尊（文京区立誠之小学校）、浅見日出子（東京第一師範学校女子部附属小学校）、勝田栄三郎（東京第一師範学校男子部附属小学校）の4名が参加し、4月から始まる

新学期の教材の取り扱いについて討議した。この討議会が新音教の最初の活動であった[2]。その後、9名の発起人によって3月中には新音教が設立される。発起人は山本、瀬戸に加えて瀧井悌介、三島安秀、荒越彦、丸山留次、後藤喜雄、石田留吉、清水百合子であった[3]。彼らは皆、音楽教師であり、同会が現場の教師たちによって設立されたことがわかる。また本章末尾の**資料6-1**に示した同会の機関誌『音楽教室』の目次一覧[4]の執筆者の所属をみればわかるように東京の音楽教師たちが中心になって設立されたが、当初は全国の教師に参加を呼びかけ、全国規模の組織をめざしていた。

　新音教の設立と活動に大きな役割を果たした人物をもう一人あげておかなくてはならない。戦前期、いちはやく簡易楽器指導実践に取り組み、その実践研究を重ねた上田友亀である。彼は戦後、教職を退き、楽器メーカー白桜社を立ち上げていた。この白桜社をスポンサーとして新音教は活動を開始した[5]。

　1947（昭和22）年5月、新音教は機関誌『音楽教室』創刊号を発刊する。その発行は上田の白桜社出版部が担い、編集代表人を瀬戸がつとめた。同会の事務所が山本の勤務校におかれていたことも合わせて考えると、戦前に学校音楽研究会の3回の研究授業でそれぞれ授業者をつとめ、器楽教育実践に熱心に取り組んだ3名がこの新音教の中心であったといえる。

2　設立理念——児童の生活を重視する音楽教育の実現

　新音教は「22年音楽編（試案）」はおろか「学習指導要領一般編（試案）」でさえ発行されていないこの時点で[6]、どのような理念のもとに新時代の音楽授業を構想したのだろうか。

　第1回研究会では、教材ではなく児童の生活が中心である、という考えのもとに話し合いがもたれた。彼らが考える児童の音楽生活とは、「遊ぶことによつて歌ひ、歌ふことによつて遊ぶ子供の生活」であった。そして、その児童の生活と児童の「全身体から音楽がにじみ出る」ように、そして「それ

が次第に理論づけられ、体系づけられて、音楽本来の軌道に乗っていく」ように意図して教材研究が行われた[7]。2年生の教材「シーソーの歌」では、校庭のシーソーで遊び楽しむ児童の様子を具体的に描き、彼らのシーソー遊びの体験と関連させながら二拍子のリズムを指導する内容が記述されている。このような研究会の成果は『音楽教室』創刊号に「研究室」という教材解説コーナーとして掲載され、「児童の生活が教材を要請し、選択する」という主張が「教材解説の底を流れることとなった」という[8]。

この「研究室」のコーナーに限らず、『音楽教室』誌上の記事は、児童の音楽生活を重視する音楽教育思想が貫かれている。創刊号の表紙に掲載された「発刊の声」には、同会が戦後新教育における音楽科をどのように捉えているのかが示されている。そこでは音楽科は、「文化国家『日本』を建設するための新教育」において「始めて〈ママ〉本来の地位を獲得し、真の教育的使命を負うことに」なったのだとされる。そして、技術の獲得は重要だがこれに片寄ってはならないとしたうえで、「その音楽教育は、教育が生活に立つ以上、あくまで児童の生活に根ざし、その生活に浸み通るものでなければならぬ」とする。この児童の生活に根ざした音楽教育の具体的方策を研究し確立しようという「真摯な意識が『新生音楽教育会』を生み、更に本誌の発刊となつた」ことが説明される。最後に、「本当に児童と音楽する教育実際家、文化を児童の血潮の中に育むことを熱望する同志」に向けて「この研究と運動に参画」するように呼びかけ、「発刊の声」は結ばれている[9]。技術偏重ではない児童の生活に根ざした音楽教育を実現することで、新たな文化国家建設のために音楽科の「真の教育的使命」を果たすことが宣言されたのである。これは、本書の第2章および第3章で確認したように、戦前の音楽教育界において支配的な考え方そのものであった。「22年音楽編（試案）」が発行される前の時点において、音楽教師たちが戦後の新教育の教材研究のよりどころとしたのは、他でもない、彼ら自身が戦前の1930年代に唱えていた、児童の音楽生活を重視する音楽教育思想だったのである[10]。

第2節　新生音楽教育会による器楽教育普及活動

1　白桜社とのタイアップによる楽器の確保

　新音教は、器楽教育に必要な楽器の確保を念頭において設立された。『音楽教室』創刊号の編集後記では、「以前器楽指導の先駆者として活躍された」上田が楽器製造事業の創設に参画したので、児童用の簡易楽器を「責任を以つて提供してくれる」ことになった、と説明されている[11]。白桜社は上田の監修で教育用カスタネットを製造し、「ハンド・カスタ」という商品名で売り出したのである（図6-1参照）。そして編集後記は、「このタイアップによつて恐らく全国的に器楽指導は澎湃として」起こり、器楽教育に「今まで全然手を染めていなかつた学校でも至極簡単に出発できるものと信ずる」とし、白桜社とのタイアップに期待を寄せた[12]。

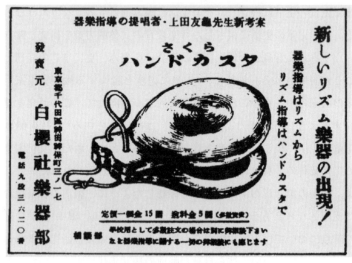

図6-1．白桜社「ハンドカスタ」広告
［註］『音楽教室』第1号、1947年5月。

『音楽教室』誌に掲載された広告をみてみると、確認可能な創刊号から第11・12号合併号までのすべてに白桜社の広告が掲載されている（本章末尾の資料6-1を参照）。また、第2号には「新リズム楽器『ハンド・カスタ』推奨」との小さな記事が新生音楽教育会名義で掲載されている[13]。その記事は、「十数年前から器楽指導を唱導し、簡易楽器指導の先駆者として知られた上田友亀先生」が、「多年の経験に基いて今回新考案のリズム楽器『ハンド・カスタ』を発表せられた」とし、その特長を列挙したうえで「音楽教育必需の品である」と推奨している。

さらに、『音楽教室』第3・4号合併号として出版された『簡易楽器合奏編曲集』に掲載の楽譜においては、指定楽器として拍子木やトライアングルとともに「ハンド・カスタ」が指定されている。この楽器は一般的には教育用カスタネットに分類され、楽譜上は「カスタネット」と表記されるはずであるが、ここでは白桜社の製品名である「ハンド・カスタ」が楽器名として扱われている。

このように、新音教は、あらゆるところで楽器メーカー白桜社とタイアップしており、設立当初からそれを前提に設立されたのである。このことは、戦前の東ハ音研の活動において、山本がトンボ楽器と協力して児童用ハーモニカの開発を実現したことを想起させる。器楽教育に必要な楽器開発や普及のために、特定のメーカーとタイアップして研究団体を組織する山本の手法がここにもみられるのである。

2　器楽指導講習会──駆け回る器楽教育の「伝道師」たち

器楽教育の二つ目の課題である「器楽指導方法の普及」を解決するべく、新音教は主に三つの仕事に取り組んだ。その第1は、研究会における指導方法の研究である。例えば1947（昭和22）年6月18日に開催された第2回研究会においては、器楽指導の「取扱ひ方法、及楽器の製作等に就て討議」され、「その問題を解決する意味に於て、参加会員の実際演奏により研究を進めて

ゆく」ことになったという[14]。

　第2は、『音楽教室』誌上における合奏指導解説である。例えば、創刊号に掲載された「簡易楽器の合奏研究（一）」では、楽器の選び方や、一つひとつの楽器の演奏法や学年に応じた指導方法、手入れの方法を解説している[15]。このような記事はほぼ毎号掲載され、なかには実際の指導記録も掲載して、これまで取り組んだことのなかった教師でもすぐに器楽指導が始められるように工夫されているものもある。

　第3は、全国各地における器楽指導講習会の開催である。『音楽教室』第2号において、東京における第1回器楽指導講習会の予告を掲載するとともに、「遥々東京まで出張し難い地方同志の為に、斯界権威の講師を派遣して、研究の便に資し指標を供する」として「巡回講師派遣」の記事を掲載し、講習会開催を呼びかけた（表6-1参照）[16]。募集要領では、「どんな山間でも結構である。一学校単位でも、数校の同志連合でもよい。続々研究会を計画して講師の派遣を申込まれ度い」と呼びかけており、山間部にまでいたる地方への器楽教育普及を図ろうとしていたことがわかる。また派遣期間を「なるべく八月中」としており、上田を除く講師陣が現場の教師であるため、夏休み

表6-1．「巡回講師派遣」の募集要項

真面目で熱心な研究家の為であれば、必ずしも多数の会員の集会を要しない。寧ろ三十人、五十人と言つた会集と膝つき合わせて、ミッチリ語り合い器楽指導の真髄をつかんで貰いたいのである。どんな山間でも結構である。一学校単位でも、数校の同志連合でもよい。続々研究会を計画して講師の派遣を申込まれ度い。本会はできる限りの便を図ります。	
期間	なるべく八月中
会期	二日乃至三日間
講習項目	器楽指導の理論講話、簡易楽器の実技練習、現地児童の実地指導
派遣講師	上田友亀先生、瀬戸尊先生、瀧井悌介先生、山本栄先生 その他希望の講師も斡旋する。
派遣費用	相談の上決定する。 なお、必要な楽器類は本会で準備する。
申込先	新生音楽教育会　宛

［註］『音楽教室』第2号、1947年6月）、16頁。

期間を利用して出張することを考慮したことがうかがえる。また器楽教育講習会に必須の楽器類も同会が準備し、器楽教育にまったく「手を染めていなかつた」学校や地域でも講習会が開けるように便宜を図った。

では、講習会は実際にはどのような地域で開催されたのだろうか。『音楽教室』の各号に掲載された活動報告を参考に講習会事業について表6-2にまとめた。この表からもわかるように、新音教は、北海道から山口県に至るまでの各地で講習会を開いたり、当地の教育会主催の講習会に講師を派遣したりしたのである。

また新音教の各地での講習会は、指導方法の普及だけでなく、教育用楽器の普及とセットになっていた。例えば1947（昭和22）年7月の群馬県桐生市における講習会では、その開催以来、「市教育会の松村音楽部長は楽器の購入の斡旋に多忙を極め」たといい、11月の山口県における講習会でも「計画と斡旋をした伊陸中学校の大倉氏」は、「楽器購入の世話を依頼されて、多忙を極めた」とされる[17]。ここでも白桜社の楽器が販売されたとみられる。

以上のように、新音教の器楽指導講習会の事業は、1947（昭和22）年中から講習会を開いていたという時期の早さ、開催や講師派遣の回数、開催地の広がり、さらには楽器普及も同時に行っていた点から、戦後の器楽教育普及に大きな役割を果たしたといえる。

3　器楽教育用楽譜『簡易楽器合奏編曲集』の発行

器楽教育の実践の三つめの課題である「楽譜の確保」にいち早く動いたのもまた新音教であった。文部省による初めての器楽教育用の指導書『合奏の本』の発行は1948（昭和23）年10月25日のことである。これより1年ほど早い1947（昭和22）年9月1日、新音教は『簡易楽器合奏編曲集』を、『音楽教室』第3・4号合併号として発行した。その収録曲の編曲者と楽器編成を表6-3に示した。編曲はすべて瀬戸、山本、上田の3名で行われた。

各曲の頁には、楽譜とともに、楽器編成と各楽器に割り当てる児童数、演

表6-2. 新生音楽教育会による器楽指導講習会の概要

年	月	日	場所	講師
1947	7月	21～23	東京第一師範女子部講堂	上田 瀬戸 山本
		24～26	群馬県桐生市 東小学校講堂	
	11月	30～	山口県（玖珂郡伊陸村中学校、山口師範、柳井小学校、須々間小学校）	上田 瀬戸
	12月	6～	宮城師範附属小学校	上田
1948	1月	27～28	栃木県那須郡東那須小学校	瀬戸 山本
	2月	21～22	栃木県宇都宮市第一小学校	瀬戸
	3月	25	群馬県北甘楽郡一ノ宮小学校	山本
	4月	1	埼玉県熊谷市東小学校	瀬戸
	5月		群馬県新治村新巻小学校	上田
	6月	中旬	埼玉県草加小学校	山本
	7月	中旬	静岡県田方郡北狩野南小学校	上田
		下旬	京都府宮津	中村
			徳島県下各地	盛次
	8月	初旬	埼玉県全域（大宮市、川越市、熊谷市、松山町、秩父）	山本
		上旬	山梨県甲府市富士川小学校	上田
	夏期休業中		北海道（札幌、旭川、帯広）	瀬戸
	9月	11	神奈川県横浜市	山本
		13～14	栃木県宇都宮市	
		16～18	東京都	
		21～22	千葉市	

［註］地名、校名は史料に記載されたママである。参考にした史料は下記のとおりである。
・「新生音楽教育会の動き」『音楽教室』第5・6号合併号、1948年2月、20頁。
・「新生音楽教育会の動き」『音楽教室』第7・8号合併号、1948年6月、16頁。
・「新生音楽教育会の動き」『音楽教室』第9・10号合併号、1948年10月、16頁。
・山本栄「器楽教育講習地方巡り」『音楽教室』第11・12号合併号、1948年12月、12頁。

表6-3.『簡易楽器合奏編曲集』の収録曲と楽器編成

題名	編曲	頁	楽器編成
「むすんでひらいて」	瀬戸	2	歌、拍子木、トライアングル、大太鼓、ピアノ（オルガン）
「春」	上田	4	歌、ハンドカスタ、タンブリン、トライアングル、大太鼓、ピアノ
「港」	山本	6	ハーモニカ（笛）、木琴、トライアングル、ハンドカスタ、タンブリン、大太鼓、小太鼓、ピアノ（オルガン）
「虫の声」	上田	8	ハーモニカ、木琴、トライアングル、ハンドカスタ、タンブリン、大太鼓、ピアノ
「村まつり」	瀬戸	10	木琴、スズ、トライアングル、ハンドカスタ、大太鼓、ピアノ（オルガン）
「村のかじや」	瀬戸	12	木琴、トライアングル、ハンドカスタ、大太鼓、ピアノ（オルガン）
「春」	山本	14	ハーモニカ（笛）、木琴、トライアングル、ハンドカスタ、タンブリン、大太鼓、小太鼓、ピアノ（オルガン）
「ちょうちょう」	山本	14	ハーモニカ（笛）、木琴、トライアングル、ハンドカスタ、タンブリン、大太鼓、小太鼓、ピアノ
「思い出」	上田	18	木琴、トライアングル、タンブリン、大太鼓、ピアノ

［註］『音楽教室』第3・4号合併号、1947年9月。

奏や指導の際の留意点が丁寧に記され、単なる楽譜集としてではなく、器楽教育の指導書のような体裁となっている。例えば、山本編曲の「港」では、楽器編成と人数の割り当てが示されたあと、「最初は楽器無しにして全員に、楽曲のリズムを一斉に練習させる。次に楽器を使用して表紙の打ち方練習にうつる。強拍の場合（タンブリン、トライアングルに現はれる）強拍即ち二三拍目の打ち方（木製打楽器に現はれる）リズムの取り方で、やや困難と思われる部分の練習を行う」というように、導入段階から順番にその具体的な指導方法が記述された[18]。これは、前章でもみたように、この後に発行される文部省の『合奏の本』にもみられる特徴であった。『簡易楽器合奏編曲集』は、『合奏の本』に先駆けて民間から発行された戦後初の器楽教育指南書として位置づけられる。

しかし一方で、『簡易楽器合奏編曲集』というタイトルからもわかるように、この本はあくまでも簡易楽器だけを用いることを前提とした楽譜集であり、この点で『合奏の本』とは異なる特徴をもっている。「村のかじや」を例にとると「木琴、ハーモニカ、笛、拍子木、トライアングル、ハンドカスタ、大太鼓、ピアノ（オルガン）」となっている。これは典型的な簡易楽器指導の合奏形態といえる。

試みに文部省『合奏の本』における楽器編成と比較してみよう。『合奏の本』の場合、最後の国定音楽教科書で第1学年の教材であった「むすんでひらいて」（大山綱信編曲）の楽器編成は、カスタネット（拍子木）、トライアングル、鈴、タンブリン、小太鼓、大太鼓、シンバル、ピアノである。これは『簡易楽器合奏編曲集』に掲載された瀬戸編曲版の同曲と比べて楽器数は多いものの、簡易楽器のみで構成されており、大きな違いはない。ところが、高学年向きの楽曲に目を向けると両者の間には大きな違いが出てくる。例えば『合奏の本』の最後に掲載された「おもちゃの交響曲」の編成は、よこ笛、たて笛（簡易クラリネット）、木琴、鉄琴、ハーモニカ、アコーディオン、水笛、カスタネット、トライアングル、鈴、タンブリン、小太鼓、大太鼓、ヴァイオリン、ピアノまたはオルガン、となっている。これに対して、「小学六年の教材から採つた」という『簡易楽器合奏編曲集』の最後の曲「思い出」は、木琴、トライアングル、タンブリン、大太鼓、ピアノ、という簡易楽器合奏として編曲されている。

つまり、文部省『合奏の本』が、簡易楽器の指導から始め、随時ヴァイオリンや簡易クラリネットなどを取り入れてオーケストラを意識した編成へ発展させようとしているのに対し、『簡易楽器合奏編曲集』では低学年向けの楽曲でも高学年向けの楽曲でも一貫して簡易楽器合奏として編曲しているのである。そしてここに、『簡易楽器合奏編曲集』の編曲を手がけた3名を始めとする新音教の器楽教育に対する考え方がよく表れているのである。すなわち、彼らは戦後の器楽教育においても、戦前と同じように、児童の音楽生

活を重視する音楽教育思想を基盤とした簡易楽器指導を行おうと考えていたのである。

このようにみると、文部省の諸井三郎が構想した器楽教育と、戦前からの実践者たちが考える器楽教育との間には、どのような楽器で合奏を行うのかという点において差異があったことがみえてくる。前章でみたように、そもそも諸井は「22年音楽編（試案）」の段階では小学校の器楽教育でオーケストラ楽器の指導までも行うことを構想していたのである。一方の上田、瀬戸、山本は、第3章でみたように戦前から「高踏的な」音楽教育を批判し、児童に身近な楽器である簡易楽器を器楽教育の中心とすることを考えていた。両者の間には器楽教育実践の最終的な到達点をどこにおくのかという点で相違があったといえる。

第3節　新生音楽教育会から日本器楽教育連盟の設立へ

現場の教師たちが集まり、戦前の児童中心主義の音楽教育の思想を引き継ぎながら器楽教育の普及のための各種の事業をいち早く、ときには文部省を先取りながら打ち出した新音教であったが、同会の活動はそう長くは続かなかった。機関誌『音楽教室』も、山本が「十二号か十三号でやめました」と述べているように[19]、1948（昭和23）年12月発行の第11号・第12号合併号以降の刊行状況は不明である。

同会が2年足らずの短命となってしまった主な原因としては、組織としての脆弱性、そして中心になって活動するメンバーの多忙が考えられる。新音教は設立当初、会則を作ることもなく、会長も理事も置かず、複数の会員が「世話人」として事務を分担しながら活動を進めようとしていた[20]。しかし、実際には事務所を取り仕切る山本、編集人代表の瀬戸、白桜社の上田の3名が活動の中心を担っていたことは明らかである。

そして、この中心メンバーである山本、瀬戸の両名は、小学校教師という

本業をこなしながら全国各地を駆け回った[21]。彼らは、本業と同会の活動のみならず、文部省『合奏の本』に収録の合奏曲の編曲を手がけるなど、器楽教育普及のための仕事を多くこなしていた[22]。そのような中で機関誌の発行は2、3ヵ月に一度となり、設立時には全国規模の団体への発展もめざしていた新音教の活動はやがて自然消滅していくことになった。

　山本、瀬戸、上田が新音教の設立と活動を通して描いていた全国規模の器楽教育研究団体設立の絵は、活動の消滅によっていったん白紙となった。しかしこの3名の試みは、後の日本器楽教育連盟の設立によって、より厚みのある組織として実現する。

　1956（昭和31）年に設立された日本器楽教育連盟は、その名の通り器楽教育の研究に特化した全国規模の組織である。設立時の会長は石川誠一、副会長に小鷹直治ら2名が就いた。理事には山本、上田、瀬戸を始めとする10名が就き、他に監事2名、委員53名の役が設けられた[23]。

　ここで注目したいのは、理事の分掌である。山本と上田は庶務会計部、瀬戸は連盟の機関誌『器楽教育』の編集を担当した。瀬戸は『音楽教室』で編集代表人とつとめたことが思い起こされる。また発足時、連盟の事務局は山本の勤務校、千代田区立小川小学校に置かれた。山本が中心となって設立した戦前の東ハ音研と戦後の新音教の事務局が山本の勤務校に置かれていたことを考えると、同連盟もまた「影の仕掛人」は山本だと考えるのが妥当である。実際、同年7月5日に小川小学校で開かれた連盟の結成大会において、結成の「趣旨説明」を行ったのは山本自身であった[24]。またこの大会で会長の石川が連盟の設立経緯を説明するとき、設立には上田の「陰の力の大きいことを記憶しなければならない」と述べている[25]。

　日本器楽教育連盟の設立過程については第10章で詳述するが、同連盟もまた山本、瀬戸、上田が中心になって結成されたことは上述から明らかである。事務所の開設と機関誌の編集担当という組織の主要部分を彼らが担ったことからも、新音教と日本器楽教育連盟の間に高い関連性があるといえる。

小結──新生音楽教育会の器楽教育成立過程における位置

　本章では、1947（昭和22）年に設立された新音教の活動について、次に述べる3点が明らかになった。第1点は、同会が1930年代の音楽教育界において支配的であった音楽教育思想を受け継いでいたことが明らかとなったことである。これまで一般的には文部省による「22年音楽編（試案）」の発行によって、戦後新教育における音楽教育の思想や内容が提示され、これにしたがって教育現場での音楽教育実践が動き出したと捉えられてきた[26]。しかし、実際には現場の教師たちは、「22年音楽編（試案）」発行以前に戦前の児童の音楽生活を重視する思想に立ち返ることによって新たな時代の音楽教育を構想しようとしていた。このことは、現場レベルでの戦前戦後の連続性について大きな示唆を与えるものである。

　第2点は、新音教が器楽教育の成立に重要な役割を担ったことが改めて確認されたことである。同会が、全国で器楽指導講習会を開くことによって器楽教育の普及に大きく貢献したことは先行研究でも指摘されていたが[27]、本研究では開催地の広がりや講師たちの多忙を極める具体的な日程など講習会の詳細が明らかとなった。また楽器メーカー白桜社と連携し、開催各地において教育用楽器の斡旋を行うことで、指導方法のみならず楽器の普及にも一役買っていたこと、さらに本研究では講習会のみならず、器楽指導書として文部省『合奏の本』に先んじて合奏編曲集を世に送り出していたことを明らかにした。つまり、新音教は、講習会の開催事業を軸にしながら、「楽器」と「楽譜」の問題の解決に対しても積極的な活動を行っていたのである。このように、同会は規模も小さく2年間という短い活動期間しかもたなかったものの、器楽教育の全国への普及に大きな役割を果たした組織であった。

　第3点は、新音教が、戦前の学校音楽研究会と東ハ音研、さらに1956（昭和31）年設立の日本器楽教育連盟との間に高い関連性が見いだされたことで

ある。例えば、器楽教育の試行的実践の場となっていた学校音楽研究会で注目を浴びた上田、山本、瀬戸の3名が中心となって新音教は設立された。また、楽器メーカーと結びつきながら現場教員自ら器楽教育の研究を進めるという山本の組織運営の方法は、東ハ音研から新音教に引き継がれた。さらに、山本、上田、瀬戸の3名が中心となって日本器楽教育連盟は設立されたのであった。このように、新音教は、戦前の黎明期の器楽教育実践と戦後の全国的な研究組織である日本器楽教育連盟の設立とをつなぐ中継点としての役割を果たした。

　以上のことから、新音教は器楽教育の成立過程において重要な位置を占める組織であったといえるのである。

資料6-1. 新生音楽教育会の機関誌『音楽教室』目次一覧
◆第1号　1947（昭和22）年5月1日発行

題　名	所　属	氏　名	頁
発刊の声			表紙
「かっこう」（楽譜）	東京都千代田区立小川小学校	ドイツ民謡 山本栄（編）	表紙裏
新しい音楽教育	文部省図書監修官	近森一重	1
研究室	東京第一師男子部附属小学校 東京第一師範女子部附属小学校 東京都千代田区立小川小学校 東京都文京区誠之小学校	勝田栄三郎 浅見日出子 山本栄 瀬戸尊	
一年（ちょうちょう、むすんでひらいて）			2
二年（シーソーの歌）			3
三年（池の雨）			4
四年（歌のおけいこ）			5
五年（鯉のぼり）			6
六年（五月の歌）			8
第一回研究会のこと			9
簡易楽器の合奏研究（一）	東京都千代田区立小川小学校	山本栄	9
研究記録(1)簡易楽器指導の過程	豊橋市花田小学校	権田幸夫	11
鑑賞並に創作指導	東京都文京区誠之小学校	瀬戸尊	12
研究記録(2)音楽する社会科	東京第一師範女子部附属小学校	浅見日出子	13
世界交響楽		古木花園	14
合唱指導（一）		岡村勝	15
「新生音楽教育会」の発足			16
編集後記			16
広告：広告主（内容の概略）	日本文化教具株式会社（木琴）		17
	共益商社（ピッチパイプ、楽譜、楽器、ピアノ調律）		17
	谷口楽器店（楽器修理、高価買入）		裏表紙
	白桜社（ハンドカスタ）		裏表紙

◆第2号　1947（昭和22）年6月1日発行

題　名	所　属	氏　名	頁
児童文化第一課			表紙
「おうま」（楽譜）	東京都千代田区立小川小学校	林柳波（作） 山本栄（編）	表紙裏
新しい音楽教育	文部省視学官	諸井三郎	1
研究室	東京第一師範男子部附属小学校 東京第一師範女子部附属小学校 東京都千代田区立小川小学校 東京都文京区立誠之小学校	勝田栄三郎 朝見日出子 山本栄 瀬戸尊	
一年（わたしのひつじ、ぶんぶんぶん）			2
二年（とけいのうた、かぼちゃの花）			3
三年（からす、貝）			4
四年（なわとびのうた）			5
五年（雨だれ、夏は来ぬ）			6
六年（あかつきの景色）			7
世界交響楽		古木花園	8
研究記録　音楽する社会科	東京第一師範女子部附属小学校	浅見日出子	9
合唱指導（二）		岡村勝	10
鑑賞並に創作指導（二）	東京都文京区立誠之小学校	瀬戸尊	11
簡易楽器の合奏研究（二）	東京都千代田区立小川小学校	山本栄	12
二つの研究発表を聴いて：毎日児童文化教室に於て		上田友亀	14
新生音楽教育会第二回研究会だより			15
新リズム楽器『ハンド・カスタ』推奨		新生音楽教育会	15
第一回器楽指導講習会予告			16
編集後記			16
広告：広告主（内容の概略）	日本文化教具株式会社（木琴）		17
	共益商社（ピッチパイプ、楽譜、楽器、ピアノ調律）		17
	谷口楽器店（楽器修理、高価買入）		裏表紙
	白桜社（ハンドカスタ）		裏表紙

◆第3・4号合併号（簡易楽器合奏編曲集）1947（昭和22）年9月1日発行

題　　名	所　　属	氏　名	頁
器楽教育のコース	東京都文京区立誠之小学校	瀬戸尊	1
「むすんでひらいて」（楽譜）	東京都文京区立誠之小学校	瀬戸尊（編）	2
「春」（楽譜）		上田友亀（編）	4
「港」	東京都千代田区立小川小学校	山本栄（編）	6
「虫の声」		上田友亀（編）	8
「村まつり」（楽譜）	東京都文京区立誠之小学校	瀬戸尊（編）	10
「村のかじや」（楽譜）	東京都文京区立誠之小学校	瀬戸尊（編）	12
「春」（楽譜）	東京都千代田区立小川小学校	山本栄（編）	14
「ちょうちょう」（楽譜）	東京都千代田区立小川小学校	山本栄（編）	14
「思い出」（楽譜）		上田友亀（編）	18
簡易楽器合奏編曲集をおくる			20
編集後記			20
広告：広告主（内容の概略）	音楽之友社（出版目録）		表紙裏
	白桜社（木琴、小、中学校用簡易楽器セット）		表紙裏
	白眉社（楽譜、書籍：最新刊書）		21
	ピオバ楽器社（簡易楽器、ピアノ、オルガンなど）		裏表紙
	白桜社（ハンドカスタ）		裏表紙

◆第5・6合併号（学芸会特集号）1948（昭和23）年2月1日発行

題　　名	所　　属	氏　名	頁
器楽指導の態勢			表紙
器楽指導所感	文部省視学官	諸井三郎	1
研究室	東京第一師範男子部附属小学校 東京第一師範女子部附属小学校 東京都千代田区立小川小学校 東京都文京区立誠之小学校 東京第一師範学校教官	勝田栄三郎 朝見日出子 山本栄 瀬戸尊 浅野政雄	
小学一年（日のまる、たこのうた）			2
小学二年（はねつき、雪）			2

小学三年（冬の朝、小ぎつね）			4
小学四年（夢のおくに、アマリリス）			4
小学五年（冬景色、ゆうびん）			5
小学六年（祝日）			6
中学一年（冬の星座、駆け足）			7
「おうま」（楽譜）			9
「春をまつ」（楽譜）	東京都千代田区立小川小学校	山本栄（編）	11
「気のいいがちょう」（楽譜）	東京都文京区立誠之小学校	瀬戸尊（編）	12
「牧場の朝」（楽譜）	東京都千代田区立小川小学校	山本栄（編）	15
森の輝き		小笠原恭子	18
新生音楽教育会の動き			20
編集後記			20
広告：広告主（内容の概略）	白眉社（楽譜：『新作児童劇』など）		表紙裏
	（木琴、小、中学校用簡易楽器セット）		表紙裏
	白桜社（ハンドカスタ）		14
	白眉社（楽譜、書籍：最新刊書）		21
	ピオバ楽器社（簡易楽器、ピアノ、オルガンなど）		裏表紙
	白桜社（ハンドカスタ）		裏表紙

◆第7・8合併号　1948（昭和23）年6月1日発行

題　　名	所　　属	氏　名	頁
新教育第二年			表紙
音楽教育の民主化		上田友亀	1
研究室小学一年（一年生の取り扱い）	東京都文京区立誠之小学校	瀬戸尊	2
小学二年（二年生の取り扱い）	東京都文京区立誠之小学校	瀬戸尊	3
小学三年（雲と風、いけの雨）		板垣了助	4
小学四年（朝の月）	東京都千代田区立小川小学校	山本栄	5
小学五年（鯉のぼり）		上田友亀	6
小学六年（ひばり）	東京第一師範男子部附属小学校	勝田栄三郎	7

第 6 章 戦後教育改革期における現場教師による器楽教育普及活動

中学一年（かっこうワルツ、雲のいろ）		浜野政雄	8
中学二年（サンタルチア）		上田友亀	10
音楽教育における児童の発声について	東京杉並区立第一小学校	根守四郎	11
簡易楽器の合奏研究：旋律楽器の解説（続）	東京都千代田区立小川小学校	山本栄	12
鑑賞と創作の指導	東京都文京区立誠之小学校	瀬戸尊	14
質疑応答			15
新生音楽教育会の動き			16
編集後記			16
編曲集　低学年（ちょうちょう）	東京都文京区立誠之小学校	瀬戸尊	付録
中学年（春の小川）	東京都千代田区立小川小学校	山本栄	付録
広告：広告主（内容の概略）	白眉社（書籍：最新刊書）		表紙裏
	白桜社（木琴、小、中学校用簡易楽器セット）		15
	音楽之友社音楽之友社（新音楽教育叢書）		17
	日本文化遊具株式会社（木琴）		18
	ピオバ楽器社（簡易楽器、ピアノ、オルガンなど）		裏表紙
	白桜社（ハンドカスタ）		裏表紙

◆第 9・10 合併号　1948（昭和23）年10月 1 日発行

題　　名	所　　属	氏　名	頁
器楽指導と教師の自主性			表紙
「ぶんぶんぶん」（楽譜）	東京都文京区立誠之小学校	瀬戸尊（編）	1
「浜千鳥」（楽譜）		上田友亀（編）	2
「歌のおけいこ」（楽譜）	東京都千代田区立小川小学校	山本栄（編）	4
研究室小学一年（一年生九月の単元）	東京都文京区立誠之小学校	瀬戸尊	5
小学二年（虫の声）	東京都千代田区立小川小学校	山本栄	6
小学三年（みなと）		板垣了助	7
小学四年（歌のおけいこ）	東京都千代田区立小川小学校	山本栄	8

小学五年（まき場の朝）		中村盛治	9
小学六年（歌を忘れたカナリヤ）		中村盛治	10
中学一年（浜千鳥）		上田友亀	11
中学二年（老松）		上田友亀	12
音楽教育における児童の発声について（二）	東京杉並区立第一小学校	根守四郎	13
おんがく随想		村田茂雄	14
地方だより　山梨県器楽教育研究会に就いて			15
新生音楽教育会の動き			16
編集後記			16
広告：広告主（内容の概略）	音楽之友社（新音楽教育叢書）		表紙裏
	白桜社（木琴、小、中学校用簡易楽器セット）		表紙裏
	オリオン楽器研究所（調律と修理、ハーモニカ等）		7
	音楽之友社（上田友亀著『簡易楽器の教え方』）		12
	白桜社（ハンドカスタ）		12
	白眉社（楽譜、書籍：最新刊書）		17
	ピオバ楽器社（簡易楽器、ピアノ、オルガンなど）		裏表紙
	白桜社（ハンドカスタ）		裏表紙

◆第11・12合併号　1948（昭和23）年12月1日発行

題　名	所　属	氏　名	頁
器楽指導と教師の自主性			表紙
合奏の本について	文部省図書監修官	近森一重	1
研究室　小学一年（今月の単元）	東京都文京区立誠之小学校	瀬戸尊	3
小学二年（今月の単元）	東京都文京区立誠之小学校	瀬戸尊	4
小学三年（小ぎつね、冬の朝）		板垣了助	5
小学四年（村のかぢや）	東京都千代田区立小川小学校	山本栄	6
小学五年（こきょうの人々）		中村盛治	7

第 6 章　戦後教育改革期における現場教師による器楽教育普及活動　　203

小学六年（ゆうべのかね、思い出）		上田友亀	8
中学一年（荒城の月、あられ）		黒須利夫	9
中学二年（オールドブラックジョー）		上田友亀	10
新春特集号予告			4
単元の分立を排す		上田友亀	11
器楽教育講習地方巡り		山本栄	12
「はとぽっぽ」（楽譜）		上田友亀（編）	15
「故郷の人々」		フォスター（作）中村盛治（編）	14
会員募集			16
編集後記			16
広告：広告主（内容の概略）	白眉社（楽譜、書籍：最新刊書）		表紙裏
	白桜社（ハンドカスタ）		9
	音楽之友社（上田友亀著『簡易楽器の教え方』）		11
	音楽之友社（新音楽教育叢書）		17
	白桜社（木琴、小、中学校用簡易楽器セット）		17
	ピオバ楽器社（簡易楽器、ピアノ、オルガンなど）		裏表紙
	白桜社（ハンドカスタ）		裏表紙

［註］第 1 号（1947〔昭和22〕年 5 月）〜第11・12合併号（1948〔昭和23〕年12月）。以降の刊行状況は不明。国立国会図書館憲政資料室所蔵資料 (資料番号1200400551756) より作成。

第6章 註

1）菅道子「戦後の『日本音楽教育学会』設立の試みとその歴史的位置づけ」関西楽理研究会『関西楽理研究』第11号、2004年、26-32頁。
2）「研究室記録・第一回研究会のこと」『音楽教室』第1号、1947年5月、9頁。
3）「『新生音楽教育会』の発足：器楽指導の研究」『音楽教室』第1号、1947年5月、16頁。
4）新音教の機関誌『音楽教室』は、1号（1947〔昭和22〕年5月）～11・12号（合併号、1948〔昭和23〕年12月）が国立国会図書館憲政資料室（資料番号1200400551756）に所蔵されている。現在までのところ国会図書館の検索システムでは当資料に収録されている記事の論題名が検索できない。そこで本書では今後の音楽教育史研究の発展のために資料6-1として目次一覧を掲載する。
5）「『新生音楽教育会』の発足：器楽指導の研究」、前掲註3）、16頁。
6）「学習指導要領一般編（試案）」の発行日は日本書籍版、中等学校教科書版、東京書籍版のいずれも1947（昭和22）年3月20日（国立教育研究所内戦後教育改革資料研究会『文部省学習指導要領11音楽科編』日本図書センター、1980年、1頁）。「22年音楽編（試案）」は東京書籍版が6月10日の発行。別版の大阪書籍版と中等学校教科書版は6月13日の発行である（25-26頁）。
7）勝田栄三郎ほか「研究室・一年」『音楽教室』第1号、1947年5月、2頁。
8）「研究室記録・第一回研究会のこと」、前掲註2）、9頁。
9）「発刊の声」『音楽教室』第1号、1947年5月、表紙。
10）ただし、諸井三郎『音楽教育論』の初版発行が1947（昭和22）年1月10日であり、新音教の設立者たちが同年3月の設立以前に同書の内容を通して諸井の音楽教育観を知り得た可能性は高い。仮に「22年音楽編（試案）」が諸井を中心に編纂されていることを彼らが知っていたとすれば、同書の内容もまた、彼らの活動方針のよりどころとなったと考えられる。本文でも指摘したように、諸井は同書において器楽教育の実施を強く主張しており（諸井三郎『音楽教育論』河出書房、1947年、31-37頁）、さらに改革後の音楽教育は「教育に対する一切の計画やプログラム及びそれの実施に関する責任と指導権とは直接教育を行ふ教師たちの手に委ねられるべきである」と述べている（同、15頁）。このような諸井の考えに触れ、現場教師であった新音教のメンバーが、より自信をもって器楽教育の推進と普及に取り組もうとしたことは明らかである。
11）同前書、16頁。

12）同前書、16頁。
13）新生音楽教育会「新リズム楽器『ハンド・カスタ』推奨」『音楽教室』第2号、1947年6月、15頁。
14）「新生音楽教育会第二回研究会だより」『音楽教室』第2号、1947年6月、15頁。
15）山本栄「簡易楽器の合奏研究（一）」『音楽教室』第1号、1947年5月、9-11頁。
16）「巡回講師派遣」『音楽教室』第2号、1947年6月、16頁。
17）「新生音楽教育会の動き」『音楽教室』第5・6号合併号、1948年2月、20頁。
18）「港」『音楽教室』第3・4号合併号、1947年9月、6-7頁。
19）木村信之『音楽教育の証言者たち（上）』音楽之友社、1986年、101頁。
20）「『新生音楽教育会』の発足：器楽指導の研究」、前掲註3）、16頁。
21）瀬戸尊は1948（昭和23）年度の時点で誠之小学校教頭となっていた（「新生音楽教育会の動き」『音楽教室』第9・10号合併号、1948年10月、16頁）。
22）新音教の活動が2年目を迎えた『音楽教室』第7・8号合併号では、1年目を振り返り、「諸種の事情で十分の活動ができなかつた」ことを遺憾としたうえで、その原因の一つに「会の中心たる数氏が教科書の編さんに関与して、多忙であつたこと」をあげている（「新生音楽教育会の動き」『音楽教室』第7・8号合併号、1948年6月、16頁）。
23）「会務報告」『器楽教育』第1巻1号、1956年、24頁。
24）「結成大会記録」『器楽教育』第1巻1号、1956年、5頁。
25）同前書、7頁。
26）例えば、中地雅之「戦後器楽教育の展開」（『戦後音楽教育60年』開成出版、2006年、75-88頁）、嶋田由美「戦後の器楽教育の変遷：昭和初期の『笛』と『鍵盤ハーモニカ』の扱いを中心として」（『音楽教育実践ジャーナル』第7巻2号、2010年、15-25頁）、山中和佳子「戦後日本の小学校におけるたて笛およびリコーダーの導入過程：昭和20年代を中心に」（『音楽教育実践ジャーナル』第7巻第2号、2010年、73-83頁）の各研究においては、戦後の音楽科が「22年音楽編（試案）」の発行とともに開始されたと捉え、これを前提として戦後器楽教育の歴史が記述されている。
27）木村『音楽教育の証言者たち（上）』、前掲註19）、103-105頁。

第7章　戦後教育改革期における行政による
　　　　教育用楽器の普及施策
　　　　——文部・商工（通産）・大蔵各省と楽器産業界の動向を中心に

　終戦直後は物資が不足し、教育用楽器の確保は難しかった。前章では、こうした状況に対し、現場の教師たちが新生音楽教育会を結成し、上田友亀が設立した白桜社とタイアップすることで教育用楽器を普及させようとしたことを指摘した。では、器楽教育の全国的な実施を推進しようとした文部省は、楽器の確保が困難な状況にどのように対応したのだろうか。本章では、戦後の教育用楽器の生産確保と普及、およびその品質保証の諸施策がどのように行われたのかを、関係各省庁および楽器産業界の動向に焦点を当てて明らかにする。

第1節　教育用楽器の確保と普及に向けた各省庁の動向

1　戦後の物資不足と楽器産業界の停滞

　文部省は1947年（昭和22）年6月発行の「学習指導要領音楽編（試案）」（以下、「22年音楽編（試案）」と略称する）で器楽教育の全国規模での実施を示唆した。そこに示された各学年で用いるべき楽器をみてみると、小学校第6学年までにオーケストラで用いられる楽器は一通り指導することを求めていた[1]。しかしこれは「理想」を示したに過ぎないともいわれている[2]。実際のところ、「22年音楽編（試案）」では、当時の社会状況から「器楽を全面的に実施するには、楽器や楽譜の問題から解決してかからなければならないので、現在の状態では大きな困難を伴なうのは明らか」であるとされ、同書では「児童の製作にかかる簡易楽器の利用」や「教師の工夫にかかる代用楽器の活

用」などを求めた[3]。

では、楽器を供給する側の楽器産業はどのような状況だったのだろう。ここでは業界誌『楽器商報』の主幹宮内義雄の回想をみてみよう。宮内は、戦前は全国楽器業組合連合会理事書記長として、戦後は全国楽器製造協会事務局長として楽器産業界の発展に尽くした人物である。終戦の混乱期には業界のために生産資材を獲得し、器楽教育の普及に取り組み、物品税引き下げや免税範囲の拡大のために「通産、文部、大蔵当局との折衝に画した労」が楽器産業界から評価された[4]。宮内は各省に太いパイプをもち、本研究が対象とする教育用楽器関連の各種の会議にも委員として出席した。

宮内によれば、終戦直後の楽器産業界は、「対内的には生産資材割当優先順位から除外せられ、融資順位では最下位に甘んじなくてはならない」という「不遇の状態」であったが、「対外的には有望産業として内外に嘱望せられる」という矛盾した環境におかれていた[5]。また「第二次大戦中に製造を禁止され、その施設を軍需産業に転換され」、「既存の施設も戦渦をこうむり」、さらに「技術者を失って技術も低下する」という事情も抱えていた[6]。

この状況下に飛び込んできたのが文部省の「新構想の音楽教育方針」、器楽教育の実施の情報であった[7]。宮内の頭に浮かんだのは「当面している業界の危機打開策にこの問題を利用すること」であった[8]。すなわち、「教育の重要性を強調し楽器の公益性を主張することは、何時、如何なる場合でも対手方を納得せしむるに足る条理と裏付とを」もっており、この点で器楽教育は「特に新鮮で魅力的」であった[9]。

2　文部省による教育用楽器の範囲の明確化

前項でみたように、終戦直後の経済状況下では器楽教育実施に不可欠な楽器を確保することは困難であった。そこで文部省は、楽器を確保し、教育現場に普及させるために、楽器産業界はもとより商工省（1949〔昭和24〕年に通商産業省に改組）、大蔵省の各官庁と連携をはかった。

表7-1.『文部時報』に掲載された「小学校器楽編成表」

○内の数字は一編成に要する数量

第1学年以上	太鼓（大）①、小太鼓（小）①、タンバリン③、拍子木②、カスタネット⑩、トライアングル①、シンバル①、ベル①
第2学年以上	木琴⑮
第3学年以上	ピアノ①
第4学年以上	ハーモニカ⑭、バリトンハーモニカ④、バスハーモニカ②、バイオリン⑤、たて笛③、アコーディオン②
第5学年以上	オルガン①
第6学年	横笛③、トーンネット⑥、簡易クラリネット②

［註］『文部時報』第849号、1948年6月、27頁。

　文部省が初めに取り組んだのは、教育用楽器の範囲を明確にすることであった。1948（昭和23）年3月2日、文部省は「小学校・中学校音楽科器楽指導楽器について」を都道府県知事および教員養成校長あてに通達し、全国の小中学校への周知を求めた[10]。ここでは「ピアノ、オルガン、および合奏楽器は音楽教育上必要かくべからざるもの」とし、「原則として常備することが望ましい」とされ[11]、その常備するべき楽器の編成が提示された（表7-1参照）。

　この編成表によって教育用楽器の範囲が明確化された。いわば、この編成表に示された楽器は教育用楽器として、あるいは教育用品として文部省から認められたといえる。その後は、この編成表を根拠に、商工省、大蔵省、楽器産業界と連携した教育用楽器の生産と普及のための施策が展開された。

3　教育用品であることの特権

　1948（昭和23）年3月29日、教育用楽器生産計画第一回総合協議会が開かれた。この協議会では、GHQ、CIE、文部省、大蔵省、商工省、経済安定本部[12]、全国楽器製造団体代表者による審議が行われた[13]。具体的な審議内容は定かではないが、「この協議以来、関係各省の器楽教育実施に対する関心

が急激に昂ってきた」とされる[14]。実際、各省はこの協議会のあと、次にみるように器楽教育実施のための楽器の生産と普及のための施策を打ち出すことになった。

まず商工省が1948（昭和23）年5月に「器楽教育用楽器需給計画一覧表」を作成した。この一覧表で楽器需要数の根拠となったのが、前項でみた文部省による「小学校器楽編成表」（表7-1参照）である。二つの表では学年ごとに求められる楽器とその一編成あたりの数量が一致しており、この数に当時の小学校数27,231校を掛けることで需要合計数を算出し、その需要数をもとに生産計画がつくられた。例えば、第2学年に示された木琴は一編成あたり15台であるので、これに小学校数27,231を掛けた408,465台を需要合計としている[15]。

次に、この需給計画の一覧表をもとに商工省が1948（昭和23）年10月までに「器楽教育用楽器生産要領」を策定、これにしたがって楽器生産を進めることとなった[16]。すなわち、文部省によって教育用品と認定された楽器のために経済安定本部が生産資材を割り当て、商工省の指示のもとに楽器産業界は教育用楽器を製造したのである。器楽教育の実施は、まずこの生産資材の割り当てという面から「楽器業界を湿し」始めた[17]。

さらに教育用品となった楽器には、教育免税措置がとられることになった。すなわち、当時楽器には物品税がかけられていたが、文部省が教育用楽器と認める楽器を、新制小学校および新制中学校において購入する場合には免税されることになった。これを進めたのが大蔵省である。同省は各学校の楽器購入の要領を定める「器楽教育用楽器購入要領」を策定した[18]。この要領によると、教育免税には小売業者を通す仕組みが採用された。注文票および受領票が、学校、小売業、製造業者の3者の間を移動することで免税手続きが完了するのである。当初、教育界からは教育用楽器のもつ「教育用としての公益性に鑑み、卸売価格で配給せよ、と主張する空気が醸成」されつつあった[19]。宮内は、この主張は「業界の死活を扼する重大な性質」を含み、業界

として反対せざるを得なかったと回想している[20]。業界としては製造業のみならず、小売業者もまたこの教育免税の恩恵を得られるよう主張し、これを実現させたのである。

さて、本項でみた楽器産業界に対する「生産資材の割り当て」と「教育免税措置」はある種の特権と見みなされ、他業界から「相当辛辣な」批判があった[21]。戦後の器楽教育の実施が楽器産業界に与えた恩恵は、単に市場が拡大し、需要が増加するということだけでなく、教育用品として得られるこのような各種の特権も含んでいた。

第2節　教育用楽器の品質保証
　　　　──楽器日本工業規格（JIS）の礎石となった教育用楽器規格

1　粗造品の濫発と教育用楽器審査の開始

器楽教育の全面的な実施による需要拡大はもちろんのこと、前節までにみたような楽器産業界に付与された特権も原因となり、「まったくの未経験者が楽器の製造に着手し、楽器とは名ばかりの粗悪品」が学校に供給されるようになった[22]。粗悪品の濫発によって教育用楽器の品質確保が次の課題となった。そこで文部省では1948（昭和23）年、「とりあえず教育用楽器審査委員会を設け、同年および翌年の2年にわたり、教育用楽器全般についての審査を行い、専門家の指導助言によって品質の向上、粗悪品の追放を」期した[23]。すなわち、個別の楽器が教育用としてふさわしいかを審査し、1948（昭和23）年12月に審査済楽器一覧表を発表している。合格した楽器、製造業者の氏名と住所が公開され、学校はこの表を頼りに粗悪品を避けて楽器を購入することができた。

文部省は、この取り組みは「相当の成果をあげるところがあった」としたが[24]、1949（昭和24）年5月発行の『教育音楽』第4巻第5号には、「教育用楽器の音程がわるくて困るという声が全国にみちて」おり、「『文部省の審査

は何をしているのか』といっている人も」あることが紹介された。この記事では、「現在の審査は、楽器会社から出して一つの楽器について審査しており」、「その会社全部の楽器を審査しているわけでは」ないので、「お買いになる方々が、一つ一つ吟味して買うことが大切」であるとされた[25]。このように、生産済みの楽器をメーカーから一台ずつ提出させ、個別に審査する方法には、楽器の品質確保という観点からは限界があった。そこで次項でみるように、文部省は通商産業省（以下、通産省と略称する）の協力を得て、製造者が製造段階で参照し、同時に購入者側も参照できる教育用楽器規格の制定に乗り出した。

2　審査から規格の制定へ

　1950（昭和25）年6月30日、第1回「教育用品規格協議会」（以下、協議会と略称する）の音楽科部会が開催された。『楽器商報』第1巻第1号には「教育用品標準規格協議会設置要綱案」が掲載された[26]。これによれば、協議会の目的は「文部省設置法第十二条第九号、および工業標準化法施行規則第二条に規定された事務を処理する」ため、「教育用品の標準となる規格を設定し、その教育的価値を高め、教育目的に合致した優良な教育用品を確保すること」とされ、文部大臣の諮問機関として設置された。工業標準化法とはいわゆる「JIS法」のことであり、教育用品規格は当初から日本工業規格（JIS）を視野にいれて設定することがめざされたことがわかる。

　第1回会議の出席者およびその他の委員名をまとめたものが表7-2である。文部省、通産省、教育家、学識経験者、製造業者らが参加している。工業標準規格案の審議にあたって、生産者、使用者および消費者その他の当該案に係る実質的な利害関係を有するすべての者の意向を反映するよう委員および臨時委員を構成することを求めた「工業標準化法施行規則（第2条）」の要件を満たしている。

　この会議では、まず音楽部会長として鳥居忠五郎が選出された。続いて、

212　第 2 部　戦後における器楽教育の全国への普及と成立

表7-2.「教育用品規格協議会音楽科部会」委員一覧

	第 1 回音楽科部会出席委員[※1]（　）内は発令当時の職名	左記以外で文部省『教育用楽器基準の解説』に記載されている委員[※2]
文部省	宮川孝夫（教育用品課長）、近森一重（教科書監修官）、石川高稔、内藤正、滝澤（事務官）	真篠将（初等中等教育局初等教育課事務官）、諸井三郎（社会教育局視学官）
通産省	石川（工業技術庁技官）	中野正一（通商雑貨局雑貨課長）
教育家	鳥居忠五郎（東京学芸大学教授）、川本久雄（東京教育大学附属小学校教諭）、浜野政雄（東京都指導主事）、中野義見（東京都中野区立江古田小学校校長）、広岡九一（お茶の水大学附属中学校教諭）、山本栄（東京都千代田区立神田小学校教諭）	井上武士（東京教育大学附属中学校教諭）、瀧井悌介（東京都千代田区立富士見小学校教諭）、萩原英市（東京芸術大学教授）、福井直弘（武蔵野音楽大学教授）
学識経験者	中谷孝男（全国ピアノ技術者協会常任理事）、小森宗太郎（日本交響楽団団員）、菅原明朗（作曲家）、陶野重雄（作曲・演奏家）、田口泖三郎（日本音響学会理事）、小倉俊（演奏家）、鷲見三郎（国立音楽大学教授）、宮城衛（東京放送管弦楽団団員）、▲宮内義雄（楽器商報社主幹）[※3]	青木十良（演奏家）、比留間絹子（演奏家）
製造業者	神谷秀夫〔大村兼次（日本楽器製造株式会社常務取締役）の代理〕、真野市太郎（株式会社トンボ楽器製作所社長）、大岡英市（紫山流竹笛製作所主）、鈴木梅雄（鈴木バイオリン製造株式会社社長）、▲三之宮春吉（日本管楽器株式会社）	中田栄（栄打楽器製作所主）、右田秀雄（日本管楽器株式会社）、茂木宏友（弦楽器製作家）

［註］
※1）第 1 回出席者については『楽器商報』第 1 巻第 3 号（1950年 9 月、29頁）を参考にした。
※2）第 1 回出席者以外の委員については、文部省編『教育用楽器基準の解説』（大蔵省印刷局、1958年） 3 頁に記載の表を参考にした。
※3）▲印は、第 1 回会議に出席しているが、文部省編『教育用楽器基準の解説』の表には記載されていない者。

　規格制定の対象楽器を、1948（昭和23）年文部省作成の編成表（**表7-1参照**）をもとにして新たに定めた（**表7-3参照**）。なお、『楽器商報』の報じるところによると、この新たな編成表に示された「品名の楽器に依り学習指導要領が編されることに」なった[27]。1951（昭和26）年12月に改訂・発行された「小学校学習指導要領音楽科編（試案）」に示された楽器の配当（**表7-4参照**）と比

第7章　戦後教育改革期における行政による教育用楽器の普及施策　213

表7-3. 教育用品標準規格協議会音楽科部会が改訂した編成表

第1学年以上	大太鼓、中太鼓、小太鼓、タンブリン、拍子木、カスタネット（ミハルス、ハンドカスタ等を含むものと解釈する、以下括弧内同じ）、トライアングル、シンバル（フキンガーシンバル等を含む）、鈴（ジングルベル等を含む）
第2学年以上	木琴、鉄琴
第3学年以上	ピアノ
第4学年以上	ハーモニカ（バリトンハーモニカ、バスハーモニカ等を含む）、バイオリン、たて笛（トーネット、簡易クラリネット、オカリナ等を含む）、アコーディオン
第5学年以上	オルガン、ギター、マンドリン
第6学年	横笛

［註］『楽器商報』第1巻第3号（1950年9月）、29頁。

表7-4. 1951（昭和26）年『小学校学習指導要領音楽科編（試案）』に示された楽器

幼稚園および小学校第1学年		大太鼓・タンブリン・トライアングル・カスタネット族・児童・教師のくふうした楽器
小学校	第2学年	1．リズム楽器に小太鼓を加える。2．簡単な旋律楽器（木琴・鉄琴）を加える。
	第3学年	1．リズム楽器にシンバルを加える。2．旋律楽器にハーモニカを加える。
	第4学年	前学年に準じるが、旋律楽器にたて笛を加える。事情が許せば、鍵盤楽器やオーケストラ楽器を加えてもよい
	第5学年	前学年に準じる。
	第6学年	前学年に準じるが、旋律楽器に横笛を加える。

［註］文部省『小学校学習指導要領音楽科編（試案）昭和26年（1951）改訂版』教育出版、1951年、28-87。

べると、楽器をどの学年で導入するかについては若干の相違があるものの、扱われる楽器とその品名は確かに一致している。このように、日本工業規格を視野に入れた協議会の決定が、「学習指導要領」の改訂にも影響を及ぼしていたのである。

　協議会音楽部会は、この新たに作成された教育用楽器の編成表に示された楽器ごとの部門委員会に分かれた。例えば、「ピアノ・オルガン部門」には中谷孝男、大村兼次、萩原英市、田口泖三郎、川本久雄が、「ハーモニカ・アツコーデオン部門」（以下、ハーモニカ部門と略称する）には陶野重雄、真野

市太郎の息子である真野泰光、大村兼次、山本栄が選出された[28]。興味深いのはこのハーモニカ部門の顔ぶれである。日本楽器の大村を除く3名は、戦前に東京市小学校ハーモニカ音楽研究会に関係した人物であり、トンボ楽器と深いつながりをもっていた。つまり、このハーモニカ部門委員会は、実質は日本楽器とトンボ楽器の関係者だけで構成され、そのハーモニカの教育用品としての規格を審議したのである。

3　標準化のもたらすもの——大量生産と低廉化

　1951（昭和26）年7月7日、「教育用品規格協議会」は2年目に入るにあたって「教育用品標準規格会議」に名称が変更され、その第1回会議が開催された。この場では過去1年間の審議の結果として、「教育用楽器規格基準案第一次試案」（以下、「第一次試案」と略称する）が決定された。この「第一次試案」では、①教育用楽器通則に続いて、②木管楽器、③擦弦楽器、④撥弦楽器、⑤打楽器、⑥鍵盤楽器、⑦金属リード楽器の項目が設けられ、それぞれについて、「総則、構造と寸法、性能及び表示」が示された[29]。その後、「教育用品標準規格会議」は「第一次試案」から漏れた楽器の審議を継続していくこととなった。

　この「第一次試案」は、そのまま日本工業規格（JIS）の原案となる。1951（昭和26）年11月8日、第1回日本工業規格楽器専門委員会が開催され、正式にこの「第一次試案」を原案とし、各楽器の専門委員会に分かれて標準規格案を審議することが決定された。

　ところで、「教育用品規格協議会」が「教育用品標準規格会議」に名称変更され、工業標準化法に基づく日本工業規格が教育用楽器に適用されていくことの意味、すなわち楽器が標準化されることの意味とはなんだったのだろう。結論を先に述べれば、「標準化には、安価な製品を大量生産するという決定的な利点」があるということであった[30]。例えば日本工業規格は、「産業合理化、技術の向上」が「日本の経済発展の基礎を成す」との考えのもと、

第 7 章　戦後教育改革期における行政による教育用楽器の普及施策　　215

図7-1.　教育用楽器の広告につけられた JIS マーク
　　　　［註］『器楽教育』第 2 巻第 1 号、1959 年 1 月。

「経済行為の中に技術的要素を能率的に統一し、生産性を増大する」ことを目的とした[31]。材料資材やネジなどの部品が規格に依って標準化された製品は、部品そのものが互換性を保持し、その結果大量生産を実現できるので「生産設備の効率も良く」なり、「従つて廉価になり、容易に入手でき、品質には信用が置けて、安心して使える結果」となるのである[32]。

　教育用楽器の品質が保証され、かつ大量生産によって廉価になれば、文部省を始めとする教育関係者にも大きな利点となる。というのも、文部省による教育用規格を制定して粗悪品を排除しようとしても、結局はこの規格を満たした楽器ではなく、それ以上に安い規格外の楽器を購入する学校があったからである[33]。つまり教育用品の規格に合う楽器を生産しても、これが廉価でなければ学校現場に広く導入することは難しかった。しかし楽器が規格によって標準化されれば、高品質で廉価な楽器を大量に生産し、学校に供給することが叶う。また、標準化によって部品の互換性が保持されることは、そ

の部品の消耗や紛失への対応という面でも利便性が向上することは教育用品として大きな利点であった[34]。

本節でみたように、教育用品としての品質確保をめざして文部省の審査制度からスタートした楽器の品質保証施策は、やがて教育用楽器規格へと発展し、さらに標準化によって低廉化・大量生産へと道を開く日本工業規格の楽器審査制度へと繋がっていくのであった。

なお文部省としては、日本工業規格は「あくまでも、生産者およびすべての消費者を対象としたものであり」、「楽器についての最大の消費者であり需要者であるわれわれ教育関係者には、依然として、教育上の観点なり要求なりといったものが残されている」という立場をとった[35]。すなわち同省では1955（昭和30）年から2カ年にわたって、再度「教育用品基準調査会・音楽用品基準調査分科会」を独自に設置し、「既設の基準に検討を加えて改訂するとともに、一部未設の楽器について新たに基準を設定」することとなった[36]。

第3節　楽器の普及のための免税施策と物品税撤廃運動

1　免税違反への取り締まり強化と物品税撤廃運動

第1節でみたように、戦後の本格的な器楽教育導入にあたって、楽器は教育用品としての公益性に鑑みて教育免税という特権を得た。

ところが、1948（昭和23）年の免税適用以降「楽器業界の免税取扱ひが激増してきたが同時に免税違反もまた全国的に頻発し」たため、国税庁による取り締まりが強化された[37]。しかし、実は当時、この免税違反の原因として、手続きの複雑さのために国税庁と業者・学校側との間に免税条件などの理解に食い違いがあったという[38]。

この事態に学校現場と楽器産業界からは不満の声が上がった。1950（昭和25）年6月、通産省、文部省関係者と楽器製造協会、同販売協会の関係者が

出席する楽器懇話会が開かれた。この懇話会において中心となったのは「物品税撤廃問題に関連する教育免税手続きに就て」の話題であった[39]。この席上、文部省視学官諸井三郎は、国税庁の取り締まり強化に対する学校側の抗議は「相当強いもの」があり、「その対策として積極的に陳情することよりも、楽器を買はずに済ますという方向で無言の抗議を表明」しているとし、「この実状は即ち器楽教育の退歩を招来する最も危険な抗議であるので憂慮に耐えない」との考えを述べた[40]。

一方楽器産業界も、「教育免税手続の複雑性と取締りの強化」のために「業者の生業が成り立たなくなつた」ことを動機とする物品税撤廃運動に乗り出した[41]。この懇話会では、業界として次のような主張がなされた。まず「器楽教育の本質が学校に於ける授業時間のみに限定せらるべきものではない」こと、また「天才教育を意味せず全児童に依る集団演奏が目的とせらる」ために、「安価な楽器を広く普及せしめる必要」のあることを述べ、「物品税の撤廃若くは最低限の課税率に置き代へられることを条件として教育免税特権を放棄したい」というのが「全国業者の輿論」だというのである[42]。要するに、複雑な手続きのために意図せず起こる免税違反が取り締まられるくらいなら、教育免税特権を放棄し、その代わりとして楽器全体の物品税率引き下げか撤廃の措置を求めたのであった。

楽器産業界はその後半年間にわたり、物品税撤廃運動に取り組んだ。例えば、1950（昭和25）年9月18日午前に行われた楽器懇話会のあとには、「物品税対策委員会代表」が「大蔵省に平田主税局長を訪問、自由党野原代議士の紹介で面接の上委細陳情」した[43]。こうした活動の結果、同年12月には次にみるように教育免税手続きの簡素化と物品税法一部改訂による楽器の物品税率引き下げに至る。

2　大蔵省の「親心」による免税手続き簡素化と税率引き下げ

1950（昭和25）年11月、教育用楽器免税手続きの簡素化に関する通牒が文

部省および国税庁から関係各方面に出され、12月1日から実施された[44]。具体的には、学校からの注文には、従来の受領票を廃し、注文票のみで扱われることになった。

また同年12月20日、政府は物品税法の施行規則の一部改正を官報にて公示、翌1951（昭和26）年1月1日から施行されることになった。この改正で、改正前に50％であった楽器の課税率は30％に引き下げられた。また改正前には穴数やリード数の多いものは楽器扱い（＝課税率50％）であったハーモニカと、16音以上のものは楽器扱いであった卓上ピアノは、すべてが玩具扱い（＝同20％）となった。また従来すべて楽器扱いであった鉄琴と木琴も、17音までのものは玩具扱いとなった。なお玩具類については、免税点が200円に設定されたので、199円99銭までの価格のものは非課税であった。さらに、カスタネットとトライアングル、調子笛は指定項目からはずされ、すべて非課税品となった。つまり、200円未満のハーモニカや鉄琴、木琴を使うとするならば、小学校の授業で使う楽器のほとんどは非課税品で、教育用免税手続きを取る必要がなくなったのである。もっともこの点について、文部省管理局教育用品課長であった宮川孝夫は、ハーモニカ等が玩具類に入った「今回の措置は大蔵当局の親心の現はれである」とし、「免税点の設置から免税手続きの煩鎖を嫌つて非課税品のみを生産し、ひいては品質の下向を将来しては折角の大蔵当局の好意も却つて仇になる」として、業界側に釘を刺した[45]。

このように、教育用品としての公益性に鑑みて従来から楽器産業界に付与されていた教育免税という特権は、器楽教育の普及をめざす文部省と業界の運動の成果として大蔵省の「親心」でさらに拡大されたのであった。

小結——楽器産業界と教育界の表裏一体性

本章では、戦後期の教育用楽器の確保や品質管理にあたって、文部省を始

めとする各省庁や楽器産業界がどのように関与したのかを考察した。その結果浮き彫りとなったのは、楽器が教育用品としての地位を獲得することで、終戦直後の疲弊した楽器産業が復興と発展への道筋を得たことであった。

すなわち終戦直後の経済が逼迫していたとき、楽器産業界が商工省の協力により資材を獲得し、大蔵省の「親心」によって物品税の免税措置、あるいはその後の減税措置を受けられたのは、楽器が、文部省によって教育用品とされ、その公益性を認められたからであった。つまり、器楽教育の全国での実施は、単に楽器産業界に学校現場という大きな市場を与えただけでなく、楽器そのものに教育用品という公益性を付与したといえる。

また教育用品にふさわしい品質を実現するための「教育用楽器規格基準」は、やがて日本工業規格の原案となり、楽器の品質向上と大量生産、低廉化につながった。日本の楽器産業がその後「極めて高い成長率を維持してきた一つの原因は、製品が比較的高品質である割には安価であった」こととされる[46]。その高品質と大量生産を維持する標準規格の源流もまた教育用品としての品質管理にあった。

以上のように器楽教育と楽器産業界は、終戦直後から行政の様々な施策のもと、表裏一体のものとして発展してきたのであった。

第7章 註

1) 文部省『学習指導要領音楽編（試案）』東京書籍、1947年。また本書第5章の表5-1も参照のこと。
2) 中地雅之「戦後器楽教育の展開」音楽教育史学会編『戦後音楽教育60年』開成出版、2006年、75-88頁。
3) 文部省『学習指導要領音楽編（試案）』東京書籍、1947年、3頁。
4) 川上嘉市「創刊を祝して」『楽器商報』第1巻第1号、1950年、4頁。
5) 宮内義雄「教育用楽器創設当初の回顧」『楽器商報』第2巻第3号、1951年、16頁。
6) 文部省編『教育用楽器基準の解説』大蔵省印刷局、1958年、23頁。

7）宮内「教育用楽器創設当初の回顧」、前掲註5）、16頁。
 8）同前書、16頁。
 9）同前書、16頁。
10）「小学校・中学校音楽科器楽指導楽器について」『文部時報』第849号、1948年、27頁。
11）同前書、27頁。
12）経済安定本部は、1946（昭和21）年8月、戦後経済危機を乗り切るべく各省庁の業務を一元的に指導する機関として臨時に設置された、重要経済行政の総合企画・統制官庁である。生産資材の生産配給、食糧や生活必需物資の配給消費、物価などに関する施策を分担した（坂本雅子「経済安定本部」『世界大百科事典』第8巻、平凡社、1988年、468頁）。
13）宮内「教育用楽器創設当初の回顧」、前掲註5）、16頁。
14）同前書、17頁。
15）商工省調査統計局編『生活物資速報』第12号、1948年、巻末資料。
16）同前書、3-4頁。
17）宮内「教育用楽器創設当初の回顧」、前掲註5）、16頁。
18）商工省調査統計局編『生活物資速報』、前掲註15）、4-5頁。
19）宮内「教育用楽器創設当初の回顧」、前掲註5）、17頁。
20）同前書、17頁。
21）同前書、17頁。
22）文部省編『教育用楽器基準の解説』、前掲註6）、23頁。
23）同前書、23頁。
24）同前書、23頁。
25）「教音報道」『教育音楽』第4巻第5号、1949年、57頁。
26）「教育用標準規格協議会規程案」『楽器商報』第1巻第1号、1950年、34頁。
27）「教育用品標準規格協議会音楽科部会開催」『楽器商報』第1巻第3号、1950年9月、29頁。
28）同前書、29頁。
29）「文部省試案教育用楽器規格決る」『楽器商報』第2巻第7号、1951年、19頁。
30）橋本毅彦『「ものづくり」の科学史：世界を変えた《標準革命》』講談社、2013年、194頁。
31）中島務「工業標準化法　楽器とJISに就て」『楽器商報』第2巻第9号、1951年、6頁。

32）同前書、8頁。
33）山本栄ほか「座談会　東京都の楽器教育の現況」『楽器商報』第2巻第8号、1951年、7頁。
34）文部省編『教育用楽器基準の解説』、前掲註6）、19頁。
35）文部省編『教育用楽器の手引き』光風出版、1963年、17頁。
36）文部省編『教育用楽器基準の解説』、前掲註6）、24頁。
37）「教育用楽器の免税取り扱ひの危機」『楽器商報』第1巻第1号、1950年、39頁。
38）「六月度楽器懇話会」『楽器商報』第1巻第2号、1950年、15頁。
39）同前書、12-13頁。
40）同前書、13-15頁。
41）同前書、13頁。
42）同前書、13頁。
43）「大蔵省平田主税局長に陳情」『楽器商報』第1巻第5号、1950年、15頁。
44）「教育免税手続き簡素化　関係各界の希望一部達成」『楽器商報』第2巻第1号、1951年、19頁。
45）宮川孝夫「年頭に際して」『楽器商報』第2巻第2号、1951年、6頁。圏点は引用者。
46）通商産業省生活産業局編『昭和50年代の生活用品産業』通商産業調査会、1976年、504頁。

第8章　戦後教育改革期の公立小学校における器楽教育
——岐阜県多治見市立養正小学校の実践

　戦後教育改革期の一般の公立小学校においては、器楽教育はどのように実践されたのだろうか。本章では岐阜県多治見市立養正小学校（以下、養正小と略称する）に着目する。養正小は、音楽専科の校條武雄を中心として熱心に器楽教育実践に取り組み、同校の器楽合奏団の演奏は、文部省の諸井三郎から高く評価され、その後は全国の小学校の器楽教育のモデルとして認識されるに至る。ここでは同校の実践を検討することで、終戦直後の困難な時代に、どのような工夫をしながら一地方の公立小学校が全国のモデルとされるような実践を行い得たのかを明らかにする。

第1節　養正小学校における器楽教育開始の背景

1　実験学校としての養正小学校

　養正小が所在する岐阜県多治見市は、名古屋から長野方面へ向かうJR中央本線沿いにあり、古くから陶磁器やタイルなど、美濃焼の産地として発展してきた東濃地方の中核都市である。養正小は多治見市中心部に近い場所に所在し、1873（明治6）年1月に「学校設置ノ令ニ遵ヒ養正学校」として創立、「報恩寺ヲ仮校舎」とし「数名ノ生徒ヲ募リテ授業ヲ」開始した[1]。1886（明治19）年の小学校令改正以降、尋常科に高等科を併設し、1900（明治33）年には児童数811名、1920（大正）年には1595名の児童を抱える大規模校となった[2]。戦前から映画教育の環境を設備するなど、同市の教育と文化をリードする学校としても知られてきた。

　ところで終戦直後には、戦後新教育に関する実験学校[3]が全国に多く現れ

た。大矢一人の研究によれば、戦後教育改革期における実験学校の設置主体は①各都道府県当局、②教育委員会、③教育研究所（研修所）、④軍政部に分類できるが、都道府県単位での実験学校については各自治体によって指定の方法が異なり、その数も様々であった[4]。岐阜県の場合は1947（昭和22）年8月に各郡市から小・中学校1校ずつ、全22校ずつの学校が「新教育を推進する中核的な役割を果たす」実験学校に指定され、養正小もその一つとなった[5]。

養正小の実験学校としての研究テーマは、当初は当時の一般的な学校と同じく、社会科を中心におきながら学校運営全体を通して戦後新教育のあり方を模索する実験学校であった。すなわち1948（昭和23）年の『学校概要』[6]によれば、同年1月28日に実験学校として行われた「第一回発表」の内容は、「授業公開、教科経営（教育計画、社会科の経営、学習効果の判定、実態調査、個性調査）、学級経営、自治会、自由研究、健康教育、視覚教育、本校P.T.A.の活動状況」となっている。

1949（昭和24）年度以降、岐阜県における「新教育推進の役割」は「実験協力学校」[7]が中心的に担うことになり、養正小も「実験協力学校」に移行した[8]。「実験協力学校」の研究主題は原則として「その地域の特質や学校の実情に応じて、自主的に決定する」ことであった。この間に器楽合奏団の活動が全国から注目されていた養正小は、1950（昭和25）年度に「各学年一学級宛を、特に器楽を研究実践する実験学級」とし、「度々研究授業を」行いながら音楽の授業における器楽教育について研究した[9]。

2 「自由研究」のクラブ活動として開始された器楽教育

養正小における器楽教育は、まずは戦後に設けられた「自由研究」の時間のクラブ活動として開始された。「自由研究」は「第二次世界大戦後の小学校および新制中学校に設けられた教科の一領域」で、1947（昭和22）年の「学校教育法施行規則」において、「小学校では各教科と並んで、また中学校

では選択教科の一つとして」設けられた[10]。同年3月に発行された「学習指導要領一般編（試案）」では、「自由研究」の説明として、戦後の教育は児童の自発的な活動を中心に学習を進めるので、「児童の個性によっては、その活動が次の活動を生んで、一定の学習時間では、その活動の要求を満足させることができない」ことがあるとし、具体例として「音楽で器楽を学んだ児童が、もっと器楽を深くやってみたいと要求するようなことが起る」ことをあげている[11]。そのような児童が学年の区別を越えて「集まって、教師の指導とともに」「その学習を進める組織、すなわち、クラブ組織」の形をとり「その活動のために自由研究の時間を使って行く」ことが望ましいとする。なおクラブ組織の例として音楽クラブ、書道クラブ、手芸クラブ、スポーツクラブをあげている[12]。

この「学習指導要領一般編（試案）」に示された例にしたがうように、養正小では1947（昭和22）年9月頃に「自由研究」の一環として「美術、音楽、科学」のクラブ活動が開始された。このうちの音楽クラブとして開始されたのが器楽合奏団の活動であった[13]。のちに詳述するように、このとき結成された器楽合奏団が3年間ほどで全国的な知名度を誇る演奏レベルに達し、同校の器楽教育を参観することを希望する者が全国から訪れるようになると、1950（昭和25）年には学校全体で器楽教育の実験に取り組むに至った。

第2節　校條武雄の器楽教育の理念

1　戦前から戦中にかけてのブラスバンド指導

養正小の器楽教育が全国の小学校のモデルとされるレベルの実践を行うことができた最も大きな要因が、戦前から同校においてブラスバンドの指導をしており、戦後の器楽教育実践の中心となった校條武雄[14]の存在であった[15]。校條は1932（昭和7）年3月に岐阜県師範学校本科第一部を卒業、小学校本科正教員免許状を取得し、そのまま同校専攻科に進学、1933（昭和8）年3

月に卒業、同月に岐阜市華陽尋常小学校訓導となった。同校に奉職している5年間に「簡易楽器の合奏指導に興味を持ち、音楽教育には器楽を取り入れなければならないことを痛感」し、「郡の教員大会」において「勇敢にも研究発表を試み」、器楽教育の必要性を論じたが「それに対して何の反響もなく、一顧だに与えられなかった」と校條は回想している[16]。

　興味深いのは校條が小学校教師となった1933（昭和8）年は、全国規模の音楽研究団体である学校音楽研究会が東京で結成され、その機関誌『学校音楽』が発刊された年だということである。第2章でみたように、1930年代の音楽教師たちは、1920年代の大正新教育運動や芸術教育運動の影響を受けながら、唱歌教育を芸術教育としての音楽教育へと脱却させ、かつ児童の音楽生活を重視した音楽教育へと改革しようとしていた。そのなかで児童の生活や発達段階に応じた身近で簡易な楽器を用いた器楽教育実践が始まっていたのであった。校條もまたこうした時代の流れのなかで「簡易楽器の合奏指導に興味を」もったのである。実際、校條は1936（昭和11）年に岐阜県女子師範学校で開催された学校音楽研究会主催「第九回学校音楽座談会」に出席していた[17]。そこでは、小出浩平や井上武士が東京における器楽教育実践の実状について語り、一方では岐阜県の教師たちが、東京の実践に触発されて手作りの打楽器を授業で活用していることを報告している[18]。この座談会に出席した教師はみな『学校音楽』の読者だったはずであり、校條もまた学校音楽研究会の活動を通して、東京を中心に始まっていた器楽教育実践の情報を手に入れ、その必要性について認識した教師の一人であった。

　校條は1938（昭和13）年、のちに養正小学校となる多治見市立第一尋常高等小学校訓導となった。同校は「古い歴史を持っているだけあって、物置の中にブラス楽器と譜面台数個が眠って」おり、「それから数年間終戦の年まで私の器楽教育に対する熱情はブラスバンドの上に注がれた」と校條は回想している[19]。この時期の校條は「苦心惨憺して、ブラスのあらゆる楽器の指導を一人で」行ったといい、「この時代の苦心が私の最も尊い体験であった」

と振り返る。当時は「レッスンのたびごとに上京」し、ピアノを井口基成[20]、声楽を伊藤武雄[21]に習いながら、通信教育と独学で編曲の勉強もしており、「月給の全てをこれらの勉強のために使っていた」と校條は回想している[22]。こうして学んだ「編曲、編成上の問題」に加え、小森宗太郎から「直接教つた小太鼓奏法」が、そのまま戦後の「木琴指導に移行して非常な成果を挙げ得た」とも校條は述べている[23]。

　同校への着任から１年後の1939（昭和14）年、校條は岐阜県の教育会誌『岐阜県教育』誌上で自身のブラスバンドの指導について報告した[24]。この記事で校條は小学校でブラスバンドを行う意義として、「行事への利用価値」と「音楽的価値」の二つをあげている。前者については「国旗掲揚式」「校歌唱和」、あるいは「運動会の入場行進」や「勇士の送迎」つまり出征兵士の送迎の際に利用され、「学校行事遂行上欠くべからずもの」であるとした[25]。しかし小学校における「真の目的」は後者であり、それはブラスバンドを「音楽的に生かす」こと「即ち健全なる音楽をバンドを通じて児童に生活せしめる事」にあった。児童たちは「一歩校門を出れば唱歌など忘れてしまひ、流行歌のあやしげな旋律を口ずさむ」ようになる。だからといって、児童の音楽生活を指導しようと「ベートーベンのシンフォニー」を聴かせても、児童は「余り共鳴を起こさない」。それよりはブラスバンドで「軍艦行進曲を聴かせた方が」遥かに「効果的である」とする[26]。流行歌より「健全」でクラシックより身近な音楽としてブラスバンドを捉え、その「音楽的価値」を主張したのである。

　ところで、校條はこの時期のブラスバンドの指導を通して、地域の音楽文化状況についての課題を感じていた。すなわち同校に「赴任して来た秋、恒例の音楽会」が開かれたが、「学芸会をすると満員になる会場が音楽会であると誰一人聴きにこない」という状況を目の当たりにし、「音楽会がこんなに両親にとって魅力がなく、社会的に無関心な状態で放置されてよいものだろうか」、「音楽とはそんなつまらないものであろうか、否たまらなくすきな

ものでなくてはならないはずだ」との思いを抱いた[27]。それ以来、「音楽教育が音楽教室内」や「学校の垣根の中のもの」であっては「いくら教師が美しい理想をかゝげうまいことをいっても、それはひとりよがりの空言に過ぎない」と考え、「学校音楽の社会化・普遍化」が「それ以来一貫した、長い間の私の信念ともいうべきもの」となったのである[28]。

2 戦後新教育における器楽教育の意義

　戦後、養正小が実験学校として新教育の研究を開始すると、校條は「唱歌ばかりでは児童は音楽好きになれず向上しない」、「特にリズムの分野は歌唱だけでは育てにくく、器楽教育を進めていく必要がある」との考えを同僚に語り、「音楽教育のカリキュラム作りを提唱」した[29]。「自由研究」の時間の音楽クラブとして結成した合奏団はもとより、校條が重視したのは音楽科の授業に器楽教育を位置づけていくことであった。
　校條は「新教育では音楽の面で、器楽教育が大きくとりあげられて、今後における音楽教育の新しい方向を示し」ているとし「正しい音楽教育は器楽を伴わなければ完全には果し得ない」といい切り、器楽教育の意義について次の四つをあげた[30]。一つ目は従来の音楽教育における「リズム教育の不徹底さ」を補うということである。リズムは「人間の運動神経を通して体得される一つの感覚であるから、幼少時において身につけるべきである」とし、この「リズムに対する鋭敏な感覚は『器楽する』ことによつて培われて行く」と校條は考えた。
　二つ目は「音楽美の理解、感得」としての器楽教育ということである。校條は、器楽教育が初歩的なリズム教育から「漸次高級な管弦楽をとり入れることによって」、「楽譜を読む力」や「リズム、メロディー、ハーモニィをふくむ全体としての音楽美を理解感得する」ようになると主張した。また「今日のもっとも発達した音楽」は管弦楽であるとして、リズム楽器を主体とする簡単な合奏から、徐々に「本格的なオーケストラへの道を開いて」いくこ

とを唱えた。「本格的な合奏」への発展の過程で楽器の知識を得て、「純粋なクラシック」の「香り高い名曲」を演奏し、味わう経験をすることで、「音楽に対する感受性」を正しく早く培うことができるとした。

　三つ目は器楽教育が「共同社会を啓培する」ということである。器楽合奏は「お互いの個性を尊重し、しかも曲という客観的な基準によって全体的な調和を保つて行かねばならない」ものであり、これは「個人の尊厳性に立脚しつゝ、社会の福祉に貢献しようとする民主々義の原理に合致する」ものだという。合奏における演奏者は「各自が完全にそれぞれの部署に責任を持ちつつ、しかも絶対に他を尊重、理解し、コンダクターの意のままに己れを奉仕しなくては美しい演奏は」出来上がらないのであり、「ここに、生きた民主主義に基く生きた共同社会性を体験」するというのである。

　四つ目は「地域の音楽生活を高める」ということである。器楽教育は、「演奏する子供たちの音楽生活をゆたかにするのみでなく、その地域の父兄、一般人の音楽生活を高める上に絶大な力を発揮」するとした。例えば「クラシックにほとんど接したことのない両親達も、わが子たちの演奏する合奏により、楽しみながら漸次音楽美を理解、感得するように」なるとし、「子供も両親も意欲的に音楽にとりくむことによつて、日本人のもつとも欠陥といわれたこの方面の教養」が「力強く養われていく」とした。

　以上のように、校條は器楽教育の意義として、まず音楽教育の基礎としてのリズム教育を見出した。そして、リズム教育から、管弦楽の編成を最終目標とする「本格的な」合奏へと徐々に発展させるなかで、1947（昭和22）年発行の「学習指導要領音楽編（試案）」（以下、「22年音楽編（試案）」と略称する）で音楽教育の目的とされた「音楽美の理解・感得」に迫ることができると考えたのである。また器楽教育の「副次的な効果」として、「民主々義の原理に合致」した「共同社会性」の体験が可能であるとし、さらには児童だけでなく、彼らの演奏を通じてその家族・地域の「音楽美の理解・感得」も進むとした。児童たちの音楽生活や地域へのまなざしは、前項でみたように戦前

においてすでに校條自身が問題意識としてもっていたものである。

3　器楽教育実施の基本方針——器楽合奏団を頂点とするピラミッド構造

　校條は、器楽教育は学校教育全体のカリキュラムの中で「音楽教育の一環として行われ、全般の児童に実施してこそ、正しい在り方であり、その基盤は、あくまでも正課の音楽の授業に在らねば」ならないとし、限られた数人の児童だけに「特殊な指導を施すだけでは決して学校における正しい器楽教育という事はできない」と考えた[31]。しかし同時に「同好的なクラブ活動によってよき合奏団を持つことは更に必要なこと」であるとも述べる。なぜなら合奏団の存在が「全校のよき音楽的環境となり、全児童の音楽的意欲を昂揚し学校全体の音楽的レベルの向上に役立つ」からである。校條はこの音楽授業と合奏団・クラブの関係を図8-1のようなピラミッド構造に表して説明した。

　前章までにみたように、戦後教育改革期の器楽教育実施には「楽器の確保、楽譜の確保、指導方法の普及」の三つの課題があった。このことを踏まえ、校條は養正小における器楽教育を進めるにあたって、図のピラミッドを、底辺＝基盤である音楽授業から上に組み上げるのではなく、頂点に位置する器楽合奏団から下の方向に発展させることを考えた。すなわち「子供はリズム

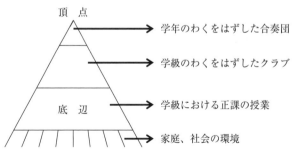

図8-1.　養正小における器楽教育実践のピラミッド
［註］校條武雄『器楽教育の実際』音楽之友社、1951年、2頁。

生活には本能的な喜び」を感じるが「その興味や好奇心は、多くの場合衝動的であり、その場限りの一時的なもの」で、「持続性がなく、したがって発展性が」ないとし、まずは「子供達の生活の場に、子供達の意欲をそそるような生生しい器楽的な環境の設定」、すなわち「よき合奏団」が「学級の基盤確立に先立つて」もたれるべきだと考えた。初めに音楽クラブを組織し、「器楽生活の憧れの対象となるような美しい合奏団を育てて全校のよき音楽環境を作り」ながら、もう一方で「音楽授業に、楽器をとり入れて、器楽指導をトライ、アウト、しつつ、徐々に他の学級にもその感化が及んで行くような方法」をとることが重要だとしたのである。

第3節　養正小学校器楽合奏団の活動の軌跡

1　楽器の確保──編成の漸次的拡大
1）簡易楽器から「本格的な」楽器へ

　1947（昭和22）9月、「子供達の手で自治会が開かれ、四、五、六年の同好有志四十名を会員とするささやかながらも、美しい夢を持った合奏団が誕生」した[32]。先に述べたように、この合奏団は「自由研究」の時間を使った音楽クラブの一環として活動を開始している。当時の音楽クラブの活動は校條のほかに田牧友子もその指導に当たった[33]。音楽クラブと器楽合奏団の関係については、図のピラミッドをみる限り、また校條『器楽教育の実際』における記述をみる限り、音楽クラブの部員の一部から合奏団を編成したと思われる。ただし、当時の合奏団員に対するインタビューを総合すると、実質的には6年生が中心となって合奏団を編成したようである[34]。当時4年生であった小原武は、「6年生が中心のクラブのようなものができた」と結成の様子を記憶しており、合奏団への入団の経緯として「ハーモニカを持っている児童が予備軍のようなかたちで音楽室に集まって始まった」と語っている[35]。

校條は合奏団で用いる楽器について、「最初から立派な編成を望んで、自己の力量以上のものを要求してはいけない」と考えた[36]。なぜなら「楽器ばかり如何程立派なものを揃えても、指導力がなければよい合奏ができないうちに、楽器はいたんでしまう」と考えたからである[37]。そこで、合奏団を作る場合には「先ず第一歩として、木琴やハーモニカを根幹とし、それにリズム楽器を配した最も素朴な合奏団を編成」することが重要で、それによって「指導者は合奏指導に対する喜びと自信を持つことができ」、「子供にしっかりとした基盤力を植え付けることが」できると述べた[38]。たとえ「簡単な楽器の編成による合奏」でも、「透徹した演奏と、楽器の個性を生かした編曲」によって「高いセンスを持つた感激のある合奏が生れ」、「豊かな音楽美が現れる」というのが校條の考えであった[39]。この考えに基づき、校條は音楽クラブの開始にあたって「学校用として単音木琴を二十台購入」、「大太鼓は前からあるものを使用」することとし、リズム楽器として「トライアングル、タンブリン、ミハルスなど」を用意した。また小原の回想の通り、男子児童は各自の「自分持ちのハーモニカ」を持ち寄った。

このように「初期の時代にしっかりとした合奏の雰囲気」をつくることで、「指導者も大いに自信を持つて次の段階に進む道」が開かれ「順次アコーディオン、笛類なども編成に加え、更にフリュート、バイオリン」のような「本格的な楽器」も加えることができる、と校條は考えたのである[40]。そしてこの段階的な編成の発展の期間は「たとえ長くかかっても可能なこと」であるとした。なぜなら「上級生は次々と卒業して新しいものに替る」けれども「技術や雰囲気は次代の者に伝承されて、益々洗練されて、発展して」いくからである。実際、合奏団のパートごとの練習は、先輩から後輩へと児童間で「伝承」される形をとっていた[41]。できることからまず始めて、集団のなかに「技術や雰囲気」を蓄積させながら少しずつ発展の道筋を辿らせるという発想は、学校全体に器楽教育を根付かせていこうとするときに校條が唱えた「ピラミッドの頂点から底辺へ」という考え方と基本的には同じであっ

た。

　また校條は「楽器購入経費の問題」についても言及し、合奏団を「漸進的に発展させて行けば、無理のない健全な経営が可能」であるとした。すなわち「予算が出ない」という理由は「合奏団経営の真の障害では」なく、「反対に楽器ばかり如何に立派なものを揃えても、必ずしも立派な合奏団が生れるものではない」というのが彼の主張であった。

2）木琴を中心とした器楽合奏——水野三郎の協力

　校條は器楽合奏における中心的楽器として木琴を位置づけていた。彼はリズム教育こそ「音楽教育に新らしい息吹を与えるもの」で、それは「又器楽教育の最初の過程であり、最後の目標でもある」とし、木琴が「もっともリズム教育に適している」と考えた。

　校條が木琴を中心的な楽器としたもう一つのより直接的なきっかけは、「平岡養一の木琴演奏会を東京で聴いた」ことにあった[42]。平岡は戦前に渡米して木琴奏者として成功した木琴奏者である[43]。校條は平岡の演奏について、「私の将来を変えるような強烈な」体験であったとし、「これだ、木琴にかけてみよう」「木琴を中心にすれば、小学生でもオーケストラの曲ができると思った」と語っている[44]。この体験がいつごろのことかは不明だが、後年1950（昭和25）年2月には平岡を招聘し、養正小の主催で「木琴大演奏会を開催」、「殊に器楽部の子供達は、短かい時間ではあったが手をとっての御指導を受け、得る処大なるものがあった」という。

　養正小の器楽教育で使用された木琴は、多治見市内の木琴製作者水野三郎の協力によって作られたものであった。水野は戦中の兵役で赴任した「ビルマで出会った、民族楽器『パッタラー』に惹かれ」、「戦後間もなく岐阜県多治見市にて、卓上木琴を手がけ始めた」人物である[45]。養正小では水野に木琴を注文し、また合奏団の児童が個人持ちの楽器を購入するときにも水野に作ってもらったという[46]。水野は校條からの要望に応えながら、「木琴の半

音階の部分を造って立奏用と」したり、「共鳴パイプを考えて造っ」たりと研究を重ねた[47]。また次項でみるように合奏団の演奏曲はだんだんと「歌曲からクラシック曲へと進む」のであるが、それにつれて「大型のソプラノ・アルト・バス木琴」を試作するなど、「演奏曲の巾を広げ」ることができたのは水野の協力によるところが大きかった[48]。このようにして開発された水野の木琴は1948（昭和23）年の文部省の教育用楽器審査委員会[49]が発表した審査済の教育用楽器一覧表にも記載されている[50]。

なお、水野が作る楽器はその後「ミズノマリンバ」として、「独特の澄んだ音色」のため多くのファンをもつ人気の高い楽器となった[51]。養正小の器楽教育は、地域の新しい楽器製作者の協力によって支えられ、また同時にその発展にも寄与していたのであり、一地域における音楽教育と楽器産業の互恵的な関係の一例としてみることができよう。

2　演奏曲の発展──歌唱曲からクラシック曲へ

校條は自身の「器楽教育の根底をなすものはリズム教育である」という理念にしたがい、合奏団の結成当初は「子供達に基礎的なリズムの体得」をさせることから始めた。そして、「手足を動かして器楽する音楽生活」は「色々な楽器の音色の変化の面白さ」があるため、「子供の性情にぴったりとマッチ」し、「意欲的に興味的に導くことができた」と自信を深めた。

またリズムの基礎練習と並行して「歌唱教材を器楽合奏に編曲した程度の」教材から取り組み、一方「同時に学級の授業にも徐々に器楽をとり入れ」た。1947（昭和22）年度の2学期から次年度の1学期にかけては「色色な歌曲的なもの、または童謡的なものにも編曲して題材」としたが、「どうしてもこの程度のものでは満足し切れなく」なったという。1948（昭和23）年度1学期の終わりには「ソナチネアルバムの二十二番、ハイドンのアンダンテ」のような「クラシック曲に手をつけた」のであった。当時は「未だ文部省の合奏の本もでていない頃」で、参考となる編曲集も見当らず、「まし

て木琴ハーモニカ程度の簡単な編成で堂々とクラシックに挑むというようなことは考えられ」ないことであった。しかし「アンダンテが案外成功した」ので、8月の夏休みには「今度は思い切って」ソナチネアルバムの「第七番（クレメンティ曲）」に取り組み、20日間の練習で「漸く一二三楽章を完成」したのであった。このように、合奏団で扱われる教材は、歌唱教材や童謡を編曲したものから、だんだんとソナチネアルバムのピアノ曲のようなクラシック曲を編曲したものへと移行していった。

　この合奏団において扱われた楽曲の編曲はどのように行われたのだろうか。校條は「各パートの演奏力や楽器の類似した音色を考えて」編曲に取り組み、合奏団で「練習しては書き直し納得出来るまで直し」ながら「不眠不休の連続」で「演奏曲の編曲に没頭」していたという[52]。したがって、校條の編曲はあくまでも養正小の器楽合奏団の子どもの演奏技量をみながら、実際に演奏を試しながら修正が重ねられたものであった。

　1948（昭和23）年の秋、「県及びNHK共催」により「第一回東海三県音楽コンクール」が開催され、養正小の器楽合奏団はここで優勝した。校條は、「こうしたもの（コンクール——引用者註）に無批判に飛びつくことは、合奏団設立の趣旨から言っても、児童に及ぼす心理的影響から言っても当然慎重に考慮を要する」とし、「出場か否かについて慎重考慮」したが、「実際家、専門家、あらゆる人々から容観的にあらゆる角度から検討され、しかも厳正に比較批判される機会はコンクール以外にはない。此の意味ではこうしたコンクールは、今の段階では此の教育推進のために意義あるものと言わねばならない」と考え、参加することにしたのである。このコンクールの「器楽合奏の部」において「幸いにも岐阜県代表となり東海三県大会でも第一位と」なったことについて、校條は「養正合奏団のために大いに面目をほどこすことができた」と感想を述べている。

　コンクールでの優勝の直後には岐阜師範学校で「器楽教育研究会」が開かれ、合奏団が出演した。校條はここで、当日の講師として臨席した小森宗太

郎から「非常に感激的な推奨の言葉」と「現在までの歩み、及び将来に対して激励の言葉」をかけられる。戦前に小森の指導を受けていた校條にとって、この激励はこれまでの実践に「大きな自信」を与え、「小学校の器楽教育の道はクラシックへの道であることを確信」させるのに十分なものであった。

3　全国から注目される器楽合奏団へ

1）東京における器楽教育研究発表会への参加

　1948（昭和23）年秋のコンクールと岐阜師範学校における演奏以降、「合奏団の前途は急に開かれ、これより一カ年間はクラシックへの大道を専らに前進した時代」であり、校條はこの時期を「クラシック没入時代」と表現した。同年12月には「モーツァルトのトルコマーチを仕上げ」、「楽器も新しくバスアコーディオンと普通のアコーディオンを同時に購入」して「合奏団に一段の光彩を添えることができた」とする。翌年の「正月は殆ど休みなしで」練習に取り組み「ゴセックのガボットを完成」した。正月に「長い快の着物で追羽根などして遊びたい盛りの子供達」が、「そうした世俗的な歓喜をよそに」、「ひたすらに音楽の精進を続け」る様子に対して「親の側からも驚異の眼が注がれた」という。

　さて、1949（昭和24）年3月26日、日本音楽教育連盟[53]主催・文部省後援の器楽教育研究会が東京で開かれることとなり、養正小の器楽合奏団は招聘を受ける。校條は「その陰には温情溢れる文部省芸術課、小林源治先生並びに日響理事小森宗太郎先生等の理解ある御尽力が効を奏した」ものであると記している[54]。

　ここで『日本音楽教育連盟通信』の二つの記事をもとに、養正小の器楽合奏団が東京に招聘されるまでの経緯をみておこう。開催前年の12月、小林源治も参加した同連盟の理事会において、「岐阜県多治見市立養正小学校のリズムバンド（二五名）を二月下旬又は三月上旬に音教連主催により東京に於て紹介する」ことが協議された[55]。さらに1948（昭和23）年2月の理事会に

おいて、「リズム・バンド演奏会開催の件――多治見市立養正小学校リズム・バンド上京を機会に都内近県の優秀校を選んで演奏会を開催する」ことが協議された[56]。これらの記録からわかることは、東京の研究発表会が先に決まっていてそこに養正小も呼ばれたのではなく、先に養正小の上京が決まり、これに合わせて東京近郊の器楽教育実践校が集められて会が開かれたということである。

　研究会当日のプログラムは表8-1の通りである。これによると養正小はブラスバンド演奏を行ったと思われる練馬中学校の前に置かれ、簡易楽器を用いた器楽合奏のなかでは最後をかざっており、初めからプログラムのメインが養正小であったことがわかる。また出演校とその指導者の顔ぶれをみると、戦前の東京市における器楽教育の黎明期から活躍し、戦後も器楽教育の普及の中心を担った山本栄や瀬戸尊らの名前がみられる。さらに演奏前には文部省視学官諸井三郎と文部省図書監修官近森一重の二人が講演していること、後援団体として文部省のみならず東京都教育庁や東京楽器協会も名を連ねていることなどから、まさに東京をあげて養正小の器楽合奏団が迎えられたことがわかる。

　養正小の演奏が終わると大きな拍手が鳴り響き、下りかかった緞帳が途中で止まって再び上がり始め、アンコールとしてその場でゴセック作曲の「ガボット」を演奏したという[57]。演奏会終了後には、諸井から養正小の器楽合奏は「小学校に於ける器楽教育の最も正しい方向を辿り、又現在に於いてその先達的位置にある」との「感極る言葉」による激励を受け、校條は「感激に胸を震わせ」、また「附添って行った親達は皆泣いた」という。

　合奏団は、この研究発表会の前日に、キングレコードにおいて演奏を録音しており[58]、そのSPレコード[59]はその後、全国の小学校に配布されたとされている[60]。

表8-1. 器楽教育研究発表会プログラム

日時　昭和二十四年三月二十六日（土）午前九時より
場所　読売ホール

主催　日本音楽教育連盟
後援　文部省、東京都教育庁、東京楽器協会

発表会プログラム
（一）挨拶　鈴木常任理事
（二）挨拶　鳥居理事長病気のため岡村常任理事
（三）講演　諸井文部省視学官、近森文部省図書監修官
（四）演奏
　（1）東京都誠之小学校二年生児童　指揮者・瀬戸尊
　　（イ）かかし
　　（ロ）えんそく
　　（ハ）春をまつ
　　（ニ）くつがなる（以上『合奏の本』より）
　（2）東京都広尾小学校五年生以上児童　指揮者・兼村寛政
　　（イ）メヌエット（ハイドン作曲『合奏の本』より）
　　（ロ）「魔弾の射手」より猟人の合唱（ウェーバー作曲兼村寛政編）
　（3）千葉師範附属中学校生徒　指揮者・清水武夫
　　（イ）むすんでひらいて、美しき小川（『合奏の本』より）
　　（ロ）おおスザンナ、なつかしき故郷の人々（フォスター作曲）
　　　　　　　　　　　　　　　　　　　　　　（以上　清水武夫編）
　（4）東京都小川小学校四年生以上児童　指揮者・山本栄
　　（イ）汽車の旅
　　（ロ）円舞曲「雲と風」
　　（ハ）変奏曲「村の鍛冶屋」
　　　　　　　　　　　　　　　　　（以上『合奏の本』より山本栄編）
　（5）岐阜県多治見市養正小学校児童　指導者・校條武雄
　　（イ）アンダンテ（ハイドン作曲）
　　（ロ）トルコ行進曲（モーツァルト作曲）
　　　　　　　　　　　　　　　　　　　　　（以上校條武雄編）
　　（ハ）ナポリ風の舞踊調と行進曲（チャイコフスキー作曲・小林基晴編）
　　（ニ）ソナチネ（クレメンティー作曲・校條武雄編）
　（6）東京都練馬中学校生徒　指導者・小鷹直治
　　（イ）なつかしのセレナード（フィンドラー作曲）
　　（ロ）円舞曲「春のほほえみ」（デブラー作曲）
　　（ハ）行進曲「堂々」（以上　小鷹直治編）
（五）挨拶　小島副理事長

［註］『器楽教育研究発表会プログラム』、1949年3月26日、(個人蔵)。

2）各地への演奏旅行

　1949（昭和24）年4月、新学期を迎え合奏団は新たなメンバーとなり、5月13日から15日にかけての3日間、「上京記念大演奏会」を養正小の講堂で開催した。すなわち13日午前は「本校児童のために」、午後は「市内児童のために」、14日午前と午後は「郡部児童職員のために」、15日午前は「一般PTAのために」、午後は「招待者のために」と全6回の公演を行い、「連日講堂がはち切れる程の盛会さであった」という。また同年7月には「器楽教育大講習会」を養正小にて開催、講師として来校した諸井三郎から再び「上京メンバーより一段と進歩しているとおほめの言葉」をもらい、同時に「コンクールなど目当てにして編成が固定しないようとの頗る暗示と示唆に富んだお言葉」がかけられた。3月の東京での発表会から数ヵ月のうちに諸井が多治見に出向いていることからも、彼が養正小の器楽教育を高く評価していたことがわかる。

　また10月には名古屋放送局からの全国放送にも出演し、合奏団はゴセック作曲「ガボット」、モーツァルト作曲「トルコマーチ」、ビゼー作曲「アルルの女」、ウェーバー作曲「舞踊への勧誘」を演奏している。

　さらに東京への演奏旅行を機に、その後の器楽合奏団は表8-2に示したように近隣県各地からの招聘で、たびたび演奏旅行を行った。東京への演奏旅行を含め、このような旅行には校條と田牧を始め複数の教員だけでなく保護者も付き添った[61]。1950（昭和25）年以降に音楽クラブの手伝いをするようになったという当時教諭の鵜飼敬三は保護者の協力について次のように回想している[62]。

　　重い楽器運搬や民宿でも一言も苦情もでず、その上物資が不足がちの時代でしたので、どこで求めて下さったかわかりませんが、靴下や下着を沢山用意して下さって誰、彼を問わず困っている子に着用させて下さったり、クラブ員の皆さんが就寝してから、御苦労様でしたからと珍しい缶詰やお酒を御馳走になったりしま

表8-2. 養正小器楽合奏団演奏旅行

年	月	日	場所
1949年 (昭和 24年)	4月	3日	陶祖際記念会（市役所主催）器楽演奏
		6日	稲葉郡市橋小学校、那加小学校、川辺小学校、恵那郡中津小学校
	7月	30日 31日	長野県音楽教育研究会 (長野市教育音楽研究会主催、長野市PTA連合会、長野市連合婦人会後援)
	8月	10日	武儀郡　関・美濃町小学校
	9月	25日	笠松竹鼻へ演奏旅行
	11月	13日	岡崎市広幡小学校
1950年 (昭和 25年)	1月	31日	名古屋アメリカ村（アメリカンスクール）児童慰問演奏　朝日会館にて
	3月	19日	加茂郡八百津小学校へ
	4月	8日	東山こども博にて演奏（名古屋市、朝日新聞社主催）
	6月	4日	恵那郡付知小学校
			岐阜市公会堂にて演奏
	8月	4日	愛知県庁防犯弁論大会に賛助出演
		20	日阿木へ演奏旅行
			稲葉郡黒野小学校
	9月	8日	名古屋市公会堂にて演奏
		15日	岐阜市公会堂にて演奏
	11月	8日	岐阜市、岐阜高校で開催の東海北陸中学校研究集会
		14日	飛騨萩原へ演奏旅行、萩原小学校

［註］石垣恭子「養正小学校器楽クラブの歴史と思い出」（『養正小学校器楽クラブ50周年記念文集』1997年5月）を参考に1949年4月から1950年12月に限って抜粋し、作成した。ただし、石垣氏が同記事を執筆するにあたって参照した養正小の学校日誌が、現在資料散逸のため所在が分からず、今後一次史料の再発見と内容の確認が必要である。

した。

　鵜飼が演奏旅行に付き添うときの重要な役割は、楽器の運搬とそのときに保護者へ指示を出すことであった。大型の木琴は分解していくつかに分けて荷造りし、保護者が運搬してまた現地で組み立てたという[63]。コントラバスの運搬は鵜飼の分担であった。当時は「収納ケースはなく、昔講堂で使った

暗幕を利用して紐でしばって」荷作りをし「汽車での運搬」となるのだが、「車掌さんに注意されたり」しながら「手廻り切符を買って車内に持ち込」むなどしたのであった[64]。なお鵜飼は合奏団の指揮者も務めるようになり、校條が1953（昭和28）年度以降金城学院に異動すると、その後の器楽合奏団の指導を引き継ぐことになった。このように、たくさんの大人たちに支えられながら、養正小の器楽合奏団は各地での演奏を重ねていったのである。

以上のような合奏団の活躍を受けて、同校の器楽教育を参観することを希望する者が全国から訪れるようになった。ときには事前の連絡もなく参観に訪れる者もあり、授業中に校内放送で合奏団の児童に「召集」がかけられ、彼らは正課の授業を抜けて音楽室で演奏をすることもあったという[65]。

そして1950（昭和25）年には各学年に実験学級を置いて器楽教育の実験を行い、その成果と実践の記録をまとめた校條著『器楽指導の実際』が1951（昭和26）年に発行されると、養正小は器楽教育の先進校として全国規模で認識されるようになったのである。

第4節　普通授業における器楽教育の実践——第4学年を中心に

1　児童の実態と教師の力量を考慮したカリキュラムの構成

器楽合奏団の活動が全国規模で注目された養正小であったが、その中心を担った校條はあくまでも教科としての音楽の授業における器楽教育こそ重視すべきであると考えていた。

養正小では器楽合奏団の活動開始から3年を経た1950（昭和25）年度、各学年に1学級ずつ実験学級をおき、普通授業における器楽教育について研究を開始した[66]。各実験学級の担任は、表8-3にみるように、全員が20歳前後で教員経験の浅い者ばかりであった[67]。

器楽教育の実験にあたり、具体的にはどのようなカリキュラムが構成されたのであろうか。結論からいえば、「児童の実力」と「教師の力量」の両者

をみながらカリキュラムを構成し、研究授業のたびに修正していくというやり方であり、1950（昭和25）年度の実験の段階では「未だ全般に通ずるようなカリキュラムをここに提示するまでには至っていない」状況であった[68]。

器楽教育実践の歴史が浅い当時は、「同一の学校でも、学年や学級によつて可成不自然な実力差」があり、「五年生が三年生よりすぐれているとは限らない。三年生が、五年生よりすぐれている場合もあり得る」という状況であった。したがって、「学級の子供の現実の力」、「担任教師の手腕力量」、「現実の楽器施設」に応じて構成されるものが唯一のカリキュラムであり、それも「研究授業の度に、修正填補が必要となってくる」ものとされた。つまり、学校や学級ごとにカリキュラムを構成することは可能だが、それを一般化するのは「甚だ困難」であり、「もし作成したとしてもそれは机上プラン」で「非実際的なもの」となってしまうと考えられたのである。このように、養正小では各学年の実験学級における実践に先立って児童の指導目標や計画が作成されたが、これはあくまでも対象となる各学級の児童の実態と教師の指導力を考慮して作成され、一般化できないものとして認識されていたことに留意が必要である。

表8-3. 実験学級の担任

学年	担任（当時の年齢・職）
1	水野俊子（21・教諭）
2	青野弘子（19・助教諭）
3	松森峯子（20・教諭）
4	津田節子（20・教諭）
5	鵜飼敬三（21・教諭）

［註］「職員組織」養正小学校『昭和25年学校概要』、頁記載なし。

2　木琴を中心とするリズム指導の体系

試みに第3学年、第4学年における器楽教育の指導目標および指導計画をみてみよう。技能面の目標は、「一・二年に身につけたリズム感覚を土台として、でき得れば全級の子供に一応旋律楽器に対する演奏能力をつけ」ることとされた[69]。旋律楽器として木琴、ハーモニカ、笛をあげているが、「学校としても相当設備を要することであり、個人負担しても強制することはで

きない」ため、「徐々に楽器を整備」する努力が必要であると書かれた。情操面では「器楽に対する興味を一層のばし、合奏能力を益々旺盛にする」こととされた。低学年では歌唱と器楽を一体的に扱ったが、「漸次歌曲の詞をはなれて曲のみを味わう力を養い」「純粋器楽曲の演奏の方向に」向かうことがめざされた。

　中学年への指導にあたっては、「今までに既に学級で木琴やハーモニカなどの楽器を扱っていた子供」と、「新しくはじめる子供」との間に「演奏上相当な開きが生じ、男女間においても、一般的に男子よりも女子がはるかにリズミカルで上達が早く、演奏力に著しい差異が生じて」学習上の困難が考えられるとし、その対策として「グループ学習」や「能力学習」の導入を提案した。「グループ学習」では「グループ相互の援助と、環境の及ぼす感化力によって、比較的能力の低い子供を引上げてゆく」ことを、「能力学習」では「能力に適したパートを受もたせて、合奏に参加させ、みんなで合奏を楽しむようにする」ことをねらった。また児童一人ひとりの能力に合わせて「最も適した楽器を与えて合奏を意欲的に導く」ことも重視した。

　第3学年と第4学年の指導計画は**表8-4**の通りである。使用楽器については打楽器類に加えて鉄琴、木琴、ハーモニカ、笛のような旋律楽器が記載され、さらにピアノ、オルガン、バイオリンも第3学年以降取り扱うように書かれている。しかし同校では使用楽器の項目に「一応木琴によって全体的な指導をなし児童の個性能力によって漸次各児に適する楽器を試みさせる」とあるように、器楽合奏団と同様、普通学級の合奏においても木琴を中心的楽器として位置づけていた。それは「器楽の初歩的な指導段階において、もっとも重要なことは、リズムの体得」であり、「殊に合奏においては、より正確なリズム表現によってのみ、立派な効果的な演奏が行われる」ので、「器楽指導の初歩的段階においては、木琴を中心楽器とし、これにリズム楽器を加え旋律楽器としてハーモニカ、アコーディオン、笛等を配した編成によって指導することが望ましいと思う」という校條の考えに基づく方針であった。

表8-4. 昭和25年度「三・四学年器楽指導計画表」
（歌）は教科書歌唱教材　（本）は本書所蔵　（合）は文部省『合奏の本』

合奏教材		使用楽器	要点
第三学年	第一学期 きらきら星（本） 夕やけ（歌） こぎつね（歌）	大太鼓 シンバル タンブリン トライアングル カスタネット属 鈴 木琴 ハーモニカ 笛 ピアノ オルガン バイオリン	▲全児に木琴を試みる （木琴を主要楽器とするリズム指導の体系参照） ①♩ ♩ ♩♩ ♩♩｜ ②♫ ♫ ♫ ♫｜ ③♫♩ ♫♩ ♫♫ ♫♩｜ ④♫♩ ♩ ♩♫ ♩｜ ⑤♫♫ ♫♫ ♫♫ ♫♫｜ 上の五段階を音階、きらきら星などで毎時少しずつドリルとして練習し、木琴奏法になれさせる。
	第二学期 汽車（歌、合） 山の歌（歌、本）		
	第三学期 みなと（歌） かわいいメヌエット（合）		
第四学年	第一学期 きらきら星（本） アマリリス（合） はつなつ（歌）	一応木琴によつて全体的な指導をなし児童の個性能力によつて漸次各児に適する楽器を試みさせる 特に高度の技術を持つ児童には適当なパートを与えて充分活用する	▲音色や楽器の組み合わせを工夫する能力をのばす。 ▲知っている曲にリズム譜をつける。 　強弱の発想をつけて演奏する ▲器楽に対する興味をいつそうのばす。 ▲合奏能力を益々のばす ▲リズム譜並びに楽譜について理解を深める ▲リズム楽器により種々の形のリズムの習熟をはかる（合奏教材により） 　一二年生のものと同様に更に次のリズムを加う ♫♫｜ ♫♫｜ ,♩ ♩｜ ♩ ♩ ♪｜ ♫｜ ▲協力の必要を深く感じさせる。
	第二学期 かわいいメヌエット（合） 村のかじや（歌、合、本）		
	第三学期 勇ましい騎士		

［註］校條武雄『器楽教育の実際』音楽之友社、1951年、22頁。

したがって養正小では「木琴を主要楽器とせるリズム指導の体系」[70]を作り、これにより各学年の指導計画を作成した。

合奏教材の項目をみると、「きらきら星」と「かわいいメヌエット」の2曲が第三学年と第四学年の両方で取り上げられており、各学年の実態に合わせて柔軟な指導計画を立てるという同校の方針をよく表している。

3　授業記録から──児童の自主性の尊重と教師の力量形成

実際の授業はどのように実施されたのだろうか。本項では校條武雄『器楽教育の実際』の「第二編　実際編」の「第一章　器楽教育の授業」をもとに考察してみよう。同書には各学年の実験学級の担任教師が記した授業記録が収録されている。第三者による記録ではなく主観的に書かれたものであるが、それゆえに児童たちと教師の関係性が生々しく記録されており、教師からみた児童たちの成長、また教師自身の率直な感想を知ることができる。なお、ここでは主に、第4学年の1年間の指導記録[71]を扱い、①児童の自主性を尊重した指導、②教師自身の器楽指導の力量形成という二つの視点で考察する。

1）1学期の指導

第4学年の実験学級の担任となった津田節子は、この年初めて59名の児童が在籍するこの学級を受けもった。この学級では、どの楽器を練習するかは、各自が個人でもっている楽器、あるいは学校備品の楽器から自由に選択させていたようで、時期によって各楽器を練習したり担当する人数は異なる。指導開始当初の1学期は「木琴（個人持）23人（女子）」「木琴を弾く男子11人」「ハーモニカ6人（男子）」「笛（竪笛）6人」「タンブリン（学校備品）6人」「カスタネット（学校備品）6人」「大太鼓（学校備品）1人」という内訳であった。

前年まで「男子は主としてハーモニカ、リズム楽器ばかりを使つていた」ため、津田は彼らに「木琴と笛をやらせて」みるところから指導を開始した。

男子のうち「木琴をやるものが十一人程」あり「案外調子よく手つきはぎこちないが、女子と違つたニュアンスを持つているよう」だと感じている。しかし「女子の木琴は課外に練習しなくても授業時間中に譜を見させ、打ち方の右左を教えれば弾けるように見受けられる」が、女子と男子の差は大きく、「程度の高い曲になると男子は抵抗を感じ、容易な曲になると女子が物足りない」という状況に行き当たった。そこで「多くの経験の結果、全曲を見渡し、男子には簡単な処だけBとしその部分を打ち、女子は全曲を打つように」した。また「男子の中へ適当に女子を入れて、打ち方を教えることに」した。初めは「男子の方で嫌がる子が三人程あって困ったが」、やがて「そんな者もなくなり、効果は上っていくよう」だと手応えを感じている。このように、児童たちの木琴の演奏の力の差——津田はこれを男女差として捉えている——に対して、津田はその差があるまま全員が参加できるように教材を変化させると同時に、その差を埋めるために児童同士で教えあう場を設けることで対応した。

　一方、「笛の指導は、はじめ音階ドからソまでを教えて」比較的簡単な教材「きらきら星」から笛の奏法に親しませつつ「だんだん巾をひろげて一オクターブまで」吹けるようにして「はつなつ」を練習させた。笛は「ピッチが高くて木琴、ハーモニカに合わない」が、児童たちが「面白がって吹いて」いる様子を肯定的なニュアンスで記録に書き留めている。他の楽器とピッチが合うかどうかという音楽的な面はおいておき、まずは児童たちが「面白がって吹いて」いること、楽しみながら音楽に参加することを重視したとみることができる。

　1学期に取り組んだ器楽の教材は「きらきら星」「せいくらべ」「はつなつ」「メヌエット」「アマリリス」の5曲であった。前項でみた指導計画では、1学期には「きらきら星」「アマリリス」「はつなつ」の3曲が予定されており、「メヌエット」は2学期の予定になっている。また「せいくらべ」は計画にはない教材である。このことから、全体として予定よりも早く計画が進

み、予定されていなかった教材にも取り組んだことがわかる。

1学期の終わり頃の楽器編成をみると「木琴（女子全部）28人（男子）11人」「ハーモニカ（男子）6人」「笛（男子）4人」「リズム10人」となっている。オルガンについても「固定させないで随時交替で誰でも」できるようにし、「女子全員」が取り組むようになった。

2）2学期の指導

2学期に入ると「バイエル教則本」から編曲した合奏曲に取り組んでいる。この教材の練習を始めたある日、津田が音楽室に入ると、「もう子供達は楽器を持ち出し、自分自分に練習して」おり、「男子のTとIとY」が「『シロフォンむずかしいからタンブリンにかわったわ』などと」話しかけにきた。このことから、児童たちが自主的に自分の楽器の練習が行えるように環境が整えられていたこと、楽器の選択も自主的な判断に任されていたことがわかる。津田は楽器の自主的な選択について「好い点も悪い点もあり、問題もあると思うが、今の処子供が満足していればそれでもよいと思つている」と記録している。

さて、各自のパート練習を中心に取り組ませたこの日の授業では、木琴に取り組む男子が「女子に教えてもらうのをことわり」自分たちだけで練習に取り組んだ結果、「女子がするように」トレモロを入れて上手に演奏できるようになる場面があった。その様子からは、1学期の「女子に教えてもらう」取り組みを通して木琴初心者であった男子児童らが確実に成長を遂げたことがわかる。また、津田は「皆を静かにさせて」その男子児童たちに「教師用の大きな木琴で打たせて」いる。この様子からは、彼らの成長ぶりを学級全体で共有しようとする教師の意図が垣間みえる。

さらにこの授業では合奏の後に相互に評価しあう時間を設け、木琴の第1パートと第2パートが合わないことや「第一が早くなる等の意見」を児童から引き出す場面、カスタネットのパートが「リズムが打てずに合奏をかき廻

すので皆に色々注意され」るという場面があった。このことから、教師の一方的な指示ではなく、児童たち同士の話し合いによって音楽を作り上げていくことが意図されていたことがわかる。この教材に取り組んだ授業の、その後の記録をみてみよう。

　　タンブリンだけ前のリズム譜より少し複雑にした。タンブリンに比較的リズム感の鋭い子供がいるのでリズム譜をかえたのである。リズム譜を黒板にはり出す、何でもすぐ質問するYが「●のしるしがわかりません」（●＝四分音符の先が×の音符。リズム楽器など音程のない楽器に用いられる──引用者註）と言う「前に習つたことがあるでしょう」と皆に聞き返すと、五六人が「タンブリンのわく打ちです」と答えてくれる。……Ｉが譜を見て練習をしている。じっと見ていると「あっ違った」と私の顔をながめてニヤリと頭をかく。カスタネットのＴはどうだかと見れば、今日は譜の通りによく打てるようになっている。いつまでたってもあきた様子もなく、同じ曲ばかり、くり返して合奏する。木琴と太鼓、笛とハーモニカ、と二つずつ組合わせて練習し、皆に評価させる。

　ここではタンブリンを練習している児童のリズム感の良さに気づいた授業者が指導の経過で楽譜を書き換えたエピソードが語られている。児童一人ひとりを観察し、それぞれに合わせた教材を与えて練習させながら、全体の合奏ではお互いの演奏を聴きあい評価し合う。そのような取り組みのなかで児童たちが楽器の練習に没頭していく様子がわかる。この津田の授業を他の参観者とともに参観した校條は、「著者註」として次のように記した。

　　子供にやらせて、話し合い、又やらせるといったごく地味な力のこもった、教師苦心の授業であった。それでいて、子供達の顔は輝き、授業者も言っている通り「いつまでもあきる様子もなく、くり返し、くり返し」練習を重ねていた。これは授業者が誠実で常に全体に眼をくばり、どの子供もみんな音楽生活が楽しめるように、細心の注意と、暖かい愛情とで子供を導いている結果であって、よくできる子供だけを対象としてうわすべりをし易い音楽授業の上に大いに参考となる授業であつた。合奏の楽しさも、協同という美徳も、自然こうした雰囲気の中で

無意識に養われてゆくものであることを強く感じたのであった。

　ここには、普通学級の担任が苦心しながら児童たちとともに作り上げる音楽授業から学ぼうとする音楽専科としての校條の姿が浮かび上がってくる。器楽合奏団の活躍から、器楽教育の実践者としてすでに文部省から注目されていた校條であったが、あくまでも普通学級における音楽授業での実践を学級担任の手で行えるようにすること、そのことを通してすべての児童たちに器楽教育を行うことを最終的な目標としていたことがわかる。この校條の考えがよく表れているのが、津田が11月に取り組んだ研究授業の教材「村のかじや」である。この曲の編曲は津田自身によるもので、校條から音楽の知識について教わりながら編曲に取り組んだものであった[72]。校條は、学級担任による器楽教育の実施にあたって、授業における指導だけでなく、歌唱教材を自身の手で編曲して教材を作り出していくことができるようにしようとしていたのである。

3）3学期の指導

　3学期の児童たちの楽器選択は「半音つきシロフォン9名」「普通シロフォン22名」「ハーモニカ8名」「たて笛5名」「よこ笛1名」「アコーディオン1名」「オルガン1名」「リズム楽器12名」というようになっていた。

　3学期に入ると津田は思い切った教材を選択した。文部省『合奏の本』に掲載されていた「おもちゃの交響曲」である。この曲は、基本的には指導の学年順、もしくは難易度順に配列された『合奏の本』の最後に掲載されていた楽曲で、いわば当時の文部省が描いた小学校における器楽教育の青写真のなかでも最も難しい楽曲であった。津田は、1、2学期に扱った合奏曲の多くが「歌唱教材を器楽化したもの」であったので「三学期からは純粋器楽曲を指導したいと考えていた矢先、丁度四年の音楽クラブで」この「おもちゃの交響曲」を練習しており、学級でも取り組むことにした。「学級で扱う曲

としては程度が高すぎはしないか」と思いつつ、「指導上クラブ部員を活用して行けば案外簡単にできるとも考えられた」ので練習させることにしたのであった。

　授業の導入では「作曲者ハイドンについての話」を聞かせたのであるが[73]、「器楽部の演奏するアンダンテの曲をよく聞いているので、理解が早く児童の感激を深めることができた」という。校條のねらい通り、器楽合奏団の存在によって、児童たちは学習するに先立ってこの教材を身近に感じていたことがわかる。実際の指導で課題となったのはリズムパートであった。津田はカスタネットのリズムを「打ち易いように直し」たり、「四分音符は四つ打ちにしたが、男子には無理であったので右手で一つだけ打たせて」みたりと工夫する一方、「複雑なリズム譜の指導には村のかじやを取り扱つた時に自信を得た」ので、「大体、『合奏の本』通りのリズム譜」を指導した。実験学級の担任として継続的に器楽指導に取り組む中で、自分自身の指導に自信を得てきた様子がうかがえる。

　ところが、カスタネットを担当する児童たちが「一生懸命に譜を見て打つが」正確には打てず「予想外に困難であり」、津田も「リズム譜をかえなければいけないか」と考える状況になる。一方、「シロフォンの打てない者」たちが「クラブの者に打ち方を教えてもらいたい」と希望したので、「よく打つことのできる児童を一人ずつ、打てない子のそばに配置し」練習させて「おもちゃの交響曲」の第1時は終了する。

　次の時間、津田は「これでできなければリズム譜をかえて練習するつもりで……リズム楽器を持つ児童ばかり見つめて」合奏の指揮をした。すると、「ぎこちない手つきではあるが前時とはくらべものにならないくらいよく打つように」なっていた。津田はこのときのことを「とてもうれしかった。」と記録している。自身も模索しながら授業を進めるなかで、児童たちもまた懸命に練習し、確かに成長している、このことの喜びがにじみ出た一言といえよう。

さてこのように、各自のパートの技術を磨く児童たちであったが、初めのうちは「曲のまとまりということは考えて」おらず、「合奏となると教室中われるような音を出す」という次の課題がみえてくる。しかしこれもまた「第五時位になってくると曲にも馴れて、楽器をたたきつけるようにしていた児童も、強弱に気をつけるようになって」きた。このような指導の結果、全体としては「まとまったようであるが」、一方で「一人一人見ていくと、できたりできなかったりばらばら」で、津田としては「個別指導の必要を痛切に感じた」が、「それでは手が廻りかね」る状況であった。結局、「おもちゃの交響曲」の第１楽章を「学級で完全に合奏できるまでにはとても長くかゝる」と思われ、「現在私の学級の程度では私の目標とする所まで到達するのは無理である」と判断し、「この段階で打ち切るのは私にとつて不満である」としつつも「いつかの機会に練習する方がよいと考え」、津田は次の教材に移ることにしたのであった。

以上、第４学年の授業記録からは、事前に作成された指導計画に基づきながらも児童の実態に合わせて教材を選択し、児童と話し合いながら授業を進め、楽器の選択も児童に任せるなど、児童の自主性を尊重した授業がめざされたことが明らかとなった。一方、２学期の研究授業で扱われた楽曲「村のかじや」の楽譜は、学級担任自身が、音楽専科教員であった校條から音楽理論について学びながら編曲を行ったものであった。また３学期の「おもちゃの交響曲」の指導からは、教師も教材選択や方法についての確信をもっていたわけではなく、まさに経験から学びながらの指導であったことが浮き彫りとなった。このようにみると、実験学級における取り組みは、一般の教師の音楽教育にかかわる力量形成の過程でもあったといえる。

小結──器楽教育成立過程における養正小学校の位置

養正小の器楽教育の特徴は当時の厳しい社会状況を色濃く反映して「とに

第8章　戦後教育改革期の公立小学校における器楽教育　251

かくやれることからやる」という考え方を徹底していた点にある。同校の器楽教育の展開を図示したものが図8-2である。すなわち物資不足（＝楽器の不足）、校内に器楽指導経験者が校條を除いて皆無という現実を踏まえ、①小規模な合奏団を編成して器楽指導を開始し、この合奏団を徐々に発展・拡大させ、②楽器や楽譜のような教材・教具を整備しながら、③学校のなかに「器楽があることがあたりまえ」という"雰囲気"を醸成し児童たちの聴取経験を豊かにすることで「生活の音楽化」をまずははかった。そして④その"雰囲気"や聴取経験を支えに実験学級における器楽指導を展開することによって、⑤学級担任の器楽指導の力量形成をはかったのである。本章で実践の記録として確認できたのはここまでであるが、校條はさらにこれを⑥全学級の音楽授業における器楽指導へと拡大し、さらに全校的な取り組みの先に⑦地域の音楽文化を向上させようと考えていた。校條はこれを「合奏団を頂

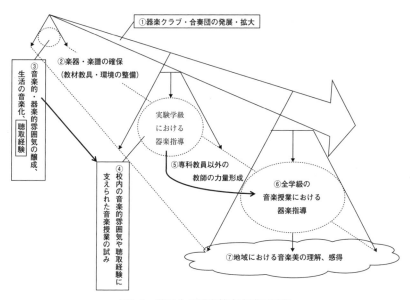

図8-2．養正小の器楽教育実践の展開

点とするピラミッド構造」とし、同校の基本方針としていた。

　このようにして展開された養正小の実践は器楽教育成立史のうえにどのように位置づくだろうか。ここでは同校の器楽教育が三つの点で重要であったことを指摘する。

　第1点は、養正小の器楽教育は中心的指導者である校條武雄の戦前の器楽教育の実践経験が生かされたこと、すなわち実践レベルでの戦前戦後の連続という視点である。音楽教育史上、器楽教育を全国規模で行う方向が文部省から示されたのは戦後教育改革期のことであった。しかし戦前にはすでに東京を中心に先進的な実践者たちが器楽教育実践に取り組んでおり、戦後の器楽教育の本格的な開始にあたってその普及の原動力となったのは彼らであった。本章で対象とした養正小もまた同様に戦前からの器楽教育実践者である校條を中心に器楽教育を推進しており、東京以外の地方における小学校においてもそれぞれの地域の先駆的実践者たちが戦後教育改革期の器楽教育実践の中心を担ったことがわかる。またとくに、校條が戦前に学校音楽研究会の座談会に出席し、東京の教師たちを交えての簡易合奏に関する議論を直接聞いていたことは重要である。戦前の東京を中心とした器楽教育実践が、学校音楽研究会の活動や機関誌『学校音楽』を通して伝播し、戦後においてこの岐阜県多治見の地で花開いたとみることができるからである。

　第2点は、従来の研究で「〈理想〉とする方向のみが設定された」[74]とされた「22年音楽編（試案）」に示された器楽教育の内容を、養正小は実現していたということである。先行研究では、楽器も楽譜もままならない終戦直後の状況から考えて「22年音楽編（試案）」は「理想」を示したにすぎなかったとされ、学校現場における実践の具体については等閑に付されてきた感が否めない。しかし養正小では学校備品の楽器を段階的にそろえながら器楽教育を発展させていく方針を立て、また学級担任自らが歌唱教材を編曲するなど、諸井の示した案を現場レベルで実行に移していた。また文部省が初めて発行した器楽用指導書である『合奏の本』を器楽合奏団だけでなく普通授業

においても活用していた点は見逃せない。『合奏の本』を発行した文部省の意図や狙いについては第5章で明らかにしたが、本章ではこれを授業で実際に活用した学校が存在したことがはっきりと確認された。

第3点は、養正小の器楽教育が、全国の器楽教育のモデルとして位置づけられたということである。東京における演奏会によって器楽合奏団の演奏は諸井から評価され、レコード録音もされて「全国の小学校に配布された」とされている。また『合奏の本』の後継として文部省が発行した『小学校の合奏』第3巻には校條編曲の「ガボット」(ゴセック作曲) が収録された[75]。こうした事実は、文部省が同校の器楽教育をモデルの一つとしていたことを示している。

器楽教育のモデルとされた同校の実践は、多くの学校に影響を与えた。例えば1956 (昭和31) 年度のラジオ東京主催「こども音楽コンクール」における器楽の部で入賞した東京都品川区御殿山小学校[76]の青木由之助は、1957 (昭和32) 年のリズム楽器の指導について述べた論稿において『器楽指導の実際』を主要な参考文献としてあげている[77]。また富山大学教育学部附属小学校の山崎正俊による器楽教育を通じての読譜指導の実践では、校條編曲の「ガボット」が主な教材として扱われた[78]。さらに、1957 (昭和32) 年の全日本器楽合奏コンクール全国大会で優秀賞をとった愛知県刈谷市立富士松北小学校の近藤敏雄は、器楽教育を開始するにあたり1949 (昭和24) 年に養正小を視察し、その演奏を聴いて「児童にもああした音楽活動の面があり、ハーモニカ・木琴のような楽器でも、立派に音楽が出来る」という確信と感動をもったと述べた[79]。

このように、実際の授業の参観や校條の著作および編曲を通して、養正小の実践は多くの学校に影響を与えていったのであり、このことからも、同校が器楽教育成立過程において果たした役割が重要であったことは明白なのである。

［付記］かつて養正小学校器楽合奏団に児童として在籍し、校條武雄先生の指導を受けられた方々によって結成され、今なお器楽合奏の練習に励まれている「KIZUNA-養正」が2016年11月に結成15周年のコンサートを開かれた。本章の執筆にあたって、同団体前代表の梶原博様には資料の閲覧やインタビューにお答えいただく方々の紹介など手を尽くしてくださり、大変お世話になった。同団体のメンバーのみなさまには、練習後のひと時に参加させていただき、お話をうかがうことができた。とくにインタビューにご協力いただいた小原武様、田牧宣昭様、石垣恭子様には当時の貴重な体験をお聞かせいただいた。また石垣様には校條武雄先生のご子息、校條宏紀様をご紹介いただくなどのご協力を頂戴した。前・多治見市立養正小学校長安藤善之先生には同校所蔵の貴重な資料を閲覧させていただき、梶原様をご紹介いただくなど、多大なご協力をいただいた。みなさまのご協力に心からの感謝の意を表したい。

第8章 註

1）養正小学校所蔵『多治見尋常高等小学校　学校沿革誌』頁記載なし。
2）同前書、頁記載なし。
3）戦後教育改革期の実験学校の設置状況や設置主体ついては、大矢一人「占領下における実験学校設置の状況とその意義」(『広島大学教育学部紀要 第一部』1989年、第38号、33-43頁) に詳しい。大矢は実験学校を①「教育方法や技術などの開発を教育現場において実験的に行う学校」であり、②「それを設置する主体が教育実践を実験として意識することによって生まれる」ものであり、③「教育変革期に設置される」ものである、と定義している。
4）同前書、34-38頁。
5）岐阜県教育委員会編『岐阜県教育史（通史編　現代二）』2004年、606頁。
6）養正小学校『昭和廿三年十月　学校概要』、1948年10月、頁記載なし。
7）1947（昭和22）年から始まった実験学校の制度では、各校の「研究主題の決定や発表形式が他律的、画一的で、新教育のモデル校、伝達校的な色彩が濃くなったために、地域の実情に即した自主的な研究を推進したいという要望が次第に強く」なったため、実験学校をひとまず解消して「お互いの研究と実践に協力し合い、実験学校運動に協力するという意味」で「実験協力学校」と名づけられることとなった（岐阜県教育委員会編『岐阜県教育史（通史編　現代二）』、前掲註5）、606-607頁。
8）岐阜県教育委員会編『岐阜県教育史（通史編　現代二）』、前掲註5）、607頁。なお養正小は1947（昭和22）年から1951（昭和26）年までの5年間にわたり実験学校

もしくは実験協力学校として県からの指定を受けている。
9）校條武雄『器楽教育の実際』音楽之友社、1951年、3頁。なお、養正小学校『昭和25年学校概要』（1950年、頁記載なし）によると「実験協力学校協会研究目標」は「a．各教科カリキュラムの検討」「b．単元学習の指導法」「c．日常生活課程指導計画」とあり、器楽教育の実験はとくに「a．」との関連で行われたとみられる。
10）日本近代教育史事典編集委員会『日本近代教育史事典』平凡社、1971年、408頁。
11）文部省『学習指導要領一般編（試案）』日本書籍、1947年、13-14頁。
12）同前書、13-14頁。
13）校條作成の「養正校合奏団略歴表」（校條『器楽教育の実際』、前掲註9）、45頁）には1947（昭和22）年の「合奏団創設」と同時期に「自由研究の一環として美術、音楽、科学の活動はじむ」とある（圏点は引用者）。また校條は器楽合奏団を運営するにあたり、合奏団に入っていない児童の「精神衛生を考慮」して「音楽以外に、例えば美術、科学、習字、珠算、劇等、種々のクラブを組織して、それぞれの希望によって、音楽ばかりでなくそれぞれの個性に応じた長所を伸すような学校全体の環境を整えてやる」ことの重要性を述べている（同、5頁）。一方、器楽合奏団の活動についてまとめた校條武雄「こどもたちの自主性と個性を生かすためのクラブ活動」（『初等教育資料』第15号、1951年、20-22頁）においては、「最初にクラブ活動を始めた年は（昭和二十二年）四、五、六学年を通じて全員四十名余りの集まりで、これらが一グループを形成して合奏団を組織していた」とある。以上のことから、器楽合奏団は「音楽クラブ」の活動として、「美術クラブ」や「科学クラブ」とともに、「自由研究」の一環として開始したことがわかる。
14）校條武雄は、1912（大正元）年12月、岐阜県武儀郡神淵村に生まれた。旧姓は加藤。1939（昭和14）年の結婚を機に「養子縁組ニ依リ校條ト」改姓した（養正小学校所蔵『退職・異動教員履歴書』、および、長男・校條宏氏へのインタビュー〔2016年6月15日、多治見市内にて〕。校條の履歴に関する記述は、とくに断りのない限りはこれらの調査に基づく。なお、履歴書は同氏の許可を得たうえで養正小学校長の立ち会いのもと閲覧した）。
15）ただし、終戦直後の1946（昭和21）年4月より養正小に勤務し、実験学級での器楽教育も行った鵜飼節子氏によれば、1948（昭和23）度以降校長となった森島益茂には音楽教育の充実を通して養正小とその地域の文化を豊かにしていきたいという考えがあり、これが校條武雄の教育方針と一致していったことも重要であったという（鵜飼〔旧姓・津田〕節子氏へのインタビュー、2016年7月4日、多治見市内に

16）校條『器楽教育の実際』、前掲註９）、41頁。
17）「第九回学校音楽座談会記録」（『学校音楽』第４巻第９号、1936年９月、48-61頁）に記載された座談会出席者一覧には、「岐阜市華陽小学校　加藤武雄氏」とある。加藤は校條の旧姓である。旧姓については前掲註14）を参照のこと。
18）同前書、56-58頁。
19）校條『器楽教育の実際』、前掲註９）、41頁。養正小に現存する写真アルバムには、「昭和参年拾壹月御大典記念」と書かれた小規模のブラスバンドの写真が残されている。この写真には、着物姿の11名の男児と１名の男性教師が写っている。児童のうち７名は、クラネット、トランペット、バリトン（ユーフォニウム）各１名、バス（チューバ）２名、小太鼓、大太鼓が各１名の楽器をもっており、４名は何ももっていない。また別の１枚の写真には同様の楽器編成で譜面台に載せた楽譜をみながら演奏する８名の男児（白いズボンにニット、白い帽子姿）が写っており、１枚目の写真と同じ人物と思われる男性教師（スーツ）が指揮棒を振っている。アルバムのこの写真の横には「音楽練習　加納政仲訓導」とある。校條が養正小（当時の第一尋常高等小学校）に着任するよりも10年前の1928（昭和３）年の時点ですでに同校ではこの加納訓導によるブラスバンドの指導が行われており、なんらかの事情で活動が休止され、校條の着任までの間、楽器類は物置に眠ることになったのであろう。
20）井口基成は、1908（明治41）年生まれのピアニスト。1930（昭和５）年東京音楽学校卒業。「わが国ピアノ界の先駆者」であり、1948（昭和23）年には斎藤秀雄らと「子供のための音楽教室」を開設して桐朋学園にまで発展させた（「井口基成」『音楽家人名事典』日外アソシエーツ、1991年、32頁）。
21）伊藤武雄は、1905（明治38）年生まれの声楽家。1930（昭和５）年東京音楽学校卒業（「伊藤武雄」『音楽家人名事典』日外アソシエーツ、1991年、54頁）。
22）石垣恭子「養正小学校器楽クラブの歴史と思い出」『養正小学校器楽クラブ50周年記念文集』1997年５月、59頁。石垣氏は器楽合奏団の５期生で、主にピアノを担当、校條から個人的にピアノのレッスンを受けるなど、校條家とは親しい付き合いがあった。「養正小の器楽クラブの歴史を残しておきたい」との思いから生前の校條より聞き取りを行い、養正小の学校日誌や多治見市史を調査し、これらをまとめたものが同記事である（石垣氏へのインタビュー、2016年６月15日、多治見市内にて）。間接的にではあるが、校條本人の体験を知ることができる貴重な資料である。
23）校條『器楽教育の実際』、前掲註９）、41頁。小森宗太郎は1900（明治33）年生

まれ。1917（大正6）年陸軍戸山学校卒業、1926（大正15）年東京音楽学校選科卒業。ソビエト連邦に2年間留学ののち、陸軍戸山学校軍楽隊、新交響楽団の打楽器奏者、のち日本交響楽団、NHK交響楽団の奏者として活躍した。1930年代以降、『打楽器教則本』（共益商社、1933年）や『鼓笛隊指導書並教則本』（共益商社、1938年、江木理一との共著）などを出版し、雑誌『学校音楽』に鼓笛隊の指導に関する記事を掲載するなど、学校の音楽教育における打楽器の指導にも関心を寄せた。

24) 校條武雄「ブラスバンドに関する諸問題」岐阜県教育会『岐阜県教育』1939年5月、538号、87-89頁。
25) 同前書、87頁。
26) 同前書、88頁。
27) 校條『器楽教育の実際』、41頁、前掲註9）。
28) 同前書、41頁。
29) 鵜飼敬三「回想」『養正小学校器楽クラブ50周年記念文集』1997年5月、2頁。鵜飼敬三氏は1946（昭和21）年4月より養正小に勤務し、校條の器楽教育実践を傍で支えた。合奏団の演奏旅行には必ず同行して楽器の移動などで中心的な役割を果たし、指揮を務めることもあった。1950（昭和25）年には第5学年の実験学級の担任を務めた。校條の異動後は器楽合奏団の指導を引き継ぎ、1957（昭和32）年には多治見市を来訪した皇太子の前で合奏団を指揮している。
30) 校條『器楽教育の実際』、前掲註9）、1頁。校條は器楽教育の理念について同書の第一編第一章第一節「器楽教育について」（1-2頁）で述べている。以下、とくに断りのない限り、本項における引用はここからのものである。
31) 校條『器楽教育の実際』、前掲註9）、2頁。校條の器楽教育実践の基本的な方針については第一編第一章第二節「器楽教育の方法」（2-3頁）に詳述されている。以下、とくに断りのない限り、本項（3）および次項（4）における引用はここからのものである。
32) 校條『器楽教育の実際』（前掲註9）の第二編第二章第三節「合奏団経営の経過」（41-44頁）。以下、断りのない限り、本節における註のない引用はすべてここからのものである。
33) 鵜飼「回想」、前掲註29）、3頁。
34) 小原武氏へのインタビュー（2016年7月4日、多治見市内にて。小原氏は1950〔昭和25〕年3月に養正小を卒業、合奏団創設時は4年生）、および田牧宣昭氏へのインタビュー（2016年7月4日、多治見市内にて。田牧氏は1951〔昭和26〕年3月に養正小を卒業、合奏団創設時は3年生）。なおピアノなど一部の楽器については

4年生の時点で合奏団の一員となることもあった（石垣氏へのインタビュー、前掲註22)。
35) 小原氏へのインタビュー、前掲註34)。
36) 校條『器楽教育の実際』、前掲註9)、2頁。
37) 同前書、2頁。
38) 同前書、2頁。
39) 同前書、2頁。
40) 同前書、2頁。
41) 石垣氏へのインタビュー、前掲註22)。
42) 石垣「養正小学校器楽クラブの歴史と思い出」、前掲註22)、84頁。校條が石垣氏によるインタビューに答えたなかで平岡養一について語った箇所である。
43) 平岡養一の生涯については、平岡の自伝である「平岡養一」（『私の履歴書　文化人　14』日本経済新聞社、1984年)、および、通崎睦美『木琴デイズ：平岡養一「天衣無縫の音楽人生」』（講談社、2013年）に詳しい。
44) 石垣「養正小学校器楽クラブの歴史と思い出」、前掲註22)、84頁。
45) 通崎『木琴デイズ』、前掲註43) 228頁。
46) 小原氏、田牧氏へのインタビュー、前掲註34)。
47) 鵜飼「回想」、前掲註29)、5頁。
48) 同前書、5頁。
49) この委員会については本書第7章第2節を参照のこと。
50) すなわち1948（昭和23）年に審査されて発表された「文部省教育用楽器審査会審査済の教育用楽器一覧表」（『教育音楽』第4巻第2号、1949年2月、31-37頁）には、「木琴」の項に製作者「SMシロホン研究所」、住所「多治見市大和町二丁目」の記載がある。SMは水野三郎のイニシャルと思われる。
51) 通崎『木琴デイズ』、前掲註43)、228頁。
52) 鵜飼「回想」、前掲註29)、3頁。
53) 日本音楽教育連盟は、近畿音楽教育連盟（1947年設立、のちに日本音楽教育連盟西部）と日本音楽教育連盟（東部）が合併し、1948年に全国組織として設立された音楽教育関係の相互扶助機関の組織である。その後1950年から1952年の間に存在した「日本音楽教育学会」（現在の同名の学会とは別組織）の設立に発展していく。同連盟については菅道子「戦後の『日本音楽教育学会』設立の試みとその歴史的位置づけ」（関西楽理研究会『関西楽理研究』第11号、2004年、23-41頁）に詳しい。
54) この記述から、戦前に打楽器の指導を受けていた小森と校條が師範学校における

研究会で再会し、それが東京の研究発表会に結びついたことがうかがえる。また、ここに記された小林源治は1910（明治43）年生まれの作曲家、筆名「小林基晴」、諸井三郎に師事している（『音楽家人名事典』日外アソシエーツ、1991年、248頁）。小林については、1948（昭和23）年5月に多治見市立精華小学校にて行われた「文部省社会教育大会」で器楽合奏団が演奏したとき「文部省社会教育局芸術課音楽主任小林源治氏が講師として来られ、養正の演奏を」聴いたとされる（石垣「養正小学校器楽クラブの歴史と思い出」、61頁、前掲註22）。ただし、石垣氏が同記事を執筆するにあたって参照したと思われる養正小の学校日誌が、現在資料散逸のため所在が分からず、今後、第一次史料の再発見と内容の確認が必要である。

55) 日本音楽教育連盟『日本音楽教育連盟通信』第9号、1949年1月、2頁。
56) 日本音楽教育連盟『日本音楽教育連盟通信』第10号、1949年4月、2頁。
57) 鵜飼「回想」、前掲註29）、4頁。
58) 「養正校合奏団略歴表」、校條『器楽教育の実際』、前掲註9）、45頁。
59) 多治見市立養正小学校器楽合奏団「簡易リズム楽器演奏　ガボット（ゴセック作曲、小林基晴編曲、校條武雄指導）」キング音響株式会社、1948年、番号〔7282、491〕、（SPレコード）。レコードの盤面では「小林基晴編曲」となっているが、その録音を聞いてみると、明らかに校條『器楽教育の実際』（前掲註9）に掲載された、校條自身による編曲の「ガボット」である。「小林基晴編曲」となった経緯は不明である。
60) 石垣氏へのインタビュー、前掲註22）。
61) 鵜飼「回想」、前掲註29）、5頁。
62) 同前書、4-5頁。
63) 同前書、4頁。
64) 同前書、4頁。
65) 小原氏へのインタビュー、前掲註34）。授業中の放送で合奏団の児童が呼び出されると、音楽クラブとは関係のない担任教師が「ちょっと嫌な顔をする」場面もあったという。
66) 校條『器楽教育の実際』、前掲註9）、3頁。
67) この実験を中心になって進めた校條自身が当時37歳であったことも考えると若い教師たちによる実験であったことがわかる。もっとも校長の森島も46歳であり、当時の小学校現場が非常に若い教師によって運営されていたこともうかがえる。
68) 同前書、3頁。以下、とくに断りのない限り、本項における引用は同書の第1編第1章第2節「カリキュラムの方法」（2-3頁）からである。

69）同前書、21頁。以下、とくに断りのない限り、本項における引用は同書の第2編第1章第4節「三、四年生の指導目標」（21頁）からである。
70）同前書の第三編第一節「木琴と主要楽器とするリズム指導の体系」（46-58頁）には次の項目によって指導体系が記されており、基本練習と合奏曲を交互に練習しながらだんだんと音価の短い音符のリズムを習得していく体系となっていることがわかる。すなわち「1．リズムに合わせて歩くおけいこ」「2．四分音符のおけいこ」「3．おんかいのおけいこ」「4．合奏のおけいこ（きらきら星Ⅰ）」「5．八分音符のおけいこ」「6．合奏のおけいこ（ちょうちょう、おうま）」「7．十六分音符のおけいこ」「8．四分音符、八分音符、十六分音符の連続練習」「9．合奏のおけいこ（きらきら星Ⅱ、ロングロングアゴーなど）」「10．トレモロ奏法へ」「11．三拍子と三連音符のおけいこ」「12．合奏のおけいこ（山のうた、勇ましい騎士）」の項目が並んでいる。
71）同前書の第2編第1章第6節「四年の指導実例」（25-32頁）。以下、とくに断りのない限り、本項における引用はここからである。
72）鵜飼（津田）節子氏へのインタビュー、前掲註15）。
73）「おもちゃの交響曲」の作曲者は18世紀以来長らくフランツ・ヨーゼフ・ハイドンの作とされてきた。現在は同曲の作曲者をヨーゼフ・ハイドンとする説は否定されている。
74）中地雅之「戦後器楽教育の展開」音楽教育史学会編『戦後音楽教育60年』開成出版、2006年、77頁。
75）文部省『小学校の合奏』第3巻、全音楽譜出版社、1953年、65-73頁。
76）東京御殿山小学校は「器楽合奏」として第3位に入賞した。なお第1位は「ピアノ独奏」、第2位「吹奏楽」であった。（「ニュース・民間放送器楽コンクール」『器楽教育』第1巻第3号、1957年8月、14頁）
77）青木由之助「第2章　リズム楽器の指導」真篠将編『器楽の指導』全音楽譜出版、1957年、29-47頁。青木はこの論稿を執筆するにあたって参考にした文献として「文部省　小学校学習指導要領音楽科編」と「校條武雄　器楽教育の実際」の2冊をあげている。このことからもこの論稿が校條の著書を大いに参考にしていたことがうかがえる。
78）富山大学教育学部附属小学校「9．器楽活動を通してこのように読譜指導をした」文部省『初等教育指導事例集9音楽科編（2）』教育出版、1957年、136-149頁。
79）近藤敏雄「中部日本学校器楽合奏コンクールに優勝して」『器楽教育』第1巻第6号、1958年11月、20頁。

第9章　文部省実験学校の器楽教育実践と1958年改訂「小学校学習指導要領」
——群馬県前橋市立天川小学校のリード合奏の研究を中心に

　1955（昭和30）年度からの2年間、文部省は同省初等教育実験学校として群馬県前橋市立天川小学校（以下、天川小と略称する）を指定し、器楽教育の実践研究に取り組んだ。本章では、同校の研究過程について明らかにするとともに、その研究成果発表が引き起こしたある合奏形態に関する論争について考察する。そのうえで、天川小の研究が大きな影響を与えたとされる1958（昭和33）年改訂の「小学校学習指導要領」（以下、「33年指導要領」と略称する）の器楽教育の内容についても検討する。

第1節　天川小学校における器楽教育の研究

1　天川小学校が指定された背景——科学的認識に基づく実験的研究

　天川小は、1955（昭和30）年度から1956（昭和31）年度の2年間、文部省初等教育実験学校[1]（以下、文部省実験学校と略称する）として「小学校における器楽指導はいかにあるべきか」というテーマで器楽教育の研究に取り組んだ。天川小は研究成果として、リード合奏と呼ばれる、ハーモニカ、アコーディオン、オルガンを主体とする合奏形態を発表し[2]、その研究成果は「33年指導要領」[3]にも影響を与えたとされる[4]。

　天川小はどのような理由で器楽教育の実験学校に選ばれたのだろうか。本項では、戦後の音楽を研究課題とした文部省実験学校について確認したうえで、天川小が選定された背景を明らかにする。音楽を研究課題とする文部省実験学校の一覧が表9-1である[5]。1950（昭和25）年度に指定された横浜国立

表9-1. 戦後の音楽を研究課題とする文部省初等教育実験学校一覧

学校名	研究期間	実験課題
横浜国立大学学芸学部鎌倉小学校	1950～1952年度	読譜力の発達
東京都中野区立江古田小学校	1951年度	読譜能力はどのように発達するか：移動ド唱法による
神奈川県鎌倉市立玉縄小学校	1951年度	児童の読譜能力の発達について：固定ド唱法による
宮城県仙台市立南材木町小学校	1952～1954年度	児童発声の実験的研究
千葉市立登戸小学校	1953年度	読譜指導の効果的な方法
埼玉県大宮市立大宮小学校	1954年度	読譜能力の発達段階とその指導体系
群馬県前橋市立天川小学校	1955～1956年度[※1]	楽器の特性と演奏技能
東京都品川区旗台小学校	1957～1958年度	鑑賞能力の発達とその指導
お茶の水女子大学文教育学部附属小学校	1958年度	低学年における効果的な音楽指導
東京学芸大学附属世田谷小学校	1959～1960年度	音楽科における統合的指導法
横浜国立大学学芸学部附属鎌倉小学校	1960～1961年度	音楽の基本的要素を身につけさせるための効果的な指導法
東京学芸大学附属小金井小学校	1961～1962年度	創作の指導法
横浜市立白幡小学校	1962～1963年度	旋律楽器のつまずきとその指導
群馬大学学芸学部附属小学校	1963～1964年度	音楽的感覚を高める学習過程
千葉県東金市立東金小学校	1964年度	けん盤楽器の効果的な学習指導法

[註] 真篠将『音楽教育四十年史』東洋館出版社、1986年、357-458頁より作成。
※1) 真篠『音楽教育四十年史』では1955年度1カ年となっているが、他の資料から1956年度までの2カ年であることは明らかであるのでこのように記載した。

大学学芸学部附属小学校から1964 (昭和39) 年度の千葉県東金市東金小学校まで15校である[6]。表の「実験課題」の項目をみてみると、文部省が当初、読譜と歌唱に関する問題に強い関心をもっていたこと、また「33年指導要領」と前後して研究課題が児童の「発達」に関するものから「指導法」に関するものへと移行していったことがわかる。天川小における実験は読譜と歌唱の実験がひと段落した1955 (昭和30) 年に開始され、文部省の実験学校としては初めて器楽教育をとりあげたものであった。

ところで、音楽に関する研究課題に取り組んだ文部省実験学校をみるとき、同省事務次官であった真篠将の存在を看過することはできない。真篠は1948（昭和23）年に文部省に事務官として入省し、教科書曲第二編集課に勤務[7]、1951（昭和26）年改訂の「小学校学習指導要領音楽科編（試案）」（以下、「26年音楽編（試案）」と略称する）の作成の中心を担った人物である[8]。1952（昭和27）年に真篠自身が「文部省で仕事をするようになつてから、常に考え常に主張してきた事がら」について述べた論稿において、彼は「音楽科教育内容の改善」の視点から、「従来のわが国の音楽教育は、例えば教師が過去に受けた音楽教育の体験をそのまま子供に押しつけたり、技術偏重の家元主義的な指導をするといつた旧態依然たるものではなかつたろうか」と述べ、「今日は、音楽教育に、科学的な批判や検討を加え、学問的な裏付けをしていくべき時期ではないかと思われる」と主張した[9]。そして、「私は第一に実験学校の設置を主張した」とし、「実現してすでに本年度で第三年目になつたが、御承知の通り年々貴重な実験的データが発表されている」とその成果も強調した[10]。

真篠のこの「科学的批判や検討」あるいは「実験的データ」の必要性という発想は、天川小の器楽教育の実験にも反映された。すなわち彼は、戦後の音楽教育は「器楽や創作や鑑賞という経験領域」を含み「新しい姿で再出発した」が、「まだ歴史が浅いだけに色々な問題が山積して」おり、そのなかでも「こと器楽指導についてはそうで」、「全国的な普及徹底という行政面からの問題」と「学習形態や音楽的表現といった指導の実際面からの問題」がからみ合い「なかなか複雑な様相を呈している」と指摘したのである[11]。具体的には「楽器」「楽器の編成」「編曲ならびに選曲」「クラブ活動についての問題」「設備充実についての問題」「唱法との関係、オーケストラへの発展」のような問題をあげている[12]。そしてこれらの問題に対して、文部省も「教育用楽器の基準を通しての製作あっ施（ママ）、ならびに普及と免税措置」や「教材集の作成、指導法に関する示唆」など「できるだけのこと」をし[13]、

また、「一般的な先生方も、あるいは一部の専門家の方々も、これらの諸問題の解決に情熱を傾けて協力をしている」としたうえで、「しかし、これらの問題と取り組んだ研究を、一層協力に推し進め、実際に役立つ資料を求めるため」には、「どうしても、『実験的に』『科学的に』掘り下げてみる必要がある」と実験学校の重要性と必要性を強調した[14]。そこで文部省では「昭和三十年度から新しく『器楽指導の実験的研究』を主題とした文部省初等教育実験学校を設けた」と記している[15]。

次に天川小が文部省の指定を受けた経緯をみておこう。同校の研究の中心を担った尾林文の回想によれば、1955（昭和30）年5月に群馬県教育委員会の磯貝三郎を通して依頼があり、「設備なんかがよくなるんじゃないだろうかと、安直に引き受けた」のだという[16]。当時の天川小は1952（昭和27）年に開校して4年目で、「設備も不十分で全職員が学級担任で音楽の専科教員は居らず、音楽的に、特にすぐれたという条件は」なく、「白紙の状態から、スタートして、どのくらい伸びるかというような、実験研究という立場で、実験学校を」引き受けたのである[17]。この点については前橋市教育委員会の関左団次も、「開校後まだ三年しかたたないこと」や「全ての設備も完成していない、特に音楽設備についても極めて不充分な状態だった」こと、「都市の学校に比べて農村的性格を持っているいわゆる普通一般の学校だった」ことを、天川小を選定した理由として挙げた[18]。そして「特に音楽の堪能な先生を持っているわけもないというきわめて有り触れた普通の学校で、どれだけこの使命にこたえられるか、というところにネライをつけた」とも述べる[19]。

文部省真篠が述べた「科学的」かつ「実験的データ」を得るためには実験の初期条件を「ゼロ」にする必要があり、その点、歴史がなく、音楽設備も揃わず音楽専科もいない天川小はこの条件を満たしていた。このことは、第8章においてみた岐阜県多治見市立養正小学校とは対照的である。養正小の場合は明治期まで遡る長い歴史があり、かつ戦前から器楽教育の必要性を訴

えブラスバンドの指導実践を積んでいた校條武雄という音楽専科がいた。このことが優れた器楽教育実践を生み出すための要因となった。またその長い歴史を背景にして学校の存在が地域に根付いていたことも、養正小ではとくにクラブ活動として行われた器楽合奏団の活動にとって重要であった。

文部省の研究である天川小の場合は、あえてこのような「有利な条件」を排除し、「ゼロ」から器楽教育実践を始めることで汎用性のある「科学的」「実験的データ」の取得をめざしたといえる。

2　研究の過程[20]——菅原明朗の指導とリード合奏の「開発」

1）研究1年目——基礎的調査と楽器の特性の研究

研究1年目の1955（昭和30）年度の研究テーマは「楽器の特性と演奏技能との関係」であった。5月に依頼を引き受けた尾林たち天川小の教師たちは実験準備を進めるなかで「研究方法の具体化」をはかった[21]。まず「小学校における器楽」を、「楽器を音楽教育の手段として、取り入れることにより、音楽教育の効果を、実質的に高めるためのもの」と定義し、「器楽合奏の場合」と「歌唱の学習、鑑賞、創作等の学習」に「楽器を役立てる」場合の両方を考慮に入れ、「楽器の問題、編成の問題、編曲の問題、指導法の問題等を研究の対象として研究計画を」立てた[22]。また「実験的研究の前提としての調査」を行った[23]。

このような「研究の目標設定とかの準備」を終えて最初の実践が始まったのが10月のことであった[24]。研究テーマが「器楽であるからには」、「楽器の特徴とか特性がわからなければならない」との考えから最初は低学年を対象に「リズム楽器の特性をみた」[25]。真篠の報告によれば、1年目は「リズム楽器（ハンドカスタ、柄付きカスタネット、タンブリンなど）と旋律楽器（木琴、たて笛など）のそれぞれについて、実験学級を設けて研究した」[26]。興味深いのは、リード合奏の実践で知られる天川小の実験であるにもかかわらず、ここにはリード楽器であるハーモニカやアコーディオンがあがっていないこと

である。仮に実験学級で取り上げていたとしても、「木琴、たて笛など」というように省略されていることから、1年目のこの時点ではリード楽器に対して強い関心を向けていなかったことがうかがわれる。

　実際のところ、真篠も述べるように「一年目の研究はどちらかといえば基礎的なものであってこれだけで結論を割り出すというところまではいかなかった」[27]。天川小が器楽教育における理想の合奏形態としてリード合奏を打ち出していくのは2年目の研究過程においてのことであった。

2）実験2年目──菅原明朗の指導によるリード合奏の「開発」

　天川小の教師たちは2年目の研究において、どのようにしてリード合奏の発表という成果にたどり着いたのだろうか。そこには作曲家である菅原明朗の指導が存在していた。菅原は作曲家として活躍する一方、「各種の楽器を広く詳しく調べているという点」において「日本随一の権威者」であると称され[28]、戦前から戦後にかけて複数の楽器解説書を執筆し[29]、また管弦楽法[30]に関する本も出版した[31]人物で、いわば楽器そのものの専門家でもあった。

　天川小における研究の過程では、文部省からの直接の指導はほとんどなかったという[32]。ただし尾林が、文部省からの直接の強い指導はなかったとする一方で、菅原を始めとする講師については「学校では手ずるはありませんから、中央の方でみんな斡旋してくれました」と証言しているように[33]、同省から斡旋された菅原の指導を受けることになった。菅原は、天川小が全校合奏として取り組んでいた笛とアコーディオンを中心とする編成の鼓笛隊をさして、「天川の音楽は、あれはだめだ」、「あれは音楽ではないんだ」、「雑編成だから、内容的に音楽になっていない」などと発言し、尾林は「その辺が二年目のスタート」であったと回想している[34]。これ以降、2年目の天川小は、菅原から編曲の方法などで直接に指導を受けながら[35]、「最良の合奏形態はリード合奏」であるという結論に向かって研究を進めていった。

では、菅原はどのような考えでリード合奏を器楽教育における理想的な形態としたのだろうか。1957（昭和32）年5月に行われた「昭和三十一年度初等教育実験学校研究発表会」にける天川小の2年目の研究成果の発表と合わせて、菅原はリード合奏の意義を強調した講演を行った[36]。ここではその講演の記録[37]によってその考えをみておこう。

菅原は、楽器にはヴァイオリンやフルート、トランペットのような「うたう楽器」と太鼓やギターやピアノのような「うたえない楽器」の2種類があり、「子供は最初は歌わない楽器の方がやりやすい」ので「小学校の最初に入った子供に与える楽器はまず打楽器である」とする。一方、「うたう楽器」としては「バイオリンが最も表現豊かな楽器」で「子供に扱い得る楽器」でもあるが、「中音部のヴィオラが絶対に子供には処理できない」ので「弦のアンサンブルが子供にはどうしても体格上作れない」し、管楽器も同様に「小学校ではまだできない」とする。そこで「うたう楽器で残されているもの」が「自由弁の楽器」、すなわち「リード・オルガン、ハーモニカ、アコーディオンの三つ」である。これらは「小学校の年齢で全楽器が完全にマスターでき」るので、「現実の子供の体格の問題として、子供が合奏をやるためにはリード楽器に主体をおくよりほかに道がない」とする。そして、低学年ではそれまで行われていた打楽器を中心とするリズム合奏の形態が「理想的な形」であるが、学年が上がるにつれて「次第に自由弁の楽器を加えて」いき、「リズム楽器を消して最後にリードの形に持っていく。これよりほかに手段はないだろう」、「そうしないと完全な合奏ができない」というのが菅原の結論であった。

そして彼は最後に「その合奏の楽器は少なくとも全部一つの会社で作った楽器が望ましい」とも述べる。それは「そうしないと正確なピッチが得られない」からで、「その正確というのは物理的な正確じゃない」、「感覚的な正確」であるという。「感覚的な正確さ」を得られない、ということの意味ははかりかねるが、菅原は「各製造会社によって或るくせがありますから、同

一製造会社の楽器で統一するのが理想」と説明している。なお、尾林とともに実験の中心を担った水野文一によれば、天川小ではトンボ楽器の協力があったとされるので[38]、同社が製作したハーモニカやアコーディオンで統一したとみてよいだろう。

　以上のような考えをもつ菅原の指導のもと、天川小は「器楽を通していかに美しいハーモニーのある演奏ができるか」というテーマを掲げ[39]、低学年、中学年、高学年、音楽クラブで実験し[40]、その結果として「理想の合奏形態はリード合奏」であるという結論を発表することになるのである。

3　文部省による研究成果の発表──「より完全な合奏」としてのリード合奏

　菅原の指導のもと天川小の教師たちによって取り組まれた2年目の研究の結論は、文部省『初等教育資料』第87号に掲載された真篠の論稿「昭和三十一年度文部省初等教育実験学校の研究成果（Ⅰ）音楽科　器楽指導に関する実験的研究」[41]によって知ることができる。

　真篠は「今後の器楽指導にはどのような楽器が適切か」という問題についての結論を**表9-2**のようにまとめた。それによれば、天川小では「完全な合奏」のための「和声体の構成ができる」楽器としていくつかの条件をあげ、その条件に最もよく当てはまる楽器として、「リード楽器群（ハーモニカ・アコーディオン・オルガン）」をその結論とした。ここで言及される「完全な合奏」とはどのような意味で使われたのか。真篠は、戦後の器楽教育は「小学校では、現在のところリズム楽器を中心にした編成で進めてきている」が、「リズム楽器を使ってのリズミカルな演奏はできても、美しいハーモニーを作り出すことはなかなか困難である」と指摘し[42]、「優美な、なだらかな旋律、そしてそれにつけられた和声的な肉付けをじゅうぶんに生かす」ために「どうしても別な配慮をしなければならない」とその課題を述べた[43]。すなわちリズム楽器中心の器楽教育実践では、打楽器では作り出すことが難しい「美しいハーモニー」を作り出せる合奏をめざすべきだと述べたのである。

表9-2.「今後の器楽指導にはどのような楽器が適切か」に対する天川小の結論

（1）より完全な合奏をするためには、<u>和声体の構成ができ</u>、次のような条件を備えていなければならない。 　　（イ）合奏の中心になる楽器は高音域から低音域まで同音色の楽器であること。 　　（ロ）人声の音域内で和声部を作れること。 　　（ハ）あらゆる調性の演奏が可能な楽器であること。 　　（ニ）対位法的な動きが表せるものであること。 （2）中学校の器楽合奏の基礎学習として役立つもの。 （3）児童の体力で演奏操作が容易にできるもの。 （4）児童が個人持ちができる程度のあまり高価でないもの。 <u>以上の条件に比較的近いものとしてリード楽器群（ハーモニカ・アコーディオン・オルガン）</u>が最もよく、ハーモニカは個人持ち、他は学校備品とする。また合奏をするためにはこの他リズム楽器類、木琴鉄琴、笛などを参加させ、それぞれの楽器の特性をじゅうぶんに発揮させる。バイオリンなどの弦楽器も児童の能力に従って参加させる。

［註］真篠将「文部省初等教育実験学校の研究成果（I）音楽科器楽指導に関する実験的研究」『初等教育資料』第87号、1957年7月、28頁。下線部は引用者による。

　ではなぜ「美しいハーモニー」を作り出せる合奏の結論としてリード合奏が導き出されたのだろうか。天川小では「楽器の編成をどうするか」という問題について、低学年、中学年、高学年、音楽クラブで実験し[44]、「美しい合奏をするためには、バランスのとれた楽器編成をしなければならない」が、「実験の結果、アンバランスの許されない楽器は木琴・鉄琴・笛・打楽器など」で、「許される楽器は、オーケストラにおける弦楽器のように、合奏体におけるハーモニカ・アコーディオン・オルガンなど」であるとした[45]。そのうえで「合奏の場合はリード楽器群を『和声体を作る楽器』とし、他の楽器を『合奏に特殊な効果を持たせる楽器』として活用するとよい」と結論づけたのである[46]。つまり、オーケストラの弦楽器群が同族楽器で構成されるのと同じように、リードという同じ発音体をもつリード楽器群を集めることで、和声体、つまりハーモニーをつくりあげることができるということである。これは先にみた菅原の考えをほぼそのまま踏襲するものといえよう。

　真篠は天川小における2カ年にわたる実験についてまとめたうえで、「文

部省でも、実験学校の研究の趣旨にのっとって、現在研究を進めている小・中学校の教育課程の改善に、そして学習指導要領音楽科編の改訂にじゅうぶんにこの成果を生かしていきたい」と、その成果を「33年指導要領」に反映させることも示唆した[47]。

第2節　準備されていた結論──文部省『リード合奏の手引』(1954年)

1　リズム合奏と木琴への批判

　天川小における器楽教育の実験が開始される1年以上前の1954（昭和29）年3月、文部省が『リード合奏の手引』[48]を発行した。その著者は文部省社会教育局芸術課の小林源治、天川小を指導した作曲家の菅原、同じく作曲家の陶野重雄であった[49]。菅原と陶野の肩書きとしては「作曲家」とともに「文部省楽器規格協議委員」も付されている[50]。

　文部省社会教育局長寺中作雄の序文によれば、同書は「青少年の音楽指導の一つとして、器楽合奏のうち、最も容易に実行しうる、ハーモニカを中心とするリード楽器による合奏についての手引きとして作成したもの」で、「変声期にかかった少年達を含む地域音楽グループはもちろん、学校、職場、あらゆる方面の指導者の良き参考書となる」であろうとされた。このことから、同書はあくまでも「社会教育」の立場からみた「青少年の音楽指導の一つ」としての「器楽合奏」にふさわしいものとして、リード合奏を解説したものといえる。しかし、以下にみるように、小学校における器楽教育の課題にも言及するなど、著者たちは明らかに初等音楽教育における器楽教育をも念頭に執筆していた。

　同書の目次は表9-3の通りである。全体で138頁あり、楽器の説明、編成の問題、編曲法、指揮法まで、リード合奏に取り組もうとするときに必要となる情報が網羅されている。

　まず「第1編　序論」の「第4章　リード合奏をとりあげる意義」[51]では、

表9-3. 文部省『リード合奏の手引』の目次

```
第1編　序論
    第1章　社会教育における合奏指導の意義
    第2章　合奏と合唱について
    第3章　合奏の種類と形態
    第4章　リード合奏をとりあげる意義
第2編　リード合奏楽器の種類
    第1章　リード合奏楽器の種類
    第2章　リード合奏楽器の特徴と演奏上の注意
    第3章　文部省が制定から除外した他のリード合奏楽器について
    第4章　リード合奏楽器の将来
    第5章　リード合奏楽器以外の楽器の利用について
第3編　リード合奏の編成と合奏法
    第1章　編成の実際例とその費用
    第2章　合奏楽器への配属の仕方
    第3章　合奏演奏の配置
    第4章　リード合奏に適する曲目
第4編　リード合奏の編曲法
    第1章　調のとり方
    第2章　各楽器の役割と編曲に際しての注意
    第3章　記譜法及び総譜の書き方
    第4章　編曲の実例
第5編　指揮法
    第1章　指揮者の任務と資格
    第2章　練習についての条件
    第3章　練習の順序
    第4章　指揮の手段
    第5章　指揮者の態度
    第6章　公演の礼儀
```

［註］文部省『リード合奏の手引』、教育出版、1954年、目次。

戦後の小学校における器楽教育で行われてきた打楽器を中心とするリズム合奏と、その中心楽器である木琴への批判から始まる。木琴については、「わが国のように湿度の高い国では、その日の天候の加減、場所の変化でただちに音の高さ（ピッチ）に狂いが出」るので、「湿度をあまり吸収しない、良質の木」を使わなければならず、「音高の調整」のために「色々な調整装置が

必要となり、楽器そのものの価格も相当高価に」なるとした。またリズム合奏についても「学校でこそ教育の課程として訓練のためにするものですからこれで良いのですが、一歩進んで人に聞かせるとなると、もっと芸術的になることが必要だ」と述べ、「リズムという平面的な合奏から、ハーモニーとメロディーを中心とする立体的な合奏に進まねば」ならないとし、「このハーモニーとメロディーという高度の音楽美を充分生かすためには、リズム楽器の中に施律楽器が加わるという融合性の少ない編成では不可」であると切り捨てる。そして「この高度の表現をとるためには何か統一のある楽器編成が必要」であり、また「一般青少年のレクリエーションとして音楽の合奏を楽しむ場合」には「比較的安価」で「短時間に一応の演奏技術を習得できる、やさしい楽器」でなければならないとし、これらの条件に合う編成として「リード合奏が一番適当」だとした。一見すると「一般青少年のレクリエーションとしての音楽の合奏」について説明しているようにみえるが、実際には小学校の現場で積み上げられつつあった、木琴を中心とするリズム合奏の実践を批判し、より「芸術的になること」や「ハーモニーとメロディーという高度の音楽美」の実現のためにはリード合奏であるべきだとの主張になっている。

　以上のことをみたとき、同書の主張が、天川小の研究発表会における講演で菅原が語った主張や天川小の研究成果そのものと基本的には変わらないことがわかる。すなわち従来のリズム合奏や、その中心楽器である木琴に対する「ハーモニーの欠如」という批判、そしてこれに替わる合奏形態としてのリード合奏の提案という内容は、天川小の「器楽教育で最もよい合奏はリード合奏」という結論と同じであった。このようにみてくると、天川小における実験を支えた理論は『リード合奏の手引』において事前に準備されていたといえる。

2 トンボ楽器優位の手引

『リード合奏の手引』にはもう一つ、天川小の実験を準備していたと思われる特徴がみられる。それが、トンボ楽器の製品の存在であった。

同書をみて気がつくのは、楽器解説で用いられる４種類のアコーディオンの写真がすべてトンボ楽器製のものだ、ということである（**写真9-1参照**）。また、ハーモニカについても、日本楽器との比較の必要がない限りはすべてトンボ楽器製の楽器の写真が用いられている。

またトンボ楽器と日本楽器のハーモニカの構造の相違を比較検討した箇所では、上下２段に並ぶ穴が斜めに配置されている「斜め上型」と、上の穴が下の穴の真上に配置されている「真上型」のハーモニカを比較し、その結果「斜め上型」の方が演奏上有利であると同書は結論を出した[52]。ここでは２社の社名を伏せて解説しているが、そこに掲載された楽器の写真（**写真9-2参**

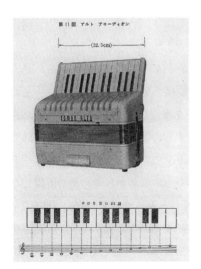

写真9-1．アコーディオンの解説に用
　　　　いられた写真
［註］文部省『リード合奏の手引』、教育出版、
　　　1954年、31頁。

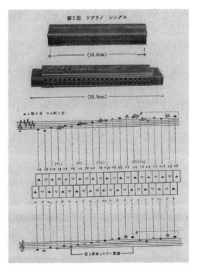

写真9-2．単音ハーモニカの解説図
［註］文部省『リード合奏の手引』、教育出版、
　　　1954年、22頁。

照)から、「斜め上型」がトンボ楽器、「真上型」が日本楽器であることは明白であった[53]。

　天川小は、文部省から実験学校の指導者として菅原を斡旋され、かつトンボ楽器の協力を得てリード合奏の研究を進めた。そして本項でみたように、菅原のリード合奏の理論とトンボ楽器社製の楽器は、文部省が発行した『リード合奏の手引』をみる限り、天川小での実験が開始される1年以上前には合わせて準備されていたのである。

3　器楽教育成立過程における天川小学校の研究の位置

　文部省が発行した『リード合奏の手引』は、読者に対して暗にトンボ楽器の製品を勧める内容となっていた。文部省発行の図書でありながらここまでトンボ楽器に肩入れしたのはなぜだったのだろうか。その答えは執筆陣を再検討することでみえてくる。すなわち執筆者のうち菅原と陶野は、トンボ楽器が設立を主導した全日本ハーモニカ連盟(以下、全ハ連と略称する)[54]と関係の深い人物だったのである。

　菅原は、本書の第4章でみた「ハーモニカは玩具か？」騒動において、「ハーモニカは断じて玩具に非ず」という論稿を全ハ連の機関誌『ハーモニカ・ニュース』に寄せ、ハーモニカ音楽界を擁護したのであった[55]。また次節でみる合奏形態に関する論争において発表した論稿では、全ハ連の幹部である大場善一との質疑応答形式をとっている。このように菅原は全ハ連やトンボ楽器に近い人物であった[56]。一方の陶野も、戦前から全ハ連に所属した作曲家であり、第4章でみた東京市小学校ハーモニカ音楽研究会(以下、東ハ音研と略称する)に参与として参加した人物であったことから[57]、トンボ楽器と関係深い人物といえる。このように菅原と陶野の二人は全ハ連という組織を介してトンボ楽器と近い、あるいは直接的につながりのある人物であり、彼らによる『リード合奏の手引』がトンボ楽器の製品をより高く評価するのは納得のいくことなのである。

さてこのように、『リード合奏の手引』を視野に入れたうえで天川小の研究を見直すと、同校の研究と戦前の東ハ音研との間に、トンボ楽器を介する系譜関係があることに気がつく。

そもそもハーモニー（和声感）を重視するためにハーモニカを中心とした合奏形態を採用するという発想は、東ハ音研が戦前において実践に移していた[58]。確かに東ハ音研はハーモニカとバリトンハーモニカ、バスハーモニカという3種類の児童用ハーモニカを使用し、ハーモニカだけで4声部を作る合奏形態を基本とした。しかしその研究成果発表会では、出演校はアコーディオンやオルガンも加えて合奏しており[59]、ハーモニカ以外のリード楽器も用いてハーモニーの拡充をはかっていた。ここに天川小のリード合奏との間に強い類似性を見出すことができる。そしてこの東ハ音研の研究に協力していたのが全ハ連の作曲家・陶野でありトンボ楽器であった。

戦後、この陶野が、同じく全ハ連に近い菅原とともに、トンボ楽器の製品を前面に押し出しつつ世に送り出したのが『リード合奏の手引』であった。同書の発行から1年後、文部省実験学校に指定された天川小で器楽教育の研究が始まり、さらにその1年後、菅原から指導を受けながらトンボ楽器製の楽器で研究を進めた同校は、「和声体の構成ができる完全な合奏」としてのリード合奏を「開発」するにいたる。

以上のように歴史的事実を辿れば、天川小におけるリード合奏の研究と、戦前の東ハ音研との間に間接的な系譜関係があるのは明白である。戦前、大衆音楽としての人気に陰りがみえ始めたハーモニカ音楽は、東ハ音研の活動を通して学校音楽教育に活路を見出し、合流したのであった[60]。天川小のリード合奏の研究は、その戦後における再現という側面をもっていたのである。

第3節 リード合奏でなければならないのか？——合奏形態をめぐる論争

1 論争の背景——文部省の独善

　天川小が研究の結論として示したリード合奏への反響の一つとして、器楽教育実践者たちによって行われた合奏形態に関する論争があった。この論争が起こった背景には、器楽教育をめぐる文部省の独善的な姿勢があった。

　文部省実験学校天川小による「リード合奏の有効性」を前面に押し出した研究成果は、1957（昭和32）年5月に行われた「昭和三十一年度初等教育実験学校研究発表会」において発表された[61]。またこの研究発表会では、菅原が「リード合奏でなければ完全な合奏ができない」という趣旨の講演を行った[62]。さらにその研究成果は、文部省発行の『初等教育資料』第87号に掲載された真篠の論稿「昭和三十一年度文部省初等教育実験学校の研究成果（Ⅰ）音楽科　器楽指導に関する実験的研究」においても再度発表され[63]、真篠は別稿「音楽科実験学校について：文部省の立場」でその研究成果を「33年指導要領」の作成に生かすことも述べた[64]。

　こうした文部省側の一連の動きに、学校現場には動揺が広がった。例えば、「33年指導要領」施行を目前に控えた1958（昭和33）年5月発行の『教育音楽』誌上で行われた座談会では次のような投書が紹介された[65]。

> 投書　森　喜左右太氏
> 昨年文部省の実験学校、前橋市天川小学校の研究会で講師菅原先生のお話並にその時の研究で「小学校の器楽指導はリード楽器を中心として合奏をやるのが本体である」との決論が出、それが文部省の機関誌に掲載されました。その誌を校長先生が見られ「本校では音楽教師の研究不足のため木琴やカスタネットなどをたくさん買ってしまった。あらためてまたリード楽器を買わなければならない。PTAの方々に申訳ない次第だ。もっとしっかり研究して学校に迷惑をかけないようにしてくれたまえ。」といわれました専科の私の面目はまるつぶれです。指

導要領によって私が買ってもらった木琴やカスタネットその他では器楽指導は出来ないのでしょうか。先生方のご指導をお願い致します。

　それまでリズム楽器を中心とする合奏形態の実践を積み上げてきた学校現場が、少なからず混乱することになったことがよくわかる。
　実際、この投書が披露された座談会では、天川小の研究成果が文部省発行の『初等教育資料』の誌上に発表されたことに話題がおよび、そこに出席していた瀬戸尊は「文部省がそれを出したのですかそれじゃ薦めているわけだな」との受け止め方をしている[66]。真篠による成果発表は、文部省の「公式発表」として受け止められたのである。ここにみえるのは、それまで現場が試行錯誤しながら積み上げてきた実践を軽んじ、自らが指定した実験学校の成果を最良のものとする文部省の独善性と、それに振り回される教師たちの姿であった。そしてこうした混乱を端的に表すのが、次にみる合奏形態に関する論争であった。

2　論争の主題──リード合奏であるべきか

　論争の直接的な発端は、『教育音楽（小学版）』第12巻第8号に掲載された、東京都足立区千寿第二小学校の秤輝男の論考「小学校の合奏形態について」[67]であった。同誌の発行は天川小の研究発表会とそこで行われた菅原の講演から3ヵ月後の1957年8月であった。秤は、「現在の合奏指導の欠陥」は「合奏のもっとも本質とすべき……ハーモニーの欠けた奇型的なリズム合奏という段階に」とどまっていることだと述べた[68]。例えばリズム合奏の中心的な楽器である木琴の「和音打ち」の場合、「楽譜のうえではドミソの音が立派に重なっているが、実際にでてくる木琴の打撃音からは、ドミソの和音感はききとれない」とする。また、「オルガンやアコーディオンの主旋律に対して、木琴が対比旋律や三度の平行旋律をとる」ときには「楽譜の上では和声的な動きであっても、実際の音は分離してしまってハーモニーとはな

り得ない」とし、「楽譜の上でのみ構成されたハーモニーを実際の音のように錯覚」することは「大変な誤りである」としたうえで「音楽は楽譜ではなくその響きなのである」と主張した。そして秤はリズム合奏のもつ欠陥は「楽器編成に統一がないということ」にあり、「合奏の骨組みをつくる同族の楽器のかたまりがない」ことであるとした。続いて秤が展開するのは、ハーモニーを作り出すことができ、小学生でも可能な唯一の合奏形態としてリード合奏こそが有用であるという主張であった。この主張の筋道からして、菅原の理論を支持する立場とみてよいだろう。

　秤の論稿からさらに3ヵ月後の1957（昭和32）年11月、『教育音楽（小学版）』は小学校の器楽教育における合奏形態についての「紙上討論」を掲載する。討論の問題提出者は東京都品川区御殿山小学校の青木由之助であった。青木は岐阜県多治見市立養正小学校の校條武雄の実践を参考にしながらリズムを重視する合奏形態を実践していた人物である[69]。したがって、この論争は天川小を代表的な実践校とするリード合奏を支持する人々と、養正小を代表的な実践校とする木琴を中心とするリズム合奏を支持する人々との対立という側面があった。

　青木は「最近における幾つかの研究発表や一部の専門家の主張及び、本誌八月号に掲載されたH氏の意見」をみていると「小学校における望ましい合奏形態は、リード合奏を中心とすべきであると強調する声が非常に多い」が「これは器楽教育界に重大な問題点を提起されたもの」であろうと指摘する[70]。ここでいう「研究発表」「一部の専門家」「H氏」とは天川小の研究発表、菅原、秤のことをさすのは明白である。青木はリード合奏を中心とすべきという主張に対し、「果たして小学校の器楽教育のあり方として、リード合奏が最も望ましい形態であるのだろうか？」との疑問を提示する。まず青木は、秤の「楽譜の上ではハーモニーがあっても、実際の音が表現された時にハーモニーがない」という主張や「合奏形態の最も完成されたものはオーケストラであり、その主体をなすものは弦楽器で、このへんによる五部のハ

ーモニー構成は、リード楽器によってのみ可能である」という主張については「うなずける」としてその妥当性を認めた。しかし、「だからといって、リード合奏が最も望ましい合奏形態であると結論ずけられることにはならない」とした。なぜなら「音楽構成は決してハーモニーだけが主体ではなく、リズム・旋律がその基盤にあり、特に合奏においては、和声美とともに、楽器の組み合わせによる音色の構成美にその特質がある」と青木は考えたからであった。

青木は小学校における合奏形態の「基本的な考え方」として、「いろいろな楽器を経験させることによって、楽器に対する興味と関心とを持たせ、楽器の特性に応じた活用によって、音楽学習全般に、より教育的な価値を見いだすことに」あり、「楽器の編成も編曲も純音楽的な見地からよりも、先ず第一に児童の心理的、身体的な発達段階の面から考慮されなければならない」とした。「和声美」にこだわって同系楽器で音色を統一する考え方だけでなく、様々な楽器の音色の組み合わせによる「構成美」を追求する考え方を提示したうえで、それ以前に様々な楽器を児童に経験させるという「教育的価値」や「児童の心理的、身体的な発達段階の面」を考慮すべきという主張である。

『教育音楽(小学版)』誌では、秤の論稿を念頭に置いたこの青木の問題提起に対する意見を5名に求め、「紙上討論」として掲載した。それらの記事題目と概略をまとめたものが表9-4である。当然のように菅原は「議論の余地がない」として「リード合奏を中心とすべし」と主張するのに対し、武蔵野第二小学校の田中正男は基本的には青木の意見に賛成し、「形態にとらわれない合奏を」との意見を述べた[71]。

興味深いのは文部省真篠の「どちらにも偏りたくない」との論考である。「ともかく、『リード合奏が中心になる』ことに対しても、提案者が提案していることに対しても、それぞれの理由があってそれは認めなければならないものばかり」であるとし、「要は、その考え方がどちらかに偏りすぎること

表9-4.『教育音楽（小学版）』第12巻第11号の「紙上討論」掲載の意見一覧

論者（肩書）	記事名／記事の概略（基本的には引用で表記）
菅原明朗（作曲家）	「リード合奏を中心とすべし」／「(低学年の合奏を保育と位置づけるならば)」「リード合奏が器楽教育の中軸として最も妥当であり、理想的であるということは、まったく議論の余地がない」
真篠将（文部省初等中等教育局）	「どちらにも偏りたくない」／「ともかく、『リード合奏が中心になる』ことに対しても、提案者が提案していることに対しても、それぞれの理由があってそれは認めなければならないものばかり」「要は、その考え方がどちらかに偏りすぎることによって現実の小学校の器楽教育がゆがめられないようにしていくべき」「リード合奏も一つの形態として取り入れるべきだろうし、リード以外の楽器の合奏も大いに伸ばすべきであろう。望むらくは両者の長所を採り、欠点を補って、より教育的、より音楽的な器楽合奏形態を育てていくことに努力していただきたい」
田中正男（武蔵野第二小学校教諭）	「形態にとらわれない合奏を」／「私は青木先生のご意見に賛成です。H先生のご意見についてもご心配になられているものを十分に取り上げて、できる限り努力したい」「器楽指導は合奏の結果のみが目標ではなくて、指導の過程にこそ音楽教育のねらいがあることを忘れてはならない」「学級の中で固定された合奏形態をとることは、相当の強制力を受け入れるだけの条件がないとできない」「子供が自分でもっていて演奏できる楽器で、みんながよろこんで参加してやれる形態こそ、望ましい」
瀬戸尊（文京区駒本小学校長）	「二つの考え方」／「どこにでも二つの考え方がある」「一つは、音楽教育はあくまで音楽そのものの追求」「一方では音楽教育といえども、児童の成長にしたがって、児童自身が創造していく過程を重視していくべきであるという考え方」「音楽を指導する教師は、だれでも、完全なハーモニーを中心にした合奏をさせたいと願う」「しかし現実にはなかなか到達できない」（それには様々な理由があるが）「その中で最も最初にくるのは、児童の発達である」「実を言えば、結果としての形態は、児童の成長の姿なのであって、目標としての形態は音楽的理想なのである」
千代延尚（江戸川区上小岩小学校教諭）	「私はこう思う」／「夫々ご自身の信ずる方向にお進みになっていいのではないでしょうか」「但し『こうでなければならぬ』とい断定をくだされることには、何かしら危険性があるように思えてなりません」「何故ならば戦後の合奏形態を顧みてもわかるように、リズム楽器中心時代から、木琴、ハーモニカ、笛等と進んできていますし、それに伴って楽器の性能も一段とよくなっている」「併し乍らしれがどのように進歩しても、常に変わらないものは、児童の心理的肉体的に無理のない指導であり、教師の自己満足のためのものであってはならないことです」

［註］出典は下記の通りである。
・菅原明朗「リード合奏を中心とすべし」『教育音楽（小学版）』第12巻第11号、1957年11月、16-17頁。
・真篠将「どちらにも偏りたくない」『教育音楽（小学版）』第12巻第11号、1957年11月、18-19頁。
・田中正男「形態にとらわれない合奏を」『教育音楽（小学版）』第12巻第11号、1957年11月、20-21頁。
・瀬戸尊「二つの考え方」『教育音楽（小学版）』第12巻第11号、1957年11月、22-23頁。
・千代延尚「私はこう思う」『教育音楽（小学版）』第12巻第11号、1957年11月、24-25頁。

によって現実の小学校の器楽教育がゆがめられないようにしていくべき」と述べた[72]。そして、「リード合奏も一つの形態として取り入れるべきだろうし、リード以外の楽器の合奏も大いに伸ばすべき」で「望むらくは両者の長所を採り、欠点を補って、より教育的、より音楽的な器楽合奏形態を育てていくことに努力していただきたい」と、その折衷を提案した[73]。先にみたように、天川小の研究を受けて「リード合奏が最もよい」との見解を示していたはずの真篠であったが[74]、青木の問題提起に対しては「リード以外の楽器の合奏も大いに伸ばすべき」と応じているのである。同じ紙上討論で菅原が「議論の余地がない」とリード合奏を主張し通したのとは対照的である。この真篠の変節ぶりには、現場の教師たちの理解も得なければならない文部省の立場が表れているといえよう。

3　論争の本質的な論点――「教育的見地」と「芸術的見地」のジレンマの再現

本項で注目するのは紙上討論に掲載された瀬戸尊の見解である。瀬戸は、秤と青木の両主張を受けて、「どこにでも二つの考え方がある」とし、一つは「音楽教育はあくまで音楽そのものの追求」であり、もう一つは「音楽教育といえども、児童の成長にしたがって、児童自身が創造していく過程を重視していくべきであるという考え方」であると述べた[75]。そして、「本当をいうと、この二つの考え方は周到にして慈愛の深い教師によって融合されて、実際を生んでいるのである」が、「論としてかかげるときには一方が強く打ち出されてくる」のだと指摘した。瀬戸は、「音楽を指導する教師は、だれでも、完全なハーモニーを中心にした合奏をさせたいと願う」ものであるが、「しかし現実にはなかなか到達できない」とし、その原因として、「楽器を全児童に揃えてやれない」ことや「意図した通りに児童が演奏してくれない」こと、「時間が足りなくてできない」といったことをあげた。これらの原因を解決するには時間がかかり、「最初から押し通すことができないものばかり」だとしたうえで、瀬戸は、「その中で最も最初にくるのは、児童の発達

である」とし、「教えさえすれば何でもできると考えることは間違いである」と指摘した。戦前から一貫して児童の実態を出発点に音楽教育を考えた瀬戸の信念がここにも表出している。

　続いて瀬戸は、「ある学級の児童の学習過程」を描出する。そして、「この例は、合奏形態をどのようにしなければならないかということを規定しようとしているのではない」とする。音楽学習の過程で「自らそこで必要な形態が生まれてくるものである」と述べ、「同色音の合奏」も「いろいろな楽器の組合せ」も「必要に応じて取り入れることが肝要であるし、そう努力すべき」だとする。そして最後に「実をいえば、結果としての形態は、児童の成長の姿なのであって、目標としての形態は音楽的理想なのである」との結論を述べた。こうみると、瀬戸は両者の主張を否定することはないが、児童の発達を重視する青木の意見の方により共感を寄せていることがわかる。

　瀬戸によるこの論稿は、論争が表面的には合奏形態の選択に関するものであるようにみえて、実は問題の本質はそこにはないということを示唆している。彼は、戦前の器楽教育から続く「教育的見地」と「芸術的見地」の乖離という問題が、この論争の下層にも流れていることを鋭く指摘したのである。戦前の簡易楽器指導の実践者である上田友亀は、児童の音楽生活を重視する思想から、木琴を中心とする合奏の実践を行った[76]。しかしその研究授業では、実際になる音が「音楽的でない」として音質上の問題を指摘されたのであった。ここに児童の生活を重視する「教育的見地」と音楽的な演奏を求める「芸術的見地」のジレンマの問題が発生したのであった[77]。同じく簡易楽器指導実践者である山本栄[78]もまた、上田の考え方に影響を受けつつも、和音をつくることができるハーモニカを簡易楽器中最も音楽的な楽器であるとし、これを用いて、より音楽的な音をめざした[79]。彼らとともに実践研究をした瀬戸は、常に「児童の音楽生活」を出発点にしていたので、表面上はその実践に「教育的見地」と「芸術的見地」の矛盾をみることはできない[80]。しかし3名は常に情報交換を行いながら実践を進めていたのであり、この

「教育的見地」と「芸術的見地」のジレンマという問題は瀬戸も共有していたはずである。だからこそ、この論争を目前にした瀬戸は、その真の主題が楽器や合奏形態の選択の問題ではなく、「教育的見地」と「芸術的見地」のどちらをより重視するべきかという音楽教育思想の問題であることを見抜き、指摘したのである。この論争は合奏形態の選択という表層の主題の下に、「教育的見地」と「芸術的見地」の矛盾や乖離をどう克服していくべきかという、より本質的な論点が隠れていたのであった。

第4節　1958年改訂「小学校学習指導要領」における器楽教育

　先行研究は、天川小の研究成果が「それ以降の音楽科教育の器楽指導」と「33年指導要領」に影響を与えたと指摘している[81]。第1節にみたように、確かに文部省真篠は「文部省の立場」として天川小の研究成果を「33年指導要領」に反映させることを示唆した[82]。しかし一方で、菅原によって主張され、天川小の研究成果として真篠が『初等教育資料』で発表した「小学校における器楽教育はリード合奏であるべき」という論に対しては、それ以前から木琴を中心とするリズム合奏の実践を積み上げてきた教師たちから疑問の声があがり、合奏形態に関する論争が起こった。真篠はこうした声に対して「望むらくは両者の長所を採り、欠点を補って、より教育的、より音楽的な器楽合奏形態を育てていくことに努力していただきたい」と応えた[83]。リード合奏は様々な形態の一つとして取り上げられるべきものであるとの見解に軌道修正したのである。こうした一連の動きを踏まえたうえで、今一度「33年指導要領」における器楽教育の記述を確認しておこう（表9-5参照）。

　まず、「33年指導要領」では特定の合奏形態を指定する記述はなく、リード合奏やリード楽器という言葉も使われていない。しかし、表9-5の「演奏の技能」の欄をみてみると、第1学年で「旋律楽器に親しませる」として木琴やハーモニカでリズム奏をしたり、オルガンでの「ごく簡単な旋律」のさ

表9-5.「昭和33年学習指導要綱（音楽）」に

	第1学年	第2学年	第3学年
演奏の態度	(1) 楽しく演奏する態度を養う。 ア 歌ったり聞いたりしながら、手を打ったりリズム楽器を打ったりする。 イ リズム遊びをしながらリズム楽器を打つ。	(1) 楽しく演奏する態度を養う。 ア 歌ったり聞いたりしながら、手を打ったりリズム楽器を打ったりする。 イ リズム遊びをしながらリズム楽器を打つ。 ウ 旋律楽器で、好きな旋律を演奏して楽しむ。	(1) 楽しく演奏する態度を養う。 ア 歌ったり聞いたりしながら、リズムに合わせてリズム楽器を打つ。 イ リズム遊びをしながらリズム楽器を打つ。 ウ 旋律楽器で、好きな旋律や歌を演奏する。
演奏の技能	(2) リズム楽器を演奏する基礎技能を身につけさせる。 ア よい姿勢、正しい持ち方で打つ。 イ その楽曲を最も美しく表現できる速さと強さで打つ。 ウ 大太鼓、タンブリン、トライアングル、鈴およびカスタネットなどのリズム楽器の奏法に慣れる。（小太鼓、シンバルおよび拍子木などを含めてもよい。） (3) 旋律楽器に親しませる。 ア 木琴でリズム奏をしたり、簡単な旋律をさぐりびきする。（鉄琴を加えてもよい。） イ ハーモニカでリズム奏をしたり、簡単な旋律をさぐり吹きする。 ウ オルガンで、ごく簡単な旋律をさぐりびきする。	(2) リズム楽器を、演奏する基礎技能を身につけさせる。 ア よい姿勢、正しい持ち方で、美しい音色が出るように打つ。 イ その楽曲を最も美しく表現できる速さと強さで打つ。 ウ リズム楽器類の奏法に習熟する。 (3) 旋律楽器を演奏する基礎技能を身につけさせる。 ア ハーモニカで、習った歌や簡単な旋律を吹く。 イ オルガンで、リズム奏をしたり簡単な旋律をさぐりびきする。 ウ 木琴や鉄琴で、リズム奏をしたり簡単な旋律をひく。	(2) リズム楽器および旋律楽器を演奏する技能を身につけさせる。 ア よい姿勢、正しい持ち方、美しい音色で演奏する。 イ その楽曲を最も美しく表現できる速さと強さで演奏する。 ウ リズム楽器の奏法にいっそう習熟する。 エ ハーモニカで、習った歌の旋律を吹く。 オ オルガンで、簡単な旋律をひく。 カ 木琴や鉄琴で、習った歌の旋律をひく。
合奏の能力	(4) 合奏の基礎技能を養う。 ア 歌唱教材を編曲した簡単な曲を年間3曲以上、リズム楽器で合奏する。 イ リズム楽器で次の基本リズムを打つ。 ウ フレーズごとに楽器の組合せをくふうして、分担奏や合奏をする。	(4) 合奏の基礎能力を養う。 ア 歌唱教材を編曲した簡単な曲を年間2曲以上、リズム楽器で合奏する。 イ 歌唱教材を編曲した簡単な曲を、リズム楽器に旋律楽器（ハーモニカ、木琴または鉄琴など）の部分奏を加えて、年間1曲以上合奏する。 ウ リズム譜を見ながら次の基本リズムの打ち方にいっそう慣れる。 エ リズムフレーズの基本形の打ち方に慣れる。 オ フレーズごとに楽器の組合せをくふうして、分担奏や合奏をする。 カ 友だちの演奏をよく聞きながら合奏する。	(3) 合奏の能力を伸ばす。 ア 歌唱教材を編曲した簡単な曲を年間3曲以上合奏する。 イ リズムフレーズの基本形の打ち方に慣れる。 ウ 二組に分けて、リズム譜を見ながら次の基本リズムの打ち方に慣れる。 エ フレーズごとの楽器の組合せをくふうして、分担奏や合奏をする。 オ 友だちを演奏をよく聞きながら、指揮者の指示に従って合奏する。
習慣	(5) 楽器の取扱や手入れに注意する習慣を養う。	(5) 楽器の取扱や手入れに注意する習慣を養う。	(4) 楽器の取扱や手入れに注意する習慣を養う。

［註］文部省調査局編『小学校学習指導要領』（帝国地方行政学会、1958年）の第2節「各教材」第5節「音

第9章 文部省実験学校の器楽教育実践と1958年改訂「小学校学習指導要領」　285

示された器楽の指導内容一覧

第4学年	第5学年	第6学年
(1) 楽しく演奏する態度を養う。 ア 歌ったり聞いたりしながら、リズムに合わせて楽器を打つ。 イ 自由な身体表現をしながらリズム楽器を打つ。 ウ 旋律楽器で、好きな旋律や歌を演奏する。 エ ひとりで演奏したりみんなで演奏したりする。	(1) 楽しく演奏する態度を養う。 ア 歌ったり聞いたりしながら、リズムに合わせてリズム楽器を打つ。 イ 旋律楽器で、好きな旋律や歌を演奏する。 ウ ひとりで演奏したり、みんなで演奏したりする。	(1) 楽しく演奏する態度を養う。 ア 歌ったり聞いたりしながら、リズムに合わせてリズム楽器を打つ。 イ 旋律楽器で、好きな旋律や歌を演奏する。 ウ ひとりで演奏したりみんなで演奏したりする。
(2) リズム楽器および旋律楽器を演奏する技能を身につけさせる。 ア よい姿勢、正しい持ち方、美しい音色で演奏する。 イ その楽曲を最も美しく表現できる速さと強さで演奏する。 ウ リズム楽器の奏法にいっそう習熟する。 エ ハーモニカで、習った歌の旋律を吹く。 オ オルガンで、簡単な旋律や主要三和音をひく。 カ アコーディオンで、簡単な旋律をひく。 キ 木琴や鉄琴で、習った歌の旋律をひく。 ク たて笛で、習った歌の一節を吹く。	(2) リズム楽器および旋律楽器を演奏する技能を身につけさせる。 ア よい姿勢、正しい持ち方、美しい音色で演奏する。 イ その楽曲を最も美しく表現できる速さと強さで演奏する。 ウ リズム楽器の奏法にいっそう習熟する。 エ ハーモニカで、習った歌およびいろいろな旋律を吹く。 オ オルガンで、簡単な旋律や主要三和音をひく。 カ アコーディオンで、簡単な旋律をひく。 キ 木琴や鉄琴で、習った歌およびいろいろな旋律や分散和音などをひく。 ク たて笛で、習った歌や簡単な旋律を吹く。	(2) リズム楽器および旋律楽器を演奏する技能を身につけさせる。 ア よい姿勢、正しい持ち方、美しい音色で演奏する。 イ その楽曲を最も美しく表現できる速さと強さで演奏する。 ウ リズム楽器の奏法にいっそう習熟する。 エ ハーモニカで、習った歌およびいろいろな旋律を吹く。 オ オルガンで、簡単な旋律や主要三和音をひく。 カ アコーディオンで、簡単な旋律をひく。 キ 木琴や鉄琴で、習った歌およびいろいろな旋律や分散和音などをひく。 ク たて笛で、習った歌やいろいろな旋律を吹く。 ケ 横笛で、簡単な旋律を吹く。
(3) 合奏の能力を伸ばす。 ア 歌唱教材を編曲した合奏曲を年間3曲以上合奏する。 イ リズムフレーズの基本形の打ち方に慣れる。 ウ 二組に分けて、リズム譜を見ながら次の基本リズムの打ち方に慣れる。 エ 二組に分けて、リズムフレーズの基本形の打ち方に慣れる。 オ フレーズごとに楽器の組合せをくふうして、分担奏や合奏をする。 カ 友だちの演奏をよく聞きながら、指揮者の指示に従って合奏する。	(3) 合奏の能力を伸ばす。 ア 歌唱教材を編曲した合奏曲を年間2曲以上合奏する。 イ 歌唱教材によらない器楽曲を年間1曲以上合奏する。 ウ リズムフレーズの基本形の打ち方にいっそう慣れる。 エ リズム譜を見ながら、次の基本リズムの打ち方に慣れる。 オ 二組に分けて、リズム譜を見ながらリズムフレーズの基本形の打ち方に慣れる。 カ フレーズごとに楽器の組合せをくふうして、分担奏や合奏をする。 キ 友だちの演奏をよく聞きながら、指揮者の指示に従って合奏する。 ク 総譜に親しむ。	(3) 合奏の能力を伸ばす。 ア 歌唱教材を編曲した合奏曲を年間2曲以上合奏する。 イ 歌唱教材によらない器楽曲を年間1曲以上合奏する。 ウ いろいろなリズムフレーズをくふうして打つ。 エ 5学年までに学習した基本リズムを組み合わせた打ち方に慣れる。 オ フレーズごとに楽器の組合せ方をくふうして、分担奏や合奏をする。 カ 友だちの演奏をよく聞きながら、指揮者の指示に従ってバランスのとれた美しい合奏をする。 キ 総譜に親しむ。
(4) 楽器の取扱や手入れに注意する習慣を養う。	(4) 楽器の取扱や手入れに注意する習慣を養う。	(4) 楽器の取扱や手入れに注意する習慣を養う。

楽」(136-172頁) より作成。

ぐり弾きをしたりする内容がみられる。「26年音楽編（試案）」[84]に示された各学年で指導する楽器をみると（第7章の表7-4参照）、第1学年ではリズム楽器のみが、第2学年ではそれに木琴と鉄琴が加えられ、第3学年で初めてハーモニカが、第4学年で「事情が許せば」という但し書きがついて鍵盤楽器の指導が入るように楽器が配当されていた。ところが「33年指導要領」では第1学年からハーモニカとオルガンの指導をすることが示された。これは、「和音を構成し得る楽器をできるだけ早い時期に与える」とし、「特にオルガンは一年生から学習させることがいろいろな点で効果的である」とした天川小の研究結果[85]を受けて、ハーモニカやオルガンの指導を第1学年から行うことが明記されたと考えられる。

また第4学年からはアコーディオンの指導を行うことが明記された。「26年音楽編（試案）」にはその楽器名は示されておらず、鍵盤楽器の一つとして取り扱われたが、「33年指導要領」では「アコーディオン」という固有の楽器名で学年の配当が定められた。そして同じく第4学年以降では「オルガンで、簡単な旋律や主要三和音をひく」ことも指導することになった。これもハーモニーを重視する天川小の研究成果の反映とみることができる。

さらに「合奏の能力」の項目の第6学年をみてみると、「友だちの演奏をよく聞きながら、指揮者の指示に従ってバランスのとれた美しい合奏をする」という一文が挿入されている。「バランス」と「美しい合奏」というキーワードは、天川小の研究成果について真篠が発表したときに用いられたものである。真篠は「美しい合奏をするためには、バランスのとれた楽器編成をしなければならない」という視点から実験した結果[86]、合奏では「リード楽器群を『和声体を作る楽器』とし、他の楽器を『合奏に特殊な効果を持たせる楽器』として活用するとよい」との結論を得たことを語っていた[87]。したがって、ここに記載された「バランスのとれた美しい合奏をする」との表現は、暗にリード合奏をさしているのである。このように、「33年指導要領」の作成にあたって天川小の研究成果が生かされたことは間違いない。

しかしまた一方で、青木を始めとする実践者たちが戦後教育改革期を通して積み上げたリズム合奏の実践を否定するような内容とはなっていない。例えば菅原は、低学年では「打楽器を主体にするいわゆる今までやっているリズム・バンドが非常に理想的な形」であるが、学年が上がるにつれて「次第に自由弁の楽器を加えていって、リズム楽器を消して最後にリードの形に持ってい」かなければ「完全な合奏ができない」との持論を展開していた[88]。しかし「33年指導要領」では「リズム楽器を消して」いく内容にはなっていない。それどころか、第5学年以降の「演奏の技能」の事項では「木琴や鉄琴で、習った歌およびいろいろな旋律や分散和音などをひく」とあり、旋律だけでなく分散和音の演奏も行うことになった。音を伸ばすことができるリード楽器だけでなく、音が比較的持続しない木琴や鉄琴でも分散和音を演奏することによってそこにハーモニーを感じ取ることができるということであろう。また、第1学年から第6学年まで一貫してリズム楽器の習熟を求めており、ここからも、菅原が描いていた「リズム楽器を消して最後にリードの形に」という、「リード合奏原理主義」とでもいえるような考えが直接に反映されたわけではなかったことがわかる。

「33年指導要領」は、天川小の研究成果を取り入れながらも、リード合奏だけでなく、様々な形態による合奏を行えるように各学年に楽器が配当され、指導内容が記述されていた。その背景には、「リード合奏でなければならないのか？」という現場教師たちの問題提起があったといえるだろう。

小結——器楽教育の指導義務化と行政面からの器楽教育成立

本章でみたように、天川小における研究成果として発表されたリード合奏の実践は、戦前の東ハ音研の実践研究との間にトンボ楽器を介する系譜的関係があった。同校の指導にあたった菅原によって唱えられた「小学校における器楽教育はリード合奏であるべき」との論や、これに追従する文部省真篠

の論稿は、それ以前に木琴を中心とするリズム楽器による合奏の実践を積み上げてきた教師たちを動揺させた。「リード合奏でなければならないのか」という声が教師たちから上がり、これが合奏形態に関する論争へとつながっていった。また、この論争は合奏形態という主題の下に「教育的見地」と「芸術的見地」の矛盾や乖離をどう克服していくべきかという、戦前からすでに存在した、器楽教育の本質的な論点を含んでいた。

以上のことをふまえ「33年指導要領」の内容をみてみると、その改訂は天川小の研究成果が単純に、直接に反映されたというだけでなく、器楽教育実践を積み上げてきた教師たちからの様々な意見の表明を背景として改訂されたものであったことがみえてくる。本研究では具体的な改訂作業について明らかにすることができなかったが、それを知ることができれば、具体的にどのような形でこの改訂に教師たちの声が反映されたのかを示すことができるだろう。この点については今後の課題としたい。

さて、「33年指導要領」は告示として発表され、ここに表現領域の一つとして記載された器楽は全国のすべての小学校で行われなければならなくなった。法的拘束力をもつ「学習指導要領」で器楽教育の実施が示されたということは、文部省は「楽器の確保、楽譜の確保、指導方法の普及」という戦後の器楽教育の三つの課題が、その指導を義務としても問題ないレベルまで解決されたと判断したということである。したがって行政面からみた場合には、この「33年指導要領」の改訂をもって器楽教育はその成立をみたといえる。

第9章　註

1）文部省初等教育実験学校は、基本的には教科書の作成と「学習指導要領」の編纂（改訂）のために行われるようになった。その歴史は、1946（昭和21）年5月に文部省教科書局の実験学校に指定された長野師範学校男子部附属小学校までさかのぼることができる。木宮乾峰文部省教科書局事務次官は、1947（昭和22）年10月の『文部時報』誌上の記事で次のように実験学校の意義について述べている。すなわ

ち、そもそも戦前まで「文部省において教科書や教師用書を編集した場合、その適否についてこれを実験的に調査するということ」がなかったとしたうえで、戦後に「児童の側に立って改め」られた「二十二年度から使用する教科書や学習指導要領」の編纂が「短時日の間に行われた」ため、実際に使用したときに「修正加除の必要がおのずから出てくる」ことを理由に実験的調査の必要を認め、同校を指定したという。具体的には「教科書の内容、記述の仕方、系統についての基になる調査」、「教科書を使ってみた効果についての研究調査」「授業の仕方の研究調査」「その他教科書をつくり、またこれを使う上に必要な研究調査」について研究したという（木宮乾峰「実験学校の指定とその研究事項について」『文部時報』第842号、1947年10月、1-5頁）。

2）木村信之『音楽教育の証言者たち（下）』音楽之友社、1986年、198頁。

3）文部省調査局編『小学校学習指導要領』帝国地方行政学会、1958年。第2章「各教科」の第5節が「音楽」である（136-172頁）。

4）中地雅之「戦後器楽教育の展開」『戦後音楽教育60年』開成出版、2006年、79頁。

5）真篠将『音楽教育四十年史』（東洋館出版社、1986年）357-458頁より作成。なお、四童子裕「昭和33年度改訂小学校学習指導要領（音楽）に向けた文部省小学校教育課程研究・実験学校の取り組み」（中国四国教育学会『教育学研究紀要』第59巻、2013年、373-378頁）においては、「戦後から昭和33年度学習指導要領改訂までの期間」を対象とした「文部省小学校教育課程実験学校での実験課題及び研究テーマ一覧」とする表を作成し、そこに22校の学校名をあげている（373-374頁）。しかしこの表は、各都道府県が指定した実験学校まで含んで作成されており、指定主体者についての混乱がみられる。例えば「昭和22年度　愛知県津島市立津島小学校」を表にあげているが、その根拠とした文部省「実験学校に関する調査」（『初等教育資料』第25号、1952年6月、34-37頁）は、文部省が指定した実験学校ではなく、各都道府県が指定した各地の実験学校について文部省が調査し公表したものである。また本研究でも取り上げた岐阜県多治見市立養正小学校もあげられている。これも文部省「三十二年度各都道府県研究題目（実験学校・協力学校）」（『初等教育資料』第95号、1958年3月、26-33頁）を根拠としているが、この記事も文部省が各地の実験学校を調査した結果の記事である。このように四童子の研究では、文部省指定の実験学校と文部省が調査した各都道府県指定の実験学校が混同されている。同様の史料の読み違いによってあげられた学校名は14校分あり、これらを削除して残る8校はすべて真篠『音楽教育四十年史』（357-458頁）に掲載の学校である。

6）文部省初等教育実験学校は、1965年度以降は「文部省小学校教育課程研究指定

校」に名称が変わる。これ以降は本研究の対象とする時期を超えるので表にはあげなかった。

7）真篠将は1916（大正5）年山形県生まれ。1933（昭和8）年山形県師範学校本科第一部入学、1935（昭和10）年山形県最上郡戸沢尋常高等小学校訓導、1938（昭和13）年東京音楽学校甲種師範科入学。愛知県第一師範学校教諭兼訓導、東京市永田町国民学校訓導などを歴任、1945（昭和20）年東京音楽学校助教授となる。1948（昭和23）年、文部事務官、文部省教科書局第二編集課勤務、1949（昭和24）年初等教育課、1952（昭和27）年お茶の水女子大学助教授を兼任、1958（昭和33）年文部省初中局初等教育課教科調査官となる。以上の真篠の経歴については、真篠将先生退官記念著作集編集委員会『真篠将音楽教育を語る』（音楽之友社、1986年）の「真篠将年譜」を参考にした。

8）菅道子「占領下における音楽教育改革：昭和26年度学習指導要領・音楽編の作成過程に関する一考察」『武蔵野音楽大学研究紀要』第20号、1988年、39-56頁。

9）真篠将「文部省は何を主張してきたか：初等教育課として」『教育音楽』第7巻第10号、1952年10月、18頁。

10）同前書、18頁。

11）真篠将「音楽科実験学校について：文部省の立場」『教育音楽（小学版）』第12巻第7号、1957年7月、31頁。

12）同前書、31-32頁。

13）同前書、32頁。

14）同前書、32頁。

15）同前書、32頁。

16）木村『音楽教育の証言者たち（下）』、前掲註2）、184頁。磯貝の所属については井上武士ほか「座談会器楽実験学校の研究を省みて」（『教育音楽（小学版）』第12巻第11号、26-28頁）による。

17）尾林文「歩んだ茨の道（実践記録：音楽実験学校二年間の歩み）」『教育音楽（小学版）』第12巻第7号、1957年7月、26頁。

18）井上ほか「座談会器楽実験学校の研究を省みて」、前掲註18）、26頁。

19）同前書、26頁。

20）ここでは1955（昭和30）年度の取り組みについては真篠『音楽教育四十年史』（前掲註5）に収められた報告書の要約（395-400頁）を、1956（昭和31）年度の取り組みについては『初等教育資料』掲載の報告書（真篠将「文部省初等教育実験学校の研究成果（Ⅰ）音楽科器楽指導に関する実験的研究」『初等教育資料』第87号、

第9章　文部省実験学校の器楽教育実践と1958年改訂「小学校学習指導要領」　291

1957年7月、28頁）を史料として用いる。また2カ年度を通しては、当時天川小で実験の中心を担った尾林文と水野文一が『教育音楽（小学版）』に掲載した実践記録（尾林「歩んだ茨の道（実践記録：音楽実験学校二年間の歩み）」〔前掲註17〕、および水野文一「わが校の器楽クラブ」（『教育音楽（小学版）』第12巻第7号、1957年7月、26-29頁）、両名が木村信之のインタビューに答えた記録（木村『音楽教育の証言者たち（下）』、184-202頁、前掲註2）、さらに天川小の2年間の実験をまとめた真篠「音楽科実験学校について：文部省の立場」（前掲註11）を用いる。なお、本項および次項において示す天川小の実験過程については、木村『音楽教育の証言者たち（下）』（前掲註2）によってすでに明らかにされている。しかし次節以降に本研究として新たに示す歴史的事実の前提として必須の内容であるので、ここでは木村の論稿を参考にしつつ改めて整理しておく。

21）尾林「歩んだ茨の道（実践記録：音楽実験学校二年間の歩み）」、前掲註17）26頁。
22）同前書、26頁。
23）例えば「環境調査」として、「ラジオ・蓄音機の有無」「家で聞いている音楽番組」「蓄音機の利用状況」「家にある楽器」などについて、また「児童調査」として「好きな楽器」「使える楽器」「音楽素質診断テスト」「音楽好嫌状況」などについて調べた（真篠「音楽科実験学校について：文部省の立場」、前掲註11）、32頁）。
24）木村『音楽教育の証言者たち（下）』、前掲註2）、185頁。
25）同前書、185頁。
26）真篠「音楽科実験学校について：文部省の立場」、前掲註11）、32頁。
27）同前書、32頁。
28）堀内敬三「推奨のことば」菅原明朗『楽器図鑑』音楽之友社、1950年、1頁。
29）近衛秀麿、菅原明朗『楽器図説』（文芸春秋社、1933年）、近衛秀麿、菅原明朗『楽器図鑑』（清教社、1937年）、菅原明朗『楽器の知識』（音楽之友社、1951年）、菅原明朗『楽器図鑑』（音楽之友社、1950年）、菅原明朗『楽器のできるまで』（ポプラ社、1961年）など多数にのぼる。
30）管弦楽法とは「ある楽想あるいは楽曲を管弦楽化する方法、およびそれに付随する諸問題を扱う音楽理論の1分科」である（「管弦楽法」『音楽大事典』平凡社、1982年、643頁）。
31）菅原明朗『管弦楽法』学芸社、1933年。
32）すなわち木村が尾林と水野へのインタビューにおいて実験の過程で「特に文部省のご指導ということはなかったわけですか」と問いかけており、これに対して尾林は「これをこうしろということはいっさいないんです。みんな学校に任せっきりで、

やったことがうまくなければもちろん助言してくれますけれども」と答え、水野もまた「強い指導というのはなかったです。助言という形で、いろいろ世話になったですが」と答えている（木村『音楽教育の証言者たち（下）』、前掲註2）、187頁）。
33) 同前書、188頁。
34) 同前書、191-192頁。
35) すなわち水野は「菅原明朗先生にご指導を得て、私が編曲をおおせつかったんですが、いかんせん編曲なんかまだ知識がありませんでしたから、菅原先生のところへ随分通いました」あるいは、「菅原先生と約一年おつき合いさせていただきまして、ご指導いただいた中で、私自身が学んだことは、教師の音楽性が子どもの音楽性を高めるんだと」いうことであったとも述べる（同前書、188および193頁）。
36)「昭和三十一年度初等教育実験学校研究発表会」『初等教育資料』第84号、1957年4月、32頁。この記事は研究発表会開催の予告記事。
37) 菅原の講演の録音を文字に起こしたものが『教育音楽（小学版）』の座談会記事（井上武士ほか「座談会　リード合奏でなければならないか：小学校の器楽指導について」『教育音楽（小学版）』第13巻第5号、1958年5月、88-92頁）に掲載されている。ここではこの記事をもとに菅原の講演を検討する。以下、とくに断りがなければこの記事からの引用である。なお、引用文中の圏点は全て引用者による。
38) 木村『音楽教育の証言者たち（下）』、前掲註2）、189頁。
39) 同前書、185頁。
40) 真篠「音楽科実験学校について：文部省の立場」、前掲註11)、32頁。
41) 真篠「文部省初等教育実験学校の研究成果（Ⅰ）音楽科器楽指導に関する実験的研究」、前掲註20)、28頁。
42) 真篠「音楽科実験学校について：文部省の立場」、前掲註11)、31頁。
43) 同前書、31頁。
44) 同前書、32頁。
45) 真篠「文部省初等教育実験学校の研究成果（Ⅰ）音楽科器楽指導に関する実験的研究」、前掲註20)、28頁。
46) 同前書、28頁。
47) 同前書、33頁。
48) 文部省『リード合奏の手引』教育出版、1954年。
49) 同書の序文（3頁）において、「この本は次の方々によって、世に出たものである」としてこの3名の名前があげられている。また、同書発行の2ヵ月後には菅原、陶野、小林基晴（＝小林源治の作曲家としての筆名）の3名の著作として『リード

第9章　文部省実験学校の器楽教育実践と1958年改訂「小学校学習指導要領」　293

合奏の編成と指導』（教育出版、1954年）が出版されるが、これは文部省『リード合奏の手引』の改訂増補版である。このことから『リード合奏の手引』の著者はこの3名であるとの結論が得られる。

50）文部省『リード合奏の手引』、前掲註48）、3頁。
51）同前書、12-13頁。以下の本項における断りのない引用はすべてここからのものである。なお、引用文中の圏点は全て引用者による。
52）同前書、「第2編　第1章　リード合奏楽器の種類」（14-34頁）。
53）写真をみてみると、「斜上型」の楽器側面に刻印された「TOMBO HARMONICA」の文字を読み取ることができる。また、「真上型」の楽器表面に確認できる「ORCHESTRA SERIES」という商標は、日本楽器が生産していたシリーズ名である。
54）全ハ連の歴代会長はトンボ楽器の歴代社長が務め、事実上両団体は不可分の関係にあった（本書の第4章参照）。
55）「『ハーモニカは玩具か』に対する楽壇諸家の批判」『ハーモニカ・ニュース』第10巻第5号、1936年5月、4-9頁。本書の第4章の表4-1も参照のこと。
56）実際のところ菅原は1950（昭和25）年に出版した『楽器図鑑』におけるハーモニカとアコーディオンの解説の項でも、トンボ楽器の社名が入った楽器図を解説のために採用している（菅原『楽器図鑑』、前掲註29）。
57）本書の第4章を参照のこと。
58）本書の第4章を参照のこと。
59）「小学校ハーモニカ音楽発表会批判」『アコーディオン・ハーモニカ研究』第12巻8号、1938年8月、2-3頁。
60）本書の第4章を参照のこと。
61）「昭和三十一年度初等教育実験学校研究発表会」『初等教育資料』第84号、1957年4月、32頁。
62）井上ほか「座談会　リード合奏でなければならないか：小学校の器楽指導について」、前掲註37）、89-90頁。
63）真篠「文部省初等教育実験学校の研究成果（Ⅰ）音楽科器楽指導に関する実験的研究」、前掲註20）、28頁。
64）真篠「音楽科実験学校について：文部省の立場」、前掲註11）、33頁。
65）井上ほか「座談会　リード合奏でなければならないか：小学校の器楽指導について」、前掲註37）、88頁。
66）同前書、92頁。

67）秤輝男「小学校の合奏形態について」『教育音楽（小学版）』第12巻第8号、1957年8月、98-101頁。以降の秤の論についてはすべてこの論文からの引用である。
68）秤のいう「リズム合奏」とは「低学年のリズム楽器だけの合奏から、次第に木琴、ハーモニカ、笛、アコーディオン、オルガン等の旋律楽器が加わり、或は指導者の特別な意図から他の種々の楽器を加えた編成」のことである。本書の第8章でみた、リズムを重視し、木琴を中心とした合奏形態を展開した多治見市立養正小学校の器楽教育がその典型的なものであろう。
69）本書の第8章を参照のこと。
70）青木由之助「小学校の合奏形態への提言：リード合奏が中心となるべきか」『教育音楽（小学版）』第12巻第11号、1957年11月、14-16頁。以降の青木の論についてはすべてこの記事からの引用である。なお、引用文中の圏点は全て引用者による。
71）田中正男「形態にとらわれない合奏を」『教育音楽（小学版）』第12巻第11号、1957年11月、20-21頁。
72）真篠将「どちらにも偏りたくない」『教育音楽（小学版）』第12巻第11号、1957年11月、18-19頁。
73）同前書、18-19頁。
74）真篠「文部省初等教育実験学校の研究成果（Ⅰ）音楽科器楽指導に関する実験的研究」、前掲註20）、28頁。
75）瀬戸尊「二つの考え方」『教育音楽（小学版）』第12巻第11号、1957年11月、22-23頁。以下、瀬戸の主張に関するとくに註のない引用はすべて同論文からのものである。
76）上田の思想と実践については本書の第3章第3節を参照のこと。
77）菅道子「1930年代～40年代の小学校簡易楽器指導の展開：上田友亀の簡易楽器指導の実践を中心に」日本音楽教育学会第40回大会研究発表レジュメ、2009年10月3日、7-11頁。
78）山本の思想と実践については本書の第3章第4節を参照のこと。
79）菅道子「1930年代の山本栄による簡易楽器の導入」『和歌山大学教育学部教育実践総合センター紀要』第21号、2011年、150頁。
80）瀬戸の戦前の思想と実践については本書の第3章第2節を参照のこと。
81）中地「戦後器楽教育の展開」、前掲註4）、79頁。
82）真篠「文部省初等教育実験学校の研究成果（Ⅰ）音楽科器楽指導に関する実験的研究」、前掲註20）、33頁。
83）真篠「どちらにも偏りたくない」、前掲註72）、18-19頁。

84）文部省『小学校学習指導要領音楽科編（試案）』教育出版、1951年。
85）同前書、28頁。
86）同前書、32頁。圏点は引用者。
87）同前書、28頁。
88）井上ほか「座談会　リードが合奏でなければならないか：小学校の器楽指導について」、前掲註37)、88-92頁。

第10章　器楽教育の成立へ
　　──日本器楽教育連盟の設立と活動を中心に

　1956（昭和31）年、日本器楽教育連盟が設立される。同連盟は器楽教育実践者たちが戦前から継続して積み上げてきた音楽教育研究団体の運営経験の「集大成」として結成された組織である。本章では、同連盟の設立過程と事業に注目し、なかでも代表的な事業である器楽合奏コンクールについて詳しく考察し、実践者たちがどのような方策で全国的な器楽教育の充実をはかり、その器楽教育の成立へと導いていったのかを明らかにする。

第1節　日本器楽教育連盟の設立過程とその特徴

1　設立者──山本栄と「友人」たち

　1956（昭和31）年7月5日午後1時半より、日本器楽教育連盟の結成大会が挙行された。当日の様子については機関誌『器楽教育』創刊号に掲載された記事「結成大会記録」[1]に記録されている。とくに断りのない限り、本項での記述はこれに依っている。

　結成大会は山本栄の勤務校である東京都千代田区立小川小学校で開催された。同校には連盟の事務局が設置された。当日は「生憎の雨天にもかかわらず三百余名の参加者があり、来賓多数臨席のもとに、盛大、かつ熱意のあふれた大会であった」[2]。この大会は日本器楽教育連盟結成準備会が主催し、東京都教育委員会、日本放送協会、全国音楽科指導主事協会、全国中学校音楽教育研究会、全国小学校音楽教育研究会、東京都音楽教育研究会の各団体が後援した。同連盟が、当初から全国規模で音楽教育界の支持を得ていたことがわかる。

大会は表10-1のような次第で進行された。初めに山本栄による公開授業が行われ、これに続いて結成大会が開かれた。開会の辞に続いて山本による連盟結成の趣旨説明が行われた。これに続き、石川誠一が結成までの経過報告を行った。このなかで石川は、上田友亀の名を挙げ、連盟設立には上田の「陰の力の大きいことを記憶しなければならない」とした。そして、上田は楽器メーカー白桜社の代表であるが、連盟の結成に関しては「白桜社というものと全く離れた、元の教育者にかえった個人の立場」で、熱心に協力したことを強調している。経過報告のなかで個人名が出されたのは上田ただ一人であり、その貢献度の高さがうかがわれる。

「議事」では連盟の会則案が読み上げられ、直ちに承認された。委員選挙は結成準備会に一任され、この日決定した委員によって7月17日に改めて委員会が開かれ[3]、委員の互選によって役職者が決定した。設立時の会長には石川、副会長に小鷹直治ら2名が就いた。理事には山本、上田、瀬戸尊を始めとする10名が、監事に中野義見ら2名、委員には板垣了助、瀧井悌介、若

表10-1. 日本器楽教育連盟結成大会次第

A	器楽指導を中心とした実地指導
	千代田区立小川小学校三年生　指導　山本　栄先生
B	結成大会
	1開会の辞　2趣旨説明　3経過報告　4議事　議長選出、会則案審議、委員選挙
	5来賓祝辞　6運営に関する意見交換　7閉会の辞
C	演奏
	1器楽合奏　品川区立御殿山小学校
	イ、スパーニッシュ　セレナーデ　ビゼー作曲
	ロ、天国と地獄　オッフェンバック作曲
	2リード合奏　鼓笛隊　吹奏楽　中央区立明正中学校
	イ、ポルカ　宗　鳳悦作曲
	ロ、荒城の月　滝　廉太郎作曲
	ハ、喚起　デューリン作曲
D	講演　欧米に於ける器楽教育　浜野　政雄先生
E	研究討議

[註]『器楽教育』第1巻第1号、1956年12月、12頁。

松盛次、勝田栄三郎など53名が就いた[4]。ここで会長以下氏名をあげた人物は、戦前の学校音楽研究会や戦後の新生音楽教育会に所属して器楽教育実践に取り組んだ人々である。

このように、設立の中心となったのは、山本、瀬戸、上田を始めとする、戦前に現場で器楽教育を実践していた者たちであった。とくに、事務局が山本の勤務校に設置されたことや設立の趣旨説明を行ったことなどから、連盟設立の中心は山本であったことは間違いない。実際、結成大会の趣旨説明のなかで、山本は「このような連盟をもとうと考えたのは、私達友人が集まりまして現在の器楽教育をどう思うか、ということから始まった」とし、「われわれが音頭をとって、日本の器楽教育が、正しい線に沿って行くようにすること」をめざして結成の相談が始められたことを述べている。

山本と「友人」たちは、結成大会に向けて半年以上前から東京の関係者を中心に準備会を組織し、会則案の作成などに取り組んでいた。**表10-2**からもわかるように、準備会はかなり念入りに準備をし、結成と同時に全国規模の組織として動き出せるよう各方面に根回しをしていたことがわかる。戦後すぐに設立された新生音楽教育会が、連盟と同様に全国規模の団体をめざしながらもその組織の脆弱さゆえに2年足らずで絶ち消えになっていったのとは対照的である。

連盟の設立には、自らが音楽教育研究団体を組織し運営したことのある、山本たちの経験が生かされたといえるだろう。彼らからすれば、自分たちの経験を生かしながら、ついに器楽教育の研究を目的とする全国規模の団体を組織するに至ったのである。

2　現場教師にとどまらない多様な会員

連盟の設立によって、山本たち器楽教育実践者たちの悲願であった全国規模の器楽教育研究団体が実現した。しかしこの組織は、彼らのような「直接児童・生徒に接する現場の教師」のみならず、「教育関係官庁職員」、「楽器

表10-2. 結成大会までの準備会の動向

1956年
1月16日　第1回発起人会
・参会者は「約三十人程」「殆ど東京都内の方々」
・連盟の性格などについて検討するための小委員会を設けて諸準備を進めることを決定
・発起人の中から小委員を選出
・小委員会（5〜6回開催）が連盟の性格を決定し、会則、規約の方向等について決定
・会則起草委員会が（5〜6回開催）、会則原案を作成
2月13日　第2回発起人会・会則原案の審議
2月14日　小委員会・会則原案の審議、修正
3月20日　第3回発起人会・会則原案の審議、修正
4月10日　結成大会準備委員会・世話人への委嘱を決定
5月17日　世話人への委嘱依頼を発送
その後109名が承諾
6月16日　世話人会
（千葉県、埼玉県、神奈川県などからも参加）
・各後援団体との交渉、祝辞の依頼
6月25日　結成大会の通知を発送
7月5日　結成大会

［註］『器楽教育』第1巻第1号、1956年12月、6-7頁。

の製作・販売関係者」、また「音楽を生活化させる」という視点から一般社会人からも会員を募った[5]。

とくに連盟の「最も著しい特徴は、従来の研究団体にはなかった業者を会員に含めているということに」あった[6]。業者、つまり楽器産業界との連携である。これは器楽教育が、教具として教育用楽器を用いることが前提であり、「楽器業界のメーカーの方達とも、ほんとうに膝を割って対等の位置において話合ったならば、楽器の改良ということも、いい方向に向いて」いくだろうというねらいからであった[7]。このような楽器産業界との連携は、1930年代に山本がトンボ楽器と協力して東京市小学校ハーモニカ音楽研究会を設立したことや、戦後に上田が自ら「ハンド・カスタ」を製造する白桜社を立ち上げて新生音楽教育会の活動に全面協力したことの延長に位置づけられるものである。器楽教育実践者たちにとって、楽器産業界と連携しながら

教育用楽器の改良を進めることは、彼ら自身の経験からいって当然のことだったに違いない。

しかし、このような楽器産業界との接近については、結成準備会の段階で「いろいろな問題」をもたらしていたようである。結成大会の「運営に関する意見交換」でも、業者を会員に含めていることについて「この点は又とかく他から誤解される場合」があり、「今までの準備会の経過をたどっても、そういうことが予想」されるので、「この会に所属しているものは皆判るような、明確な運営」が必要であるという意見が出された。

結成大会ではこの「いろいろな問題」の具体的な内容について言及されることはなかったが、おそらく教育界と楽器産業界の「癒着」に関する問題であったと思われる。1958（昭和33）年度以降、「学習指導要領」が法的拘束力をもつようになり、器楽教育が義務化されて以降、楽器の売れ行きは好調となっていった[8]。そのような中、東京都新宿区のある小学校では1960年代前半から10年間にわたって楽器購入に関連するリベートが行われていたことが発覚し、同校のPTAが区教委に調査を求める「リベート糾弾騒ぎ」が起きている[9]。この騒ぎを伝えた新聞によれば、区教委や学校は「リベートは校費に還元したので問題ない」「どこの学校でもやっている」とむしろ迷惑顔であったという[10]。

1960年代には「学校リベート」が音楽教育界に限らず教育界の抱える問題として知られるようになるが[11]、1956（昭和31）年の連盟設立の時点ですでに音楽教育界ではこのような問題が認識されていたといえる。結成大会の意見交換では、連盟の運営上もこのような点で「誤解を受け易い」ことが指摘され、設立時に定めた「会員規定」のなかで「会員は自己の利益のために本連盟を利用してはならない」[12]と定めていることを確認し、「十分注意しなければならない」と呼びかけられた[13]。学校教育で用いられる教具の販売者と購入者が同一組織で動くとなれば、そこが汚職の温床となるのではないかという懸念は連盟の内外から示されるのは当然のことであった。

3　設立目的――器楽教育の新たな課題への対応

　日本器楽教育連盟は、器楽教育をどのように発展させようとしたのだろうか。山本は、結成大会における連盟設立の趣旨説明にあたって「日本器楽連盟結成の趣旨」[14]を配布し、これに説明を加えながら参会者に連盟設立の趣旨を説明した。

　まず山本は戦後10年間の音楽教育の発展を言祝ぎ、その発展の推進力として器楽教育が果たしてきた役割を強調したうえで、「尚この器楽教育の重要性は益々深まりつつあり、国民教育の重要な一環として今後一層広く深い研究を進めなければならない」ことを説いた[15]。しかし一方で器楽教育は「極めて短時日の〈ママ〉に間に異常な発展」を遂げたため、その中に「諸種の問題を包蔵している」として、「健全な器楽教育を確立するために」一段と慎重な研究が必要であることも強調した[16]。このように、連盟設立の目的は、器楽教育が戦後10年ほどの間に全国に急速に普及したために浮き彫りとなった様々な課題を解決することとされた。

　では当時の器楽教育が「包蔵している」諸種の問題とはどのようなものだったのだろうか。その一つは山村部や僻地の学校への器楽教育の普及であった。『器楽教育』の「発刊のことば」[17]によれば、戦後10年間に地方への器楽教育の普及は進んだが、一方で「大がかりな楽器を備えてはなやかに合奏することのみが器楽教育であると考えられ勝」であり、「農山村やへき地の学校には縁のないもの、やろうにもやれないものと思われ勝」であるという現状があった。連盟としては、「都会的になろうとする傾向が強い」日本の音楽教育を、「素朴な子供の生活に引き戻す使命と力を持っている」器楽教育をこそ「そういう所（農山村部や僻地――引用者註）で容易に実施し得る方策」を立てられなければならないと考えていた。戦後10年間で地方都市部に押し広げられた実践を、さらに農山村部や僻地まで、文字通り全国の隅々に行き渡らせることが連盟のめざすところであった。また、「都会的」になりがちな音楽教育を「素朴な子供の生活に引き戻す」ことのできる器楽教育の使命

を今一度見直そうとしていることにも留意したい。山本、上田、瀬戸といった器楽教育実践者たちが長く説いてきた、児童の音楽生活を重視する考え方もまたここに引き継がれているのである。

第2節　機関誌『器楽教育』にみる日本器楽教育連盟の事業

1　実践者たちの経験が生かされた編集・発行体制

　1950年代後半から60年代にかけての器楽教育実践者たちの情報交換と交流の場となり、連盟の事業を支えたのが『器楽教育』であった。戦前の学校音楽研究会の機関誌『学校音楽』が器楽教育実践者の交流の場として機能したことを経験していた現場教師たちが、この戦後の連盟でも機関誌を重視したのは当然のことであった。実際、設立当初の連盟では理事会のたびに『器楽教育』の誌面について話し合いがもたれた。

　創刊時の『器楽教育』の編集人を務めたのは瀬戸であった。新生音楽教育会の機関誌『音楽教室』における編集代表人としての経験がここに生かされることになったといえよう。創刊時（1956〔昭和31〕年12月）は連盟によって編集と出版が行われ、発行も不定期（2～3ヵ月に1冊）であったが、その後の発行部数の増加と、月刊誌化にともなって第1巻第6号からは印刷と出版を音楽新聞社に委託して発行され、安定的な編集・発行体制が確立された。

　第2巻第7号からは音楽之友社からの発行となる。これは、「器楽教育の普及発展に伴う情勢の進展」が「本誌への期待を益々大ならしめ、その需要を満たすためには更に完全な組織」による出版が求められたためであった[18]。これに伴って、会員配布制を改め、一般書店や楽器店を通じての自由購読が可能となり、より多くの人々の手に『器楽教育』が届くことになった[19]。

2　地方の実践者にむけた各種事業

　連盟は設立目的を達成するために、会則「三　事業　第四条」において、

次の事業に取り組む事を宣言した。すなわち、①器楽教育の理論並びに実際の研究、②研究会・講演会・発表会・講習会等の開催、③研究物の出版、④教育用楽器の研究、⑤機関誌の発行、⑥その他器楽教育に関し必要と認められる事業の六つである[20]。ここでは『器楽教育』の総目次を頼りに、これらの事業がどのように行われたのかをみよう。

事業「①器楽教育の理論並びに実際」にあたる記事の一例として、先駆的に器楽教育に取り組んできた実践者たちが、毎月入れ替わりで楽器奏法や編曲法について解説する「講座」のコーナーがあげられる。連盟では会員へのアンケート調査なども行い、器楽教育の課題も調査した[21]。また、器楽教育の実際として、先進的な実践校をレポートした記事も多く掲載し[22]、指導方法の具体を読者に示した。楽器設備に関する現場の苦心談を掲載するなど[23]、一般の現場の声も積極的にとりあげている。さらに、教師たちの器楽教育実践の助けとなるよう、読者からの疑問や質問に連盟理事らが答える「質疑応答」のコーナーや、指導案付きの器楽合奏用の楽譜も毎月掲載された。このように『器楽教育』は、全国の音楽教師たちの器楽教育実践の助けとなることを考えて「器楽教育の理論と実際」について伝えつづけたのであった。

事業「②研究会・講演会・発表会・講習会等の開催」の一例として、1956（昭和31）年12月に「連盟第一回の事業」として開かれた「普通授業における器楽学習指導の研究会」が挙げられる[24]。その後も連盟主催の研究会は毎年開かれ、『器楽教育』誌上でその詳細が伝えられた。また連盟設立の目的が器楽教育を地方の山村部へ普及させることであったことを反映して、地方の器楽教育の状況を伝える「各地の動き」が連載され、このコーナーでは、地方における研究会や器楽講習会の様子が伝えられた。さらに『器楽教育』には研究会だけではなく、様々な座談会の記録も掲載された。例えば、連盟の小中学校の連携に対する課題意識から、小学校と中学校の教師の座談会[25]や、中学校教師のみの座談会[26]が創刊号から3号続けて掲載されている。事業「④教育用楽器の研究」にあたる取り組みとして、楽器産業界の人々を交え

た座談会も開かれた[27]。また楽器の手入れや取り扱いなどを丁寧に解説する記事も毎号掲載されている。

このように『器楽教育』の記事の傾向をみると、連盟は地方の学校で器楽教育を実践しようとする一般の教師たちを意識しながら、器楽教育に関する事業を幅広く展開したことがわかる。

第3節　日本器楽教育連盟と全日本学校器楽合奏コンクール

1　コンクール運営の中心を担った連盟

1957（昭和32）年、全日本学校器楽合奏コンクール委員会（以下、コンクール委員会と略称する）が発足し、その主催によって「全日本学校器楽合奏コンクール」が開催されることとなった。それ以前にも民間放送局主催の器楽コンクール[28]が存在し、これに加えて「全日本学生ハーモニカ連盟協会（大阪）と全日本学生器楽連盟（名古屋）とが、年々ハーモニカを主とした器楽コンクールを」催していたが、「いろいろな問題があつて運営がむつかしく」なったため、新たにコンクール委員会が結成されたのであった[29]。

コンクール委員会は、器楽教育のより一層の健全な発達と普及を促進するため、全国規模のコンクールを開催することや、各学校の指導成果を相互に交流することが「各方面からしきりに要望されている」ので、全国の音楽教育関係機関・団体の協力の下に、一元的な全国委員会を結成し、理想的なコンクールを実施しようとするものであった[30]。その組織は「文部省、東京都並に日本放送協会その他共催、後援、協賛の各機関、団体および参加各地区本部より代表者」によって構成され[31]、日本器楽教育連盟からは副委員長に石川、監事に上田が選出された（表10-3）。

このように、全国規模のコンクールを円滑に運営するため、各方面の代表者によって組織された委員会であったが、実際のコンクールの運営では日本器楽教育連盟が中心となった。例えば、山本は後年、木村信之のインタビュ

表10-3. 全日本学校器楽合奏コンクール委員会役員

委員長	井上武士
副委員長	松井健祐、石川誠一
常任理事	中野義見、小出浩平、今内繁生、牧野守二郎、供田武嘉津、眞篠将、中山卯郎
監事	上田友亀
事務局長	村松道弥

[註]「ニュース・全日本学校器楽合奏コンクール委員会の発足」『器楽教育』第1巻第3号、1957年8月、16頁。

ーに答え、このコンクールは「『器楽連盟』が主催」したと証言している[32]。また次項でもみるように、第6回以降は「全国学校器楽合奏コンクール」となってNHKと日本教育音楽協会との共催になるが、その後のある座談会で第5回までの時代を回想するときに、出席者が「器楽連盟主催のとき」という表現を使っている[33]。このことから、この器楽合奏コンクールが開始された当時は、その実質上の主催者は連盟であるという認識が、関係者の間では共有されていたと思われる。

また山本は先のインタビューのなかで、音楽新聞社の村松道弥がコンクールの運営に果たした役割を強調している[34]。前節で明らかにしたように、音楽新聞社は連盟の機関誌『器楽教育』の第1巻第6号以降の発行を任された出版社である。**表10-3**にも示したように、コンクール委員会の事務局長には村松が就任しており、また委員会の所在地と音楽新聞社のそれは同一であった[35]。

以上のように、「全日本学校器楽合奏コンクール」は、後援・協賛団体の代表者から構成されるコンクール委員会を組織することによって、全国規模での円滑な運営がめざされたが、一方で実際の運営にあたっては、日本器楽教育連盟と、その機関誌『器楽教育』の発行者である音楽新聞社が中心をなしていたのである。

2　器楽教育普及に伴うコンクールの規模拡大

　連盟が深く関与した「全日本器楽合奏コンクール」は、小学校、中学校、高等学校の各部があるが、ここでは小学校の部に焦点をしぼってコンクールの沿革を概観する。

　1957（昭和32）年度の第1回全日本学校器楽合奏コンクールは、1957（昭和32）年10月10日に参加申し込みが締め切られ、11月中に地方予選（都道府県大会）、12月上旬に地区予選（東部・中部・西部）、1958（昭和33）年1月上旬に放送による全日本大会が行われた[36]。地方予選と地区予選は生演奏による審査、全日本大会は地区予選大会の録音によって審査された。出場は学校単位とされ、同一の学校に在籍する児童によって編成された30名から50名以内の合奏団であることが条件であった。そのため学級単位で出場する学校もあれば、課外活動の合奏団で出場する学校もあった。参加料は無料であるが、地方予選、地区予選出場の際の旅費は参加校の負担であった[37]。

　1959（昭和34）年度第3回大会以降、小学校の部は、「学習指導要領」に示された教育用楽器だけを用いて出場する第1部と、弦楽器等も用いることができる編成自由の第2部に分けられた。管弦楽器のような「学習指導要領」に示されていない楽器を使用する学校が有利になると「設備が必要以上に整った学校だけのコンクールになってしまう恐れ」があり、これは「コンクールの目的にも反し却って悪い影響をあたえる」という懸念からの措置であった[38]。1960（昭和35）年度第4回大会以降、「参加校が次第に増加」したため「遠距離の地域から多額の費用をかけて地区大会に参加する不便を軽減する」ために北海道地区と九州地区を独立させて5地区に分けることになった[39]。

　1962（昭和37）年度第6回大会以降は、「NHKと日本教育音楽協会と、それに全日本学校器楽合奏コンクール委員会が改称した全日本学校器楽合奏研究会の三者の共催」に変わり、コンクールのシステムも大きく変わった[40]。例えば、同大会からは、地区大会がそれまでより細かい10地区に分けて行われるようになった。また編成によって分けられた第1部・第2部制が廃止さ

れ、代りに大規模校が有利にならないように1団体30名以内という人数制限が設けられた。さらに、第6回からは都道府県大会のみ生演奏による審査で、地方大会、全国大会は録音テープによる審査となった[41]。このように、「全日本器楽合奏コンクール」は回数を重ねるごとに規模が大きくなり、審査の平等性確保と地方の出場校や小規模校に配慮しながら、少しずつ形を変えていったのである。

3 コンクールの功罪

１）コンクールの成果——地方の器楽指導レベルの向上

　コンクール実施の成果は、1950年代後半から1960年代にかけての、地方における器楽教育指導のレベル向上を目にみえる形で示したことである。

　1957（昭和32）年度第1回と1958（昭和33）年度第2回の全国大会における優勝校は福島県相馬市立中村第一小学校であった。また「全国学校器楽合奏コンクール」となった1962（昭和37）年度第6回大会の優勝校は福島県郡山市立金透小学校であった。

　1963年（昭和38）年度第7回大会小学校の部には、全国から380校が参加した。同大会の全国大会出場校とその成績、演奏曲目をまとめたものが表10-4である。これをみると、地方から出場した学校が、戦前戦後を通して器楽教育実践が進められた東京や関東甲信越地方の代表校と競り合っていることがうかがえる。『器楽教育』誌上に全国大会評を書いた西島万雄は、小学生の部の演奏は優秀で「紙一重といった激しい競い」であったとした[42]。西島は小学校の部の演奏について、「演奏曲目が程度の高いものである」ということと、「ハーモニカ、アコーディオン、木琴、笛などの演奏技術はすばらしい」ということの二つを評価している[43]。表10-4の演奏曲目をみると、本来は管弦楽で演奏されるような楽曲が並び、西島が指摘するように難易度の高い楽曲が選択されたことがわかる。

　同大会で全国第1位となった島根県松江市立白潟小学校の指導者目次輝幸

表10-4. 全国学校器楽合奏コンクール1963年（昭和38）年度大会　全国大会出場校

成績	地区	校名	演奏曲目
	北海道	留萌市立留萌小学校	不明*
優良	東北	仙台市立立町小学校	不明*
優秀（3位）	東京	世田谷区立池尻小学校	ハチャトゥリアン作曲「ガイーヌ」から「剣の舞」
優秀（2位）	関東甲信越	埼玉県行田市立中央小学校	バッハ作曲「フーガ」ト短調
優良	東海北陸	名古屋市立白鳥小学校	チャイコフスキー作曲「白鳥の湖」から「情景」
	近畿	和歌山県下津町立下津小学校	ケテルビー作曲「ペルシャの市場にて」
最優秀第1位	中国	島根県松江市立白潟小学校	ビゼー作曲「カルメン」組曲第1番から「アラゴネーズ」と「闘牛士」
	四国	香川県小豆島町立苗羽小学校	マルコム・アーノルド作曲「クワイ河マーチ」
	九州	熊本県玉名市立玉名町小学校	ヴィヴァルディ作曲「四季」より「春の部　第一楽章」
	沖縄	石川地区宮森小学校	ケテルビー作曲「ペルシャの市場にて」

［註］「特集　昭和三十八年度 NHK 全国学校器楽合奏コンクール評」『器楽教育』第7巻第1号、1964年1月、6-21頁。なお、国立国会図書館所蔵史料の8-9頁が欠落しており、北海道地方および東北地方の演奏曲目は不明。

は、大会後に「裏日本の小都市に夢を」という記事を『器楽教育』に寄せた[44]。目次は、同校に着任して課外活動の器楽合奏団を結成したときには、「特定の児童による指導がそんなに大切なのか」との声が聞かれるなど「商店街を控えた田舎の小都市では多彩な神経を使わねば」ならなかったことを回想している。実践を続けるなかで、「音楽教育を高めるには普通授業によって音楽人口を増し、底辺を大きく広く」し、「並行してクラブを強化すること、即ち頂点を高めていくことだ」との認識のもと、「コンクールに毎年参加することによって毎年積み重ねよう」と決意したといい、「過去五年間の素地が一年一年と高まっていたこと」が「今日の栄誉」につながったと、この記事で語っている。つまり、同校では合奏団を結成してコンクールに参加しているが、普通授業においても器楽指導に力を入れて学校全体の演奏レ

ベルの向上をはかることで優勝を勝ち取ったというのである。合奏団の経営を頂点としながら普通授業での器楽教育実践にも力を入れ、「底辺」を大きく広くしていくという発想は、第8章でみた岐阜県多治見市立養正小学校の校條武雄の実践を想起させる。

さて目次の記事の隣には、同校の児童の作文も同時に掲載された。厳しくも楽しい練習に取り組みながら、コンクールの「関所」を越えていく（都道府県大会、地区大会へと進んでいく）日々が生き生きと書かれた作文は、次のような文章で締めくくられている[45]。

> 日のくれた道をすきばらをかかえながら、私たち、「もしかしたら東京にいけるかもしれないね」、「そんなの夢だよ」と話合ったこともあったのですが、夢のようなひのきぶたいに、ふるえる足で立ち、まばゆいほどのライトにてらされてえんそうをし、りっぱな表彰式をしていただきたくさんの賞状と賞品をいただいた私たちは、関所をくぐりぬけて、大きな夢のような喜びをこの身をもってしっかりとかみしめました。一生のうちにいく度となく、この感激と喜びを思い出すことでしょう。

このようにコンクールは、地方の器楽教育指導者と児童に明確な目標をあたえ、文字通り「裏日本の小都市に夢を」あたえたのであった。

表10-4に示した全国大会出場校をみると、都道府県庁所在地からの出場校が多いように思われるが、コンクールでは「辺地校」と呼ばれる学校も活躍した。例えば1957（昭和32）年度（第1回）の中部地区大会で優勝し、全国大会で優秀賞をとった愛知県刈谷市立富士松北小学校は、「学区の殆どは農業で、音楽的関心など少しも」ない「純農村の小学校」であった[46]。同校の近藤敏雄は、1949（昭和24）年から器楽教育実践に取り組み始め、岐阜県多治見市立養正小学校など各地の先進的な器楽教育実践校や器楽講習会に足を運び、試行錯誤しながら実践を重ねた[47]。ようやく指導に手応えを感じた頃、父兄の一部に「農業をやるのに音楽がいるか？」といった批判の声が出始め

たことを回想している[48]。それでも「黙々努力を音楽全般の指導に傾け」た結果、「次第に父兄の理解が進み、今では各家庭から美しい音楽が流れ出し、農業をやるのに音楽などいらないと言った人達」からの理解も得られるようになったと述べている[49]。

新潟県新津市新関小学校は、「ようやくリード合奏をやるにたえる楽器がそろ」った1960（昭和35）年、「児童の熱烈な希望もあって」器楽クラブで出場をした。同校の浅野輝夫教諭は「参加できることだけに意義を感じて」いたが、「ベテラン校の演奏ぶりにすっかり度肝をぬかれ」、児童とともに「すっかりコチコチに緊張」しながら演奏を終えたのであるが、審査の結果「群がる伝統校の十六、七校をほふって夢にも思わなかった入賞をかち得た」のであった[50]。浅野は、「それ迄、新津辺地の誰にも知られなかった新関が一挙にこの成果を得た」ことは、「辺地を辺地とさせておかないで、常に目を注いでくれた人々のあったため」だと述べる[51]。同校はその後、東日本大会の第2部に出場し、ここでも優秀校に選ばれた。

このように1960年代に入る頃には、地方の器楽教育実践校の指導技術は、あくまで「コンクールで審査される基準」でみるならば、東京のそれと同様かそれ以上の水準に達していた。また、指導者たちは、島根県白潟小の目次が述べたように、コンクールに出場するクラブの児童だけを育てるのではなく、普通授業における音楽教育の水準を高め、学校全体の器楽教育のレベルを上げることにも取り組んでいた。さらに、愛知県富士松北小学校の例にみられるように、器楽教育に熱心に取り組んだ農山村部の小学校の実践は、その地域全体の音楽への理解を促す役割も果たしたのである。

2）コンクールへの批判

一方で、コンクールの「競う」性質から、教育的な意味で悪影響を及ぼすのではないか、という声もあった。

第1回大会の東日本大会の審査員によって書かれたある記事では、次のよ

うな出来事が紹介された[52]。会場の審査員席に「かわいい小学生」が数人あらわれ、「自分たちの席よりよくみえるので上ってきたのだろうと気にもとめないでいたが、ふと見ると手許の審査票をのぞきこんで」いた。この記事は「コンクールがいたいけな子供の心をこのようにさもしくするのか、と思うとさびしい気がする」とし、「コンクールだから優勝を目ざして出るには違いないが、もう少し無邪気にやれないものか」と嘆き、コンクールを「勝っても負けてもたのしい行事であるようにしたい」と締めくくっている。

また第6回大会以降に導入された、小学校の部の編成を30名以内とする人数制限について、千葉市立登戸小学校教諭の山田保は、クラブやクラスの児童たちのうち「何十人という子どもを演奏からカットさせなければならない」という事態を指摘し、それは指導者として「身を切られるような思い」であるということを語った[53]。また横浜市立間門小学校教諭の千葉政夫も「三十人に切るということは、いかにコンクールに出るという喜びを考えてもより苦痛の方が大きい」と述べている[54]。小規模校が不利にならないための人数制限の規定が、大規模校においては団体内に競争と選別をもたらしたのである。

このように、コンクールの「競い合う」性質やその競争を平等に行うための規定が、かえって児童たちや指導する教師たちに望ましくない影響や悩みを与えたことも事実であった。

戦前からの器楽教育実践者の一人である瀬戸は、1965（昭和40）年の座談会において、戦後の器楽教育の発展ぶりについての感想を聞かれたとき、器楽教育が「子どもから遊離してきたような気がする」と語り、「たとえば、コンクールにしても、小学校の子どもが器楽コンクールをやるというのはおかしいと思う」と苦言を呈している。戦前に児童の生活を重視する音楽教育をめざして器楽教育を始めた瀬戸からみれば、全国優勝をめざして難易度の高い楽曲に取り組み競い合うコンクールのあり方が疑問に感じられたのは当然のことだったといえるだろう。

以上のように、コンクールは器楽教育の普及と発展に重要な役割を果たす一方で、その競争的性質ゆえに教育上の観点から疑問を投げかけられたり、本来の器楽教育のめざしていた「児童の生活を重視する音楽教育の実現」という教育思想との乖離が指摘されたりするようになったのであった。

小結──機関誌『器楽教育』の改題と器楽教育の成立

 戦前から戦後にかけて複数の音楽教育研究団体の活動をとおし、現場の教師同士だけでなく、学校外の楽器メーカーや演奏家たち、さらに教育行政との協力体制を築く方法を確立していた器楽教育実践者たちが、全国規模でこれを押し進めるべく、組織したのが日本器楽教育連盟であった。いわば同連盟は彼らの器楽教育普及活動にとって「集大成」の組織であった。
 連盟は、地方農山村部への器楽教育の普及を掲げ、コンクール事業を通して全国的な指導レベルの向上に大きな役割を果たした。
 しかしまた一方で、コンクール事業の規模拡大に端的に表される戦後の器楽教育の発展は、「子どもから遊離してきたような気がする」という瀬戸尊の言葉に集約されているように、本来器楽の指導を通してめざされていた児童の音楽生活を重視する思想との矛盾を引き起こし始めていた。器楽教育実践の先駆者たちが夢みた器楽教育の全国的な発展は、コンクールの規模拡大とそれに伴う種々の問題を生じさせ、皮肉にも、彼らのめざした理想からの乖離という一面をみせ始めたといえるだろう。
 同連盟の機関誌『器楽教育』は、1966（昭和41）年までの10年にわたって器楽教育関連の記事を掲載し続けたが、同年4月より『音楽教育研究』に改題された。その理由として「昨今の音楽教育界を展望」すると、「器楽教育にとどまることなく、広く音楽教育の根本問題について解決を迫られる事態に立ち至って」いることがあげられた[55]。器楽教育実践は、それだけを取り上げて研究する時期を終え、歌唱や鑑賞と関連づけた研究が行われる段階に

入ったのである。本来めざされていた理念からの乖離という問題を抱えつつも、器楽教育実践が全国的に行われるようになり、最早その普及活動の段階を終えたのである。

　本書の各章でも明らかにしたように、確かに、戦後教育改革期にあった「楽器の確保」「楽譜の確保」「指導方法の普及」という三つの課題は、音楽教育研究団体や教育行政の各種事業を通して漸次解決されてきた。例えば音楽教育研究団体の取り組みとしては、新生音楽教育会による全国での器楽指導講習会や器楽合奏用楽譜集の出版、日本器楽教育連盟によるコンクール事業があげられる。また教育行政の施策としては、文部省『合奏の本』および『小学生の合奏』の発行と、これに伴う講習会開催、器楽教育用レコードの作成、教育用楽器に関する諸施策、文部省初等教育実験学校における器楽教育の研究などがあげられよう。また岐阜県多治見市立養正小学校のような公立学校における地道な実践の蓄積が全国の小学校の器楽教育実践の展開に影響を与えたこともみた。こうして「楽器の確保」「楽譜の確保」「指導方法の普及」がある程度整備された事実を受けて、『器楽教育』誌は器楽教育が普及活動の段階を終えたことを宣言したのである。

　なお、『器楽教育』の改題とともに、日本器楽教育連盟は編集人からその名を消している。その後の活動については、1968（昭和43）年度『音楽年鑑』における音楽団体名一覧の中に「日本器楽教育連盟　会長石川誠一」の記載を確認できるが、それ以降の組織の存続については不明である[56)]。

　いずれにせよ、器楽教育実践の先駆者たちがその活動の「集大成」として組織した日本器楽教育連盟の機関誌『器楽教育』が、器楽教育だけを研究する時代の終わりを自ら宣言したとき、器楽教育はその成立をみたのである。

第10章　註

1）「結成大会記録」『器楽教育』第1巻第1号、1956年12月、5-12頁。
2）ただし、楽器産業界誌『楽器商報』では、「当日は百七十九名の世話人を始め都下近県よりの参加者を含めて約二百五十名が出席」したと報じている（「一般社会人をも含めて日本器楽教育連盟を結成」『楽器商報』第7巻7号、1956年7月、22頁）。
3）「会務報告」『器楽教育』第1巻第1号、1956年12月、24頁。
4）「役員名簿」『器楽教育』第1巻第1号、1956年12月、22頁。
5）「日本器楽教育連盟結成の趣旨」『器楽教育』第1巻第1号、1956年12月、2頁。
6）結成大会の「運営に関する意見交換」における川上幸平会員（連盟理事、東京都音楽教育研究会代表）の発言。「結成大会記録」、前掲註1）、8頁。
7）同前書、5頁。
8）「変わる小学校の"器楽教育"」『朝日新聞』（東京版）1960年6月8日朝刊、7面。
9）「リベート糾弾騒ぎ」『朝日新聞』（東京版）1972年12月7日夕刊、10面。
10）同前書、10面。
11）「学校リベート」『朝日新聞』（東京版）1964年3月11日夕刊、1面。
12）「日本器楽教育連盟会員規定」『器楽教育』第1巻第1号、1956年12月、4頁。
13）結成大会の「運営に関する意見交換」における三島安秀会員（連盟理事）の発言。「結成大会記録」、前掲註1）、8頁。
14）「日本器楽教育連盟結成の趣旨」、前掲註5）、2頁。
15）同前書、2頁。
16）同前書、2頁。
17）「発刊のことば」『器楽教育』第1巻第1号、1956年12月、1頁。
18）「器楽教育の普及と本誌の使命」『器楽教育』第2巻第7号、1959年7月、5頁。
19）同前書、2頁。
20）「日本器楽教育連盟会則」『器楽教育』第1巻第1号、1956年12月、3頁。
21）「〈アンケート〉器楽学習をどのように進めていますか」（『器楽教育』第2巻第9号、1959年9月、32-34頁）など。
22）例えば、第1巻第2号（1957年4月）で文部省初等教育音楽科実験校であった群馬県前橋市立天川小学校への訪問をレポートした記事を皮切りに連載が開始された「学校訪問」のコーナーや、第2巻第7号（1959年7月）から始まった「器楽クラブめぐり」などが挙げられる。

23) 石川誠一ほか「現場の苦心談・"楽器設備"をどのようにして充実させたか」『器楽教育』第3巻第1号、1960年1月、28-33頁。
24) 「普通授業における器楽学習指導の研究会」『器楽教育』第1巻第2号、1957年4月、2-5頁。
25) 石川誠一ほか「座談会・小学校と中学校との器楽教育のつながりをどうしたらよいか」『器楽教育』第1巻第1号、1956年12月、16-19頁。
26) 石川誠一ほか「座談会・中学校側からみた器楽教育その一」(『器楽教育』第1巻第2号、1957年4月、6-10頁)、および、石川誠一ほか「座談会・中学校側からみた器楽教育その二」(『器楽教育』第1巻第3号、1957年8月、2-6頁)。
27) 座談会「器楽教育における当面の諸問題について：楽器業界の人々を囲んで」(『器楽教育』第1巻第4号、1957年12月、2-8頁)には、日本管楽器専務、トンボ楽器社長、小野ピヤノ社長、日本楽器東京支店営業課長、小牧楽器店店主、全国楽器協会書記長らが出席、連盟理事と器楽教育だけでなく音楽教育全般に関する意見交換をおこなった。なおこの座談会は次号(第1巻第5号、1958年7月、2-5頁)にわたって掲載された。
28) 1956(昭和31)年度には二つの放送局主催の音楽コンクールがあり、その中で器楽合奏の演奏が競われた。すなわち、日本放送主催の「学校音楽コンクール」における「合奏(小学校の部)」では、荒川区第四峡田小学校が「推せん」に、千葉県行徳小学校が「準推せん」に選ばれた。またラジオ東京主催の「こども音楽コンクール」における器楽の部では、第3位に東京御殿山小学校が「器楽合奏」として入賞(第1位はピアノ独奏、第2位は吹奏楽)した(「ニュース・民間放送器楽コンクール」『器楽教育』第1巻第3号、1957年8月、14頁)。
29) 「ニュース・全日本学校器楽合奏コンクール委員会の発足」『器楽教育』第1巻第3号、1957年8月、16頁。
30) 同前書、16頁。
31) 後援団体は「日本放送協会、東京都、東京都教育委員会」、協賛団体は「日本器楽教育連盟、日本教育音楽協会、全国音楽教育研究会、全国小学校音楽教育研究会、全国中学校音楽教育研究会、全国高等学校音楽教育研究会、全国音楽科指導主事協会、全国楽器協会」であった(同前書、16頁)。
32) 木村信之『音楽教育の証言者たち(上)』音楽之友社、1986年、101頁。
33) 村上忍ほか「座談会・器楽コンクール参加の実際は」『器楽教育』第7巻第7号、1964年7月、18頁。
34) 木村『音楽教育の証言者たち(上)』、前掲註32)、101頁。

35) 音楽新聞社からの発行となった『器楽教育』第1巻第6号の奥付に示された住所と、コンクール委員会の発足を知らせる記事に示された委員会事務局の住所はともに「東京都文京区根津西須賀町一五」である（「ニュース・全日本学校器楽合奏コンクール委員会の発足」、前掲註29)、16頁)。
36) 同前書、16頁。
37) 石川誠一「開催の趣旨について（第三回全日本学校器楽合奏コンクール特集)」『器楽教育』第2巻第7号、1959年7月、6-9頁。
38) 同前書、7頁。
39) 石川誠一「器楽合奏コンクールさんか要項の解説と指導」『器楽教育』第4巻第8号、1961年8月、6-7頁。
40) 村上忍、石川誠一ほか「座談会・器楽合奏コンクールに望むもの」『器楽教育』第6巻第1号、14-17頁。
41) このような、人数制限の規定や審査方法の変更については、『器楽教育』誌上でも批判や議論を呼んだ（高橋郁雄ほか「NHK全国学校器楽合奏コンクールにもの申す」『器楽教育』第6巻第2号、1963年2月、21-23頁)。
42) 西島万雄「全国大会評」『器楽教育』第7巻第1号、1964年1月、6頁。
43) 同前書、6頁。
44) 目次輝幸「裏日本の小都市に夢を」『器楽教育』第7巻第2号、1964年2月、20-21頁。
45) 今井雅子「一生の思い出に」『器楽教育』第7巻第2号、1964年2月、21頁。
46) 近藤敏雄「中部日本学校器楽合奏コンクールに優勝して」『器楽教育』第1巻第6号、1958年11月、20頁。
47) 同前書、20頁。
48) 同前書、20頁。
49) 同前書、20頁。
50) 浅野輝夫「"器楽コンクール"初参加に思う」『器楽教育』第4巻第5号、1961年5月、40-41頁。
51) 同前書、40頁。
52)「コンクールとオンガク」『器楽教育』第1巻第4号、1957年12月、27頁。
53) 村上、石川ほか「座談会・器楽合奏コンクールに望むもの」、前掲註40）、15頁。
54) 同前書、15頁。
55)「社告」『器楽教育』第9巻第3号、1966年3月、21頁。
56)『音楽年鑑43年度版』（音楽之友社、1968年11月）の音楽団体名一覧には、日本器

楽教育連盟の記載があり、会長は石川誠一、副会長は井口晴弘、宗鳳悦となっている。また事務局として上田友亀の自宅と思われる住所が記載されている。本研究ではそれ以降に発行された『音楽年鑑』の1975（昭和50）年度版までをすべて調査したが、同連盟の記載はなかった。

終　章

第1節　器楽教育成立過程の構造的特徴

1　教師たちの主体的実践と教育運動としての展開
1）音楽教育研究団体の系譜関係

　戦前から戦後にかけて設立された音楽教育研究団体について、その構成員の観点から描くことができる系譜関係を**図終-1**に示した。なかでも器楽教育の普及に積極的であった団体を太線で囲んでいる。こうした各団体の系譜関係を描くことにより、次の3点が明らかになった。

　第1点は、器楽教育の指導方法の全国への普及過程である。戦前の1930年代、学校音楽研究会に所属する現場教師たちが器楽教育実践を試み始めた。その中心は東京市であった。30年代後半には東京市小学校ハーモニカ音楽研究会（以下、東ハ音研と略称する）においてハーモニカ合奏の指導方法のみならず楽器メーカーとの連携による教育用楽器開発の試みも行われた。戦後は、戦前からの実践者たちの講習会などによって全国に指導方法が押し広げられた。新生音楽教育会がその一翼を担った。1950年代後半には、依然として器楽教育の振るわないままであった農山村部や僻地への指導方法の普及を課題意識としてもつ日本器楽教育連盟が設立された。このように、器楽教育の指導方法は、戦前期に東京市を中心に研究、準備され、戦後、各種研究団体による講習会等を通して東京から全国の都市部へ、さらに地方都市部から山村部へと普及したとみることができる。

　第2点は、学校音楽研究会に所属する実践者たちが器楽教育実践の源流を担ったことである。**図終-1**からもわかるように、学校音楽研究会に所属した

図終-1. 戦前・戦後期の音楽教育研究団体の相関図

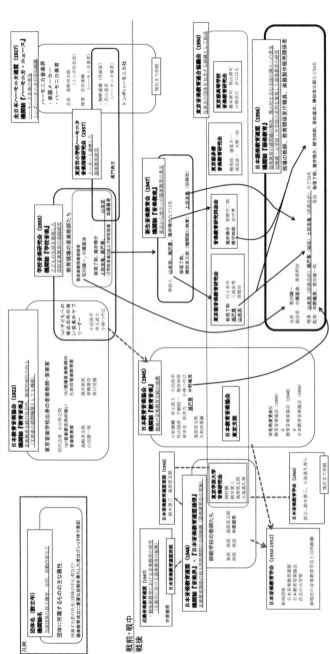

[註] 本図表の作成にあたっては以下の先行研究および資料を参考にした。
・「日本教育音楽協会 (1922)」については、上田誠二「音楽はいかに現代社会をデザインしたか」(新曜社、2010年) の第 2 章「エリート音楽教師たちの音楽教育運動」(69–103頁)。
・日本教育音楽協会 (1945)」については、木村信之「小出幸平」「日本教育音楽協会の再興」「音楽教育の証言者たち (上)」音楽之友社、1986年、47–68頁。
・「近畿音楽教育連盟 (1947)」、「日本音楽教育連盟 (1948)」、「日本音楽教育学会 (1950–1952)」、「日本音楽理研究会 (1966)」については、菅道子「戦後の「日本音楽教育学会」設立の試みとその歴史的位置づけ：関西音楽教育連盟」第21号、関西音楽教育学会、2004年、23–41頁。
・「東京音楽教育協議会 (1950)」については、雑誌記事「東京音楽教育連合協議会結成！」「楽器商報」第 1 巻第 1 号、楽器商報社、1950年 7 月、33頁。
・この他の研究団体については、各団体の機関誌を主な史料を参考にした。

器楽教育実践者たちが戦後の日本器楽教育連盟の会長、副会長、理事、委員などに就任した。とくに学校音楽研究会主催の研究授業で授業者を務めた上田友亀、瀬戸尊、山本栄の3名は戦後に新生音楽教育会を立ち上げ、いち早く器楽教育の指導方法の普及に取り組んだ。全国規模の組織をめざした新生音楽教育会は2年足らずで自然消滅してしまうが、彼らは3名とものちに日本器楽教育連盟の理事となり、庶務会計部や編集部など組織運営の中心を担った。また、学校音楽研究会以降の団体では、器楽教育の普及と合わせて児童の音楽生活を重視する思想が主張された。これは黎明期の器楽教育実践が、その思想と一体のものとして戦後へと引き継がれていったことを示唆している。さらに、第8章でも明らかにしたように、戦後の器楽教育のモデルケースとされた岐阜県多治見市立養正小学校（以下、養正小と略称する）の校條武雄は、戦前の学校音楽研究会の活動を通して、東京を中心に始まっていた器楽教育実践の情報を手に入れ、またその必要性について認識した教師の一人であった。このようにみると、器楽教育成立に戦前期の学校音楽研究会が果たした役割の大きさが理解される。実践者や指導方法のみならず、その思想も含めて、学校音楽研究会が器楽教育の揺籃となったといっても過言ではない。

　第3点は、学校音楽研究会に所属した器楽教育実践者のうち、とくに山本が戦後の器楽教育の普及に大きく貢献したことである。戦前、学校音楽研究会で新人会員として研究授業を行った山本は、同研究会に所属しつつ、ハーモニカ指導の研究に特化した東ハ音研を設立、トンボ楽器やハーモニカ音楽界、教育行政との連携を図った。また東ハ音研のみならず、戦後の新生音楽教育会、そして日本器楽教育連盟においても自らの勤務校を事務所にして設立にかかわった。山本はどの団体においても、教師による実践研究とともに楽器メーカーや教育行政など学校外との協力を常に意識していた。器楽教育の普及のためには、実践研究だけでなく、教育用楽器の開発とその安定的供給、教育行政、音楽界との連携が必要であることにいち早く気づき、その実

現のために研究団体を設立し、学校外との調整役となるべく、山本は自らの勤務校に事務所を置いたのである。音楽教育研究団体を組織し、その組織運営を通して器楽教育の振興と普及を図る、というのが、彼の戦略であった。

このように、戦前から戦後にかけての音楽教育研究団体を器楽教育成立過程解明の視点から考察すると、1933（昭和8）年設立の学校音楽研究会を祖とする、児童の音楽生活を重視する思想に支えられた器楽教育実践の系譜を描くことができる。そして、そこには常に、組織の設立を通して学校外との連携を図り、器楽教育の普及に奔走する、山本を始めとする戦前からの実践者たちの姿があった。

2）教育運動としての器楽教育普及活動

本研究では器楽教育成立過程を明らかにするにあたり、成立の3要件として「教材」「教具」「指導方法」をあげた。そして、この3要件の整備の担い手として現場教師、楽器産業界、教育行政の3者に着目した。第1章から第10章の各章を通して明らかにしたそれぞれの働きを図示したものが**図終-2**である。

この図からも、現場教師、楽器産業界、教育行政の3者をつなぐ役割を果たしたのは、教師たちが結成した音楽教育研究団体であったことは明白である。彼らは団体の活動として教育行政を巻き込みながら器楽教育の普及のための講習会を開き、学校外の音楽家たちと協力しながら器楽編曲を行い、楽器メーカーと連携して教育用楽器を開発した。器楽教育成立の過程において、音楽教育研究団体は常にその中心的位置を占めた。器楽教育は一貫して現場教師たちによる運動の形をとって発展してきたという側面があったのである。

佐貫浩は民間教育研究運動を「教職員、教育学者、父母、各専門分野の研究者などが、政府や公共団体からは独立して、自主的に組織をつくり、教育研究と実践をすすめていく運動」と定義した[1]。宗像誠也は教育政策・教育行政との関連から、教育運動を「権力の支持する教育理念とは異なる教育理

終　章　323

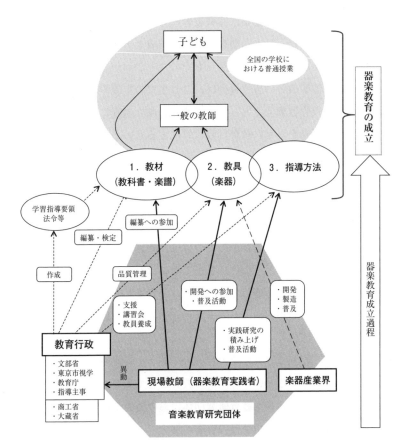

図終-2. 器楽教育成立の3要件と担い手3者の関係

念を、民間の社会的な力が支持する場合に成立するもの」と定義している[2]。しかし、器楽教育の研究・普及のために教師たちが結成した音楽教育研究団体の活動は、政府や公共団体から独立したところではなく、むしろそれらを巻き込みながら展開された側面がある。また必ずしも「権力の支持する教育理念とは異なる教育理念」にこだわって展開されたわけではなく、ときには権力すなわち教育行政との間に理念を共有し行動を共にした面もあった。戦

後の文部省『合奏の本』の編集に器楽教育の普及に熱心であった山本や瀬戸尊が加わっていたこと、日本器楽教育連盟の結成大会に東京都教育委員会が後援者として名を連ねていたことからもそのことがわかる。

このように、器楽教育の普及運動は、これまでの定義や理解とは異なる形で展開された「教育運動」であった。器楽教育成立過程における器楽教育普及運動は、教育運動を、常に教育行政に対抗するものとして捉えるのではなく、ときには教育行政に近づき行動を共にしたり反発したりしながら展開されていくものとして捉え直すことの必要性を示唆している。

2　楽器産業界と教育界の相互依存構造

器楽教育成立過程の構造的特徴の二つ目は、楽器産業界と教育界の相互依存関係である。本研究でとくに焦点を当てたのはハーモニカである。第4章でみたように、大正期に隆盛した「ハーモニカ音楽」という大衆文化の流行に陰りがみえ始めた昭和初期、ハーモニカ音楽界の人々は小学校へのハーモニカ導入という方法によってその停滞的状況を打破しようとした。一方、教育界においても、ハーモニカはその音程の正確さや安価さ、そして子どもにとって身近な楽器であるという理由から教具として重要な位置を占める楽器となっていった。戦前の音楽教育研究団体における教育用楽器の開発、また戦後は教育行政による教育用楽器の整備の場面で、さらには文部省初等教育実験学校における器楽教育の研究という場面においても、楽器産業界と教育界は「協力関係」を結びながら、教育用楽器の開発と普及（販売）へと邁進していった。第7章でも明らかになったように、戦後の楽器産業界の繁栄は、器楽教育の成立過程と表裏一体に築かれたものであった。

では、本研究で明らかとなった楽器産業界の発展は、器楽教育の成立過程において、どのような意味をもつだろうか。第8章でみた養正小における実践や、第9章でみた群馬県前橋市立天川小学校（以下、天川小と略称する）におけるリード合奏の研究、第10章でみた器楽コンクールに出場した学校で用

いられた楽器は、戦後教育改革期からの行政による様々な施策によりその生産と品質保証の態勢を整えられてきたからこそ確保できたものであった。現在の小中学校の音楽室には多種多様な楽器が溢れ、そのほとんどは国産楽器でまかなうことができる。それは楽器産業界の復興と発展がなければ叶うことのなかった恵まれた環境であるといえる。

一方で、器楽教育成立への道のりには、楽器産業界の発展と一体的に展開されたがゆえの負の側面もあった。例えば河口道朗は、法的拘束力をもち、器楽の学習が義務化された1958（昭和33）年の「学習指導要領」改訂にあたり、「利潤の追求」という発想から、業界がこの改訂にいかに「熱心で積極的」だったかを指摘したうえで、「商業主義の学校音楽への侵入」が「一段と進行した」と批判する[3]。

このような「商業主義の侵入」は、楽器の普及過程において、その楽器がもつ本来の音楽様式を見失わせる事態もまねいた。小学校における優れたリコーダー指導で著名な柳生力によれば、1950年代にプラスティック製リコーダーが開発されると、この楽器は「リコーダーの生成と発展の歴史にそった室内楽的なあり方」と「野外で行進するための『鼓笛隊バンド』の形態」の二つの形態で全国各地に広まった[4]。柳生は、リコーダーは本来ルネサンスからバロック時代の音楽様式に基づく「繊細極まりない楽器」であるにもかかわらず、野外で活動するために音量を要求される鼓笛バンドで利用されたことが、「教育面でのリコーダーの正しい扱いと発展にとって計り知れない弊害を与えた」と批判する[5]。このプラスティック製リコーダーは当初「当時の教育現場の状況と要請」から「鼓笛バンドのように音量を要求される場合」に適した設計がなされていたとされる[6]。ここで注意しなくてはならないのは、当時の鼓笛バンドにおけるリコーダーの使用が、楽器メーカー側の販売戦略の一環としても推奨されていたことである[7]。

本研究が明らかにしたように、器楽教育実践と楽器産業界は、一体のものとして行政の様々な施策のもとに発展し、恵まれた物的環境を音楽教育の場

にもたらした。しかし一方で、この教育界と楽器産業界の一体性ゆえに、器楽教育の成立過程には、ここで指摘したような音楽教育への「商業主義の侵入」と、これに伴う様々な問題が内包されていたことも忘れてはならない。

3 器楽教育の実践を支えた思想とそのジレンマ——特異な合奏形態形成の要因

　戦前から戦後までを通して器楽教育の普及活動に取り組み、その成立へと導いていった教師たちの情熱を支えたものとは何だったのだろうか。ここでは今一度、器楽教育実践者や教育行政関係者たちの音楽教育思想を振り返り、彼らがそれぞれに見出した器楽教育の固有の価値や理念を確認しておきたい。またそれを通して、それぞれの思想の相違のために器楽教育が抱え込むことになったジレンマや、現在の特異な合奏形態形成の要因を検討する。

　黎明期には、歌詞から解放されたところにある、音楽の独立した美を把握させるための器楽教育という発想があった。簡易楽器指導の唱導者であった上田友亀は、音楽自体の独立した構造や美を重視し、それまでの歌詞従属の唱歌教育を批判した。彼は、音楽の本質は音の動きそのものにあるという音楽観をもっており、音楽教育では目の前の音の動きを「観照」しそれに「没入」する体験の積み重ねこそ重要であるとした。そして「音の動き」に「没入」するための手段として上田が考えたのが、歌詞から開放され、児童自身の身体からも離れたところで音響する楽器の導入であった。つまり、器楽教育黎明の最も原初的発想は、歌詞内容にとらわれる歌唱指導への批判と、それを乗り越えるため、つまり歌詞から解放された音楽そのものの美や音の動きを児童に把握させるために器楽教育を導入するというものであった。この発想は、今後の器楽教育を、その固有の価値という側面から考えるうえで大きな示唆を与えるものであろう。

　さて、黎明期の器楽教育実践者たちは、唱歌教育を芸術教育としての音楽教育へと脱却していく思想と、児童の音楽生活を重視する思想をもっていたが、この二つは本来相容れないものであった。なぜなら芸術としての音楽は、

文化としての系統化された体系をもっており、「児童の発達の尊重・保障」といった思想や、ここから導き出される児童の生活経験重視の思想とは相容れない部分があるからである。この相容れない二つの思想が時代ごとに様々な矛盾や対立を生み、そのジレンマの問題は器楽教育成立の過程に通底することとなった。

　まず、戦前から器楽教育に取り組み、常に普及運動の中心であり続けた瀬戸、上田、山本のように児童の音楽生活を重視する実践者たちは、児童に身近な簡易楽器による合奏を重視すべきである、と考えた（**図終-3**の第Ⅱ、Ⅲ象限＝**A**）。菅道子が指摘したように、彼らの戦前における簡易楽器指導の実践はすでに「芸術的見地」と「教育的見地」の乖離を内部に抱えていた[8]。第6章でみたように、新生音楽教育会が発行した機関誌『音楽教室』や合奏楽譜集をみるかぎり、彼らは戦後も、基本的には児童の音楽生活を重視する立場をとり続けた。一方、戦後に器楽教育の実施を主張した文部省の諸井三

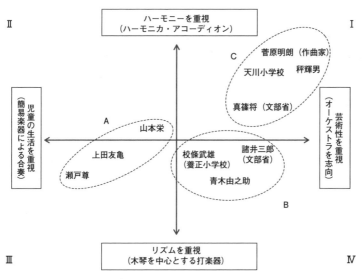

図終-3. 教育思想と楽器および合奏の選択の関係

郎は、芸術性を重視し、西洋音楽の器楽における「最高峰」であるオーケストラ楽器の指導までを視野にいれた教育を構想した[9]。第8章で考察した養正小の校條も、当初はリズムを重視し、木琴を中心とする合奏形態の実践を積んでいたが、器楽合奏団の発展に伴い「順次アコーディオン、笛類なども編成に加え、更にフリュート、バイオリン」のような「本格的な楽器」も加えることを考えており[10]、諸井の考え方と軌を同じくしている（**図終-3**の第Ⅳ象限＝**B**）。ただし校條が児童の音楽生活の重視にも言及していることには留意しておきたい。さて戦後改革期には、この**図終-3**の**A**と**B**の立場の差異が、新生音楽教育会の楽譜集と文部省『合奏の本』に掲載された器楽教材の編曲の違いとして表れた。前者は低学年から高学年まですべての編曲が簡易楽器だけで演奏されるようになっており、後者は学年が上がるにつれて簡易クラリネットやヴァイオリンなど、オーケストラを意識した楽器も取り入れられる構成になっていた。この差異は、それぞれの重視するものが児童の音楽生活なのか芸術性なのか、という思想上の差異に起因するとみてよい。もっとも、この両者の緊張関係は、大きく前景化することはなかった。というのも、瀬戸と山本は『合奏の本』の編集にも参加しながら、一方では簡易合奏だけですべてが構成される合奏集も発行したからである。器楽教育の普及という「大目標」のまえに、このような思想の相違はひとまず傍に置かれたとみることもできよう。

次に、1955（昭和30）年度から2年間、文部省初等教育実験学校であった天川小がリード合奏の実践で成果をあげると、今度は中心的な旋律楽器としてハーモニカを用いるべきか、木琴を用いるべきかという論争が起こった。作曲家の菅原明朗を始め、器楽教育の目標としてより芸術的な響きやハーモニー（和声感）を重視する人々は、音程がくるいにくく、音を伸ばすことができるハーモニカを中心とするリード合奏を主張した（**図終-3**の第Ⅰ象限＝**C**）。彼らのめざすところはオーケストラの弦楽器の代わりにリード楽器を用いるものであったから、当然リード合奏はオーケストラを志向する合奏形

態である。一方、従来から器楽教育の目標としてリズム感の重視を掲げ、様々な楽器を児童に経験させることを意図した人々は、打楽器を重視し木琴を中心とするリズム合奏の意義を主張した（図終-3の第Ⅳ象限＝B）。このBとCの立場の違いから起こったのが「小学校における器楽教育はリード合奏であるべきか」という論争であった。そして器楽教育の先駆者の一人である瀬戸が指摘したように、この論争は合奏形態の選択という表層の主題の下に、「教育的見地」と「芸術的見地」のジレンマをどう克服していくべきかというより本質的な論点が隠れていた。

　その後は天川小の研究成果とコンクールに後押しされるかたちで全国的には第Ⅰ象限（＝C）の立場、すなわちオーケストラを志向するリード合奏が隆盛する。1960年代半ば、当時の器楽教育の発展ぶりに対して「子どもから遊離してきたような気がする」と苦言を呈したのは、戦前から一貫して第Ⅲ象限、つまり児童の音楽生活を重視する立場から発言しつづけた瀬戸であった[11]。このことは、器楽教育成立過程の構造的特徴の一面を象徴している。つまり器楽教育が普及すればするほど、かえって普及活動に熱心であった人々が本来めざしていた器楽教育の理念からその実態は乖離していったのである。

　このように、戦前には実践者それぞれが個人のなかに抱えるジレンマであった「芸術的見地」と「教育的見地」の乖離の問題は、戦後の器楽教育成立過程においては実践者ごとの思想の相違という形で表出し、その乖離は広がっていったようにみえる。このような構造的な問題を抱えつつ、器楽教育は成立をみたのであった。

　以上のことを踏まえたとき、現在の器楽教育の特異な合奏形態が形成された要因として、過去の器楽教育実践者たちのそれぞれの思想や教育目標と、これに基づく楽器選択や合奏形態の選択があったことが理解される。つまり時代ごとの音楽教育思潮の流行に応じて購入され、蓄積されてきたものが、

現在の音楽室にあふれる多種多様な楽器であった、ということである。いわば器楽教育の歴史が内包する思想的ジレンマの物理的表徴が音楽室の楽器群だったのである。

しかしここで留意したいのは、それらの楽器を使ってどのような授業をするのかは、結局のところ教師に委ねられているということである。現在の器楽教育では、過去の実践者たちの語った思想がほとんど忘れ去られたところで楽器が選択され、合奏指導が行われているとはいえないだろうか。ハーモニカやアコーディオン、木琴、玩具的な楽器には、それぞれに教育上の思想と目標が込められていたはずであるが、今それを知る者は多くはない。結果、本来の楽器がもちえた教育的意義とは無関係な組み合わせによって合奏が行われ、日本独特の特異な合奏形態が形成されていると思われる。

器楽教育の成立過程とともに豊富な楽器が音楽室にあふれ、物的に恵まれた音楽環境が整備されたにしても、過去の実践者たちの思想が忘れ去られ、楽器というモノだけが残された音楽室で、子どもたちに何を「わかち・伝えて」[12]いくことができるだろうか。黎明期の器楽教育実践者たちが思想したように、児童の音楽生活を豊かにするためのものとして、あるいは歌詞から解放された音楽そのものの美や音の動きを児童に把握させるために、どのような器楽の学習を構想できるだろうか。

本研究によって明らかになった器楽教育成立過程の構造的特徴は、今後の器楽教育、ひいては音楽教育を考えようとするとき、様々なことをわれわれに問いかけてくるのである。

第2節　今後の研究課題

残された研究課題には二つの種類のものがある。一つは、器楽教育の歴史研究をさらに補い発展させていくために必要な課題であり、もう一つはこの研究のいわば延長線上に考えられる音楽教育史に関する研究課題である。

前者として5点あげておきたい。

（1）戦後教育改革期における器楽教育の普及における関西地方の役割をみる必要がある。この時期には京都で設立された近畿音楽教育連盟とそこから発展した日本音楽教育連盟も器楽教育普及活動に取り組んだことがすでに明らかにされており[13]、今後はこの点も器楽教育成立過程のなかに位置づけなければならない。京都においては、京都市文教局が1949（昭和24）年教育予算に教育楽器設置費を計上し、京都市会がこれを全議員の一致で承認するなど、全市をあげて器楽教育の振興に取り組んでいた[14]。当時の京都市における器楽教育振興施策と市内小学校における実践を考察することで、戦後教育改革期における器楽教育の普及過程をより立体的に描出することができるだろう。

（2）1958（昭和33）年改訂の「小学校学習指導要領」（以下、「33年指導要領」と略称する）の編纂過程をより具体的に描出することが必要である。本研究では「小学校における器楽教育はリード合奏であるべき」という論争を踏まえて「33年指導要領」の内容を分析するにとどまった。しかし今後はその内容がどのように記述されたのか、第一次資料の収集と分析により明らかにしなければならない。

（3）戦後の教員養成の諸学校において器楽教育がどのように扱われたのか、ということである。本研究では教師たちを器楽教育普及運動の主体者であるととらえ、教材（楽譜）、教具（楽器）、指導方法の普及と整備がどのようになされたのかを主にみた。その結果、同時代の教師たちへの講習会については明らかにしたものの、次世代の音楽教師たちの養成という面から器楽教育がどのように扱われたのかをみることはできなかった。

（4）個々の楽器に着目した歴史研究のさらなる進展が望まれる。本研究では教具として用いられた楽器としてハーモニカを中心に扱った。しかし、戦後の養正小の実践を始め、木琴を重視した合奏形態も重要であった。今後は木琴という楽器についても器楽教育の歴史という観点から詳細な検討が必

要であろう。すでに山中和佳子によるリコーダーの研究[15)]や鍵盤ハーモニカの研究[16)]、門脇早聰子のミハルスの研究[17)]、飯村諭吉による小太鼓の研究[18)]など、個別の楽器に着目した歴史研究があるが、今後は対象とする楽器をさらに広げ、相互の関係も描出していくことで器楽教育の歴史研究はさらに厚みを増すことが期待される。

（5）上記（1）～（4）を踏まえたうえで、本研究と同様の研究視点と方法を用いて後の時代にまでくだっていきたい。「33年指導要領」以降の時代には、現在個人持ちの楽器として使用されているリコーダーと鍵盤ハーモニカ、また電子楽器や和楽器など、器楽教育で扱われる楽器の種類はさらに増え、教材として扱われる楽曲の種類もポピュラー音楽が導入されるなど幅広くなっていく。これらを対象とした「器楽教育展開過程の研究」といったものが構想される必要がある。

次に、本研究の延長として以下のような音楽教育史研究が構想されうる。
（1）本研究で用いた、音楽教育研究団体に着目した歴史研究の手法で、器楽教育だけでなく音楽教育史研究全体を見直す必要がある。器楽教育の歴史研究だけでなく、これまでの音楽教育史研究は、過去の音楽教師たちの個別の具体的実践や思想を深めることには熱心であったが、それらの相互の関係を描出することはあまりしてこなかった。戦前には本研究で注目した日本教育音楽協会と学校音楽研究会の他に、全日本音楽教育会や日本児童音楽協会という団体が存在していた。今後はこれらの諸団体の機関誌を収集・分析することで音楽教師たち相互の関係を明らかにし、それを通して音楽教育思想史の全体的な地図を描出することが必要である。

（2）（1）に関連し、戦前から戦後にかけての児童の音楽生活を重視する教育思想についてさらに深める必要がある。先行研究では、例えば戦前の北村久雄は「音楽生活」を原理とした教育方法論である「音楽生活の指導」を実践していたことが明らかにされている[19)]。しかし北村の唱えた「音楽生

活」と本研究でみた器楽教育実践者たちが唱えた「音楽生活」の関係性は未解明である。結局のところ、同じ時代に用いられた「音楽生活」の内容が相互にどのような相違と共通性をもっているのかを知るためには、(1)で述べたように教師間の関係を明らかにすることが必要なのである。

さて、以上の諸課題のさらに先には、現在の音楽科がどのように成立してきたのかという「音楽科教育成立過程の研究」といったものが構想されうるだろう。しかしそのような壮大な研究課題は、複数の音楽教育史研究者の各自の研究成果を総合することによって成しうるものと思われる。筆者としては、本研究を出発点として、上に述べた諸課題を進めることにより、音楽教育史研究の進展の一角を担っていきたいと考えている。

終章　註

1) 佐貫浩「民間教育研究運動」平原春好、寺崎昌男編『教育小事典』学陽書房、1982年、256頁。
2) 宗像誠也『教育と教育政策』岩波新書、1961年、6頁。
3) 河口道朗『音楽教育の理論と歴史』音楽之友社、1991年、316頁。
4) 柳生力『仕組まれた学習の罠』アガサス、2006年、181頁。圏点は引用者。
5) 同前書、182頁。
6) 同前書、183頁。
7) 『楽器商報』第9巻第10号（1958年10月、10頁）に掲載された日本管楽器の広告には「富山国体に燦として輝く日管の鼓笛バンド」「富山国体にもスペリオパイプ」との謳い文句とともに行進しながら楽器を演奏する学生の写真が掲載され、そのなかにはスペリオパイプ（＝日管のプラスティック製リコーダーの商品名）を吹奏する学生が確認できる。
8) 菅道子「1930年代〜40年代の小学校簡易楽器指導の展開：上田友亀の簡易楽器指導の実践を中心に」、日本音楽教育学会第40回大会研究発表、2009年10月3日、広島大学、発表レジュメ、7-11頁。
9) ここでいう「芸術性」は、当時の思想状況から西洋音楽を基準とした芸術性に限られる。
10) 校條武雄『器楽教育の実際』音楽之友社、1951年、2頁。

11) 瀬戸尊、山本栄、石川誠一、上田友亀「座談会　先駆者が語る器楽教育の変遷」『器楽教育』第 8 巻第 2 号、20頁。
12) 大田堯『教育とは何か』岩波新書、1990年、137頁。
13) 菅道子「戦後の『日本音楽教育学会』設立の試みとその歴史的位置づけ」関西楽理研究会『関西楽理研究』第11号、2004年、26-33頁。
14) 中原都男『京都音楽史』音楽之友社、1970年、61頁。
15) 山中和佳子「戦後の音楽科教育におけるリコーダーの導入と指導の史的展開」東京芸術大学博士論文、2012年。
16) 山中和佳子「日本の学校教育における鍵盤ハーモニカの導入」『福岡教育大学紀要第 5 分冊（芸術・保健体育・家政科編）』第65号、2016年、17-24頁。
17) 門脇早聴子「日本の初等科音楽教育における楽器『ミハルス』の意義と役割」音楽教育史学会『音楽教育史研究』第18号、2016年、 1 -12頁。
18) 飯村諭吉「昭和10（1935）年前後における小森宗太郎の小太鼓奏法とその練習法：『打楽器教則本』（1933）及び『鼓笛隊指導書並教則本』（1938）の解読を通して」日本音楽表現学会『音楽表現学』vol. 15、2017年、73-84頁。
19) 塚原健太「北村久雄の『音楽生活の指導』の特質：カリキュラム論の視点からの検討を通して」日本音楽教育学会『音楽教育学』第46巻第 1 号、2016年、13-24頁。

史料および参考文献一覧

> **凡例**
> i.「A．史料」、「B．参考文献」、「C．事典・辞典」に大別した。
> ii.「A．史料」は、「1．雑誌記事」、「2．新聞記事」、「3．教科書等」、「4．学校所蔵史料等」、「5．資料集等」、「6．その他の史料」に分けて記載した。
> iii.「B．参考文献」は、「1．著書」、「2．論文」に分けて記載した。
> iv. 各項目の文献はすべて発行年順に並べ、同年発行の場合は著者名の五十音順に記載した。ただし、「A．史料」の「1．雑誌記事」は雑誌の創刊年順で並べ、記事は雑誌ごと、巻号順に記載した。雑誌の発行主体者名は創刊時、もしくは改題時のものを記載した。

A．史料
1．雑誌記事
1）音楽教育研究団体関連
（1）日本教育音楽協会『教育音楽』（第1巻第1号、1923年1月〜第18巻第12号、1940年12月。戦後の『教育音楽』とは別の雑誌）。
・瀬戸尊「鑑賞への学習指導に就いて」（第5巻第2号、1927年2月）。
・加藤義登「小学校に於ける児童ハーモニカ合奏に就いて」（第16巻第5号、1938年5月）。
・「教育音楽研究大会概況」（第18巻第1号、1940年1月）。
・「文部省諮問案答申」（第18巻第1号、1940年1月）。
・北村久雄「音楽的生活過程に於ける器楽指導」（第8巻第4号、1930年3月）。

（2）学校音楽研究会『学校音楽』（第1巻第1号、1933年9月〜第9巻第3号、1941年3月）。
・北村久雄「音楽教育はどこへ行く」（第1巻第1号、1933年9月）。
・廣岡九一「最小限度のスクールバンドについて」（第1巻第2号、1933年10月）。
・小鷹直治「小学児童の合奏：口絵写真に就て」（第2巻第10号、1934年10月）。
・下村好廣「学校音楽の一部門としてのハーモニカ」（第3巻第6号、1935年6月）。
・廣岡九一「学校合奏団指導」（第3巻第6号、1935年6月）。
・上田友亀「簡易楽器に依る音楽生活の指導」（第3巻第8号、1935年8月）。
・上田友亀「簡易楽器に依る音楽生活の指導（二）」（第3巻第9号、1935年9月）。
・「第九回学校音楽座談会記録」（第4巻第9号、1936年9月）。

・「学校音楽研究会推薦第一回唱歌研究授業」（第6巻第11号、1938年11月）。
・水戸武夫「東京市下谷区根岸尋常小学校参観記」（第8巻第3号、1940年）。
・「豪華新唱歌研究授業」（第8巻第5号、1940年5月）。
・「新人推薦唱歌研究授業」（第8巻第7号、1940年7月）。

（3）教育音楽家協会『教育音楽』（第1巻第1号、1946年12月～第12巻第3号、1957年3月。その後『教育音楽（小学版）』と『教育音楽（中学版）』に改題）。
・近森一重「新音楽教科書とその取扱い」（第2巻第2号、1947年6月）。
・石黒一郎ほか「座談会　新人の観察」（第3巻第2号、1948年2月）。
・「教音報道」（第3巻第2号、1948年2月）。
・山本栄ほか「座談会　簡易楽器指導の方向」（第3巻第5号、1948年5月）。
・「教音報道」（第3巻第6号、1948年6月）。
・「教音報道」（第3巻第8号、1948年8月）。
・「教音報道」（第3巻第10号、1948年10月）。
・「教音報道」（第4巻第1号、1949年1月）。
・「文部省教育用楽器審査会審査済の教育用楽器一覧表」（第4巻第2号、1949年2月）。
・「教音報道」（第4巻第5号、1949年5月）。
・真篠将「文部省は何を主張してきたか：初等教育課として」（第7巻第10号、1952年10月）。
・目賀芳音『あの頃・あの人　東京市視学を横取りされた男』（第9巻第8号、1954年8月）。

（4）日本教育音楽協会『教育音楽（小学版）』（第12巻第4号、1957年4月～現在に至る）。
・真篠将「音楽科実験学校について：文部省の立場」（第12巻第7号、1957年7月）。
・尾林文「歩んだ茨の道（実践記録：音楽実験学校二年間の歩み）」（第12巻第7号、1957年7月）。
・水野文一「わが校の器楽クラブ」（第12巻第7号、1957年7月）。
・秤輝男「小学校の合奏形態について」（第12巻第8号、1957年8月）。
・瀬戸尊「二つの考え方」（第12巻第11号、1957年11月）。
・青木由之助「小学校の合奏形態への提言：リード合奏が中心となるべきか」（第12巻第11号、1957年11月）。
・井上武士ほか「座談会器楽実験学校の研究を省みて」（第12巻第11号、1957年11月）。

- 真篠将「どちらにも偏りたくない」（第12巻第11号、1957年11月）。
- 井上武士ほか「座談会　リード合奏でなければならないか：小学校の器楽指導について」（第13巻第5号、1958年5月）。
- 千代延尚「私はこう思う」（第12巻第11号、1957年11月）。
- 田中正男「形態にとらわれない合奏を」（第12巻第11号、1957年11月）。
- 瀬戸尊「器楽教育の今昔」（第15巻第1号、1960年1月）。

（5）新生音楽教育会『音楽教室』（第1号、1947年5月～第11・12号合併号、1948年12月）。

- 「発刊の声」（第1号、1947年5月）。
- 勝田栄三郎ほか「研究室・一年」（第1号、1947年5月）。
- 「研究室記録・第一回研究会のこと」（第1号、1947年5月）。
- 山本栄「簡易楽器の合奏研究（一）」（第1号、1947年5月）。
- 「『新生音楽教育会』の発足：器楽指導の研究」（第1号、1947年5月）。
- 「新生音楽教育会第二回研究会だより」（第2号、1947年6月）。
- 「巡回講師派遣」（第2号、1947年6月）。
- 新生音楽教育会「新リズム楽器『ハンド・カスタ』推奨」（第2号、1947年6月）。
- 「新生音楽教育会の動き」（第5・6号合併号、1948年2月）。
- 「新生音楽教育会の動き」（第7・8号合併号、1948年6月）。
- 「新生音楽教育会の動き」（第9・10号合併号、1948年10月）。
- 「器楽指導と教師の自主性」（第11・12号、1948年12月）。
- 「編集後記」（第11・12号、1948年12月）。
- 近森一重「合奏の本について」（第11・12号、1948年12月）。

（6）日本音楽教育連盟『日本音楽教育連盟通信』（第1号、1948年4月～第11巻、1949年7月）。

（7）日本器楽教育連盟『器楽教育』（第1巻第1号、1956年12月～第9巻第3号、1966年3月。その後『学校音楽研究』に改題）。

- 「発刊のことば」（第1巻第1号、1956年12月）。
- 「結成大会記録」（第1巻第1号、1956年12月）。
- 「会務報告」（第1巻第1号、1956年12月）。
- 「日本器楽教育連盟会員規定」（第1巻第1号、1956年12月）。
- 「日本器楽教育連盟会則」（第1巻第1号、1956年12月）。
- 「日本器楽教育連盟結成の趣旨」（第1巻第1号、1956年12月）。
- 「役員名簿」（第1巻第1号、1956年12月）。

- 石川誠一ほか「座談会・小学校と中学校との器楽教育のつながりをどうしたらよいか」(第1巻第1号、1956年12月)。
- 「普通授業における器楽学習指導の研究会」(第1巻第2号、1957年4月)。
- 「学校訪問」(第1巻第2号、1957年4月)。
- 石川誠一ほか「座談会・中学校側からみた器楽教育その一」(第1巻第2号、1957年4月)。
- 「ニュース・民間放送器楽コンクール」(第1巻第3号、1957年8月)。
- 「ニュース・全日本学校器楽合奏コンクール委員会の発足」(第1巻第3号、1957年8月)。
- 石川誠一ほか「座談会・中学校側からみた器楽教育その二」(第1巻第3号、1957年8月)。
- 「器楽教育における当面の諸問題について」(第1巻第4号、1957年12月)。
- 「コンクールとオンガク」(第1巻第4号、1957年12月)。
- 近藤敏雄「中部日本学校器楽合奏コンクールに優勝して」(第1巻第6号、1958年11月)。
- 「器楽クラブめぐり」(第2巻第7号、1959年7月)。
- 「器楽教育の普及と本誌の使命」(第2巻第7号、1959年7月)。
- 石川誠一「開催の趣旨について(第三回全日本学校器楽合奏コンクール特集)」第2巻第7号、1959年7月)。
- 「〈アンケート〉器楽学習をどのように進めていますか」(第2巻第9号、1959年9月)。
- 石川誠一ほか「現場の苦心談・"楽器設備"をどのようにして充実させたか」(第3巻第1号、1960年1月)。
- 浅野輝夫「"器楽コンクール"初参加に思う」(第4巻第5号、1961年5月)。
- 石川誠一「器楽合奏コンクール参加要項の解説と指導」(第4巻第8号、1961年8月)。
- 村上忍ほか「座談会・器楽合奏コンクールに望むもの」(第6巻第1号、1963年1月)。
- 高橋郁雄ほか「NHK全国学校器楽合奏コンクールにもの申す」(第6巻第2号、1963年2月)。
- 西島万雄「全国大会評」(第7巻第1号、1964年1月)。
- 目次輝幸「裏日本の小都市に夢を」(第7巻第2号、1964年2月)。
- 今井雅子「一生の思い出に」(第7巻第2号、1964年2月)。

- 村上忍ほか「座談会・器楽コンクール参加の実際は」第7巻第7号、1964年7月）。
- 瀬戸尊ほか「座談会　先駆者が語る器楽教育の変遷」(第8巻第2号、1965年2月）。
- 「社告」(第9巻第3号、1966年3月）。

2）楽器産業関連

（1）全日本ハーモニカ連盟『ハーモニカ・ニュース』(第1巻第1号、1927年3月～第12巻第7号1938年7月。その後『アコーディオン・ハーモニカ研究』に改題）。
- 「全日本ハーモニカ連盟の栞」(第1巻第1号、1927年3月）。
- 島川観水「音楽家よ冷静であれ」(第10巻第5号、1936年5月）。
- 深井史郎「ハーモニカは玩具か？」(第10巻第5号、1936年5月）。
- 吉川新次郎「編集後記」(第10巻第5号、1936年5月）。
- 「特集・『ハーモニカは玩具か』？」(第10巻第5号、1936年5月）。
- 「『玩具問題』ついに全連の勝利に帰す！」(第10巻第6号、1936年6月）。
- 加藤義登「児童音楽教育とハーモニカに就いて」(第11巻第8号、1937年8月）。
- 佐藤謙三「小学校の音楽教育に就て」(第11巻第8号、1937年8月）。
- トンボハーモニカ手風琴製作所「小学校用標準ハーモニカ製作について」(第11巻第8号、1937年8月）。
- 宮田東峰「夏日随想」(第11巻第8号、1937年8月）。
- 眞門典生「東京市小学校ハーモニカ音楽指導研究会に就いて」(第11巻8号、1937年8月）。
- 加藤義登「児童とハーモニカ」(第12巻第5号、1938年5月）。
- 「東京市小学校ハーモニカ音楽指導研究会第一回発表演奏会」(第12巻第6号、1938年6月）。

（2）全日本ハーモニカアコーディオン連盟『アコーディオン・ハーモニカ研究』(第12巻第8号、1938年8月～第15巻第10号、1941年10月）。
- 本多鉄磨「小学校ハーモニカ音楽第1回『発表会』聴聞雑感」(第12巻8号、1938年8月）。
- 「小学校ハーモニカ音楽発表会批判」(第12巻8号、1938年8月）。

（3）楽器商報社『楽器商報』(第1巻第1号、1950年7月～）。
- 川上嘉市「創刊を祝して」(第1巻第1号、1950年）。
- 「教育用楽器の免税取り扱ひの危機」(第1巻第1号、1950年）。
- 「教育用標準規格協議会規程案」(第1巻第1号、1950年）。

- 「六月度楽器懇話会」（第1巻第2号、1950年）。
- 「教育用品標準規格協議会音楽科部会開催」（第1巻第3号、1950年9月）。
- 「大蔵省平田主税局長に陳情」（第1巻第5号、1950年）。
- 「教育免税手続き簡素化　関係各界の希望一部達成」（第2巻第1号、1951年）。
- 宮川孝夫「年頭に際して」（第2巻第2号、1951年）。
- 宮内義雄「教育用楽器創設当初の回顧」（第2巻第3号、1951年）。
- 「文部省試案教育用楽器規格決る」（第2巻第7号、1951年）。
- 山本栄ほか「座談会　東京都の楽器教育の現況」（第2巻第8号、1951年）。
- 中島務「工業標準化法　楽器とJISに就て」（第2巻第9号、1951年）。
- 川口章吾、西宮森太郎「対談ハーモニカ生活五十年」（第5巻第11号、1954年11月）。
- 「一般社会人をも含めて日本器楽教育連盟を結成」（第7巻7号、1956年7月）。

3）師範学校附属小学校研究紀要
（1）初等教育研究会『教育研究』（第1号、1904年4月〜）。
- 「会議の概況」（第158号、1916年11月）。
- 「協議会の概況」（第230号、1921年11月）。
- 原三代治「農村小学校に於ける児童楽器使用」（第230号、1921年11月）。

（2）奈良女子高等師範学校附属小学校学習研究会『学習研究』（第1巻第1号、1922年4月〜）。
- 鶴居滋一「唱歌学習の一方面（承前）」（第3巻第10号、1924年10月）。
- 鶴居滋一「低学年に於ける唱歌学習」（第6巻第11号、1927年11月）。

4）文部省関係
（1）文部省『初等教育資料』。
- 校條武雄「こどもたちの自主性と個性を生かすためのクラブ活動」（第15号、1951年）。
- 「実験学校に関する調査」（第25号、1952年6月）。
- 「昭和三十一年度初等教育実験学校研究発表会」（第84号、1957年4月）。
- 真篠将「文部省初等教育実験学校の研究成果（Ⅰ）音楽科器楽指導に関する実験的研究」（第87号、1957年7月）。
- 「三十二年度各都道府県研究題目（実験学校・協力学校）」（第95号、1958年3月）。

（2）文部省『文部時報』。
- 「文部省高等官名簿」（第803号、1943年12月）。
- 木宮乾峰「実験学校の指定とその研究事項について」（第842号、1947年10月）。

・近森一重「音楽教科書について」（第847号、1948年3月）。
・「小学校・中学校音楽科器楽指導楽器について」（第849号、1948年）。
・諸井三郎「教育用レコード及び楽器の現状」（第855号、1948年）。

5）その他の雑誌
（1）岐阜県教育会『岐阜県教育』。
・校條武雄「ブラスバンドに関する諸問題」（538号、1939年5月）。
（2）音楽之友社『音楽年鑑』。
（3）商工省調査統計局編『生活物資速報』。

2．新聞記事
・「ハーモニカは除けもの　演奏家の連盟」『東京朝日新聞』、1936年4月23日朝刊、11面。
・「変わる小学校の"器楽教育"」『朝日新聞』（東京版）1960年6月8日朝刊、7面。
・「学校リベート」『朝日新聞』（東京版）、1964年3月11日夕刊、1面。
・「リベート糾弾騒ぎ」『朝日新聞』（東京版）、1972年12月7日夕刊、10面。

3．教科書等
1）教科書
・文部省『一ねんせいのおんがく』東京書籍、1947年。
・文部省『二年生のおんがく』東京書籍、1947年。
・文部省『三年生の音楽』東京書籍、1947年。
・文部省『四年生の音楽』東京書籍、1947年。
・文部省『五年生の音楽』東京書籍、1947年。
・文部省『六年生の音楽』東京書籍、1947年。
・教育図書研究会編『私たちの音楽3～4』学校図書、1949年。
・教科書研究協議会編『音楽の世界へ1』教育出版、1950年。
・井上武士ほか編『おんがく　しょうがく2年生』音楽之友社、1951年。
・教科書研究協議会編『音楽の世界へ2～3』教育出版、1951年。
・弘田龍太郎ほか編『新しい音楽4年』東京書籍、1951年。
・新教育実践研究所編『音楽の本4』二葉図書、1951年。
・鳥居忠五郎ほか編『新しい音楽5年』春陽堂教育出版、1951年。

2）教材（楽譜）集
・文部省『合奏の本』日本書籍、1948年。

- 永隆音楽部編『もっきんの本』永隆株式会社、1951年。
- 文部省『小学校の合奏』第1巻、明治図書出版、1953年。
- 文部省『小学校の合奏』第3巻、全音楽譜出版社、1953年。

4．学校所蔵史料等
- 養正小学校『昭和廿三年十月　学校概要』、1948年10月。
- 養正小学校『昭和25年学校概要』、1950年。
- 『養正小学校器楽クラブ50周年記念文集』1997年5月。
- 養正小学校所蔵『多治見尋常高等小学校　学校沿革誌』(発行年記載なし)。
- 養正小学校所蔵『退職・異動教員履歴書』(発行年記載なし)。

5．資料集等
- 近代日本教育制度史料編纂会『近代日本教育制度史料』(第22～23巻) 大日本雄弁会講談社、1957年。
- 近代日本教育制度史料編纂会『近代日本教育制度史料』(第25巻) 大日本雄弁会講談社、1958年。
- 国立教育研究所内戦後教育改革資料研究会『文部省学習指導要領11音楽科編』日本図書センター、1980年。
- 江崎公子編『音楽基礎研究文献集第14巻』大空社、1991年。

6．その他の史料
1) パンフレット・プログラム
- トンボ楽器製作所『トンボ七十年の歩み』パンフレット、発行年不明。
- 『器楽教育研究発表会プログラム』、1949年3月26日、(個人蔵)。

2) レコード
- 多治見市立養正小学校器楽合奏団「簡易リズム楽器演奏　ガボット(ゴセック作曲、小林基晴編曲、校條武雄指導)」キング音響株式会社、1948年、番号〔7282、491〕。

B．参考文献
1．著書
- 手塚岸衛『自由教育真義』東京寳文館、1922年。
- 小出浩平『唱歌新教授法』教育研究会、1927年。

・木下竹次『学習各論下巻』目黒書店、1929年。
・服部嶺『社会的発動学習（米欧視察報告第1輯）』博文社、1930年。
・三浦俊三郎『本邦洋楽変遷史』日東書院、1931年。
・田村虎蔵先生記念刊行会編『音楽教育の思潮と研究』目黒書店、1933年。
・近衛秀麿、菅原明朗『楽器図説』文藝春秋社、1933年。
・小森宗太郎『打楽器教則本』共益商社、1933年。
・菅原明朗『管弦楽法』学芸社、1933年。
・近衛秀麿、菅原明朗『楽器図鑑』清教社、1937年。
・小森宗太郎、江木理一『鼓笛隊指導書並教則本』共益商社、1938年。
・『国民学校各科教育の本義』モナス、1941年。
・文部省普通学務局『国民学校令及国民学校令施行規則』、1941年。
・上田友亀『国民学校器楽指導の研究』共益商社、1943年。
・角南元一『芸能教育論』教育美術振興会、1943年。
・山本栄『国民学校教師の為の簡易楽器指導の実際』共益商社書店、1943年。
・日本放送協会編『文部省国民学校高等科教科書編纂趣旨解説』日本放送出版協会、1944年。
・諸井三郎『音楽教育論』河出書房、1947年。
・文部省『学習指導要領音楽編（試案）』東京書籍、1947年。
・文部省『学習指導要領一般編（試案）』日本書籍、1947年。
・菅原明朗『楽器図鑑』音楽之友社、1950年。
・菅原明朗『楽器の知識』音楽之友社、1951年。
・校條武雄『器楽教育の実際』音楽之友社、1951年。
・文部省『小学校学習指導要領音楽科編（試案）』教育出版、1951年。
・瀬戸尊『器楽指導の入門』明治図書、1953年。
・文部省『リード合奏の手引』教育出版、1954年。
・菅原明朗、陶野重雄、小林基晴『リード合奏の編成と指導』教育出版、1954年。
・梅根悟、瀬戸尊『音楽科指導の技術（講座・初等教育技術5）』東洋館出版社、1957年。
・真篠将編『器楽の指導』全音楽譜出版、1957年。
・文部省『初等教育指導事例集9音楽科編（2）』教育出版、1957年。
・文部省『教育用楽器基準の解説』大蔵省印刷局、1958年。
・文部省調査局編『小学校学習指導要領』帝国地方行政学会、1958年。
・菅原明朗『楽器のできるまで』ポプラ社、1961年。

- 宗像誠也『教育と教育政策』岩波新書、1961年。
- 文部省『教育用楽器の手引き』光風出版、1963年。
- 山住正己『唱歌教育成立過程の研究』東京大学出版会、1967年。
- 中野光『大正自由教育の研究』黎明書房、1968年。
- 小原國芳編『日本新教育百年史』第四巻、玉川大学出版部、1969年。
- 中内敏夫『生活綴方成立史研究』明治図書、1970年。
- 中原都男『京都音楽史』音楽之友社、1970年。
- 西宮安一郎、加藤善也『川口章吾』ミュージックトレード社、1970年。
- 通商産業省生活産業局編『昭和50年代の生活用品産業』通商産業調査会、1976年。
- 成城学園澤柳政太郎全集刊行会編『澤柳政太郎全集（第4巻）初等教育の改造』国土社、1979年。
- 上野浩道『芸術教育運動の研究』風間書房、1981年。
- 田甫桂三編著『近代日本音楽教育史Ⅱ：唱歌教育の日本的展開』学文社、1981年。
- 『私の履歴書　文化人14』日本経済新聞社、1984年。
- 木村信之『音楽教育の証言者たち（下）』音楽之友社、1986年。
- 木村信之『音楽教育の証言者たち（上）』音楽之友社、1986年。
- 真篠将先生退官記念著作集編集委員会『真篠将音楽教育を語る』音楽之友社、1986年。
- 真篠将編著『音楽教育四十年史』東洋館出版社、1986年。
- 大田堯『教育とは何か』岩波新書、1990年。
- 河口道朗『音楽教育の理論と歴史』音楽之友社、1991年。
- 片上宗二『日本社会科成立史研究』風間書房、1993年。
- 木村信之『昭和戦後音楽教育史』音楽之友社、1993年。
- 田武嘉津『日本音楽教育史』音楽之友社、1996年。
- 丸山忠璋『言文一致唱歌の創始者田村虎蔵の生涯』音楽之友社、1998年。
- 中内敏夫『中内敏夫著作集Ⅵ　学校改造論争の深層』藤原書店、1999年。
- 安田寛『「唱歌」という奇跡十二の物語：讃美歌と近代化の間で』文藝春秋、2003年。
- 岐阜県教育委員会編『岐阜県教育史（通史編　現代二）』、2004年。
- 柳生力『仕組まれた学習の罠』アガサス、2006年。
- 安田寛『日本の唱歌と太平洋の讃美歌：唱歌誕生はなぜ奇跡だったのか』東山書房、2008年。
- 上田誠二『音楽はいかに現代社会をデザインしたか』新曜社、2010年。

・松村直行『童謡・唱歌でたどる音楽教科書のあゆみ』和泉書院、2011年。
・通崎睦美『木琴デイズ：平岡養一「天衣無縫の音楽人生」』講談社、2013年。
・橋本毅彦『「ものづくり」の科学史：世界を変えた《標準革命》』講談社、2013年。
・本多佐保美ほか『戦時下の子ども・音楽・学校：国民学校の音楽教育』開成出版、2015年。

2．論文

・河口道朗「戦後の音楽と音楽教育：音楽教育の新動向（その三）」『音楽教育研究』第15巻第8号、1972年8月。
・平井建二「1920・30年代の音楽教育の動向に関する一考察：奈良女子高等師範学校附属小学校を中心に」日本音楽教育学会『音楽教育学』第11巻第1号、1981年。
・鈴木そよ子「富士小学校における教育実践・研究活動の展開：昭和初期公立小学校の新教育実践」『東京大学教育学部紀要』第26巻、1986年。
・菅道子「占領下における音楽教育改革：昭和26年度学習指導要領・音楽編の作成過程に関する一考察」『武蔵野音楽大学研究紀要』第20号、1988年。
・大矢一人「占領下における実験学校設置の状況とその意義」『広島大学教育学部紀要第一部』第38号、1989年。
・菅道子「昭和22年度学習指導要領・音楽編（試案）の作成主体に関する考察」日本音楽教育学会『音楽教育学』第20巻第1号、1990年。
・鈴木そよ子「1920年代の東京市横川小学校における新教育：『動的教育法』の実践」日本教育方法学会『教育方法学研究』第16巻、1990年。
・鈴木そよ子「公立小学校における新教育と東京市の教育研究体制：1920年代を中心に」『教育学研究』第57巻第2号、1990年。
・中野光「大正自由教育と『芸術自由教育』」冨田博之、中野光、関口安義編『大正自由教育の光芒（復刻版『芸術自由教育』別巻）』久山社、1993年。
・菅道子「諸井三郎の音楽教育思想：『昭和22年度学習指導要領・音楽編（試案）』の思想的基盤」日本音楽教育学会『音楽教育学』第24巻第4号、1995年。
・鈴木そよ子「公立小学校における大正新教育：東京市瀧野川尋常高等小学校の『綜合教育』」神奈川大学『国際経営論集』第14号、1997年。
・寺田貴雄「田辺尚雄の音楽鑑賞論：「音楽の聴き方」（1936）を中心として」日本音楽教育学会『音楽教育学』第27巻第2号、1997年。
・三村真弓「大正期から昭和初期における広島高等師範学校附属小学校に見られる音楽教育観：山本壽を中心として」中国四国教育学会『教育学研究紀要　第二

部』第43巻、1997年。
・三村真弓「奈良女子高等師範学校附属小学校合科担任教師鶴居滋一による音楽授業実践：進歩主義と本質主義との接点の探求」『日本教科教育学会誌』第22巻第2号、1999年。
・権藤敦子「昭和初期の東京市三河台尋常小学校における音楽教育の実践」音楽教育史学会『音楽教育史研究』第8号、2000年。
・橋本静代「サティス・コールマンによる"Creative Music"の思想」音楽教育史学会『音楽教育史研究』第3号、2000年。
・三村真弓「幾尾純の音楽教育観の変遷：基本練習指導法及び児童作曲法の検討を中心に」『広島大学教育学部紀要　第二部』第49号、2000年。
・三村真弓「大正期から昭和初期の成城小学校における音楽教育実践」安田女子大学児童教育学会『児童教育研究』第9号、2000年。
・三村真弓「大正後期から昭和初期の小学校唱歌科における児童作曲法の展開と特質」日本音楽教育学会『音楽教育学』第30巻第1号、2000年。
・菅道子「戦後の『日本音楽教育学会』設立の試みとその歴史的位置づけ」関西楽理研究会『関西楽理研究』第11号、2004年。
・菅道子「戦後の文部省著作音楽科教科書にみる教材構成の原理」お茶の水女子大学『人間発達研究』第27号、2004年。
・藤井康之「北村久雄の音楽教育論と生活の信念」『東京大学大学院教育学研究科紀要』第43号、2004年。
・鈴木治「明治中期から大正期の日本における唱歌教育方法確立過程について」神戸大学博士論文、2005年。
・藤井康之「1920年代における小出浩平の唱歌教育論」『平成16年度全日本音楽教育研究会大学部会誌』2005年。
・丸山忠璋「音楽科教科書編纂の変遷」『音楽教育史論叢第Ⅲ巻（上）音楽教育の内容と方法』開成出版、2005年。
・山口篤子「日本の合唱史における『幻の東京オリンピック』その意義と位置づけをめぐって」大阪大学『待兼山論叢．美学篇』39号、2005年。
・中地雅之「戦後器楽教育の展開」音楽教育史学会編『戦後音楽教育60年』開成出版、2006年。
・尾高暁子「両大戦間期の中日ハーモニカ界にみる大衆音楽の位置づけ」『東京藝術大学音楽学部紀要』第33号、2007年。
・三村真弓「山本壽の音楽鑑賞教育観」『広島大学大学院教育学研究科音楽文化教

育学研究紀要』第19号、2007年。
・嶋田由美「唱歌教育の展開に関する実証的研究」東京学芸大学博士論文、2008年。
・菅道子「1930年代～40年代の小学校簡易楽器指導の展開：上田友亀の簡易楽器指導の実践を中心に」日本音楽教育学会第40回大会研究発表レジュメ、2009年。
・嶋田由美「戦後の器楽教育の変遷：昭和期の『笛』と『鍵盤ハーモニカ』の扱いを中心として」『音楽教育実践ジャーナル』第7巻第2号、2010年。
・山中和佳子「戦後日本の小学校におけるたて笛およびリコーダーの導入過程：昭和20年代を中心に」『音楽教育実践ジャーナル』第7巻第2号、2010年。
・菅道子「1930年代の山本栄による簡易楽器の導入」『和歌山大学教育学部教育実践総合センター紀要』第21号、2011年。
・藤井康之「国民学校期における器楽教育：東京と長野を中心に」『奈良女子大学研究教育年報』第9号、2012年。
・本名裕之、福田修「岩瀬六郎の生活修身における『自律と協同の精神』について」山口大学教育学部『研究論叢. 第3部、芸術・体育・教育・心理』第62号、2012年。
・山中和佳子「戦後の音楽科教育におけるリコーダーの導入と指導の史的展開」東京芸術大学博士論文、2012年。
・四童子裕「昭和33年度改訂小学校学習指導要領（音楽）に向けた文部省小学校教育課程研究・実験学校の取り組み」中国四国教育学会『教育学研究紀要』第59巻、2013年。
・塚原健太「青柳善吾による形式的段階の唱歌科への適応：技能教科としての特質の認識を中心に」『日本教科教育学会誌』第36巻第2号、2013年。
・門脇早聴子「初等科音楽における簡易楽器導入の歴史的背景」日本音楽表現学会編『音楽表現学』vol. 12、2014年。
・塚原健太「北村久雄の『音楽的美的直感』概念：音楽教師としての音楽と『生命』の理解」東京芸術大学音楽教育学研究会『音楽教育研究ジャーナル』第42号、2014年。
・塚原健太「大正新教育期におけるアメリカ音楽教育情報の受容：サティス・コールマンの『創造的音楽』を中心に」『アメリカ教育学会紀要』第25号、2014年。
・塚原健太「北村久雄における唱歌科教師としての専門性認識の変容：実践的問題関心の検討を通して」『東京成徳大学子ども学部紀要』第3号、2014年。
・門脇早聴子「日本の初等科音楽教育における楽器『ミハルス』の意義と役割」音楽教育史学会『音楽教育史研究』第18号、2016年。

- 塚原健太「北村久雄の『音楽生活の指導』の特質：カリキュラム論の視点からの検討を通して」日本音楽教育学会『音楽教育学』第46巻第1号、2016年。
- 山中和佳子「日本の学校教育における鍵盤ハーモニカの導入」『福岡教育大学紀要第5分冊（芸術・保健体育・家政科編）』第65号、2016年。
- 飯村諭吉「昭和10（1935）年前後における小森宗太郎の小太鼓奏法とその練習法：『打楽器教則本』（1933）及び『鼓笛隊指導書並教則本』（1938）の解読を通して」日本音楽表現学会『音楽表現学』vol. 15、2017年。

C．その他
1．事典・辞典
1）教育史・教育学関係
- 日本近代教育史事典編集委員会『日本近代教育史事典』平凡社、1971年。
- 民間教育史料研究会編『民間教育史研究事典』評論社、1975年。
- 平原春好、寺崎昌男編『教育小事典』学陽書房、1982年。

2）音楽教育関係
- 日本音楽教育学会編『日本音楽教育事典』音楽之友社、2004年。

3）音楽関係
- 『音楽大事典』平凡社、1982年。
- 『標準音楽辞典』音楽之友社、2008年。

4）人名関係
- 唐沢富太郎編『図説教育人物辞典：日本教育史の中の教育者群像』ぎょうせい、1984年。
- 『近代日本社会運動史人物事典』日外アソシエーツ、1997年。
- 『音楽家人名事典』日外アソシエーツ、1991年。
- 『日本の作曲家：近現代音楽人名事典』日外アソシエーツ株式会社、2008年。
- 下中弥三郎編『現代日本人名事典』平凡社、1955年。
- 『現代人物辞典』朝日新聞社、1977年。

5）その他
- 『世界大百科事典』第8巻、平凡社、1988年。
- 『大衆文化事典』、弘文堂、1991年。

あとがき

　本書は、2017年1月に神戸大学大学院博士課程に提出した学位請求論文「器楽教育成立過程の研究」をもとに再構成したものであり、各章各節は、下記の既発表論文に加筆・修正したものである。

序章――書き下ろし
第1章――書き下ろし
第2章――「1930年代の小学校における器楽教育の動向：合奏形態の分類と校種や"指導の場"との関連に着目して」『神戸大学大学院人間発達環境学研究科研究紀要』第9巻第2号、2016年3月。
第3章――書き下ろし
第4章（第1節・第2節）――「1930年前後のハーモニカ音楽界の状況：小学校音楽教育へのハーモニカ導入史の一断面」日本音楽表現学会『音楽表現学』vol.11、2013年11月。
第4章（第3節・第4節）――「東京市小学校ハーモニカ音楽指導研究会の設立（1937年）とその音楽教育史上の位置」教育史学会『日本の教育史学』第57集、2014年10月。
第5章――「文部省『合奏の本』（1948年発行）とその器楽教育成立過程における位置」音楽教育史学会『音楽教育史研究』第19集、2017年3月。
第6章――「戦後日本における器楽教育成立史の一側面：新生音楽教育会の設立（1947年）とその役割」音楽教育史学会『音楽教育史研究』第17集、2015年3月。
第7章――「戦後日本における教育用楽器の生産、普及、品質保証施策：文部・商工（通産）・大蔵各省と楽器産業界の動向を中心に」日本音楽教育学会『音楽教育学』第45巻第2号、2015年12月。
第8章――「戦後改革期の岐阜県多治見市立養正小学校における器楽教育実践」関西楽理研究会『関西楽理研究』第35号、2018年11月。
第9章（第1節・第2節）――「1950年代の文部省実験学校・天川小学校における器楽教育の研究とその音楽教育史上の位置」神戸大学教育学会『研究論争』第24号、2018年6月。

第10章——「日本器楽教育連盟の設立（1956年）とその音楽教育史上の位置」神戸大学教育学会『研究論叢』第21号、2015年6月。

終章（第1節）——「戦前から戦後にかけての音楽教育研究団体の系譜」神戸大学発達科学部教育科学論講座編『教育科学論集』第17号、2014年3月。

*

　私が、音楽教育のなかでもとくに器楽教育に焦点を絞り、その歴史研究を志したのには、自身の生い立ちと教育現場での経験が大きく関係している。

　姉の習い事のついでに2歳からヴァイオリンを習い始めて以来、常に楽器は私の人生の一部であり続けた。「教育用楽器」に関する最も古い記憶は幼児の頃まで遡る。私が通った幼稚園には、併設された小学校の音楽室の窓が面していて、園庭で遊んでいると、その窓をとおして授業で吹かれるリコーダーの音色が爽やかに聞こえてきた。以来、小学校でも中学校でも音楽科の授業では「教育用楽器」を習った。中学校と高等学校の時代は学校外でフルートのレッスンを受けながら、ブラスバンド部に身を置いて演奏を楽しんだ。

　大学でもぜひ音楽について学びたい、との思いで、自宅からもっとも近い和歌山大学教育学部に入学し、音楽を専攻した。学部時代に、入学当初は全く興味のなかった教育という営みの面白さに気づき、修士課程への進学後は歴史研究に取り組み、その魅力を知った。

　修士課程修了後、大阪府岸和田市の小学校に勤めた。ある日、一人の子どもが私に「どうして学校ではリコーダーを習うことになっているのか」と尋ねた。私は答えられなかった。なぜ、どのような目的でリコーダーは学校教育に導入されたのか。そもそも学校の音楽の授業で「楽器を教える／学ぶ」理由はなんなのか。学校内外の両方で楽器の演奏に親しみ、音楽を通して教育という営みにたどり着いた私にとって、これらの問いは自分自身を問い直すことに等しい、そのように考えるようになった。そして、序章で述べたように、この問いこそが本研究を貫く問いとなったのである。

あ と が き　351

　器楽教育をテーマにして、もう一度歴史研究をしたい。歴史研究者として音楽教育と向かい合っていく仕事をしたい。そのような思いで博士課程への進学を決め、小学校教員の職を辞して神戸大学大学院の戸を叩いた。

＊

　『器楽教育成立過程の研究』という本書のタイトルが、山住正己『唱歌教育成立過程の研究』（1967年）を強く意識したものであることは、本書を読んでくださった方であればお気づきのことと思う。
　従来、音楽教育史の研究は、基本的には音楽教育学の一領域として研究が進められてきた。さらにその音楽教育学は、音楽学の一領域として展開してきた側面がある。それは本書でも触れたように、近代以降の音楽教育とその研究が、西洋音楽そのものの受容と並行して展開されてきたからである。神戸大学大学院で「教育学の一領域としての教育史」の研究室に所属した私に、指導教官である船寄俊雄先生が「音楽も含めて教科教育の研究者は教育史そのものにはあまり関心がないのではないか？」と問われたことがある。教育史に関する基本知識が身についていなかった私へのお叱り、という面もあったと思うが、それだけではないと感じた。実際、全てがそうではないにしろ、音楽教育学の世界では、教育学や教育史研究よりも音楽学や音楽史研究を基盤とする研究が多いのは間違いない。一方、教育学における教育史研究の世界では、教科教育の歴史にはあまり関心をもたれてこなかったように思われる。とくに芸術領域の教科の歴史となると、先に挙げた山住研究以外には中野光『大正自由教育の研究』（1968年）や上野浩道『芸術教育運動の研究』（1981年）のような、大正期の芸術教育運動に関わる研究がみられるが、その後は「教育史学の成果」としてのまとまった研究は発表されていない。教育史の研究者が興味を失った後も、音楽教育史の研究は、音楽教育学の一領域として教科教育学の研究者の手によって着実に進められてきた。しかしそのことが、教育史の世界ではほとんど知られてこなかったのではないか。

あとがき

　教育学の一領域としての教育史研究と、教科教育学の領域としての音楽教育史研究との間には断絶がある、この断絶の間を橋渡しするような研究者になれないだろうか。いつしかそのような思いにとらわれるようになった。そうした中で、嫌でも意識せざるを得なかったのが「戦後日本における教育学博士第１号となった記念碑的研究」（鈴木治 2005, 8頁）である山住『唱歌教育成立過程の研究』であった。教育学博士第１号が音楽教育史研究であった、ということを知ってから、私はこの研究の続編のようなものを書きたい、音楽教育学の世界で学んだ私なりに、音楽教育史研究の諸成果を引き受けながら、教育学研究の「記念碑的研究」であるところの山住研究の、「その後」を書けたらどんなにいいか、と考えるようになった。従って本研究は、山住研究に始まり、今日まで着実に発展してきた音楽教育史研究の諸成果から多くを学びながら、山住が描いた唱歌教育成立までの時代の、その後の音楽教育史の展開を、器楽教育という「新たな音楽教育の領域」の成立過程に焦点化して描くことを試みたものである。

　研究に着手した当初、この試みが一冊の本として世に出ることになるとは、夢にも思わなかった。そして、こうしてあとがきを書いている今、本書の刊行によって研究を世に問うことについては「怖さ」しか感じられない。というのも、改めて一つの「研究」として本書を通読してみれば、私の力量に対して、その試みがあまりに壮大かつ尊大なものであったと反省するばかりだからである。とはいえ、至らなかった点については、今後より一層研鑽に励み、残された課題に挑戦していく覚悟である。多くの方からのご指摘とご指導を賜ることができれば幸いである。

＊

　博士論文の執筆と本書の刊行にあたり、多くの方々のご協力とご支援、ご指導をいただいた。ここにお名前を紹介し、謝意を表したいと思う。

　本研究の史料収集にあたり神戸大学附属人間科学図書館の皆様に多大なご

協力をいただいた。また第8章の執筆にあたっては、前・岐阜県多治見市立養正小学校長安藤善之先生や、梶原博様を始めとする「KIZUNA-養正」の方々から貴重な史料の提供やインタビューへの協力をいただいた。心からの御礼を申し上げる。

　博士論文の審査にあたり主査をしていただいた神戸大学大学院人間発達環境学研究科教授船寄俊雄先生には、私が研究生の頃から懇切丁寧なご指導を賜った。先生からご覧になれば専門外である音楽教育学の修士論文を書いたあとに小学校の現場に出て教員をしていた私が入門を願い出たとき、「向学心にはお応えしないといけないと思いますので」と、研究生として船寄研究室で下積みすることをお許しくださった。その後、博士後期課程への入学が叶ったあとも、学会誌への投稿論文から博士論文まで細かく文章を見てくださり、「専門外の人間が読んでもわかるように書くこと」を常にご指導いただいた。「教育史の博士論文を書くなら成立過程研究をやりなさい」とおっしゃったのも船寄先生である。研究生の1年間を含めて5年間にわたり、教育学の基礎的な知識や考え方を学ぶために、あるいは私のテーマを考えるために参考とすべき文献を示しながらご指導してくださった。今後、自立した研究者として成長していくことができるようさらに精進したいと気持ちを新たにしている。心深くからの厚い御礼を申し上げたい。

　博士論文の副査を通してご指導いただいた神戸大学大学院人間発達環境学研究科教授の渡部昭男先生、渡邊隆信先生、稲垣成哲先生、同准教授大田美佐子先生に心からの感謝を申し上げたい。予備論文構想発表会、予備審査論文報告会、最終試験において各先生の専門的見地から頂戴したご指導は、私の未熟を痛感するものであると同時に、研究の世界の広さと深さを思い知らされるものでもあった。

　和歌山大学大学院教育学研究科において修士論文のご指導をいただき、歴史研究の初歩と基礎、面白さを教えてくださった現・学習院大学文学部教授嶋田由美先生、本書のテーマである器楽教育の歴史研究に先鞭をつけられ、

常に私の研究の進む方向を示唆してくださった和歌山大学教育学部教授菅道子先生に心から感謝の意を表したい。和歌山大学でのお二人との出会いこそが、私の歴史研究者としての原点である。また現・宮城県貞山高等学校教諭鈴木治先生は、神戸大学大学院で博士の学位を取られた「先輩」として、また音楽教育史研究の先達として親身になって論文に目を通し、厳しくも温かいご指導をくださった。山住研究の重要性を示唆くださったのも先生である。深い謝意を表したい。

神戸大学大学院で共に学んだ先輩と後輩の皆さんにもお礼を申し上げる。人間発達環境学研究科の6階にある博士課程の院生室では、日頃から、ときには酒を飲み交わしながら研究や教育について夜遅くまで語り合い、研究の苦楽や研究者としての将来への不安を共有しあった。教育や発達という共通項をもちつつ各自が多彩なテーマで研究に向き合うあの空間が、本研究にたくさんの刺激を与え、本書完成の助けとなった。

本研究は、独立行政法人日本学術振興会平成27年度〜平成28年度科学研究費助成事業（特別研究員奨励費：課題番号15J01045）の助成を受けた。また本書の刊行にあたっては、同平成30年度科学研究費助成事業（研究成果公開促進費：課題番号18HP5224）の助成を受けている。本書を世に送り出すにあたり、これらの助成がなくてはならないものであったことは言うまでもない。公費の援助に心より感謝する。また、博士論文を一冊の「本」というかたちにするにあたって、風間書房社長、風間敬子氏には大変お世話になった。心からのお礼を申し上げたい。

最後に、小学校教員を辞して研究の道に進むことに理解を示し、応援の声をかけてくださった元同僚の大阪府岸和田市の教職員の方々と、各方面の友人たち、そして、いつも自分の思うままに生きることを許し応援してくれる両親、家族に、心深くからの感謝の意を表したい。

2018年11月　　　　　　　　　　　　　　　　　　　　　　　樫下　達也

著者略歴

樫下達也（かしした　たつや）

略歴
1981年　奈良県生まれ。2歳より大阪府に育つ。
2006年　和歌山大学大学院教育学研究科修士課程修了。
　〃　　大阪府岸和田市にて小学校教諭（〜2012年）。
2015年　日本学術振興会特別研究員DC（〜2017年）
2017年　神戸大学大学院人間発達環境学研究科博士後期課程修了。博士（教育学）。
　〃　　京都教育大学音楽科准教授。現在に至る。

滋賀大学、京都女子大学、神戸松蔭女子学院大学などで非常勤講師を務める。
専門は音楽教育学、音楽教育史。

器楽教育成立過程の研究

2019年1月31日　初版第1刷発行

著　者　　樫　下　達　也
発行者　　風　間　敬　子
発行所　　株式会社　風　間　書　房
〒101-0051　東京都千代田区神田神保町1-34
電話 03(3291)5729　FAX 03(3291)5757
振替 00110-5-1853

印刷　太平印刷社　　製本　井上製本所

©2019　Tatsuya Kashishita　　　　　NDC分類：370
ISBN978-4-7599-2254-7　　Printed in Japan
JCOPY 〈(社)出版者著作権管理機構 委託出版物〉

本書の無断複製は、著作権法上での例外を除き禁じられています。複製される場合はそのつど事前に(社)出版者著作権管理機構（電話 03-5244-5088, FAX 03-5244-5089, e-mail: info@jcopy.or.jp）の許諾を得てください。